Satz: pagina GmbH, Tübingen
Druck und Bindung: CPI – Clausen & Bosse, Leck
Printed in Germany
ISBN 978-3-10-017021-7

Rainer Erlinger

Moral

Wie man richtig gut lebt

S. Fischer

Inhalt

Von interessanter Lektüre, Steuerhinterziehern und Lebensentwürfen
Einleitung

Vor einiger Zeit konnte man im Playboy etwas Interessantes lesen. Verzeihen Sie mir, ich konnte einfach der Versuchung nicht widerstehen, das Buch mit diesem vielleicht überraschenden Satz zu beginnen, auf den ich später zurückkommen will. Überraschend vielleicht deshalb, weil Erotik oder Sexualität lange Zeit per se als unmoralisch galten – was sich glücklicherweise geändert hat. Überraschend vielleicht auch, weil Erotikmagazine heute zwar nicht mehr wegen der Sexualität kritisch betrachtet werden, dafür aber im Hinblick auf die Geschlechterdiskussion, weil in ihnen ein bestimmtes Frauenbild transportiert wird. Und mit diesen Überlegungen wären wir schon mitten im Thema: Moral heute. Ja, dieses Buch soll sich mit Moral beschäftigen, aber ich will es mit einem Satz wie dem ersten hier beginnen. Denn Moral erschöpft sich eben nicht mit Kant und Aristoteles, mit Bibel und Gesetzen, mit Schuld und Sühne, mit Verantwortung und Pflichten. Moral ist nicht nur das, was sonntags von der Kanzel gepredigt wird oder wochentags im Leitartikel beschworen, worüber man sich in Talkshows und Kommentaren einig sein kann, dass es Politiker und Manager nicht haben. Moral ist etwas, das uns alle jeden Tag betrifft. Sei es, weil wir uns an sie halten oder weil wir es nicht tun, sei es, weil sich Andere daran orientieren oder es nicht tun. Moral ist die Grundlage unseres Zusammenlebens. Ohne Moral können wir nicht leben, und falls man es könnte, würde man es nicht wollen.

Das klingt nun nach einer kühnen Behauptung, aber um sie zu belegen, reicht eine einfache Überlegung anhand eines bekannten Grundsatzes: dass es schlecht ist, einen anderen zu töten. Das ist zwar einerseits eine rechtliche Bestimmung – wer einen anderen ohne Rechtfertigung wie etwa Notwehr tötet, kommt dafür ins Gefängnis. Andererseits aber ist sie sicherlich auch ein moralisches Gebot: Du sollst nicht töten. Was sollen diese Gemeinplätze hier? Nun, man sollte sich nur einmal ein Leben vorstellen, in dem es diesen Grundsatz nicht gibt. Es wäre vermutlich eines: kurz. Vor allem aber auch sehr mühsam. Man könnte niemandem mehr den Rücken zudrehen, sich nur noch in bewaffneten Gruppen aus dem Haus wagen – aber auch nur dann, wenn man den anderen in seiner Gruppe ausreichend vertraut oder sich sonst irgendwie abgesichert hat. Das rechtliche Tötungsverbot allein würde schließlich nur so weit schützen, wie der Arm des Gesetzes reicht.

Das ist doch abwegig, mag nun mancher sagen. Gut, dann machen wir es lebensnäher, wenn auch ein wenig banaler: Jeder, der Fahrrad fährt, kennt das Problem: Man will sich nur schnell etwas aus dem Laden holen, eine Zeitung, eine Packung Zigaretten. 20 Sekunden im Kiosk. Muss man sein Fahrrad absperren? Das hängt wohl davon ab, wo man sich gerade befindet. In einer Großstadt scheint es auf jeden Fall klug. Allein: Mühsam und ärgerlich ist es allemal. Oder ein anderes Beispiel: Man geht im Zug kurz auf die Toilette. Sein gesamtes Gepäck einschließlich Hut und Mantel mitzunehmen ist unmöglich. Im Endeffekt muss man darauf vertrauen, dass die anderen Reisenden im Großraumwagen oder Abteil durch irgendetwas daran gehindert werden, sich einfach zu nehmen, was ihnen gefällt. Und falls man an einen Sitznachbarn die Bitte richtet, doch kurz auf das Gepäck zu achten, kann man nur hoffen, dass er das nicht als Freilos für einen neuen Koffer und ein Notebook als Zugabe auffasst. In diesen beiden Fällen hängt die Frage, wie mühsam das Leben ist, sehr davon ab, ob sich die Mitmenschen an das moralische Gebot, nicht zu stehlen, halten. Wenn man in andere, umstrittenere Bereiche vorstößt, etwa zu Fragen, ob bestimmte Formen von Sexualität unmoralisch sind oder der Konsum von Drogen, kann man diskutieren. Aber Grundzüge der Moral in der Gesellschaft braucht jeder.

Doch warum nun ein Buch darüber, über Moral hier und heute? Haben wir derzeit zu wenig davon? Ein Blick in die Veröffentlichungen zu dem Thema legt den Verdacht nahe. Vom »Verlust der Werte« ist die Rede, vom »Markt ohne Moral«, von der »Sehnsucht nach Werten«. Einer ruft nach »Werten in Zeiten des Umbruchs«, ein anderer verkündet durch »Schluss mit lustig« das »Ende der Spaßgesellschaft«. Eine Fürstin und ein Kardinal beschwören neben dem Glauben die Tradition. Und als Lösung wird der Disziplin das Lob gesungen.

Moralischer Verfall?

Leben wir denn wirklich in einer Zeit des moralischen Verfalls? Nicht nur der Buchmarkt lässt es vermuten, es vergeht auch kaum eine Woche, in der nicht ein neuer Skandal ans Tageslicht kommt, neue moralische Abgründe aufgedeckt werden: Steuerhinterziehung, Bestechung, exorbitante Manager-Boni, die Finanzkrise im Allgemeinen, um nur ein paar zu nennen. Tatsächlich drängt sich der Verdacht auf, als zähle die Moral gar nichts mehr, würde von niemandem mehr beachtet. Weder von »denen da oben« noch vom kleinen Mann, der auch nicht einsieht, sich hinten anzustellen, wenn alle anderen sich frei bedienen. Einer Emnid-Umfrage zufolge sind 26 % der Bevölkerung schon einmal schwarzgefahren. Ein »Kavaliersdelikt« offenbar. Man kann es aber auch anders sehen: Das Strafgesetzbuch nennt das »Beförderungserschleichung« und knüpft daran Freiheitsstrafen bis zu einem Jahr. Mehr als ein Viertel der Deutschen räumt also ein, etwas getan zu haben, für das bis zu einem Jahr Gefängnis droht. Dieses Strafmaß stellt die Obergrenze dar, die selten und wenn, dann sicherlich nicht beim ersten Mal verhängt wird. Dennoch bleibt ein offensichtlicher Widerspruch zwischen der Unwertsfeststellung des Strafgesetzbuchs, die sich in diesem Strafrahmen ausdrückt, und dem Verhalten der Menschen. Man muss fragen, woher dieser Widerspruch kommt. Ist das Strafgesetzbuch antiquiert, wird mit Kanonen auf Spatzen geschossen? Haben wir – damit meine ich uns in Form des Durchschnittsbürgers – tatsächlich jede Moral verloren? Oder ist Schwarzfahren in Wirklichkeit keine Frage der Moral, sondern des sogenannten 11. Gebots: Du sollst Dich nicht erwischen lassen.

Im Februar 2010 diskutierte Deutschland über eine CD. Vor allem über die moralischen Fragen, die mit ihr verknüpft sind. Es ging nicht um Gewaltrapper, rechtsextremistische Songtexte oder Raubkopien, sondern um die Daten von 1500 Deutschen, die Geld anonym in der Schweiz angelegt und so dem deutschen Finanzamt verheimlicht hatten. Die Daten waren illegal bei der Bank kopiert und den deutschen Steuerbehörden zum Kauf angeboten worden: für 2,5 Millionen Euro. Die Bundesregierung schlug zu, nicht zuletzt, weil sie sich mehrere hundert Millionen Euro Nachzahlungen erhoffte. Vor allem aber auch, weil die Opposition die Stimmung in der Bevölkerung aufgriff und den Ankauf forderte. Bedenken über Datenhehlerei oder ungesetzliche Maßnahmen wurden kurz erörtert, aber letztlich zurückgestellt. Wirklich überrascht über die Vielzahl der Fälle aber war niemand. Seit Jahren gibt es Schätzungen, dass mehr als 400 Milliarden Euro von Deutschen schwarz im Ausland liegen. Schätzungen, wie viel Geld dem Fiskus insgesamt pro Jahr durch Steuerhinterziehung verloren geht, variieren zwischen 30 und 100 Milliarden Euro. Wie schon zwei Jahre zuvor bei den Daten aus Liechtenstein war die Empörung groß über die Steuerhinterzieher, die Vermögen schwarz in die Schweiz transferiert hatten und deshalb dem Staat Millionen an Steuern vorenthalten.

Andererseits hatten in einer Umfrage aus dem Jahr 2000

etwa 40 % aller Befragten gemeint, Steuerbetrug sei gar nicht schlimm oder weniger schlimm, und in einer Umfrage aus dem Jahr 2008 bekannten 9 %, dass sie schon einmal dem Finanzamt Einkünfte verschwiegen, und 19 %, dass sie schon einmal schwarzgearbeitet haben.

Ist das eine die Reaktion auf das andere? Oder sind beides nur Anzeichen und Auswirkungen desselben? Nämlich des Verfalls der Moral?

Doch muss man gar nicht mit Prozenten jonglieren. Manche Entwicklungen erschrecken, auch wenn es nur Einzelfälle sind, weil sie unbegreiflich scheinen. Am 12. September 2009 prügelten auf einem S-Bahnhof in München zwei Jugendliche einen Fünfzigjährigen zu Tode, weil er vier Schülern zu Hilfe kommen wollte. Ausgerechnet in München, in einem noblen Vorort!, wunderten sich viele und noch mehr, als sich in der darauffolgenden Zeit immer wieder ähnliche Vorfälle ereigneten. Grundlose exzessive Gewalt im öffentlichen Raum scheint immer häufiger zu werden. Daneben erschütterten Amokläufe an Schulen die Öffentlichkeit, 2002 in Freising und Erfurt, 2006 in Emsdetten, 2009 in Ansbach und Winnenden. Schüler dringen in eine Schule ein und schießen meist wahllos um sich, töten andere Schüler und Lehrer oder verletzen sie schwer. Das Erschreckende daran ist vor allem, dass die Täter keine Hemmungen zu haben scheinen, andere zu töten.

Diese Berichte lassen sich als Einzelfälle einordnen. Man kann über die Beweggründe der Täter sinnieren, fragen, ob es sich um pathologische Fälle handelt. Mehr zu denken gibt eine andere Meldung, auch wenn sie wieder »nur« mit Zahlen agiert. 2006 führte das Emnid-Insititut für das Magazin Playboy eine Umfrage zur Bedeutung der Zehn Gebote durch. Damit wären wir endlich wieder beim Eingangssatz, denn das ist das Interessante, was man im Playboy lesen konnte. Diese Umfrage ergab, dass 11 % der Deutschen »Du sollst nicht töten« nicht mehr für zeitgemäß halten. Mehr als jeder Zehnte hierzulande meint, eines der Grundgebote, wenn nicht das essentielle Gebot schlechthin, passe nicht mehr in unsere Zeit. Ein unglaublicher Befund, eine unglaubliche Zahl. Es schleicht sich die Angst heran, das könnte sich widerspiegeln in den jüngst bekannt gewordenen brutalen Morden in der S-Bahn oder den Amokläufen an Schulen. Sind Columbine, Erfurt und Winnenden nur ein Vorgeschmack dessen, was uns droht?

Oder das Gegenteil?

Man könnte aber auch die Gegenfrage stellen: Warum sorgen denn die Berichte über die Steuerhinterziehungen, falsch abgerechnete Freimeilen, Urlaubsreisen bei Politikern und Ähnliches für Entrüstung und stellen ein großes Thema für die Medien dar? Die Antwort lautet: Weil sie als skandalös empfunden werden. So schlimm kann es aber dann doch um die Moral insgesamt nicht bestellt sein.

Und empfindet man nicht an manchen Stellen auch eine Umkehr? Ein Konzern wie Siemens gerät auf die moralische Anklagebank, weil er Schmiergelder bezahlt hat. Bis vor wenigen Jahren war das noch so akzeptiert, dass man die Zahlungen offiziell von der Steuer absetzen konnte. Die Einstellung dazu hat sich offenbar vollkommen geändert. Fair Trade, CO_2-Bilanz und ökologischer Einkauf sind vieldiskutierte Themen unserer Zeit. Während man vor einigen Jahren noch Menschen beim Bier prahlen hörte, wie gut sie das Finanzamt betrogen haben, scheint Steuerhinterzieher nach den Aufdeckungen in Liechtenstein plötzlich zum Schimpfwort geworden zu sein. Und der Finanzminister wird schon fast zum Helden bei seinem Kampf gegen die Steueroasen. Der Gemeinsinn erlebt eine Renaissance. Und dennoch empfinden 11 % das Tötungsverbot als nicht mehr zeitgemäß.

Woher kann das kommen? Muss man etwas dagegen unternehmen? Und wenn ja: Was?

Was wir an Moral brauchen für unser Leben im 21. Jahrhundert

Schon in den 1960er Jahren hat der große Soziologe Niklas Luhmann festgehalten, dass unsere Welt immer komplexer wird, eine Veränderung, auf die der Mensch reagieren muss. Diese Komplexität hat weiter zugenommen. Anders als viele Jahrhunderte lang zuvor führt kaum mehr jemand das Leben fort, das seine Eltern geführt haben. Für viele unserer Lebensentwürfe gibt es keine Vorbilder mehr. Sie sind gänzlich neu, als Patchwork neu zusammengesetzt oder in großem Maße verändert weiterentwickelt. Wir übernehmen fast nichts mehr vom Leben unserer Eltern – außer der Moral. Kann das funktionieren? Ja, weil die moralischen Grundsätze zeitlos sind, sein müssen. Nein, weil auf diesen Grundsätzen eine Vielzahl von moralischen Regeln aufbaut. Die aber wurden teilweise für die jeweilige Zeit entwickelt, was über Jahrhunderte geringer Änderungen auch funktionierte, dann jedoch scheitern kann oder sogar muss, wenn sich die Lebensumstände grundlegend ändern.

Wir hinterfragen die Lebensentwürfe unserer Eltern und passen sie unseren Bedürfnissen an. Wir hinterfragen die wirtschaftlichen, ökologischen und wissenschaftlichen Zusammenhänge; auch deshalb, weil wir es müssen, weil Wirtschaft, Ökologie, Wissenschaft uns vor neue Probleme stellen. Und wir hinterfragen selbstverständlich auch die moralischen Regeln, die uns vorgegeben werden. Die Aufklärung, der Ausgang des Menschen aus seiner selbstverschuldeten Unmündigkeit, hat unser Leben erreicht. Deshalb müssen die überlieferten Moralforderungen auf den Prüfstand gestellt und untersucht werden: welche in welcher Form heute noch berechtigt sind, welche weggefallen sind, welche dazugekommen und welche wichtiger geworden sind. Denn so wie manche Probleme neu sind, erfordern sie neue Reflexionen über ihre moralischen Aspekte.

Dabei soll die Moral nicht den Lebensumständen angepasst, womöglich aufgeweicht, sondern im Gegenteil konkretisiert werden. Auch wäre es vermessen zu meinen, man könnte eine neue Moral erfinden oder die bestehenden Ethiken aus 4000 Jahren Geschichte der Moralphilosophie mal eben verbessern. Es geht schlicht darum, die großen Gedanken aus diesen Jahrtausenden, die unser Leben nach wie vor prägen und auch weiter prägen sollen, klarer herauszustellen und für die heutigen Menschen verständlich zu formulieren. Es geht darum zu zeigen, wie gut und wie genau sie in unsere Zeit passen und dass sie nichts von ihrer Kraft verloren haben, wenn man sie richtig positioniert. Und dadurch zugleich eine Grundlage dafür zu entwickeln, wie man sich in komplexen, immer schneller sich entwickelnden und verändernden Zeiten trotzdem moralisch richtig verhalten kann.

Insgesamt scheinen sich die Ansichten zu wandeln. Die Kirchen verlieren an Einfluss, die soziale Kontrolle durch die Gesellschaft funktioniert in Großstädten immer weniger, und auch auf dem Lande geht sie zurück. »Was sollen die Nachbarn denken!« stellt immer weniger Begründung für ein Verhalten dar. Vielleicht haben aber auch die Kirchen teilweise selbst schuld, wenn sie sich mit ihren Forderungen, etwa der katholischen Sexualmoral, ins Abseits begeben. Und wenn der Satz »Du sollst nicht töten« fast schon inflationär bei jeder Abtreibungsdebatte benutzt wird, ebenso wie bei der Diskussion um Stammzellen, verliert er seine Kraft. Überzogene Moralforderungen, die am Leben vorbeigehen, sind der schlimmste Bärendienst, den man der Moral erweisen kann.

Die Lebensumstände haben sich gewandelt, wandeln sich immer weiter und immer schneller. Erfahrungsschätze, niedergeschriebene und überlieferte Werte verlieren an Bedeutung, werden sinnlos, ja teils widersinnig und gefährlich. Die Sparsamkeit, jahrhundertelang eine Tugend, die half, Haus und Hof zu bewahren und fürs Alter vorzusorgen, kann in Zeiten des »Geiz ist geil« plötzlich zur Untugend werden. Statt Strukturen zu bewahren, können Sparsamkeit und Schnäppchenmentalität sie heute zerstören. Wenn Lebensmittel auf Druck des sparsamen und preissensiblen Verbrauchers immer billiger werden, schädigt dieser Preiskampf am Ende häufig Umwelt, Landschaft und soziales Gefüge. Massentierhaltung, minderwertige Lebensmittel sind Folgen einer industriellen Landwirtschaft, schlechte Arbeitsbedingungen und Dumpinglöhne Ergebnis eines knallharten Wettbewerbs im Handel. An der alten Tugend Sparsamkeit festzuhalten kann heute unmoralisch sein.

Muss man etwas dagegen unternehmen?

Muss man etwas dagegen unternehmen? Und wenn ja: wogegen? Dagegen, dass sich Menschen weigern, unhinterfragt etwas als verbindlich anzunehmen? Das bestimmt nicht, das ist sogar zu begrüßen. Oder dagegen, dass die Moral gefährdet ist? Das eher. Denn wie gesagt, ohne Moral könnten wir nicht leben, vor allem aber würden wir es nicht wollen. Wir haben zwar die Gesetze, die unser Leben in immer größerem Ausmaß reglementieren, aber dennoch kann das Recht immer nur den äußeren Rahmen bestimmen, nur das ausschließen, was eine Gesellschaft sich auf keinen Fall leisten kann. Und eine Gesellschaft, die alles, was für das Zusammenleben notwendig ist, rechtlich regeln und vor allem auch überwachen und durchsetzen will, läuft Gefahr, zum Big-Brother-Staat zu werden.

Andererseits zeigt sich an dieser Stelle auch eine Möglichkeit auf: Menschen weigern sich ganz zu Recht, Vorgaben, die nicht begründet sind, als verbindlich anzuerkennen. Nur, weil etwas schon immer so war, muss es nicht richtig sein. Was »man« macht und was nicht, mag in den 1950er Jahren noch als Begründung ausgereicht haben. Heute aber nicht mehr. Und was Kirche, Eltern oder die Nachbarn sagen, hat keine Gesetzeskraft mehr. Wer Menschen unserer

Zeit sagen will, was richtig und was nicht richtig ist, muss es begründen können. Alles andere ist für einen aufgeklärten Menschen eine Zumutung.

Zudem wird es immer schwieriger, das eigene Handeln zu beurteilen. Die zunehmende Komplexität der Gesellschaft macht es nahezu unmöglich, alle Folgen und Konsequenzen abzusehen. Und auch die Möglichkeiten der moralischen Orientierung werden immer größer. Neben die klassischen Großkirchen treten immer mehr religiöse oder weltanschauliche »Moralanbieter«, die sich teilweise widersprechen. Umso wichtiger wird es, die Essenz, das eigentlich Entscheidende der Moral zu erkennen und dementsprechend Gewichtungen zu setzen.

Was genau kann man machen?

Damit kommt man zur Frage, was man machen kann. Man kann die moralischen Vorgaben auf den Prüfstand stellen und aussortieren, was sich falsch dahin verirrt hat, was gar keine Frage der Moral, sondern vielleicht nur der Tradition ist. Man kann neue moralische Vorgaben für neue Lebenssituationen suchen. Vor allem aber muss man sich überlegen, wie die allgemeinen Grundsätze der Moral in unserer Zeit so angewandt werden können, dass sie nicht nur weiterhin gelten, sondern möglicherweise sogar ihr Kern stärker zu Geltung kommen kann.

Seit nunmehr neun Jahren schreibe ich jede Woche die Kolumne »Gewissensfrage« im Magazin der Süddeutschen Zeitung. Mittlerweile sind das an die 500 Kolumnen. Jede Woche senden Leser der Süddeutschen Zeitung Moralfragen des Alltags ein, zwischen 50 und 100 pro Monat. Dazu kommen Radiokolumnen bei verschiedenen Sendern, Fernsehbeiträge, Lesungen, Besuche in Schulen, Podiumsdiskussionen, Talkshows und eine Gastprofessur an der philosophisch-sozialwissenschaftlichen Fakultät in Augsburg. Ich zähle das alles auf, weil ich aus diesem Erfahrungsschatz im Laufe dieses Buches schöpfen werde. Dieser jahrelangen Beschäftigung liegt nämlich eines zugrunde: die Konfrontation der Moral mit dem heutigen Alltag der Menschen.

Ich will nicht versuchen, eine neue Moral zu entwerfen oder eine Einführung in die Ethik zu schreiben. Oder mit wissenschaftlich universitärem Anspruch eine Auseinandersetzung mit den verschiedenen ethischen Theorien zu leisten. Ich will auch nicht versuchen, für alle Fälle des Lebens Handlungsanweisungen zu geben. Das ginge gar nicht, und wenn ich dennoch damit beginnen würde, hätten Sie jetzt den ersten Band eines vielbändigen Mammutwerks in Händen. Vielmehr will ich versuchen, für die Bereiche, in denen man immer wieder vor Fragen steht, Zusammenhänge darzulegen, zu zeigen, welche moralischen Grundsätze dabei wichtig sind.

Um welche Bereiche geht es denn dabei? Es geht um Probleme in der Familie, in der Partnerschaft, mit den Nachbarn und im Beruf. Auf der Straße, im Zug und im Urlaub. Mit Älteren, Jüngeren, Kindern und Eltern. Mit Menschen, die man mag, die man nicht mag, mit Vertrauten und Fremden. Es geht um den Umgang mit eigenen Fehlern und den Fehlern anderer. Um Lüge, Toleranz, Hilfe und Rücksicht. Um Wirtschaften, um Sparen, um Großzügigkeit, um Armut. Um den Umgang mit Tieren und der Natur. Um das kleine und das große schlechte Gewissen. Um Verständnis, Respekt und Achtung, die man schuldet, die man aber auch einfordern kann. Um Denken an den Anderen genauso wie um Denken an sich selbst. Und genau damit will ich beginnen: mit dem Denken an sich selbst. Weil das nichts Schlechtes sein muss.

Teil I

Grundsätzliches

1 Von Mutter Teresa, Mülltrennung und »Jetzt komm ich«
Über Egoismus

Die Geschichte ist alt, aber sie ist nach wie vor gut. So gut, dass sie unzählige Male verfilmt wurde, am bekanntesten in der Fassung mit Charlton Heston. Heston wurde dafür sogar für den Golden Globe nominiert, während der Film selbst einen Oskar für die besten Spezialeffekte erhielt. Die Rede ist von »Die Zehn Gebote«. Es ist aber auch eine geradezu unfassbare Geschichte: Moses steigt auf einen Berg, um einen neuen Bund auszuhandeln zwischen Israel, dem Volk Gottes und Gott selbst, und er kommt wieder herunter mit zwei Steintafeln, auf denen die Zusammenfassung dessen steht, was das Volk in Zukunft einzuhalten hat, eben jene Zehn Gebote. Zu den unzähligen Darstellungen, Umsetzungen und Verfilmungen dieser Geschichte gesellte sich jüngst ein kurzer Clip: Moses kommt vom Berg Sinai zurück mit zwei Tafeln in der Hand und begrüßt das Volk mit den Worten, dass er eine gute und eine schlechte Nachricht habe. Die gute sei, »Ich habe ihn auf zehn runter«. Die schlechte: »Ehebruch ist immer noch drinnen.«

Man kann Moral auf vielerlei Arten begründen, die wichtigsten davon will ich später in einem eigenen Kapitel vorstellen. Man kann es, wie hier bei den Zehn Geboten, unter Berufung auf Gott tun. Das kann funktionieren, wirft jedoch spätestens dort Probleme auf, wo Einzelne nicht an Gott oder auch nur nicht an diesen Gott glauben. Dazu mehr im Kapitel über die ethischen Theorien. Worum es hier gehen soll, ist die Frage, was daraus folgt, wenn man die Moral nicht auf einen oder mehrere Götter, sondern auf den Menschen bezieht. Wenn man sagt, dass moralisch richtig nur etwas sein kann, das Menschen zugutekommt, vielleicht sogar nur deshalb richtig ist, weil es Menschen – oder anderen Lebewesen wie Tieren – zugutekommt. Und nicht, weil es einem höheren Wesen gefällt oder einem bestimmten Prinzip gehorcht.

Meiner Ansicht nach folgt daraus, dass der Mensch nicht nur derjenige ist, an den sich die Forderungen der Moral richten. Er ist nicht nur der, dem gesagt wird: Du sollst oder du sollst nicht, der eingeschränkt wird von den Forderungen der Moral. In der Ethik nennt man diese Position Subjekt der Moral, weil es um denjenigen geht, der handeln soll oder eben nicht. Bei einer Moral, die sich auf den Menschen bezieht, ist der Mensch aber zugleich Objekt der Moral, also – neben Verpflichtungen gegenüber anderen Lebewesen – derjenige, dem das Gebot oder Verbot zugutekommen soll. Und er ist als Drittes auch Maßstab der Moral. Er ist derjenige, an dem sich die Moral messen lassen muss. Was ich damit meine, hat der amerikanische Moralphilosoph William K. Frankena folgendermaßen formuliert:

»Und sie [die Gesellschaft] darf auch nicht vergessen, dass die Moral die Funktion hat, das gute Leben der einzelnen zu fördern und es nicht mehr als nötig zu stören. Die Moral ist für den Menschen da und nicht der Mensch für die Moral.«

Auch wenn er den Umweltaspekt vermissen lässt, halte ich gerade den letzten Satz für einen der wirklich zentralen Sätze jeder Beschäftigung mit Moral. Müsste ich eine Werbekampagne für die Moral starten, würde ich ihn vermutlich großflächig plakatieren lassen. Man kann ihn nicht oft genug wiederholen:

»Die Moral ist für den Menschen da und nicht der Mensch für die Moral.«

Was bedeutet das? Wenn man so will eine Art Verteilung der Beweislast: Man muss sich nicht für das, was man tut, rechtfertigen, sondern die Moral muss begründen, warum man sich in einer bestimmten Art und Weise verhalten soll. Warum man das eine unterlassen soll und das andere tun. Und das wiederum führt dazu, dass man sich auch nicht für etwas rechtfertigen muss, das eigentlich das Natürlichste auf der Welt ist: an sich zu denken. Seine eigenen Interessen zu verfolgen ist zunächst moralisch neutral. Probleme entstehen erst, wenn weitere, negative Aspekte hinzutreten, weil man deswegen Pflichten gegenüber Anderen vernachlässigt oder Andere unangemessen beeinträchtigt, wenn man etwa zugunsten der eigenen Interessen jemanden schädigt oder jemandem etwas vorenthält.

Die bessere Hälfte

Es gibt eine andere Geschichte, bei weitem nicht so spektakulär wie die von Moses am Berg Sinai und vermutlich noch kein einziges Mal verfilmt. Und ob sie wahr ist, weiß man auch nicht. Es ist die Geschichte von einem alten Ehepaar, das seit Jahrzehnten ein festes Ritual beim Frühstück hat: Er nimmt ein Brötchen, schneidet es auf und gibt seiner Frau das schöne knusprige Oberteil, während er selbst sich mit dem weniger schönen Boden begnügt. Nach über 30 Jahren kommt durch Zufall heraus, dass seine Frau viel lieber den Boden hätte, aber über die vielen Jahre nichts gesagt hat, weil sie dachte, auch er würde den Boden lieber mögen und wollte deshalb diesen Teil ihm lassen. Er aber liebt die knusprigen Oberteile, hatte dasselbe von seiner Frau vermutet und ihr zuliebe viele Tausende von Morgen lang darauf verzichtet.

Auch aus dieser Geschichte kann man nun mehrere Schlüsse ziehen. Man kann lachen über die beiden. Man kann weinen oder verzweifelt sein, weil die Erkenntnis erst nach einem halben Leben des unnötigen Verzichts auf beiden Seiten kam; würde es nicht am Ende doch nur um Brötchenhälften gehen. Man kann politisch korrekt sagen: Na, immerhin haben sie Brötchen, es gibt genug, denen egal wäre, welche Hälfte sie bekommen, wenn sie nur irgendetwas zu essen hätten. Man kann über das Problem nachdenken, dass man von den eigenen Wünschen nicht einfach auf die anderer schließen darf. Damit erkennen, dass die goldene Regel »Behandle Andere so, wie du von ihnen behandelt werden willst« mit Vorsicht zu genießen ist. Und sich dem alten Zyniker George Bernard Shaw anschließen, der meinte: »Behandle Andere nicht, wie du möchtest, dass sie dich behandeln. Ihr Geschmack könnte nicht derselbe sein.« Man kann aber auch eine allgemeine Regel des Zusammenlebens ableiten: Miteinander reden!

Oder, und darauf will ich hier hinaus, man kann sich überlegen, warum eigentlich beide der Meinung waren, ihre eigenen Wünsche seien weniger wert als die des Anderen. Und ob das Problem nicht in Wirklichkeit dort seinen Ausgang genommen hat. Aus romantischer Sicht ist es sicherlich schön, dass jeder der beiden sich selbst zugunsten des geliebten Partners zurückgenommen hat. Womöglich ist das ein Zeichen wahrer Liebe und vielleicht sogar das Geheimrezept für eine lange glückliche Beziehung. Ob es wirklich das vollkommene Glück darstellt, sich selbst so weit zurückzunehmen, müsste man noch einmal überprüfen. Auf jeden Fall aber wäre es problematisch, ein derartiges Verhalten als Ideal anzusehen oder zu fordern. So positiv es in die eine Richtung erscheint, die Wünsche des Anderen zu erfüllen, hat es auch eine unschöne Kehrseite. Es würde ja bedeuten, die eigenen Bedürfnisse völlig hintanzustellen. Doch es stehen sich zwei Menschen gegenüber, die als Menschen gleichwertig sind und deren Anliegen somit auch dasselbe Gewicht haben. Es kann nicht Ziel der Moral sein, von einem Menschen zu fordern, sich selbst immer in die zweite Reihe zu stellen. Um bei diesem Bild zu bleiben: Die Moral kann das Vordrängeln auf Kosten Anderer kritisieren und dazu auffordern, sich wie jeder Andere in die Schlange zu stellen, aber nicht dazu, auf Dauer alle anderen vorzulassen.

Moralisch oder heilig?

Vermutlich schwebt vielen unbewusst als Idealbild des moralischen Menschen Mutter Teresa vor. Ein Mensch, der sich selbst vollkommen verleugnet und sich für andere aufopfert. Einfach ausgedrückt eine Heilige, auch wenn sie es nach katholischem Kirchenrecht (noch) nicht ist. Ihre Verdienste sollen unbenommen bleiben, aber im täglichen Umgang fällt ihr Name vermutlich am häufigsten im Zusammenhang mit einer Distanzierung: »Ich bin doch nicht Mutter Teresa!« Sosehr viele ihr Wirken bewundern, scheint es doch eher von einer anderen Welt und auf jeden Fall nicht wirklich Vorbild für den Einzelnen. Warum? Ihr Anliegen, den Armen zu helfen und sich um Sterbende, Waisen und Kranke zu kümmern, stellt doch zweifelsfrei eine moralische Aufgabe dar. Sogar eine der elementarsten. Doch es geht um das Ausmaß. Es besteht ein großer Unterschied zwischen einem Ideal und dem, was man verlangen kann. Immanuel Kant hatte 1788 in seiner »Kritik der praktischen Vernunft« dazu geschrieben:

»Die völlige Angemessenheit des Willens aber zum moralischen Gesetze ist *Heiligkeit*, eine Vollkommenheit, deren kein vernünftiges Wesen der Sinnenwelt, in keinem Zeitpunkte seines Daseins, fähig ist.«

Und wer von uns ist schon heilig?, möchte man an dieser Stelle fragen. Für mich persönlich kann ich es definitiv ausschließen. Tatsächlich lässt sich etwa das Leben, das Mutter Teresa führte, aus Gründen der Moral kaum von allen Menschen fordern; das, was sie leistete, ging über das Geforderte hinaus. In der Moralphilosophie nennt man so etwas »supererogatorische« Handlungen; damit meint man Taten, die gut sind, aber sozusagen zu gut und deshalb über die Pflicht hinausgehen.

Nun könnte man über diese Einteilung als eine Fußnote oder Randbemerkung der Ethik – wo man sie wirklich überwiegend antrifft – lächelnd hinweggehen, hätte sie nicht ganz praktische Auswirkungen: Diese kaum erreichbaren Grade an moralischer Perfektion eignen sich wunderbar als unendlicher Quell für ein schlechtes Gewissen – schließlich tut man nie genug. Ein halbwegs robustes Gewissen wird sich dagegen jedoch zur Wehr setzen, indem es entweder die Angelegenheit verdrängt oder den großen Ablageordner aufmacht und alle entsprechenden Forderungen pauschal unter »unerfüllbar« abheftet.

Wie gut dieser Mechanismus funktioniert, kann man beispielsweise bei etwas so Banalem wie der Mülltrennung sehen. Manche bringen es dabei zu einer erstaunlichen Meisterschaft. In den Küchen engagierter Mülltrenner nehmen die verschiedenen Müllbehältnisse oft mehr Platz ein als die Lebensmittelvorräte, manchmal scheinen sie die Bewohner aus dem Raum verdrängen zu wollen. Verständlich, dass viele ihre Küche für sich beanspruchen und sich dem widersetzen. Sie bleiben konsequent bei einem Mülleimer für alles, das dann in der Restmülltonne landet.

Obwohl sie das Problem der Ressourcenverschwendung und die ungelöste Frage »Wohin mit dem Müll?« grundsätzlich anerkennen, führt die Maximalforderung, alles ausnahmslos fein säuberlich zu trennen, zu einer Überforderung und am Ende zu einer Verweigerung. Außerdem hat jeder schon mal einen Bericht gehört, gesehen oder gelesen, nach dem alles am Ende wahlweise wieder in einem großen Sammelbehälter landet, doch verbrannt oder für viel Geld nach China oder in die Dritte Welt verschifft wird. Auf der Strecke bleibt die Tatsache, dass es für manche Stoffe einen gut funktionierenden Sekundärrohstoffmarkt gibt und je nach konjunktureller Lage für Altmetall, Altglas und Altpapier hohe Preise erzielt werden. Diese zu sammeln und getrennt zu entsorgen ist mit geringem Aufwand möglich. Der Wunsch, sich darauf zu beschränken und neben all den Müllbehältern in der eigenen Küche auch noch Platz zu finden, ist strenggenommen gegenüber der Umwelt egoistisch, ebenso wie der, in seiner Freizeit auch noch etwas anderes zu tun, als verschiedene Müllsammelstellen abzufahren. Nur ist er deshalb auch verwerflich? Ich meine: nein.

Zugegeben, der Sprung von Mutter Teresa zum Altglascontainer ist ein weiter, aber das Grundprinzip bleibt: Jeder hat das Recht, seine Belange zu vertreten und sich nicht völlig aufzuopfern. Die Aufforderung, alles zu geben, geht zu weit – und ist noch dazu in Anbetracht der menschlichen Natur kontraproduktiv.

Lob des Egoismus?

Das soll nicht bedeuten, dass der Egoismus immer der Ausgangspunkt aller moralischen Überlegungen wäre. Dass man sich aus Sicht eines »rationalen Egoismus« auf die Moral nur einigt, weil sie im Interesse jedes Einzelnen sei. Man kann zwar die Moral so begründen, das muss man aber nicht, wie man im Kapitel über die ethischen Theorien sehen wird. Hier geht es auch nicht um eine Begründung der Moral, sondern schlicht darum, dem Einzelnen sozusagen den Rücken zu stärken, bevor er der Moral gegenübertritt. Ich glaube, das ist einer der Gründe, warum die Moral so unbeliebt ist: weil man automatisch ein schlechtes Gewissen bekommt, wenn man das Wort nur hört. Das aber sollte und muss nicht sein.

Allerdings stellen diese Überlegungen keinen Freifahrtschein dar, nach dem Motto: Wenn die Moral mir ohnehin erlaubt, meine Wünsche zu erfüllen, dann kann ich es auch ruhigen Gewissens tun. In den meisten Fällen ist der unmittelbare Wunsch nach dem eigenen Wohlbefinden als Erstes vorhanden, und man tut gut daran, ihn zugunsten Anderer zu begrenzen. Es geht mehr darum, den Blickwinkel zu verändern. Moral ist eben nichts, was wir von außen – von welcher Institution auch immer – übergestülpt bekommen. Es ist etwas, das zwar die Freiheit beschränkt und vielleicht das Leben an der einen oder anderen Stelle unangenehmer oder mühsamer macht. Aber insgesamt macht sie das Leben zugleich besser. Und jeder hat auch das Recht, ohne Gewissensskrupel seine Belange zu vertreten und seine Wünsche mit vorzutragen. Die Moral mag tatsächlich sein Leben einschränken, aber sie ist nur eine Begrenzung dessen, was zu weit geht, und nicht ein völlig anderer, neuer Lebensentwurf, der nichts mit ihm selbst zu tun hat. Anders ausgedrückt: Jeder darf mit Fug und Recht »egoistisch« sein, also an sich denken. Problematisch wird es erst dann, wenn dieses An-sich-Denken überhandnimmt, wenn es außer dem eigenen Wohl keinen anderen Maßstab mehr gibt.

Auf den Punkt bringt es eine Redeweise, die dem US-amerikanischen Juristen Oliver Wendell Holmes Jr. zugeschrieben wird, der Anfang des 20. Jahrhunderts als Richter am Supreme Court wirkte:

»The right to swing my fist ends where the other man's nose begins. –

Das Recht, meine Faust zu schwingen, endet dort, wo die Nase des Nächsten anfängt.«

Ich halte diesen Satz für so gut, weil er ungemein plastisch zwei Dinge zum Ausdruck bringt: Zum einen muss ich auf den Anderen Rücksicht nehmen, darf ihn nicht verletzen. Zum anderen aber habe ich bis zu diesem Punkt das Recht, das zu tun, was ich will. Und diese beiden Aussagen stehen gleichberechtigt nebeneinander. Ich muss mich nicht schämen oder rechtfertigen für das, was ich tun will. Man kann versuchen, es plakativ so auszudrücken: Die Moral will nicht sagen, du bist ein schlechter Mensch, wenn du an dich denkst, sondern du bist ein schlechter Mensch, wenn du *nur* an dich denkst.

Die Frage ist jedoch, wie weit darf ich meine eigenen Wünsche verfolgen und wo schränke ich den Anderen zu sehr ein. Oder, um das Bild von Oliver Wendell Holmes Jr. aufzugreifen, wo beginnt die Nase des Nächsten, hält er sie zu Recht dort hin, und darf ich ihn vielleicht auffordern, sie woandershin zu stecken. Dafür kann es allerdings keine simple Antwort geben. Im Endeffekt ist die gesamte Moralphilosophie der Versuch einer Antwort auf diese Frage.

Jedoch, auch oder gerade weil es keine einfache Antwort und keinen Katalog zum Nachschlagen gibt, ist es umso wichtiger, das Prinzip zu erkennen, das hinter diesen Abgrenzungen liegt, es in der jeweiligen Situation anzuwenden und dann zu entscheiden. Damit wollen wir uns im Laufe dieses Buches beschäftigen. Zunächst aber müssen wir der Frage nachgehen, ob es nicht falsch ist, dem Egoismus den Rücken zu stärken, weil wir ohnehin in einer Zeit leben, in der jeder nur an sich denkt. Den Eindruck könnte man ja manchmal haben. Zum Beispiel dann, wenn man merkt, dass manche Menschen hemmungslos lügen. Darum soll es im nächsten Kapitel gehen.

2 Von neuen Frisuren, Präsidenten und Praktikantinnen
Über die Lüge

»I want you to listen to me. I'm going to say this again. I did not have sexual relations with that woman, Miss Lewinsky.« – »Ich möchte, dass Sie mir zuhören. Ich werde es noch einmal sagen. Ich hatte keine sexuelle Beziehung mit dieser Frau, Fräulein Lewinsky.« Mit diesen betont einzeln gesprochenen Worten reagierte am 26. Januar 1998 der damalige amerikanische Präsident Bill Clinton in einer Pressekonferenz im Weißen Haus auf die langsam durchsickernden Gerüchte, er habe eine Affäre mit der Praktikantin Monica Lewinsky gehabt. Und während unter anderem seine Frau Hillary neben ihm stand, produzierte er so nicht nur das vermutlich bekannteste Zitat seiner Amtszeit, sondern auch eine der bekanntesten öffentlichen Lügen des 20. Jahrhunderts. Denn knapp sieben Monate später musste er vor einer Grand Jury und danach vor der Nation zugeben, dass er sehr wohl eine »improper physical relationship«, eine unangemessene körperliche Beziehung, mit Monica Lewinsky gehabt hatte. Was nicht weiter verwundert: Angesichts der von Lewinsky konservierten Spermaflecken auf einem ihrer Kleider wäre es zu diesem Zeitpunkt auch nurmehr schwer zu leugnen gewesen.

Diese Geschichte ist nur eine von vielen, die das Verhältnis von Politikern zur Wahrheit illustrieren und strapazieren – allerdings in ganz unterschiedlichem Ausmaß und unterschiedlicher Absicht: Colin Powells berühmte Irakrede vor dem Weltsicherheitsrat vom 5. Februar 2003, mit der er für den Irakkrieg warb und Beweise für Massenvernichtungswaffen präsentierte, die sich im Nachhinein als falsch herausstellten. Walter Ulbrichts berühmtes »Niemand hat die Absicht, eine Mauer zu errichten«, Helmut Kohls »blühende Landschaften«, Uwe Barschels »Ehrenwort«, Franz Münteferings Hinweis, dass es unfair sei, eine Partei an ihren Wahlkampfversprechen zu messen, und das unfreiwillige Eingeständnis der Wahlkampflüge durch den ungarischen Ministerpräsidenten Ferenc Gyurcsány.

Dennoch war Bill Clintons Lüge etwas Besonderes: Nicht nur, dass sie zum erst zweiten Amtsenthebungsverfahren gegen einen Präsidenten in der amerikanischen Geschichte führte (das letztendlich vom Senat abgelehnt wurde). Besonders war vor allem auch Clintons Verteidigung gegen den Vorwurf der Lüge. Da er seine Aussagen teilweise unter Eid gemacht hatte, blieb ihm als Strategie nicht viel mehr, als nachzuweisen, dass die Lüge keine Lüge war. Schließlich lautete einer der Vorwürfe im Amtsenthebungsverfahren auf »Perjury«, also Meineid, und dieser Vorwurf hängt direkt an der Frage, ob es sich um eine Lüge gehandelt hat oder nicht. Am Ende zog sich Clinton auf die Position zurück, dass Oralsex – den er nachweislich mehrmals mit Monica Lewinsky gehabt hatte – keine »sexual relations« im Wortsinne und der ihm vom Gericht vorgelegten Definition sei. Kein ganz leichtes Unterfangen, das einige Akrobatik erforderte. Legendär wurde in diesem Zusammenhang dann auch sein Satz: »It depends on what the meaning of the word ›is‹ is.«

Sex, der kein Sex war, »ist«, das nicht »ist« bedeutet, das klingt nach allem Möglichen, nur nicht nach Wahrheit. Eigentlich musste Clinton nichts anderes tun als das, womit wir alle im täglichen Leben konfrontiert sind: mit unangenehmen Wahrheiten umgehen. Nachdem er aber einmal damit angefangen hatte, kam er gerade wegen seines sehr kreativen Umgangs mit der Wahrheit in immer größere Bedrängnis und musste sich verteidigen. Wie er das machte, war interessant, und überraschenderweise befand sich Clinton mit seiner Strategie in bester Gesellschaft. Er griff – ob absichtlich oder nicht – tief in die Trickkiste der Lügenhistorie. Und die hat es in sich.

Das liegt daran, dass der Kirchenvater Augustinus um das Jahr 400 herum in seinen Schriften »Über die Lüge« und »Gegen die Lüge« ein absolutes Lügenverbot formulierte. Das war eher überraschend. Während in der Antike der Umgang mit der Wahrheit noch relativ offen gewesen war und sich auch die christliche Theologie bis dahin nicht so eindeutig geäußert hatte, ließ Augustinus keinen Zweifel: »Non est mentiendum« – es darf nicht gelogen werden. Als Ergebnis davon musste sich die Moraltheologie der folgenden Jahrhunderte mit der Frage herumschlagen, wie man es anstellen kann, zwar nicht die Wahrheit zu sagen, aber dennoch nicht zu lügen. Der Phantasie waren kaum Grenzen gesetzt. Augustinus selbst empfahl, einfach nichts zu sagen. Denn selbst das bewusste Verschweigen einer Wahrheit sei, so meinte er, schließlich keine Lüge. Augustinus führte aber auch die absichtliche Doppeldeutigkeit als Ausweg ein, die später die komischsten Blüten hervorbrachte: Frage etwa, so einer der Beispielsfälle – und mein Liebling in diesem Zusammenhang –, ein schwerkranker Mann, dessen Sohn gestorben ist und den diese Nachricht sofort ins Grab bringen würde, den Arzt nach dem Verbleib seines Sohnes, könne der Arzt antworten: »Dein Sohn lebt.« und wie zur Bekräftigung hinzufügen: »Bei Gott!« Denn die Aussage kann man auch als »Dein Sohn lebt bei Gott« verstehen und durchschauen, dass es sich um keine Bekräftigung handelt, sondern um eine Ortsangabe. Damit hätte der Arzt aber nicht gelogen, auch wenn sein Patient nun das Gegenteil glaubt. Daneben gab es den »geistigen Vorbehalt«, die reservatio mentalis. Dieser Konstruktion zufolge kann man einen Teil einer Aussage, statt sie auszusprechen, nur im Geiste hinzufügen, solange alles zusammen wahr ist. Auf die Frage, ob man eine bestimmte Sache weiß, könne man die Aussage »nescio – ich weiß nicht« machen, obwohl man es weiß, wenn man in Gedanken »pro te – für dich« hinzufügt, denn beides zusammen sei wahr. Ebenso dürfe man jemandem, der einen um Geld bittet, sagen: »Ich habe kein Geld«, wenn man in Gedanken hinzufüge, »um es dir zu leihen.«

Verglichen damit war Bill Clinton geradezu harmlos, denn im amerikanischen Sprachgebrauch lässt sich »Sex« tatsächlich so verstehen, dass er den Begriff Oralverkehr nicht umfasst. So würden Umfragen unter Collegestudenten zufolge ca. 60 % nicht sagen, dass sie »Sex hatten« mit jemanden, mit dem sie nur oral verkehrt haben, und eine Ausgabe des weitverbreiteten Webster's Dictionary definiert »sexual relation« als »coitus«, womit Oralsex ausgeschlossen wäre.

Strenggenommen dienen alle die spitzfindigen Versuche der Moraltheologie, mit dem absoluten Lügenverbot zurechtzukommen, eher der Unterhaltung, als dass sie als wirkliche Lösung oder zum Vorbild taugen. Sie wirken zwischen komisch und verzweifelt. Man kann ihnen aber eines entnehmen: Offensichtlich gibt es Situationen, in denen sich eine Lüge kaum umgehen lässt, und man muss dann eben mit ihr umgehen. Bill Clinton andererseits ist ein Paradebeispiel dafür, wie man sich um Kopf und Kragen oder buchstäblich um Amt und Würden lügen kann. Clinton hätte sich und anderen viel erspart, wenn er von Anfang an offen die Wahrheit gesagt hätte. Aber spätestens beim todkranken Mann, den die Nachricht vom Tod seines Sohnes ins Grab bringen würde, kommt man doch mehr als ins Zweifeln, ob ein absolutes Verbot der Lüge die endgültige Antwort auf die Frage nach dem Umgang mit der Wahrheit darstellt.

Die alltägliche Frage

Darf man, soll man, ja muss man manchmal lügen? Und wenn ja, wann?, lautet das Problem, mit dem sich nicht nur Moraltheologie und -philosophie auseinandersetzen müssen, sondern jeder von uns im täglichen Leben. Und vielleicht wird es einfacher, wenn man dort eine Lösung sucht: im täglichen Leben. Nicht bei Präsidenten und Amtsenthebungsverfahren, Kriegsbegründungen oder Wahlkämpfen. Denn die Grundproblematik ist überall dieselbe, auch bei dem Klassiker schlechthin. Niemand möge behaupten, er habe noch nie vor dem Problem gestanden, sei noch nie konfrontiert worden mit der Frage: »Wie steht mir meine neue Frisur?« Man kann viel über Lüge und Wahrheit schreiben, Theorien wälzen, begründen, verwerfen. Schulbeispiele und Zwangslagen erörtern, bekannte Lügen der Geschichte zitieren, sich über sie amüsieren oder empören. Am Ende steckt doch alles in der Antwort auf diese eine kleine, alltägliche Frage. Eine Frage, die es in vielen Variationen gibt. Es kann um ein neues Kleid der Kollegin gehen, das neue Buch des befreundeten Autors, die endlich gefundene Traumwohnung, das Aussehen des Nachwuchses, die Sangeskünste des Neffen und das Geschenk der Großmutter. Oder eben die neue Frisur, der Klassiker.

Wahr oder nicht wahr?

Das Erste, was einem auf diese Frage einfällt, ist: Über Geschmack kann man streiten. Tatsächlich ist das, was dem einen gefällt, dem Anderen ein Graus. Es gibt gar keine Wahrheit in diesem Bereich. Aber es gibt eine eigene Meinung. Und um die geht es – nicht nur hier. Immanuel Kant, ein weiterer bekannter Verfechter des absoluten Lügenverbots nach Augustinus, hat, wie so vieles, auch das auf den Punkt gebracht:

»Es kann sein, dass nicht alles wahr ist, was ein Mensch dafür hält (denn er kann irren); aber in allem, was er sagt, muss er wahrhaft sein (er soll nicht täuschen): ... Die Übertretung dieser Pflicht zur Wahrhaftigkeit heißt die Lüge.«

Eine Pflicht, die Wahrheit zu sagen, wäre unsinnig, weil man in vielen Fällen die Wahrheit gar nicht kennt. Es kann nur eine Pflicht geben, das zu sagen, was man für wahr hält. Es geht um die Übereinstimmung von Denken und Reden, die als Wahrhaftigkeit bezeichnet wird. Wer der Meinung ist, dass, weil Kapstadt auf der Südhalbkugel liegt, dort nachts die Sonne scheint, lügt nicht, wenn er es behauptet, er irrt sich schlicht. Wie intelligent es ist, sich zu Dingen zu äußern, die man nicht weiß, steht auf einem anderen Blatt.

Dass das keineswegs eine rein akademische Frage darstellt, zeigt ein sehr bekanntes Beispiel: Helmut Kohls »blühende Landschaften«. 1990 versprach der damalige Kanzler mehrfach, die neuen Bundesländer schon bald in solche zu verwandeln. Ob das gelogen war oder nicht, hängt nun nicht davon ab, ob es dann tatsächlich gelang oder nicht, sondern ob er damals der Meinung war, es werde gelingen. Wenn Kohl als optimistischer Mensch, der von Wiederaufbau und Wirtschaftswunder nach dem Krieg geprägt war, glaubte, in den neuen Ländern werde das – mit der Unterstützung der westlichen Bundesländer und Europas – nun sicherlich schnell funktionieren, war es keine Lüge. Aus heutiger Sicht war es allenfalls ein Irrtum. Hat er es aber wider besseres Wissen behauptet, um Zustimmung zu seiner Politik zu erhalten und die nächsten Wahlen zu gewinnen, war es ein Lüge.

Auch die berühmten drei Worte »Ich liebe dich« können beim gleichen Ausmaß der Gefühle tiefste Beteuerungen der eigenen Überzeugung sein – oder gelogen, je nachdem, ob der- oder diejenige in dem Moment an die vorhandenen Gefühle glaubt oder an ihnen zweifelt.

Aufrichtigkeit

Dann sage ich zur Sicherheit einfach nichts!, mag sich nun mancher denken. Das führt jedoch zu einem weiteren Problem, das nicht nur bei Liebesschwüren auftritt. Schon

Augustinus hatte ja geraten, zur Vermeidung der Lüge einfach nichts zu sagen. Dem Partner zu beteuern, »Ich liebe dich«, stellt eine Lüge dar, wenn dem nicht so ist. Aber ist es wirklich in Ordnung, einfach nichts zu sagen, wenn man sich innerlich schon längst verabschiedet hat? Hier will ich meine Zweifel anmelden. Natürlich macht es einen Unterschied, ob man jemandem buchstäblich ins Gesicht lügt oder nichts sagt. Aber ich behaupte, dass es eine Vielzahl von Situationen gibt, in denen auch das Schweigen falsch ist. Dann nämlich, wenn der Andere ein Recht hätte, den verschwiegenen Umstand zu erfahren. Für diese Situationen halte ich das Wort »Aufrichtigkeit« für das beste. Nichts zu sagen, obwohl das Gegenüber erwarten dürfte, informiert zu werden, ist nicht gelogen, aber unaufrichtig. Aufrichtigkeit beinhaltet die Wahrhaftigkeit – wer lügt, ist auch unaufrichtig –, geht aber darüber hinaus.

Weil es ein weiter Begriff ist, wird auch die Abgrenzung schwieriger. Denn nicht jedes Schweigen kann zum Vorwurf gemacht werden. Im Gegenteil: Bei vielen Menschen wäre es sogar das Beste, wenn sie generell mehr schwiegen und weniger redeten. Aber in einigen Situationen scheint es klar: Seinem Partner etwa wichtige Dinge seines Lebens nicht zu offenbaren kommt einem Verheimlichen nahe. Oder wie sollte man es bewerten und nennen, wenn eine Frau nie erfährt, dass ein Mann ein Kind aus einer anderen Beziehung hat? Wenn ein Mann sich in einer glücklichen Zweisamkeit wähnt, während seine Frau in Wirklichkeit schon Wohnungen für den Auszug besichtigt? Wenn einer der beiden über längere Zeit eine Affäre mit einem oder einer Anderen hat?

Die Abgrenzung ist ebenso schwierig wie die Begründung, aber meiner Meinung nach kann man sich vorstellen, dass es gewisse Fragen gibt, die etwa in einer Beziehung jeden Tag unausgesprochen gestellt werden und unausgesprochen beantwortet. Nicht tatsächlich, nicht bewusst und auch nicht unbewusst, sondern als Abmachung der Beziehung. Was diese Abmachung umfasst, etwa die Frage, ob man sich noch liebt oder ob man etwas mit Anderen hat, kann unterschiedlich sein. Dazu mehr im Kapitel über Liebe und Beziehungen.

Aber das Prinzip der Aufrichtigkeit gilt nicht nur in Liebesdingen. Es gilt in unterschiedlichem Ausmaß auch unter Freunden, in Geschäftsbeziehungen und manchmal auch unter fast Fremden. Ein paar Beispiele: Wenn eine Reinigungskraft zu Hause einen versehentlich beschädigten Gegenstand still entsorgt, ist man zu Recht irritiert. Nicht, weil etwas beschädigt wurde, das kann immer passieren, und das Risiko ist mit dem Hantieren im Haushalt – in Maßen – untrennbar verbunden. Irritiert ist man, weil man das Verschweigen zwar menschlich verstehen kann, aber dennoch als unaufrichtig empfindet. Im Endeffekt gehört hierher auch die berühmte Wechselgeldfrage: Muss man etwas sagen, wenn man an einer Kasse – offensichtlich aus Versehen – zu viel Wechselgeld zurückbekommt? Auch hier gilt für mich: Wer statt eines 5-Euro-Scheins versehentlich einen 20-Euro-Schein erhält, das bemerkt und ihn erfreut schweigend einsteckt, hat weder gelogen noch betrogen, aber unaufrichtig gehandelt. Denn die Kassiererin hat hier ein berechtigtes Interesse daran, auf Ihren Irrtum aufmerksam gemacht zu werden, und das Schweigen ist vorwerfbar.

Das Böse an der Lüge

Doch zurück zur Lüge. Im Prinzip kann man der Lüge gegenüber drei Grundhaltungen einnehmen: Man kann erstens das Lügen als solches und damit jede Lüge für unmoralisch und deshalb falsch halten und nur in Notfällen Ausnahmen zulassen. Man kann zweitens rein auf die Folgen schauen, das Lügen selbst neutral sehen und es nur danach beurteilen, ob es positive oder negative Auswirkungen hat. Und schließlich kann man sich drittens überlegen, was denn eigentlich überhaupt schlecht am Lügen sein soll und danach eine Abgrenzung vornehmen. Das scheint mir der sinnvollste Zugang zu sein.

Du sollst nicht lügen

Diese Überlegung könnte man ganz klassisch beginnen und sich einfach auf die Zehn Gebote beziehen: Du sollst nicht lügen. Reicht das nicht? Und wenn nicht, warum nicht? Vielleicht deshalb, weil es diesen Satz nicht gibt. Nun, natürlich gibt es ihn in der deutschen Sprache, aber es gibt ihn nicht als das, als das ihn viele zu kennen glauben: als biblisches achtes Gebot. Dort, in der Bibel an den beiden Stellen, an denen die Zehn Gebote formuliert sind, lautet das achte Gebot anders. In der Übersetzung der Lutherbibel von 1984 heißt es: »Du sollst nicht falsch Zeugnis reden wider deinen Nächsten.« Und in der sogenannten Einheitsübersetzung: »Du sollst nicht falsch gegen deinen Nächsten aussagen.«

Weit und breit kein »Du sollst nicht lügen«. Machen diese beiden Formulierungen einen Unterschied? Ja natürlich, würde man schon aus dem Wortlaut heraus sagen. Das eine betrifft eine Situation vor Gericht, das andere das tägliche Leben. »Du sollst nicht falsch Zeugnis reden wider deinen Nächsten« soll vor falschen Verurteilungen schützen und »Du sollst nicht lügen« davor, ja, wovor nun? Belogen zu werden. Aber diese Antwort bringt einen nicht weiter, damit begibt man sich in einen Zirkelschluss. Wenn man der Lüge näher kommen will, wenn man wissen will, warum man nicht lügen soll oder vielleicht manchmal schon, muss man eine Erklärung finden, was genau schlecht an der Lüge ist.

Der philosophische Klassiker: Kants Kategorischer Imperativ

Ähnlich grundlegend und bekannt wie die Zehn Gebote in der Moraltheologie ist in der Moralphilosophie Immanuel Kants Kategorischer Imperativ. In seiner Grundformulierung lautet er: »Handle nur nach derjenigen Maxime, durch die du zugleich wollen kannst, dass sie ein allgemeines Gesetz werde.« Versucht man nun, diesen Satz auf die Lüge anzuwenden, bemerkt man schnell: Die Lüge widerspricht ihm. Denn man kann nicht wollen, dass die Maxime: »Ich darf lügen« allgemeines Gesetz wird. Warum? Die Überlegung, warum man das nicht wollen kann, führt zum ersten Grund, warum man das Lügen ablehnen muss. Wäre es allgemein erlaubt zu lügen, könnte man nicht mehr lügen. Das klingt zunächst widersprüchlich, ist es aber nicht, sondern im Gegenteil eine logische Konsequenz. Denn die Lüge braucht die Wahrheitspflicht, um zu funktionieren. Wer lügt, will, dass sein Gegenüber das, was er sagt, glaubt. Sonst wäre es ein Scherz, Ironie, Dichtung, ein Märchen oder Ähnliches. Glauben wird das Gegenüber aber die Aussage des Lügners nur, wenn es die allgemeine Annahme gibt, dass Aussagen aufrichtig gemeint sind. Und für diese Annahme braucht man ein Verbot der Lüge.

Der Klassiker in der Erziehung: Das zerstörte Vertrauen

»Wer einmal lügt, dem glaubt man nicht, und wenn er auch die Wahrheit spricht«, lernen Kinder sehr früh als negative Folge der Lüge. Verbunden oft mit der Fabel vom Hirtenjungen und dem Wolf. Ihr zufolge weckte ein Hirtenjunge aus Spaß zwei Mal die Bürger mit dem Ruf »Ein Wolf« aus dem Schlaf, worauf sie ihm beim dritten Mal, als aber tatsächlich ein Wolf kam, nicht mehr glaubten und nicht zu Hilfe kamen, woraufhin der Wolf die Schafe fraß. Man zögert ein wenig, diese Kindergeschichte zu erzählen, und überlegt, ob es tatsächlich eine heutige Entsprechung gibt. Sicherlich gibt es Menschen, die man schon das eine oder andere Mal dabei erwischt hat, wenn sie kreativ mit der Wahrheit umgehen, und denen man dann nicht mehr glaubt. Das geschieht aber zu ihrem eigenen Schaden und wäre außer für den Lügner selbst kaum von Nachteil. Das Misstrauen kann aber auch nicht nur den Lügner selbst treffen, wie ein Beispiel zeigt. Viele Menschen geben gerne Anderen, die in Not sind. Seit aber in den Innenstädten professionelle Bettlerbanden mit gespielten Körperbehinderungen unterwegs sind, trauen immer mehr Menschen keinem Bettler mehr und geben prinzipiell nichts. Leidtragende des von den Lügnern (die hier zum Zwecke des Betrugs lügen) zerstörten Vertrauens sind aber nicht nur die Lügner selbst, sondern alle, auch die, die wirklich nichts haben und Hilfe bräuchten. Ob es daneben wirklich sinnvoll ist, Bettlern etwas zu geben, wird eine Frage im Kapitel über soziale Pflichten sein.

Verlust der Sprache

Strenggenommen führt das Lügen sogar zu einem Verlust der Sprache. Das mag übertrieben klingen, vor allem, wenn man liest, wie drastisch Immanuel Kant dazu geschrieben hat:

»... aber die Mitteilung seiner Gedanken an jemanden durch Worte, die doch das Gegenteil von dem (absichtlich) enthalten, was der Sprechende dabei denkt, ist ein der natürlichen Zweckmäßigkeit seines Vermögens der Mitteilung seiner Gedanken geradezu entgegengesetzter Zweck, mithin Verzichttuung auf seine Persönlichkeit und eine bloß täuschende Erscheinung vom Menschen, nicht der Mensch selbst.«

Und auf dem Lügner bezogen:

»Die Lüge ist Wegwerfung und gleichsam Vernichtung seiner Menschenwürde. Ein Mensch, der selbst nicht glaubt, was er einem anderen ... sagt, hat einen noch geringeren Wert, als wenn er bloß Sache wäre.«

Weil die Worte dann nichts mehr mit den Gedanken zu tun hätten, sieht Kant den Lügner als bloße »Sprachmaschine«.

An dieser Stelle kann man sicher Kritik anmelden, weil die Idee zu lügen ja auch Gedanken des Lügners sind, nämlich Gedanken darüber, was er öffentlich sagen möchte. Aber ein wesentlich einfacherer und meines Erachtens wirklich überzeugender Gedanke bleibt: Die Lüge beraubt die Sprache eines Teils ihrer Funktion als Möglichkeit des Gedanken- und Informationsaustausches.

Was meine ich damit? Gehen wir zurück zu unserer Frage »Wie steht mir meine neue Frisur?«. Wenn man auf diese Frage hin jederzeit lügen darf, hat der oder die Frischgeschorene keine Möglichkeit zu erfahren, was die Mitmenschen über die Frisur denken. Vielleicht wurde jemand zum Opfer eines überambitionierten Haarkünstlers oder vollkommen unfähigen Friseurs – und wird es nie erfahren. Alle Befragten, Freunde, Kollegen, Verwandte – ja sogar der eigene Partner – sagen »sehr schön«, und die Ärmste wird den Rest ihrer Tage verunstaltet herumlaufen, weil ihr niemand sagt, dass es entsetzlich aussieht. Der Autor Khaled Hosseini lässt in seinem Roman »Drachenläufer« Baba, den Vater des Erzählers Amir, sagen: »Wenn du eine Lüge erzählst, stiehlst du einem anderen das Recht auf die Wahrheit.« Er stiehlt ihm aber nicht nur das Recht auf Wahrheit, sondern schlimmer noch sogar die Möglichkeit auf sie. Man muss sich nur einmal den umgekehrten Fall der neuen Frisur vorstellen: Endlich sind die unerträglichen langen Zotteln ab, und der neue Haarschnitt ist eine Offenbarung. Nur kann der Fragesteller – wenn das Lügen erlaubt ist und er logisch denkt – das nie erfahren. Denn die Antwort, dass es gut aussieht, kann bedeuten, dass es wirklich gut aussieht, sie kann aber auch das Gegenteil bedeuten und gelogen sein. Sie ist schlicht wertlos. Hart gesprochen ist sie nur bewegte Luft und schade um den Atem. Die Lüge verhindert die echte Kommunikation über das Thema, beraubt die Sprache ihrer Funktion.

»Bin ich zu dick?«

Und wie sieht es mit dem anderen Klassiker aus, der Frage »Sag mal, findest du mich zu dick?«. Diese Frage kann einerseits eine ganz ehrlich gemeinte Frage sein, die Bitte nach einer Entscheidungshilfe, ob man den nächsten Urlaub lieber nach Italien zum Schlemmen oder an den Bodensee zur Fastenklinik buchen soll. Es kann aber auch eine verklausulierter Hilfeschrei sein und die Aufforderung: Sag mir, dass du mich liebst – und das sofort. Kommunikation enthält mehr als den Wortlaut des Gesprochenen, und häufig kommt es auf das Mehr an. Auch die Frage »Wie geht's?« fällt in diese Kategorie. Meist handelt es sich – entgegen dem Wortlaut – um gar keine echte Frage, sondern um eine Begrüßungsformel, auf die man antwortet, als hätte der Andere »Guten Tag« gesagt. »Danke gut« zu sagen, obwohl gerade alles schiefläuft, stellt also keine Lüge dar, sondern das, was der Fragesteller hören wollte, nämlich die gewöhnliche Reaktion auf seine Grußformel. So wie man es noch extremer vom amerikanischen »How do you do?« kennt, das überhaupt nicht als Frage aufgefasst wird.

Manipulation

Das aus meiner Sicht überzeugendste Argument gegen die Lüge aber ist das der Manipulation. Der Lügner beraubt den Belogenen nicht nur seines Rechts auf Wahrheit, sondern vor allem auch seiner Freiheit. Genau deswegen lügt der Lügner ja, auch wenn er sich dessen manchmal nicht bewusst sein mag. Die Täuschung soll beim Belogenen etwas bewirken: Er soll etwas glauben, was er sonst nicht glauben würde. Er soll in seinen Überlegungen von etwas ausgehen, was nicht stimmt. Und er soll damit Entscheidungen treffen, die er so nicht treffen würde, wenn er die Wahrheit erführe. Damit aber manipuliert der Lügner den Belogenen. Der Belogene meint zwar, er könne sich frei entscheiden, in Wirklichkeit hängt er aber als Marionette an den Fäden des Lügengespinsts. Er wird damit – und sei es noch so gut gemeint, was ja durchaus vorkommen mag – vom Lügner zum Objekt gemacht.

Im bösen Sinne nutzt das der Betrüger. Wenn er einem Käufer erzählt, die billige Plagiatuhr sei echt, das frisch lackierte Auto hätte keinen Unfall gehabt oder das gefälschte Gemälde sei eine Antiquität, soll der es glauben und sich dafür entscheiden, sein Geld für den Plunder herzugeben, was er nie gemacht hätte, würde er die wahren Umstände kennen. In die Versuchung, so zu handeln, werden nun hoffentlich die wenigsten der Leser dieses Buches kommen, aber im Grunde gilt dasselbe in allen Fällen, in denen man den Belogenen nicht schaden, sondern sie im Gegenteil »schonen« will. Das können die alten Großeltern sein, denen man vieles nicht mehr erzählt, weil es sie zu sehr aufregen würde, die Partnerin oder der Partner, denen gegenüber man die wirtschaftliche Situation der eigenen Firma »beschönigt«, um sie nicht zu beunruhigen, oder eben die Trägerin der neuen Frisur, der gegenüber man das offene Wort scheut. In all den Fällen maßt man sich an, besser zu wissen als derjenige selbst, was er oder sie wissen soll und was nicht, was er oder sie verträgt und was nicht. Und man nimmt ihm die Möglichkeit zu handeln.

Auch hier gibt es wieder einen Klassiker: Seit der Antike trifft man in der Literatur über die Lüge immer wieder auf den Fall des Todkranken, der keine Hoffnung mehr hat, und die Frage, ob man ihm das sagen soll oder ihn schonen. Das ist kein Lehrbuchfall, die Frage tritt täglich auf, und ich kenne sie auch aus Zuschriften oder als Höreranfragen in Radiosendungen. In der Literatur wird er aber gerne als Beispiel dafür genommen, dass die Wahrhaftigkeitspflicht ihre Grenzen bei der Menschlichkeit findet, dass es nicht gerechtfertigt ist, zugunsten der Wahrhaftigkeit den Menschen unnötig zu belasten.

Ich halte das für falsch. Natürlich darf man einen Menschen nicht einer abstrakten Pflicht opfern, aber es spielen hier auch noch andere Aspekte mit hinein: Wenn man dem Patienten nichts sagt, nimmt man ihm die Möglichkeit, sein Leben zu ordnen oder letzte Dinge zu regeln. Vielleicht hat derjenige einen Lebenstraum, den er unbedingt sich noch erfüllen will, vielleicht wollte er einmal in seinem Leben auf Hawaii gewesen sein, Rom sehen oder mit dem Hubschrauber fliegen. Vielleicht will er sich noch mit jemandem aussprechen oder etwas klären, finanzielle Angelegenheiten regeln. Die Möglichkeiten dazu nimmt man ihm. Es geht wieder um die Frage der Manipulation. Es kann unmenschlich sein, einen Menschen am Lebensende so zu entmündigen.

Die Grenzlinie

Soll das nun dazu führen, dass man immer und überall die Wahrheit sagen soll, egal, was passiert? Der Journalist Jürgen Schmieder hat in seinem Buch »Du sollst nicht lügen!« einen – vielleicht nicht ganz ernstgemeinten – Selbstversuch gestartet: 40 Tage lang nicht zu lügen. Ein ambitioniertes Unterfangen, das an den Film »Der Dummschwätzer« erinnert, in dem Jim Carrey einen gerissenen Anwalt spielt, der 24 Stunden lang nicht lügen kann, weil sich sein oft enttäuschter Sohn beim Kerzenausblasen das gewünscht hat. Was in dieser amerikanischen Komödie alles passiert, kann man sich ausmalen, wenn man den Hauptdarsteller und das Genre kennt. Jürgen Schmieder dehnte das auf 40 mal 24 Stunden aus. Dazu muss man wissen – was kaum überraschen dürfte, wenn man genauer und kritisch nachdenkt –, dass der durchschnittliche Mensch jeden Tag häufig lügt. Wie oft genau ist allerdings umstritten: Je nach Studie schwanken die Zahlen zwischen einmal und zweihundertmal. Schmieder aber kam am Ende seines Experiments, das Lügen vollkommen zu vermeiden, zu dem Ergebnis, dass es trotz aller Schwierigkeiten besser ist, ehrlicher zu sein und weniger zu lügen.

Dem »weniger lügen« will man spontan uneingeschränkt zustimmen, es stellt sich nur die Frage: Wann genau darf, soll, muss man nun lügen und wann nicht?

Vielleicht zeigt sich eine Grenzlinie zwischen zwei ähnlichen Fragen, der nach der neuen Frisur und folgender: Ein Brautpaar will nach der Hochzeit von seinen Freunden wissen, ob ihnen die Feier genauso gut gefallen hat wie dem glücklichen Brautpaar. Das aber ist nicht der Fall, denn die Feier war nach Meinung der Freunde in nahezu jeder Hinsicht – Essen, Stimmung, Raum usw. – vollkommen misslungen. Soll man auch da den Fragenden die Wahrheit nicht vorenthalten?

Meiner Meinung nach liegt zwischen den beiden Fällen, so vergleichbar sie von der Konstellation scheinen, ein großer Unterschied, der eine Grenze aufzeigen könnte: Während der- oder diejenige mit der neuen Frisur sich die Haare wieder wachsen oder beim nächsten Mal anders schneiden lassen kann, hat das Brautpaar kaum eine Chance, irgendetwas zu verbessern, und an eine neue Hochzeit denken beide hoffentlich zu diesem Zeitpunkt noch nicht. Ihre Frage kann deshalb kaum auf konstruktive Kritik oder gar Verbesserungsvorschläge gerichtet sein, etwa in der Art: »Also merkt euch das, wenn ihr das nächste Mal heiratet, solltet ihr die Avocadocreme mit weniger Zitrone anmachen und die Torte dünner glasieren lassen.« Vielmehr liegt in der Frage eher die Aufforderung zu einer Bestätigung und einer gemeinsamen schönen Erinnerung. Weil vermutlich auch keine unmittelbare Wiederholung ansteht, ist auch die manipulative Komponente geringer: Wer hier wahrheitswidrig antwortet, will das lasch getraute Paar nicht zu einem bestimmten Verhalten bringen, sondern lediglich in dem vielleicht falschen, aber glücklichen Glauben lassen, die Hochzeit sei gelungen gewesen.

Nicht verletzen

Auch das ist eine Täuschung und gewisse Manipulation, dem steht aber etwas gegenüber, das gegen die Offenbarung der Wahrheit spricht: der Wunsch, die Fragesteller nicht zu verletzen. Diesen Wunsch kann man auch als Gebot formulieren, wie es etwa Arthur Schopenhauer als einen der Grundpfeiler seiner Ethik getan hat: Neminem laede – verletze niemanden. Wenn sich nun diese beiden Gebote gegenüberstehen, erkennt man eines: Wahrhaftigkeit ist ein Wert, ein hoher Wert, wie man sehen konnte. Aber sie ist eben nur *ein* Wert, ein Wert unter etlichen anderen. Für Immanuel Kant war sie – ebenso wie schon vorher für Augustinus – ein absoluter Wert. Kant hatte dafür ein berühmten Schulbeispiel bemüht: Ein Mörder fragt den Freund des von ihm verfolgten Opfers nach dessen Versteck. Auch in diesem Fall, soll man, so Kant, lieber seinen Freund, das Opfer, an den Mörder verraten als zu lügen. Das war nicht umsonst schon zu Kants Zeiten umstritten, und in jüngerer Zeit betont der französische Philosoph André Comte-Sponville, dass

»die Wahrhaftigkeit keine absolute Pflicht ist, ganz gleich, was Kant darüber denkt«. »Setzt man«, fährt Comte-Sponville mit gewissem Pathos fort, »die Aufrichtigkeit absolut, so verspielt man sie; dann ist sie nicht mehr gut, dann ist sie nur noch kalte, todbringende, abscheuliche Wahrhaftigkeit. Das ist nicht mehr Aufrichtigkeit, sondern Wahrhaftigkeitswahn; das ist keine Tugend mehr, sondern Fanatismus. Ein theoretischer, seelenloser, abstrakter Fanatismus; ein philosophischer Fanatismus, der der Wahrheit regelrecht verfallen ist. Doch kein Wahn ist gut, kein Fanatismus eine Tugend.«

Selbstschutz

Das Beispiel mit dem Mörder, der sein Opfer sucht, ist ein Sonderfall: Es geht nicht darum, den Belogenen nicht zu verletzen, sondern durch die Lüge einen Dritten vor dem Mörder zu schützen. Daneben gibt es jedoch noch den vermutlich sogar wesentlich häufigeren Fall, dass man sich selbst durch die Lüge schützen will. Vor Neugier, negativen Konsequenzen oder schlicht Unbequemlichkeiten.

Beginnen wir mit Letzterem, dem Ausweichen vor der Unbequemlichkeit. Der erste Gedanke ist: Das kann eine Lüge kaum rechtfertigen. Das mag stimmen, aber es gibt viele Fälle, vielleicht sind es sogar die häufigsten Fälle von Lügen im Alltag, in denen sich die Aspekte überlagern. Was sagt man auf eine Einladung, zu der man nicht gehen will? »Tut mir leid, das war das letzte Mal so langweilig, dass ich mich lieber zu Hause mit meiner Katze unterhalte.« Vermutlich wird man eher irgendein »Da kann ich leider nicht« nuscheln und hoffen, dass niemand nachfragt und man auch nicht an dem Abend von gemeinsamen Freunden in der Lieblingskneipe angetroffen wird. Ist die Lüge hier nun schädlich oder nützlich, schändlich oder gut? Es mag vielleicht überraschen, aber ich halte die Ausrede hier für vertretbar, wenn nicht sogar bevorzugenswert. Was haben die Gastgeber davon, wenn sie erfahren, dass man sie für langweilig hält? Wenig, außer dass sie sich gekränkt fühlen. Wenn sie sensibel sind, merken sie nach dem zweiten Mal ohnehin, was los ist. Und ansonsten wäre eine Einladung, der man Folge leisten muss, wenn man die Einladenden nicht kränken will, ein Übergriff, ein Angriff auf die Freiheit. Und die eigene Freiheit zu verteidigen muss erlaubt sein.

Lügen mit höherem Segen

Das Lügen zur Verteidigung eigener Rechte hat auch höheren Segen. Spätestens seit dem 15. 10. 1992. An diesem Tag entschied das Bundesarbeitsgericht über die Frage, ob ein Arbeitgeber den Arbeitsvertrag wegen arglistiger Täuschung anfechten kann, wenn die Bewerberin absichtlich eine Schwangerschaft verheimlicht hat. Und es entschied zugunsten der Bewerberin.

Was ist daran so bemerkenswert? Außer für die Betroffenen, für die vielleicht, wie so oft, eine Gerichtsentscheidung das Leben veränderte. Scheint es doch auf den ersten Blick, als ginge es um einen kleinen Aspekt des von Einzelentscheidungen geprägten deutschen Arbeitsrechts; noch dazu um einen mit – wirft man einen Blick auf die Entwicklung der Geburtenzahlen – eher abnehmender Bedeutung. Tatsächlich dürfte die Zahl der Fälle, die diese Konstellation betrifft, überschaubar sein. Bemerkenswert ist die Begründung der Entscheidung. Das Bundesarbeitsgericht nahm Bezug auf Europarecht und Entscheidungen des Europäischen Gerichtshofs und stellte vollkommen zutreffend fest, dass Schwangerschaften nur bei Frauen vorkommen. Wenn aber, so die logische Schlussfolgerung, bei der Einstellung nach einer Schwangerschaft gefragt wird und die Einstellung von der Antwort abhängt, bedeutet das, dass Frauen – nur bei diesen kann bekanntlich die Antwort »ja« lauten – benachteiligt werden. Und das ist nach Bürgerlichem Gesetzbuch und europäischem Recht verboten. Also ist die Frage unzulässig. Und nun wird es interessant: Weil die Verweigerung einer Antwort ein verkapptes »Ja« bedeutet oder die Chancen schmälert, muss es nach Auffassung der Gerichte erlaubt sein, auf die unzulässige Frage wahrheitswidrig zu antworten. Im Juristendeutsch lautet der entscheidende Satz:

»Zwar hat die Kl. [die Abkürzung für »Klägerin«, womit die Bewerberin bezeichnet wird] die Bekl. [das ist der Arbeitgeber] über das Bestehen einer Schwangerschaft getäuscht, diese Täuschung ist jedoch mangels Zulässigkeit der Frage nach der Schwangerschaft nicht rechtswidrig (§ 123 BGB).«

Übersetzt man diesen Satz in die Alltagssprache, bestätigt durch ihn ein deutscher oberster Gerichtshof des Bundes mit Brief und Siegel, dass es Situationen gibt, in denen man lügen darf. Ja, mehr noch: sein Gegenüber täuschen und vom Erfolg dieser Täuschung profitieren. Und zwar dann, wenn die Frage, der man nicht ausweichen kann, einen Angriff auf die Rechte des Befragten darstellt.

Das Bundesarbeitsgericht hätte sich dabei auch auf Arthur Schopenhauer berufen können, der die Problematik gesehen und klar erörtert hat:

»Denn, wie ich das Recht habe, dem vorausgesetzten bösen Willen Anderer und der demnach präsumierten physischen Gewalt physischen Widerstand, auf Gefahr des Beeinträchtigers, zum voraus entgegenzustellen …; so habe ich auch das Recht, dasjenige auf alle Weise geheim zu halten, dessen Kenntniß mich dem Angriff Anderer bloßstellen würde …«

Und man muss an dieser Stelle dann ergänzen, dass man natürlich auch das Recht hat, die eigene Privatsphäre zu schützen.

Abwägung

Gibt es nun eine Regel, an die man sich halten kann? Ich fürchte, nein. »Du sollst nicht lügen« greift zu kurz, »Du darfst lügen« geht zu weit. »Du darfst manchmal lügen« trifft es wohl, hat als Regel aber nur begrenzten Wert. Es bleibt die Frage: Wann ist manchmal? Und bei dieser Frage kommt man wie immer, wenn verschiedene Werte sich gegenüberstehen, um eine Wertung und Abwägung nicht herum. Diese muss auch stets einzelfallbezogen bleiben. Aber zwei Aspekte sollte man immer mit einbeziehen: auf der einen Seite die Überlegung, dass jede Lüge den Belogenen in seiner Freiheit einschränkt und manipuliert, und auf der anderen Seite das Prinzip »Verletze niemanden« sowie das Recht, sich zu verteidigen. Dazwischen liegt die richtige Lösung für den konkreten Fall.

3 Von Minaretten, Bobbycars und Zahnpastatuben
Über Toleranz

Die Schweiz im Jahr 2009: In einer Volksabstimmung votiert die Bevölkerung mit 57,5 Prozent dafür, dass im Land keine Minarette mehr gebaut werden dürfen. Nun steht in der Verfassung einer der ältesten Demokratien der Welt, dass nur noch bestimmte Religionen Türme errichten dürfen, andere dagegen nicht.

Deutschland im Jahr 2010. Auch hier diskutiert man seit Jahren über den Bau von Minaretten, mehr noch insgesamt über den Bau von Moscheen. In München hatte sich Widerstand in Form einer Bürgerinitiative formiert, es kam zu wiederholten Ablehnungen in Bürgerversammlungen. In Köln gab es den Versuch, den Bau einer Großmoschee durch ein Bürgerbegehren zu verhindern, und die Kölner CDU sprach sich auf einem Parteitag mehrheitlich gegen den Bau in der geplanten Größe aus.

In beiden Fällen geht es darum, dass nur bestimmte Religionen Gotteshäuser und Türme an bestimmten Stellen bauen dürfen. Dabei sind München und Köln Städte, die sich über christliche, katholische Kirchen an zentraler Stelle definieren: den Kölner Dom und die Münchner Frauenkirche. Das Spektrum der Argumente für den Widerstand gerade gegen Moscheen und deren Türme, die Minarette, reicht jeweils weit: von Überfremdung, Verlust der Identität, Verunstaltung und vielem mehr bis hin zu allgemeiner Angst vor dem Islam. Viele sehen in ihm eine Religion, die keine westliche moderne Einstellung zu Grundrechten, wie etwa der Gleichberechtigung der Geschlechter, vertritt.

Trotz allem bleibt das Faktum bestehen, dass hier und heute eine Religionsgemeinschaft anders behandelt wird als andere, speziell christliche. Noch dazu geht es beim Islam um eine der drei großen monotheistischen Religionen Christentum, Judentum und eben Islam, die gemeinsame Wurzeln und viele Parallelen aufweisen. Und das, nachdem vor über 200 Jahren 1783 Lessings »Nathan der Weise« mit seiner Ringparabel in Berlin uraufgeführt wurde. Vermutlich kann man heute keine höhere Schule mehr verlassen, ohne sie gelesen oder zumindest von ihr gehört zu haben: die Geschichte des Vaters, der drei gleich geliebte Söhne hatte und nicht wusste, wem er den wunderbaren Ring vermachen sollte, der seit Generationen von Vater zu Sohn weitergegeben wurde. Und weil er sich nicht entscheiden konnte, ließ er zwei Ringe nachmachen, so gut, dass keiner mehr erkennen konnte, welcher von den drei Ringen der echte war. So sollten also die drei Söhne stellvertretend für die drei monotheistischen Religionen nebeneinanderstehen und keiner von ihnen glauben, dass ihm Vorrang vor den anderen beiden gebühre.

Dennoch scheint die Botschaft dieser Parabel, der Ruf nach Toleranz zwischen den Religionen, ungehört. Eine Forderung, die schon lange vor Lessing erhoben wurde, am bekanntesten vielleicht 1685/86 von dem englischen Philosophen John Locke in seinem berühmten »Letter Concerning Toleration«, dem »Brief über Toleranz«. Andere Ansprüche der Moral gegenüber der Gesellschaft, wie etwa das Frauenwahlrecht, sind wesentlich jünger – und dennoch würde sie anders als die Toleranz heute bei uns niemand ernsthaft in Zweifel ziehen können.

Woran liegt es?

Wieso scheiden sich gerade an der Toleranz der Religionen untereinander die Geister so sehr? Man darf bei dieser Gelegenheit nicht vergessen, dass auch dem Nahostkonflikt zwischen Israel und seinen Nachbarn neben nationalen auch religiöse Konflikte zugrunde liegen und dass im ehemaligen Jugoslawien die blutigsten Gefechte und Massaker entlang von Glaubensgrenzen stattfanden. Fast schon verdrängt wird die Tatsache, dass es auch innerhalb der Europäischen Union, also nicht einmal nur in der Nachbarschaft, sondern in der vielbeschworenen »Wertegemeinschaft« des gemeinsamen Hauses Europa, bis vor wenigen Jahren blutige Gefechte zwischen religiösen Gruppen gab, sogar zwischen christlichen Konfessionen: den Nordirlandkonflikt mit seinem Kampf zwischen Katholiken und Protestanten.

Nun könnte man über diese Beobachtungen schnell hinweggehen und sagen: Es geht um Religion, und wenn man von etwas so überzeugt ist, wie von seinem Glauben, dann tut man sich schwer mit Toleranz. Und besonders schwer fällt das den eigentlich verwandten drei monotheistischen Religionen. Andere Religionen, die viele Götter haben und nicht das erste Gebot: »Du sollst keine anderen Götter neben mir haben«, können mit konkurrierenden Glaubensrichtungen leichter umgehen. Aber unabhängig davon behaupte ich, das Problem wurzelt tiefer. Sicher fällt es in Glaubensdingen vielleicht besonders schwer, Andere und Anderes zu tolerieren, aber schließlich drehte sich nahezu die gesamte Toleranzdebatte und -literatur über Jahrhunderte auch gerade um Glaubensfragen. Wie eben auch bei John Locke und Lessings »Nathan der Weise«. Nein, ich vermute, es geht bei diesen Konflikten um das Wesen der Toleranz als solche. Sie ist schwieriger als andere moralische Forderungen, weniger greifbar als etwa das Frauenwahlrecht – deshalb kann man sie auch so gut beschwören, ohne allzu konkret zu sein in der Umsetzung. Sie ist aber auch in sich problematisch, denn sie muss zum einen Widerstand überwinden und hat zum anderen Grenzen, an denen sie ins Negative kippen kann. Und genau mit diesen Problematiken muss man sich auseinandersetzen, wenn man in der Toleranz mehr sieht als eine wohlklingende Forderung für Aufrufe, Leitartikel und Reden.

Widerstand?

Ein Widerstand gegen eine Tugend – und darum handelt es sich bei der Toleranz – scheint im ersten Moment nicht so überraschend. So manche Dinge, die die Moral von uns fordert, macht man zunächst nicht gerne, selbst wenn es sich um die alltäglichen Kleinigkeiten handelt: Wer trennt schon gerne Müll und läuft mit mehreren Behältnissen zu verschiedenen Containern, statt alles schnell und unkompliziert in einer Tüte und dann Tonne zu versenken. Und wer hat nicht gerne mehr Geld als weniger und würde deshalb das zu viel erhaltene Wechselgeld lieber behalten als es zurückzugeben. Aber das ist nicht gemeint. Nein, in die Toleranz ist die Ablehnung sozusagen eingebaut. Was bedeutet das? Dazu muss man sich klarmachen, dass man tolerant nur gegenüber etwas sein kann, das man im Grunde ablehnt. Ein Christ kann dem Christentum gegenüber ebenso wenig tolerant sein wie ein Moslem dem Islam. Anders hingegen zwischen den verschiedenen Religionen oder auch nur Konfessionen. Ein Katholik kann dagegen einem Protestanten gegenüber tolerant sein, ihn gewähren lassen und ihn nicht wie im Dreißigjährigen Krieg oder in Nordirland seines Glaubens wegen töten wollen – wie auch umgekehrt.

Manche Ethiker meinen sogar, es müsste etwas sein, das man moralisch ablehnt, also für falsch, unmoralisch hält. So weit muss man vielleicht nicht gehen, aber die Ablehnung scheint ein notwendiger Bestandteil der Toleranz zu sein.

Warum dann Toleranz?

Was aber kann einen Menschen dann dazu bewegen, Toleranz zu üben? Gegen seine Ablehnung? Und warum soll man generell Toleranz üben? Sollte man überhaupt? Dafür gibt es einen ganz praktischen Grund und eine ganze Reihe von grundsätzlichen Überlegungen.

Der praktische Grund ist, dass ohne ein Minimum an Toleranz, an Akzeptieren des Andersseins, das Leben zur Hölle würde. Jeder ist auf irgendeine Art anders. Das beginnt mit den Geschlechtern. Selbst wenn man sich traditionell auf zwei Geschlechter festlegt und alle Zwischenformen ablehnt, bedeutet das, dass man mit der Hälfte der Bevölkerung zumindest in einem wichtigen biologischen Aspekt nicht übereinstimmt. Man mag bei noch so vielen Aspekten des Lebens zur Mehrheit gehören, in irgendeinem Punkt tut man es nicht. Und sei es nur, dass man bei Märklin-Eisenbahnen die kleineren Spuren N oder Z schöner findet als die häufiger gekaufte Spur H0. Oder dass jemand Rehpinscher lieber mag als den beliebten Dackel. Generell Hunde. Sie werden des Menschen bester Freund genannt, aber nicht jeder mag sie. Es dürfte nicht schwer sein, unmittelbar nach der Schneeschmelze – in Berlin wird das Tauwetter auch Hundedreckwetter genannt – in der Bevölkerung, die genervt zwischen den Hinterlassenschaften Slalom läuft und mit gerümpfter Nase die Profilsohlen auskratzt, eine große Mehrheit zu finden, die Hundehaltung in der Stadt ablehnt. Dass es bislang kein Volksbegehren für ein Verbot gab, liegt entweder daran, dass noch niemand auf diese Idee gekommen ist, oder an der Toleranz: Auch wer keine Hunde in der Stadt mag, kann den Wunsch der Hundhalter, diese Tiere um sich zu haben, tolerieren. Wo diese Toleranz berechtigterweise endet, etwa bei aggressiven Hunden oder Hunderassen, ist dann eine Frage der Grenzen, dies ändert aber nichts am Grundsatz.

Weniger praxisnah, aber nicht weniger wichtig ist die Überlegung, dass man um die Toleranz nicht herumkommt, wenn man jeden Menschen als frei und mit gleichen Rechten versehen betrachtet. Wie soll man einem anderen Menschen die Entscheidung für eine bestimmte Einstellung, Haltung oder Lebensweise verbieten, wenn man für sich selbst in Anspruch nimmt, seine eigene Einstellung, Haltung oder Lebensweise zu haben? Selbst wenn man sich im

Besitz der absoluten Wahrheit wähnt, müsste man seinen Mitmenschen, wenn man sie als frei und gleichberechtigt ansieht, zugestehen, sich irren zu dürfen. Im Endeffekt lässt sich die Notwendigkeit der Toleranz auch auf die zugegebenermaßen etwas strapazierte Menschenwürde zurückführen: Wenn jeder Mensch sein eigener Zweck ist und nicht zum Mittel gemacht werden darf, dann muss er sich auch seinen eigenen Zweck aussuchen können, mit den Worten Kants, sein eigener König im Reich der Zwecke sein. Und er hat ein Recht darauf, dass er als Mensch und der Zweck, den er sich ausgesucht hat, von den Anderen geachtet wird. Nicht unbedingt geschätzt, aber geachtet.

Gewinn aus der Toleranz

Und schließlich darf man den möglichen Gewinn aus der Toleranz nicht übersehen. In der Ringparabel aus Lessings »Nathan der Weise« schickt der Richter die drei Streitenden am Ende ohne Entscheidung nach Hause, wer denn nun den echten Ring hat, der ja für die wahre Religion steht. Er verweist darauf, dass der Ring der Überlieferung zufolge die Fähigkeit habe, den Träger beliebt zu machen, »vor Gott und Menschen angenehm«. Und es solle doch jeder anstreben, diese Seite des Ringes zutage treten zu lassen. Dann würde man sich in tausend Jahren wieder vor dem Richterstuhl einfinden und danach entscheiden, welchem Ringträger das am besten gelungen sei. Darin steckt die Erkenntnis, dass es durch das Nebeneinander zu einer Konkurrenz kommt, aber nicht im negativen Sinn, sondern in einem befruchtenden, fördernden. Es kommt zu einer Bereicherung durch die unterschiedlichen Wertvorstellungen, Sichtweisen, Sitten und Handlungen. Das mag zwar ein wenig nach Multi-Kulti-Sommerfest mit Musik und Essen aus fünf Kontinenten klingen, nach Batik und Eine Welt. Aber es funktioniert auch ohne Folklore, auch auf rein theoretischer

Ebene, und stellt so eine gewichtige Begründung für Toleranz dar. Nur durch die Offenheit, das Gewährenlassen kann man andere Sichtweisen kennenlernen, prüfen und sich dann entscheiden, ob sie oder Teile davon nicht eine Bereicherung für das eigene Leben darstellen. Man muss nichts übernehmen, aber wenn man es von vornherein nicht gelten lässt, nimmt man sich die Möglichkeit dazu. Hätten nicht unsere Urahnen Toleranz für Menschen gezeigt, die einen anderen Wohnstil pflegen, säßen wir vermutlich immer noch in Höhlen.

Gleichgültigkeit oder Toleranz?

In der amerikanischen Moralphilosophie nennt man sie gerne John oder Jim oder auch Karl: Menschen, die in einer bestimmten Situation stehen. Bleiben wir doch bei der Tradition der einfachen Namen, aber nehmen wir eine Frau, Margret oder Gretchen zum Beispiel. Nun sagt Gretchen: »Mir ist vollkommen egal, an welchen Gott oder welche Götter ein Mensch glaubt oder nicht glaubt. Ich wage zu behaupten, ich stehe dem völlig neutral gegenüber. Ich interessiere mich nicht dafür, ob jemand an Gott, Allah, Buddha, ein göttliches Wirken in allem oder an nichts glaubt oder ob er nicht weiß, ob er an etwas glaubt. Wobei mir die Personen keineswegs egal sind. Ich wünsche jedem – wirklich – von Herzen, mit seiner Anschauung glücklich zu werden.«

Ist Gretchen damit ein toleranter Mensch? Zumindest was die Religion angeht? (Nur der Vollständigkeit halber: Es gibt noch genügend andere Dinge, die man an seinen Mitmenschen schwer ertragen kann, und vielleicht rastet Gretchen aus, wenn jemand, mit dem sie sich unterhält, währenddessen Kaugummi kaut. Und in Beziehungen können es noch viel geringere Anlässe sein: die sprichwörtliche Zahnpastatube, die ein Partner nicht zuschraubt, oder

Fragen, wie etwa Karotten zu schneiden sind.) Doch zurück zu Gretchen. Im ersten Moment möchte man sagen: Ja, natürlich ist sie tolerant gegenüber Religionen, sehr sogar. Ein Moralphilosoph könnte jedoch entgegnen: Nein, Gretchen ist gleichgültig gegenüber Religionen, das hat nichts mit Toleranz zu tun. Und um tolerant zu sein, muss man einen eigenen Standpunkt haben. Wer keinen Standpunkt hat, wer nicht über eine bestimmte Sache auf eine bestimmte Weise denkt, kann auch nicht von »Andersdenkenden« sprechen. Das Anderssein setzt ein Sosein voraus. Und damit ist Gretchen im strengen Sinne nicht tolerant.

Definition der Toleranz

Spätestens hier will man wissen, was Toleranz nun genau ist, und wird überrascht sein: Es gibt keine allgemein anerkannte Definition. Das »Lexikon der Ethik« definiert sie so: »Toleranz (lat. Duldung) meint das Gelten- und Gewährenlassen (passive Toleranz), besser noch: die Achtung, sogar freie Anerkennung (aktive und kreative Toleranz) andersartiger Anschauungen und Handlungsweisen.« Die »Enzyklopädie Philosophie« gibt folgende Auskunft: »Toleranz – lat. *tolerare:* dulden, zulassen, ertragen – bezeichnet allgemein das Dulden oder Respektieren von Überzeugungen, Handlungen und Praktiken, die einerseits als falsch und normabweichend angesehen werden, andererseits aber nicht vollkommen abgelehnt und nicht eingeschränkt werden.« Und der »Brockhaus« erläutert: »Toleranz. Duldsamkeit, das Geltenlassen anderer Anschauungen, besonders in religiösen, politischen und ethischen Fragen.« Tatsächlich kommt das Wort Toleranz aus dem Lateinischen und bedeutet dort eher »dulden« oder »ertragen« als eine positive Einstellung. In diesem Sinne ist auch Goethes berühmter Satz aus seinen »Maximen und Reflexionen« zu verstehen: »Toleranz sollte eigentlich nur eine vorübergehende Gesinnung sein: Sie muss zur Anerkennung führen. Dulden heißt beleidigen.«

Moderne Auffassungen von Toleranz haben sich davon gelöst und fordern mehr als ein Erdulden. Der Frankfurter Philosoph Rainer Forst, der viel über Toleranz gearbeitet hat, stellt in seinem Standardwerk »Toleranz im Konflikt« ihre Komponenten dar. Ihm zufolge beinhaltet die Toleranz eine *Ablehnungs-Komponente*: Man muss das, was man toleriert, im Grunde ablehnen, verurteilen, also gerade nicht mögen. Dazu tritt dann die *Akzeptanz-Komponente*: Man findet es zwar falsch, aber nicht so falsch oder schlecht, dass nicht andere, positive Gründe für die Tolerierung sprächen. Dies wirft die wichtige Frage auf, wie es richtig oder moralisch geboten sein kann, etwas, das man für falsch oder schlecht hält, zu tolerieren. Daneben sieht Forst natürliche Grenzen der Toleranz, die das Tolerierbare vom Nichttolerierbaren trennen und sich in einer *Zurückweisungs-Komponente* niederschlagen. Und schließlich muss Toleranz aus *freien Stücken* geübt werden: Wer keine Möglichkeit hat, seine Ablehnung zu äußern oder etwas zu unternehmen, ist deshalb noch lange nicht tolerant, sondern machtlos.

Formen der Toleranz

Ausgehend von diesen Komponenten unterscheidet Forst vier verschiedene Konzeptionen, man könnte auch sagen Formen oder sogar Stufen der Toleranz. Die einfachste ist die *Erlaubnis-Konzeption*. Die Mehrheit gestattet der Minderheit das Verhalten, die Einstellungen, die Wertvorstellungen, die von denen der Mehrheit abweichen. Es bleibt bei dieser Konzeption aber dabei, dass es eine klare Vorherrschaft der Mehrheit und deren Wertvorstellungen gibt. Dies entspricht am ehesten dem wörtlichen »dulden«, das hinter dem Wort »Toleranz« steckt. Die Erlaubnis-Konzeption ist typisch für den Umgang mit religiösen Minderheiten, wie man ihn aus der Geschichte kennt. Wenn die Minderheitsreligion in einem Land zugelassen wurde, aber nie als gleichwertig anerkannt, wie etwa über Jahrhunderte die Juden in Europa. Deren Geschichte mit den immer wieder auftretenden Judenverfolgungen zeigt jedoch auch, wie instabil und deshalb gefährlich diese schwächste Form der Toleranz ist, die eigentlich gerade nicht anerkennt, sondern nur duldet. Ein modernes Beispiel wäre etwa die Einstellung, die viele Menschen auch heute noch zur Homosexualität haben: Sie lehnen sie kategorisch als falsch und »widernatürlich« ab, auch wenn sie nicht mehr verboten ist und strafrechtlich verfolgt wird. Davon kann man eine *Koexistenz-Konzeption* abgrenzen, bei der etwa gleichstarke Gruppen sich geeinigt haben, um den Konflikt zu vermeiden, in einer Art Waffenstillstand nebeneinander zu leben. Auch hier steht das Dulden oder Ertragen des Anderen und seiner Einstellung im Vordergrund. So etwa gestaltete sich das Verhältnis von Katholiken und Protestanten in Deutschland nach dem Augsburger Religionsfrieden von 1555, der allerdings nicht lange hielt, oder dann nach dem Westfälischen Frieden von 1648: Die beiden großen Konfessionen sollten vor allem aus pragmatischen Gründen gleichberechtigt nebeneinander bestehen dürfen, ohne dass das eine inhaltliche Annäherung bedeutete. Einen wirklichen Unterschied dazu bietet erst die *Respekt-Konzeption*. Bei ihr geht es nicht nur um ein Ertragen des Anderen, sondern um ein Anerkennen und Achten als gleichberechtigt. »Respektiert wird die Person des Anderen, toleriert werden seine Überzeugungen und Handlungen«, formuliert Forst. Das entspricht dem Umgang, den Parteien und Abgeordnete in einer funktionierenden parlamentarischen Demokratie miteinander pflegen – oder zumindest pflegen sollten. Noch weiter geht die *Wertschätzungs-Konzeption*, bei der die Andersdenkenden nicht nur als gleichberechtigt respektiert werden, sondern ihre Überzeugungen als wertvoll geschätzt. Diese Form der Toleranz müsste man eigentlich im Verhältnis verschiedener Religionen zueinander erwarten, die zwar unterschiedliche Glaubensformen pflegen, aber den Glauben des Anderen nicht nur respektieren, sondern als Ausdruck einer – wenn auch anderen Form von – Spiritualität aufrichtig wertschätzen müssten. Dass man in der Realität oft eher das Gegenteil beobachten kann, ist leider zutreffend, wirft meines Erachtens aber kein gutes Licht auf die entsprechenden Religionen. Als Beispiel im säkularen Bereich könnte man an einen Liebhaber von klassischer Musik denken, dem die Zwölftonmusik persönlich ein Gräuel ist, der aber trotzdem Arnold Schönberg für eine großen Künstler hält und dessen Werk als Kunstwerk wertschätzt. Um bei dieser Konzeption überhaupt noch von Toleranz sprechen zu können, müssen bei aller Wertschätzung aber dennoch Vorbehalte bleiben. Denn wenn die Wertschätzung der fremden Überzeugungen genügend groß ist, sind sie am Ende nicht mehr fremd.

Folgen für die Praxis

Was folgt nun aus all dem für das tägliche Leben? Ich denke, es hilft, Antworten auf die wichtigsten Fragen zu finden. Etwa: Reicht es nicht völlig aus, wenn man die Andersdenkenden in Ruhe lässt, egal ob man sie nun toleriert oder ihnen gegenüber gleichgültig ist? Wie kann man etwas tolerieren, was man für falsch hält? Muss man alles tolerieren? Wenn nein, was nicht? Wann darf ich zusehen, und wann muss ich handeln? Und schließlich: Hat Intoleranz ein Recht, toleriert zu werden?

Reicht es nicht, den Anderen nicht abzulehnen?

Auch wenn es nicht als Toleranz gelten mag, wenn man den Anderen schlicht in Ruhe lässt und sich nicht für seine Einstellungen interessiert: Im praktischen Leben wäre viel gewonnen, würde das auf breiter Front erreicht. Da sollte man nicht zu wählerisch sein. Ich würde lieber neben Gretchen wohnen, der die religiösen Überzeugungen anderer völlig gleichgültig sind, als neben einem religiösen Fanatiker. Einem, der alle, die nicht seines Glaubens sind, in der Hölle schmoren sieht und sie, wenn er sie auch nicht dorthin befördert, so doch dorthin wünscht. Noch lieber würde ich aber vielleicht neben jemanden wohnen wollen, der wirklich interessiert ist an meinen Überzeugungen und bei dem sich der Respekt oder die Wertschätzung mir gegenüber darin ausdrückt, dass ihm meine Einstellungen nicht völlig gleichgültig sind, der sie aber vollumfänglich toleriert. Ich muss aber zugeben, dass hier ein schmaler Grat begangen wird und manches von persönlichen Einstellungen abhängt. Ich persönlich bewerte die Freiheit des Einzelnen sehr hoch. Deshalb ist mir zunächst wichtig, dass jeder das tun und lassen kann, was er will, ohne von anderen behelligt zu werden. Dass jemand nicht auf der Straße angegriffen wird, weil er einer bestimmten Glaubensrichtung oder Bevölkerungsgruppe angehört, eine bestimmte ethnische Herkunft oder sexuelle Orientierung hat. Ebenso dass niemand deshalb in seinem Leben benachteiligt wird, sei es von staatlicher oder privater Seite. Natürlich halte ich es auch für besser, wenn das geschieht, weil er als Mensch respektiert wird oder in seiner Andersartigkeit wertgeschätzt. Aber wenn man mich fragt, was ich für vordringlicher halte, sehe ich die Freiheit als erstes Ziel. Auch wenn der Respekt oder die Wertschätzung des Anderen höher zu bewerten sind als ein schlichtes Dulden oder Ertragen.

Dieser höhere Wert wird verständlich, wenn man sich noch einmal vor Augen führt, dass die Toleranz auch aus der Anerkennung des Anderen heraus geboten ist. Eine Anerkennung nicht nur als frei und gleichberechtigt, sondern auch als Mensch. Freiheit kann man mit Gleichgültigkeit oder Dulden erreichen. Bei der Gleichheit wird es schon schwieriger, denn wenn man den Anderen wirklich als gleich anerkennt, muss man dessen Einstellungen dieselbe Daseinsberechtigung zuerkennen, die man den eigenen zuerkennt. Und noch deutlicher wird es, wenn man die Anerkennung des Anderen als Mensch heranzieht: Zum Menschsein gehört die Möglichkeit, sein eigenes Leben nach eigenen Vorstellungen zu gestalten. Wenn ich den Anderen als Menschen anerkenne und respektiere, muss ich auch seine Überzeugungen und Einstellungen als die eines Menschen anerkennen und damit respektvoll tolerieren – selbstverständlich ohne dass man sie deswegen teilen oder für richtig halten müsste. Dieses Prinzip, dass man das gegenüber dem Anderen gebotene Verhalten aus seiner Anerkennung als Mensch herleiten kann, scheint mir so wichtig, dass ich es später in einem eigenen Kapitel behandeln möchte.

Große und kleine Toleranz

Wie aber sieht es eigentlich mit den häufigen kleinen Problemen des Alltags aus? Wenn unterschiedliche Vorlieben, Interessen oder Bedürfnisse aufeinanderprallen? Die Liste ist lang, vom Musikgeschmack über Lärm, Haustiere und vieles mehr bis hin zur legendären Zahnpastatube, an deren Verschließen oder Nichtverschließen schon so manche Ehe zerbrochen sein soll. Geht es dabei wirklich auch um Toleranz oder »nur« darum, sich zu arrangieren? Ich glaube beides. Im Vordergrund geht es darum, eine Regelung zu finden, wie die Bedürfnisse nach Ruhe und Musikhören, nach mehr oder weniger Ordnung unter einen Hut zu bringen sind. Dabei handelt es sich eher um Fragen der Abgrenzung. Wie etwa beim Lärm. Rasenmäher kann man nicht tolerieren in dem Sinne, in dem wir uns bislang mit Toleranz beschäftigt haben. Dennoch bleibt das Problem, dass der eine Ruhe haben will, der andere seinen Rasen mähen. Dahinter aber liegt in einer zweiten Ebene das Verhältnis zu dem anderen Menschen und dessen Haltungen. Nicht unbedingt die Haltung eines Menschen zu seiner Zahnpastatube, dabei dürfte eher die allgemeine Einstellung zur Ordnung betroffen sein. Und beim Rasenmähen die Liebe zum exakt geschnittenen Rasen auf der einen Seite und das Ruhebedürfnis auf der anderen. Beim Musikhören die unterschiedlichen Geschmäcker, wieder der Wunsch nach Lautstärke oder Ruhe und unterschiedliche Tagesrhythmen. Immer muss man zunächst die persönlichen Einstellungen des Anderen akzeptieren oder respektieren und kann dann in einem zweiten Schritt, darauf aufbauend, eine praktische Regelung finden, wie man die aus diesen Einstellungen resultierenden unterschiedlichen Bedürfnisse und Wünsche konkret gegeneinander abgrenzt. Diese Abgrenzungen sind gewissermaßen die kleine Toleranz des Alltags, die auf die große Toleranz gegenüber den Einstellungen des Anderen aufbaut.

Grenzen der Toleranz

Dennoch hat die Toleranz Grenzen, und diese zu finden stellt eines ihrer Hauptprobleme dar. Muss man die ausländerfeindliche Haltung eines entfernten Verwandten tolerieren? Muss man es tolerieren, wenn der Kioskbesitzer, bei dem man seine Zeitungen kauft, offen seine Ablehnung gleichgeschlechtlicher Lebensweisen kundtut? Muss man generell tolerieren, wenn jemand intolerant ist?

Toleranz gegenüber Intoleranten?

Die Frage nach Toleranz gegenüber Intoleranz hat der österreichisch-britische Philosoph Karl Popper 1945 in einer berühmten Fußnote als *Paradoxon der Toleranz* bezeichnet:

»Weniger bekannt ist das Paradoxon der Toleranz: Uneingeschränkte Toleranz führt mit Notwendigkeit zum Verschwinden der Toleranz. Denn wenn wir die uneingeschränkte Toleranz sogar auf die Intoleranten ausdehnen, wenn wir nicht bereit sind, eine tolerante Gesellschaftsordnung gegen die Angriffe der Intoleranz zu verteidigen, dann werden die Toleranten vernichtet werden und die Toleranz mit ihnen.«

Poppers Antwort auf dieses Problem war klar:

»Wir sollten daher im Namen der Toleranz das Recht für uns in Anspruch nehmen, die Unduldsamen nicht zu dulden. Wir sollten geltend machen, dass sich jede Bewegung, die die Intoleranz predigt, außerhalb des Gesetzes stellt, und wir sollten eine Aufforderung zur Intoleranz und Verfolgung ebenso verbrecherisch behandeln wie eine Aufforderung zum Mord, zum Raub oder zur Wiedereinführung des Sklavenhandels.«

Zunächst klingt das auch überzeugend: Wenn man die Intoleranz toleriert, ihr Raum lässt, wird sie sich durchsetzen, weil sie selbst der Toleranz keinen Raum lässt. In der Folge geht die Toleranz unter. Also muss man, ja sollte man die Intoleranz nicht tolerieren. Bei genauerem Nachdenken aber stößt man auf einen Widerspruch: Durch das Nichttolerieren der Intoleranz wird man selbst intolerant. Das würde zu einer Selbstabschaffung der Toleranz führen und wäre sozusagen das zweite Paradoxon der Toleranz.

Wie sollte man also mit Intoleranz und Intoleranten umgehen? Der entscheidende Punkt scheint mir zu sein, dass Toleranz von ihrem Wesen her nicht auf Gegenseitigkeit beruht. Das heißt, das Recht, toleriert zu werden, hängt nicht davon ab, ob man selbst tolerant ist. Der amerikanische Moralphilosoph John Rawls unterscheidet in seinem Buch »Eine Theorie der Gerechtigkeit« die Frage, ob eine intolerante Sekte sich beklagen darf, wenn sie nicht toleriert wird, von der Frage, ob und wann man das Recht hat, auch als Toleranter diese intolerante Sekte nicht zu dulden. Die erste Frage beantwortet Rawls auf dem Prinzip der Gegenseitigkeit basierend: Man darf sich nur über die Verletzung von Grundsätzen beklagen, die man selbst anerkannt hat. Und den Grundsatz der Toleranz hat die intolerante Sekte nicht anerkannt. Davon zu trennen ist jedoch die Frage, ob und wie lange auch Tolerante diese Sekte tolerieren müssen. Rawls macht die Antwort auf diese Frage von der Gefahr abhängig, die von der intoleranten Sekte ausgeht. Nur wenn die Toleranten ehrlich und mit guten Gründen glauben, das sei für ihre Sicherheit notwendig, haben sie das Recht, auch intolerant zu sein. Solange eine Gesellschaft stabil sei und die intolerante Vereinigung nicht zu schnell wachse, würde sie in der toleranten Gesellschaft allmählich ihre Intoleranz verlieren und die Gewissensfreiheit anerkennen. Das folgt für Rawls aus der Stabilität gerechter Institutionen, die Kräfte wachrufen kann, die die Gerechtigkeit zu bewahren trachten. Wann allerdings genau der Fall eintritt, dass eine Gefahr droht, welche die Einschränkung der Freiheit der Intoleranten rechtfertigt, das kann laut Rawls die Philosophie allein nicht beantworten, »das hängt von den Umständen ab«.

Tatsächlich freue ich mich immer auch ein wenig – obwohl ich dieses Gedankengut zutiefst ablehne –, wenn ich sehe, wie Rechtsextreme unter Polizeischutz demonstrieren oder eine Versammlung abhalten. Ich freue mich nicht über diese Demonstration, sondern über unseren Rechtsstaat und unsere Verfassung, die diese Freiheit auch denen gewährt, die sie ablehnen. Und solange unsere Gesellschaft diese Freiheit gewähren kann, ist sie stabil und stark genug, diesen Tendenzen Widerstand zu leisten. Allerdings sehe ich auch die Notwendigkeit, klare Zeichen zu setzen und diesen Widerstand zu stärken, zum Beispiel auch durch Gegendemonstrationen. Wichtig ist, dass dies so lange es geht auf anderem Weg geschieht als durch Einschränkung der Freiheit, auch der Freiheit derjenigen, die gegen die freiheitliche Gesellschaft arbeiten. Im Sinne Rawls' sollte hier die Gesellschaft Kräfte zur Verteidigung der gerechten Institutionen aufbringen, etwa durch Aufklärung, durch Stabilisierung des Zusammenhalts der Gesellschaft, durch Bildungsprogramme und die Schaffung von ausreichenden

Zukunftsaussichten für alle Mitglieder der Gesellschaft, insbesondere die Jugend.

Keine Toleranz gegenüber Missachtung von Grundrechten

Bei dem genannten Beispiel der Demonstration von Rechtsextremen wird auch die Grenze vom Tolerierbaren zum Nichttolerierbaren berührt. Ich sehe sie in erster Linie bei der Verletzung von Grundrechten, allen voran der Menschenwürde. Handlungen oder auch Haltungen, welche das Leben, die Freiheit, die körperliche Unversehrtheit oder die Gleichberechtigung der Menschen verletzen oder gefährden, halte ich nicht für tolerierbar. Auch wenn Menschen gedemütigt werden oder zu bestimmten Zwecken missbraucht. Eine Demonstration etwa gegen die Gleichberechtigung der Geschlechter, gegen die Freiheit, seine Meinung sagen zu dürfen, übersteigt meine persönliche Grenze der Toleranz, ich kann sie nicht mehr respektieren, wenngleich man sie als Demonstration – nicht die entsprechenden Handlungen – um der Meinungsfreiheit willen aus rechtsstaatlichen Gründen zulassen müsste und sollte.

Darin liegt tatsächlich auch eine Festlegung. Nicht alle Kulturen ziehen die Grenzen an derselben Stelle, wie die Fatwa gegen Salman Rushdie zeigt. Wegen angeblicher Gotteslästerung in seinem Roman »Die satanischen Verse« hatte der iranische Schiitenführer Ayatollah Khomeini ihn 1989 in einer Fatwa zum Tode verurteilt, zur weltweiten Vollstreckung aufgerufen und ein Kopfgeld von drei Millionen Dollar ausgesetzt. Dieser Fall ist ein extremes Beispiel, zumal nahezu die gesamte islamische Welt sich von diesem Vorgehen distanzierte. Doch es zeigt: Weder Gesellschaft noch Staat sind vollkommen neutral. In dem Wertekatalog, der sich etwa im deutschen Grundgesetz wiederfindet, steckt eine Grundsatzentscheidung der Gesellschaft, wie das Gute aussieht, besser gesagt, wie es auf keinen Fall aussehen darf: dass Grundrechte, etwa das auf Leben, Gleichberechtigung, Religions- oder Meinungsfreiheit, keinesfalls verletzt werden dürfen. In der Verfassung liegen ethisch-politische Festlegungen, und Abweichungen davon müssen oder dürfen sogar nicht toleriert werden.

Hier wird man vielleicht auch das eingangs genannte Problem der Minarette und Moscheen ansiedeln müssen – und wie so oft genauer differenzieren: Insofern fundamentalistische Strömungen im Islam gegen die Wertefestlegungen unserer Gesellschaft verstoßen, müssen sie nicht toleriert werden. Das kann die Gleichberechtigung der Frau betreffen, die Gewaltfreiheit der gesellschaftlichen Auseinandersetzung, die Anerkennung der hier geltenden Verfassung und Rechtsordnung, die Presse- und Kunstfreiheit, die Freiheit der sexuellen Orientierung oder der Wahl der Lebensform, genauso wie die Freiheit, seinen Glauben selbst zu wählen oder sich auch für einen anderen Glauben entscheiden zu können. Eine Religion, die versucht, eigene Vorstellungen, die unseren gesellschaftlichen Wertvorstellungen widersprechen, mit welchen Mitteln auch immer in der Gesellschaft durchzusetzen, muss man nicht tolerieren. Das gilt übrigens für andere Religionen ganz genauso, namentlich auch für die christlichen, in denen es ebenfalls fundamentalistische Strömungen gibt. Und das gilt nicht, weil der Fundamentalismus selbst intolerant ist, sondern weil er gegen die ethisch-politischen Grundsätze unseres Zusammenlebens verstößt. Soweit aber lediglich kulturelle Unterschiede bestehen, hat der Islam wie alle Kulturen, Religionen und Weltanschauungen ein Recht darauf, toleriert zu werden. Dazu gehört seine Ausübung durch die Gläubigen und das Errichten von Gotteshäusern in demselben Umfang, in dem man es auch anderen Religionen gestattet. Auch das gehört zu den ethischen Grundsätzen unserer Gesellschaft.

Abstufungen der Toleranz

Davon abgesehen eröffnen die verschiedenen Konzeptionen der Toleranz einen Bereich für individuelle Abstufungen. Die Erlaubnis-Konzeption setzt am frühesten ein, umfasst am meisten. Im Bayerischen gibt es eine sehr schöne Wendung: »D'Katz frisst Mäus, i mechat's net!« Auf Hochdeutsch: »Die Katze frisst Mäuse, ich würde sie nicht mögen.« Auch wenn man das, was ein anderer tut, überhaupt nicht nachvollziehen kann, sollte man es ihm zugestehen. Um einem Anderen seine Überzeugungen oder daraus entspringende Handlungen verbieten zu können, müssen gewichtige Gründe vorliegen. Man lässt ihn so gewähren, wie er es möchte, solange eben keine absoluten Grenzen überschritten werden oder man selbst zu sehr gestört wird. Dass es problematisch sein kann, wo die Grenzen liegen, zeigt auch wieder das Beispiel mit der Katze. So mancher würde, wenn er oder sie es könnte, sicherlich unterbinden, dass Katzen Mäuse fangen und töten. Darüber dürften die Meinungen auseinandergehen: Andere freuen sich, wenn Katzen Mäuse vertilgen. Wenn es sich aber nicht mehr um Mäuse handelt, sondern um Vögel, ähnlich groß, ebenso Lebewesen wie die Mäuse, aber allgemein beliebt, ist es mit der Toleranz gegenüber dem Vorgehen der Katzen schnell vorbei.

Aber nur weil man es nicht verbieten möchte, muss man deshalb nicht alles respektieren im Sinne der Respekt-Konzeption oder gar wertschätzen im Sinne der Wertschätzungs-Konzeption.

Kritik der Toleranz

Ist damit alles gesagt zur Toleranz? Bei weitem nicht, dazu könnte man Bibliotheken füllen. Aber ein Punkt scheint mir noch wichtig. Der Bielefelder Konfliktforscher Wilhelm Heitmeyer, den man vor allem wegen seiner Langzeitstudie zur gruppenbezogenen Menschenfeindlichkeit, jährlich veröffentlicht in der Buchreihe »Deutsche Zustände«, kennt, übt prinzipielle Kritik an der Toleranz. Er bezeichnet sie als »Alleskleber«, mit dem man meine, in Sonntagsreden alle gesellschaftlichen Probleme lösen zu können, die aber mit dem Alltag wenig zu tun habe. Zudem beinhalte die Toleranz etwas Herablassendes. Das findet sich auch in der Formulierung des Schauspielers und Entertainers Harald Schmidt: »Und dann befällt einen das sehr laue Gefühlsgemisch aus Ekel, Verachtung und Mitleid, bekannt als Toleranz.« Heitmeyer zufolge führt die Hinnahme der Unterschiede aber auch zu einer Indifferenz, mit der Folge, dass Minderheiten nicht wahrgenommen und dadurch weiter an den Rand gedrängt werden. In der Tat muss man einräumen, dass die Toleranz – zumindest ohne die Respekt- oder Wertschätzungskomponente – eine Strategie zur Konflikt*regelung* und nicht zur Konflikt*lösung* darstellt. Nur durch eine Auseinandersetzung, man könnte auch sagen: durch Konflikt aber lassen sich bestehende oder vermeintliche Unterschiede innerhalb einer Gesellschaft einer Lösung zuführen. Zumindest durch Toleranz im engeren Sinne, das Gewährenlassen allein, können Wertunterschiede nicht bearbeitet, ja nicht einmal identifiziert und klargestellt werden.

Dennoch scheint es mir falsch, daraus zu schließen, dass die Toleranz generell wertlos wäre. Zum einen stellt sie, wenn sich Differenzen nicht lösen lassen, immer noch eine bessere Lösung dar als ein gewalttätiger Konflikt. Zum anderen muss es, damit es zu einer Auseinandersetzung kommen kann, in der die Unterschiede bearbeitet werden können, ein Minimum an Toleranz geben. Die jeweils anderen Positionen müssen soweit respektiert werden, dass ein friedlicher Austausch über sie möglich wird. Sie müssen so weit anerkannt werden, dass man über sie sprechen kann und sie nicht zusammen mit dem Gegenüber kategorisch ablehnt. Was man aber dabei nicht übersehen darf, ist, dass Toleranz die Auseinandersetzung mit dem Anderen und der fremden Position nicht ersetzen kann. Weder die Toleranz, die sich in einem Dulden beschränkt, noch eine undifferenzierte »Wir haben uns alle lieb«-Einstellung können Konflikte lösen oder zu Tolerierendes von Intolerablem unterscheiden. Womit man wieder bei Goethe wäre: »Toleranz sollte eigentlich nur eine vorübergehende Gesinnung sein: Sie muss zur Anerkennung führen.« Oder zur Ablehnung.

4 Von Pflichten, Nutzen, Tugenden und Nichtwissen
Über ethische Theorien

Nun haben wir uns schon mit verschiedenen grundlegenden Fragen beschäftigt, mit Lüge und Wahrheit, mit Toleranz, mit Egoismus. Grundlegende Fragen, die im Alltag eine große Rolle spielen. Zum Alltag gehört aber auch der Urlaub, den wir bislang ausgelassen haben. Auch dort können sich Moralfragen stellen. Und seit der Fern-, Bildungs- und Abenteuertourismus modern geworden ist, immer schwierigere. Zum Beispiel folgende:

»Jim befindet sich auf dem Marktplatz einer südamerikanischen Kleinstadt. Dort stehen zwanzig Indianer an einer Wand. Einige sind verängstigt, einige keck. Vor ihnen stehen mehrere Männer in Uniform. Ein dicker Mann in einem durch und durch verschwitzten Khakihemd stellt sich als der Hauptmann vom Dienst heraus. Nachdem er Jim eine ganze Zeit lang befragt hat, wobei sich herausstellt, dass Jim zufällig hierher gelangte, während er auf einer botanischen Expedition war, erklärt er ihm, dass die Indianer eine zufällig zusammengesetzte Gruppe von Einwohnern seien, die wegen ihrer Proteste gegen die Regierung jetzt getötet werden sollen, um andere mögliche Protestierer an die Vorteile des Nichtprotestierens zu erinnern. Wie auch immer, da Jim ein angesehener Besucher aus einem fremden Land ist, freut sich der Hauptmann, ihm das Privileg eines Gastes zu gewähren, selber einen der Indianer zu töten. Falls Jim einwilligt, werden die restlichen Indianer aufgrund der besonderen Umstände laufen gelassen. Falls sich Jim natürlich weigert, liegen keine besonderen Umstände vor, und Pedro wird dann das tun, was er vorhatte, als Jim ankam, und sie alle töten. Jim, der sich voller Verzweiflung an Schuljungenlektüre erinnert, überlegt sich, ob er, falls er sich ein Gewehr schnappen könnte, den Hauptmann, Pedro und die anderen Soldaten in Schach halten könnte; aber es ist aus den Umständen heraus ganz klar, dass nichts dergleichen klappen würde: jeder derartige Versuch würde bedeuten, dass alle Indianer getötet würden und er selbst auch noch. …«

Die Geschichte hat sich – das ist jetzt vermutlich keine große Überraschung – allerdings nicht wirklich ereignet. Sie stammt von dem bekannten britischen Philosophen Bernard Williams. Und Williams schließt sie mit der Frage: »Was soll(te) er tun?«

Was soll Jim tun? Drei Aspekte machen diese Geschichte interessant für uns hier (Sie ahnen schon, dass nun nicht wirklich Urlaub ansteht; wenn man ehrlich ist – und das sollte man in einem Buch wie diesem sicherlich sein –, war das mit dem Urlaub nur ein Vorwand): Erstens gibt es nur zwei mögliche Antworten. Schießen oder nicht schießen, das ist hier die Frage. Es ist nicht möglich, auszuweichen, indem man alternative Handlungen vorschlägt, und das macht einen guten Beispielfall aus. Zweitens handelt es sich um eine Situation, die mehr Relevanz hat, als es die Abenteuergeschichte vermuten ließe. Etwa bei der Frage, ob man in Fällen wie dem Anschlag auf das World-Trade-Center am 11. September 2001 ein entführtes Flugzeug mit vergleichsweise wenigen Zivilisten an Bord abschießen darf, um viel mehr Menschen zu retten, nämlich die, die sich im Zielobjekt befinden. Damals bei 9/11 also die vielen tausend Menschen im World-Trade-Center. Ein Fall, der immerhin so wahrscheinlich scheint, dass ihn der deutsche Gesetzgeber eigens in einem Luftsicherheitsgesetz regeln wollte – und den Abschuss notfalls erlauben. Nur widersprach dem das deutsche Bundesverfassungsgericht und hob die entsprechende Bestimmung als verfassungswidrig auf. Dazu später mehr.

Relevant sind diese Überlegungen auch bei vielen bioethischen Diskussionen, etwa bei der um die Forschung an embryonalen Stammzellen: Ob man aus menschlichen Embryonen Stammzellen gewinnen darf, um mit diesen Zellen möglicherweise vieltausendfaches Leiden zu bekämpfen. Stets geht es um die Frage: Darf man einen Menschen – und sei er auch schon todgeweiht – zugunsten anderer opfern?

Hier am interessantesten ist aber der dritte Aspekt: Jeder, der in Jims Fall eine der zwei Positionen vertritt, egal ob schießen oder nicht schießen, sollte Gründe für seine Position nennen können. Und darum geht es ja hier in diesem Buch: um die Begründungen für moralisches Handeln. An diesem Beispielsfall kann man sehr schön die Hauptzüge zwei der wichtigsten ethischen Theorien erkennen, auf die wir gleich eingehen werden. Mit ethischen Theorien soll sich nämlich dieses Kapitel beschäftigen. Das ist kein Spleen, sondern sinnvoll auch für die Moral im Alltag. Denn zum einen verwenden viele Menschen Gedanken dieser Theorien, ohne sich dessen bewusst zu sein, zum anderen kann man über moralische Fragen oft nur sinnvoll nachdenken oder diskutieren, wenn man sich diese Gedanken bewusst macht.

Moral und Ethik – was denn nun?

Spätestens an dieser Stelle tauchen sicherlich die Fragen auf: Was ist eigentlich Moral? Und was ist Ethik? Oder ist das dasselbe?

Für **Moral** gibt es eine ganze Reihe verschiedener Definitionen. Ich verstehe unter ihr die Summe der Grundsätze, die für das Zusammenleben, für den Umgang mit den Mitmenschen und auch der Natur wichtig sind. Ohne dass ich mir dabei eine Definitionshoheit anmaße oder meine, der Weisheit letzten Schluss gefunden zu haben. Man kann etwa über den Begriff »Grundsätze« streiten. In den meisten Definitionen der Moral wird stattdessen der Begriff »Regeln« verwendet, der mir jedoch aus verschiedenen Gründen hier nicht so gefällt. Regeln haben oft etwas Starres an sich, im Sinne einer »Wenn-dann«-Regel. Dabei läuft man Gefahr, dass die Regel, wie man es etwa beim Lügenverbot gesehen hat, auf Situationen, die nicht »regelhaft« sind, nicht passt. Besser scheint mir daher zu sein, die Grundsätze heranzuziehen, die den Regeln zugrunde liegen. Diese Grundsätze sind keineswegs unverbindlich, auch sie »regeln« etwas, in der Moralphilosophie würde man sie als »normativ« bezeichnen. Aber eben nicht nach dem Schema »wenn-dann«, sondern in einem weiteren Sinne. Im Fall von Jim zum Beispiel geht es um das menschliche Leben. Das kann man über ein Verbot schützen: Du sollst nicht töten. Man kann auch ein Gebot formulieren: Du sollst menschliches Leben schützen und bewahren. Das wären Regeln im engeren Sinn. Man kann auch feststellen, dass menschliches Leben einen hohen Wert darstellt und daraus Konsequenzen ableiten. All das sind unterschiedliche Formulierungen, immer jedoch geht es um denselben Grundsatz, hier, das menschliche Leben zu achten.

Was aber ist dann die **Ethik**? Zum Teil werden Moral und Ethik tatsächlich synonym verwendet, sinnvoller aber ist, sie unterschiedlich zu verwenden. Für ihre Abgrenzung gibt es, wie so oft in der Philosophie, verschiedene Ansätze. Der gebräuchlichste, dem auch ich mich anschließe, ist der, dass die Ethik die Wissenschaft bezeichnet, die sich mit der Moral beschäftigt. Sie sucht Begründungen für die Grundsätze und die aus ihnen abgeleiteten Regeln. In diesem Sinne ist Ethik ein anderes Wort für Moralphilosophie. Kurz gefasst beschäftigt sich die Ethik damit, wie die Moral aussehen soll.

Grundunterscheidung

Zurück zu Jim. Wie kann man es angehen, eine Antwort für ihn zu finden? Wenn man es möglichst weit verallgemeinert, gibt es für den Fall zwei Betrachtungsweisen: Die eine ist, zu überlegen, welche Folgen es hat, wenn Jim schießt, und welche, wenn er nicht schießt. Ob es gute oder schlechte

Folgen sind, und wenn es sowohl gute als auch schlechte Folgen sind, welche am Ende mehr Gewicht haben, überwiegen. Man betrachtet das Ziel dessen, was man tut. Das griechische Wort für Ziel oder Zweck ist »telos«, deshalb nennt man diese Betrachtungsweise »teleologisch«. Weil es dabei meist um die Konsequenzen von Handlungen geht, nennt man diese Richtung auch »konsequentialistisch«. Ihr Hauptvertreter ist die aus England stammende Nützlichkeitsethik, der Utilitarismus.

Eine grundsätzlich andere Betrachtungsweise ist hingegen, sich zu überlegen, ob es nicht generell, ganz unabhängig von den Folgen, falsch ist, auf unschuldige Menschen zu schießen. Das heißt, man blickt nicht auf die Folgen einer Handlung, sondern auf die Handlung selbst. Ob man mit dieser Handlung Pflichten erfüllt oder gegen Gebote oder Verbote verstößt. Etwa gegen das bekannte Gebot »Du sollst nicht töten«. Man orientiert sich an Pflichten und Gesetzen. Der griechische Ausdruck für Pflicht ist »deon«, deshalb heißt diese Betrachtungsweise »deontologisch«.

Es handelt sich also um zwei sehr unterschiedliche Grundansätze, die jeweils einen unterschiedlichen Blick auf die Handlung richten. Beim deontologischen Grundansatz steht die Handlung selbst im Vordergrund, die Folgen bleiben im Hintergrund, beim teleologisch-konsequentialistischen dagegen stehen die Folgen der Handlung im Vordergrund, die Handlung selbst im Hintergrund.

Gesetzesethik

»Du sollst nicht töten« fiel eben, das bekannteste der Zehn Gebote. Diese Zehn Gebote sind eine Sammlung von moralischen Vorgaben, die, einer repräsentativen Umfrage zufolge, 66 Prozent der Deutschen als verbindlich für ihr tägliches Leben ansehen. Unter denen, die sich zu keiner Religion bekennen, immerhin noch 45 Prozent. Wenn diese Zahlen auch vorsichtig interpretiert werden müssen. Nur wenige der Befragten konnten mehr als ein paar von den Geboten auch tatsächlich nennen. Fast die Hälfte eben jenes »Du sollst nicht töten«. »Du sollst Vater und Mutter ehren« noch ein Viertel. Ziemlich unbekannt scheint dagegen zu sein, dass man den Feiertag ehren soll. Das fiel nur fünf Prozent der Befragten ein.

Dennoch, mehr als die Hälfte der Deutschen geben an, dass die Zehn Gebote verbindlich für ihr tägliches Leben sind. Damit sind die Zehn Gebote ein Musterbeispiel, vermutlich sogar das Musterbeispiel für eine Gesetzesethik: Ein moralischer Gesetzgeber, hier JHWH, Jahwe oder Jehova, also der Gott der hebräischen Bibel, hat sie der Überlieferung zufolge dem Propheten Moses auf dem Berg Sinai übergeben. Die auf den Tafeln niedergelegten moralischen Gebote und Verbote sind also deshalb eine Richtschnur für das Handeln, weil Gott als moralischer Gesetzgeber sie verfügt hat.

Nun sollte man sich in einer Gesellschaft schon aus Eigennutz über jeden Einzelnen freuen, der sich an »Du sollst nicht töten« gebunden fühlt, egal aus welchem Grund. Allerdings muss man sich klarmachen, dass, wer die Zehn Gebote für verbindlich hält, weil Gott sie gegeben und durch einen Propheten hat niederschreiben lassen, wenig Argumente dagegen findet, wenn ein anderer Gläubiger darauf verweist, dass sein Gott durch seinen Propheten verkündet hat, man soll Ehebrecher auspeitschen, nach einer anderen Überlieferung sogar steinigen. Und mit welchen Argumenten überzeugt er jemanden, der nicht an seinen Gott glaubt, davon, dass auch er nicht töten soll? Das soll keinesfalls heißen, dass, was in den Zehn Geboten steht, nicht richtig ist. Man landet jedoch bei dem Problem, dass die Verbindlichkeit einer Gesetzesethik mit der Anerkennung dessen, der sie gegeben hat, steht und fällt.

Allerdings wird oft darauf verwiesen, dass vieles von dem, was in den Zehn Geboten niedergelegt ist, sich auch in vielen anderen Ethiken und Religionen findet. Daraus könne man entnehmen, dass es offenbar eine universelle Gültigkeit hat. Das mag stimmen, führt aber weg von der Gesetzesethik hin zu einer allgemeineren Überlegung.

Ungefähr zur selben Zeit, in der auch die Zehn Gebote entstanden, befasste sich im antiken Griechenland ein Philosoph mit einer Grundsatzfrage: Kann man sich bei der Moralbegründung auf einen Gott berufen? In dem von Platon niedergeschriebenen Dialog »Euthyphron« diskutiert der Philosoph Sokrates mit eben jenem Euthyphron darüber, was fromm und gut oder ruchlos und schlecht ist. Und kommt zu der zentralen Frage:

»Bedenke dir nämlich nur dieses, ob wohl das Fromme, weil es fromm ist, von den Göttern geliebt wird, oder ob es, weil es geliebt wird, fromm ist?«

Mit anderen Worten lautet die Frage hier: Ist etwas moralisch gut, weil es von Gott befohlen wird, oder befiehlt Gott etwas, weil es moralisch gut ist? Gelten die Zehn Gebote, weil Gott sie befohlen hat? Oder hat Gott sie befohlen, weil sie moralisch gut sind? Eben darauf berufen sich alle, die auf die universelle Geltung verweisen. Nur brauchen sie dann eigentlich keinen Gott mehr für die Begründung. Und wer sich auf die Autorität Gottes beruft, bekommt Probleme gegenüber Nicht- oder Andersgläubigen. Eine Ethik, die Geltung für alle in einer Gesellschaft beansprucht, sollte deshalb – ohne dass damit eine Wertung verbunden wäre – eine Begründung finden, die ohne Gott auskommt.

Immanuel Kant

Das, eine andere Begründung für eine Ethik zu finden, hat der wohl prominenteste Vertreter der Pflichtethik versucht, der deutsche Philosoph Immanuel Kant. Er ist unter anderem bekannt für einen Satz, der es zum Beginn des Kant-

Jahres 2004 anlässlich seines 200. Todestages sogar bis aufs Titelbild des Spiegels schaffte:

»Zwei Dinge erfüllen das Gemüt mit immer neuer und zunehmender Bewunderung und Ehrfurcht, je öfter und anhaltender sich das Nachdenken damit beschäftigt: Der bestirnte Himmel über mir und das moralische Gesetz in mir.«

Man findet ihn auch auf der Erinnerungstafel an der Königsberger Universität, an der Kant über ein viertel Jahrhundert lang lehrte. Der Satz ist Programm bei Kant, denn es geht zwar um ein Gesetz, aber das Gesetz liegt in ihm, und damit meint er ganz allgemein im jeweiligen einzelnen Menschen. Es wird nicht von außen gegeben und richtet sich auch nicht nach den Folgen.

Dementsprechend beginnt auch eines seiner Werke zur Ethik, die »Grundlegung zur Metaphysik der Sitten«, in der er auch seinen berühmten »Kategorischen Imperativ« vorstellt, mit einer Beteuerung, dass es vor allem und nur um das geht, was vor der Handlung liegt und zu ihr führt:

»Es ist überall nichts in der Welt, ja überhaupt auch außer derselben zu denken möglich, was ohne Einschränkung für gut könnte gehalten werden, als allein ein guter Wille.«

In der Folge distanziert er sich noch stärker von Überlegungen, die auf die Folgen oder Konsequenzen der Handlungen abstellen:

»Es liegt also der moralische Wert der Handlung nicht in der Wirkung, die daraus erwartet wird, also auch nicht in irgend einem Prinzip der Handlung, welches seinen Bewegungsgrund von dieser erwarteten Wirkung zu entlehnen bedarf.«

Doch zurück zu dem, was neben dem bestirnten Himmel Kants Gemüt mit immer neuer und zunehmender Ehrfurcht und Bewunderung erfüllte: das moralische Gesetz in ihm. Was genau ist dieses Gesetz, das in ihm und generell jedem Einzelnen liegt und das immer zu gelten hat? Man kann diese beiden Anforderungen übersetzen und hat die Antwort. Weil es ein Gesetz darstellt, also ein Gebot, ist es ein Imperativ, und weil es immer, unbedingt gelten soll, ist er kategorisch.

Es handelt sich um Immanuel Kants berühmten »Kategorischen Imperativ«. In seiner bekanntesten Form lautet er:

»Der kategorische Imperativ ist also nur ein einziger und zwar dieser: handle nur nach derjenigen Maxime, durch die du zugleich wollen kannst, dass sie ein allgemeines Gesetz werde.«

Kant hat es geschafft, statt Gott den Menschen in den Mittelpunkt seiner Ethik zu stellen. Jeder Mensch ist der ethische Gesetzgeber. Aber eben nicht nach seiner Willkür, sondern er ist an die Vernunft gebunden und über die Vernunft an den Kategorischen Imperativ. Nur was dessen Prüfung besteht, ist richtig.

Den Kategorischen Imperativ haben die meisten schon in der Schule gelernt. Und meist auch in der Form, in der er oben steht. Allerdings hat Kant den Kategorischen Imperativ in seinem Werk in mehreren Varianten formuliert, von denen ich eine weitere, wesentlich unbekanntere, persönlich fast für noch wichtiger halte: die sogenannte Selbstzweckformel, Zweck-Mittel-Formel oder kurz Zweckformel.

»Handle so, dass du die Menschheit sowohl in deiner Person, als in der Person eines jeden andern jederzeit zugleich als Zweck, niemals bloß als Mittel brauchest.«

Ich schätze diese Formulierung so, weil sie noch stärker als die Formel vom allgemeinen Gesetz den Wert jedes einzelnen Menschen zeigt. Jeder Mensch muss als ein Zweck gesehen und behandelt werden. Zweck bedeutet hier, was auch immer mit ihm geschieht, muss zumindest auch seinetwegen geschehen. Das liegt daran, dass jeder Mensch einen eigenen Wert hat, der ihm zusteht, einfach weil er Mensch ist. Benutzt man ihn nur als Mittel zu etwas anderem, ohne dass er selbst auch etwas davon hat, würde man ihn missbrauchen, und das ist unzulässig. Das ist auch der Kern der Menschenwürde, die zentral in einer Ethik steht, die sich auf den Menschen bezieht, und ebenso zentral im deutschen Verfassungsrecht, in Artikel 1 des Grundgesetzes: »Die Würde des Menschen ist unantastbar.«

Was bedeutet das für Jim, der sich entscheiden muss, ob

er einen der Indianer töten darf, um die anderen zu retten? Jim dürfte nicht einen der Gefangenen töten, also opfern, um die anderen zu retten, weil er diesen einen zum Mittel für die Rettung der anderen machen würde. Auch wenn dieser Gefangene in diesem Moment schon zusammen mit den anderen dem Tode geweiht ist. Und diese Überlegung ist nicht lebensfremd oder etwas, das nur in Ethiklehrbüchern vorkommt: Mit ziemlich genau dieser Begründung hat das deutsche Bundesverfassungsgericht die Bestimmung des Luftsicherheitsgesetzes aufgehoben, mit der der Gesetzgeber gestatten wollte, notfalls ein Passagierflugzeug abzuschießen, in dem sich unbeteiligte Zivilisten befinden:

»Eine solche Behandlung missachtet die Betroffenen als Subjekte mit Würde und unveräußerlichen Rechten. Sie werden dadurch, dass ihre Tötung als Mittel zur Rettung anderer benutzt wird, verdinglicht und zugleich entrechtlicht; indem über ihr Leben von Staats wegen einseitig verfügt wird, wird den als Opfern selbst schutzbedürftigen Flugzeuginsassen der Wert abgesprochen, der dem Menschen um seiner selbst willen zukommt.«

Man erkennt sehr klar Kants Gedankengut und hat fast den Eindruck, die Verfassungsrichter haben, als sie das Urteil formulierten – ebenso wie die Verfassungsgeber, als sie die Menschenwürde im Grundgesetz an den Anfang stellten –, Kants »Grundlegung zur Metaphysik der Sitten« zur Hand genommen.

Wenn man diesen Einfluss der Kant'schen Ethik auf unser heutiges Leben betrachtet, wird es noch deutlicher: Es stellt schon eine beachtliche Leistung dar, eine Ethik rein auf der Vernunft aufzubauen und sie mehr oder weniger in einem einzigen Satz zusammenzufassen. Die Leistung eines einzelnen Menschen, der über Jahrzehnte seine Heimatstadt Königsberg nicht verlassen hat. Eine Leistung, auf die man schon fast etwas pathetisch Kants eigene Worte anwenden könnte: die das Gemüt vielleicht nicht mit Ehrfurcht, aber doch mit immer neuer Bewunderung erfüllt.

Utilitarismus

Jims Fall hat Bernard Williams 1973 in einem Essay veröffentlicht, den er »Kritik des Utilitarismus« nannte. Und daran erkennt man gleich, welche weitere Theorie bei der Lösung noch eine Rolle spielen kann: der Utilitarismus als bekanntester Vertreter einer teleologisch-konsequentialistischen Ethik. Anders als in angelsächsischen Ländern ist der Utilitarismus in Deutschland eher schlecht beleumundet. Aber dennoch ist er vermutlich auch hierzulande weiter verbreitet als man denkt. Diese Theorie vertritt nämlich, wer als Antwort auf Williams' Frage sagt: Das ist alles schrecklich, aber am Ende sollte Jim schießen, ein Toter ist schließlich besser als 20 Tote. Und wenn er sich weigert, hat er unterm Strich 19 Menschen auf dem Gewissen.

Ich behaupte, so denken viele, und noch viel mehr wägen das zumindest schwer mit ab. Damit denken sie aber eben utilitaristisch. Was ist das nun genau, die Nützlichkeitsethik oder Utilitarismus, wie sie nach dem lateinischen *utilis* oder dem englischen *utile* für *nützlich* heißt? Lassen wir am besten ihre beiden Begründer, die englischen Philosophen Jeremy Bentham und John Stuart Mill zu Wort kommen. Jeremy Bentham schrieb 1789:

»Unter dem Prinzip der Nützlichkeit ist jenes Prinzip zu verstehen, das schlechthin jede Handlung in dem Maß billigt oder missbilligt, wie ihr die Tendenz innezuwohnen scheint, das Glück der Gruppe, deren Interesse in Frage steht, zu vermehren oder zu vermindern, oder – das gleiche mit anderen Worten gesagt – dieses Glück zu befördern oder zu verhindern.«

Sein Schüler John Stuart Mill führte dann 1863 aus, was darunter genauer zu verstehen sei:

»Die Auffassung, für die die Nützlichkeit oder das Prinzip des größten Glücks die Grundlage der Moral ist, besagt, dass Handlungen insoweit und in dem Maße moralisch richtig sind, als sie die Tendenz haben, Glück zu befördern und insoweit moralisch falsch, als sie die Tendenz haben, das Gegenteil von Glück zu bewirken. Unter ›Glück‹ ist dabei Lust (pleasure) und das Freisein von Unlust (pain), unter ›Unglück‹ Unlust und das Fehlen von Lust verstanden.«

Wie dabei praktisch vorzugehen ist, hatte schon Bentham ausgeführt. Zunächst sei für jeden Beteiligten der Wert einer Freude oder eines Leids nach den Umständen Intensität, Dauer, Gewissheit oder Ungewissheit und Nähe oder Ferne sowie Folgenträchtigkeit und Reinheit zu bewerten. Dann sei das Ausmaß, also die Anzahl der jeweils betroffenen Personen festzustellen. Schließlich addiere man die Werte aller Freuden auf der einen Seite und aller Leiden auf der anderen, wiederhole das für jede einzelne Person, und ziehe dann Bilanz. Je nach Ergebnis dieser Operationen sehe man schließlich, ob die Handlung eine gute oder schlechte Tendenz hat.

Man kommt nicht umhin, an der Stelle ein wenig zu schmunzeln, aber es führt damit auch gleich zu einem der Hauptprobleme des Utilitarismus, ja überhaupt aller Ethiken, die auf die Folgen abstellen: Woher soll man die Folgen überhaupt kennen? Meist liegen sie ja in der Zukunft, so dass man auf Prognosen angewiesen ist, und das hat seine Tücken. »Prognosen sind unsicher, besonders wenn sie die Zukunft betreffen.« Ein Satz, der so treffend ist, dass er gleich mehreren klugen Urhebern zugeschrieben wird, von Mark Twain über Winston Churchill bis hin zu Karl Valentin. Und oft wird sich auch die Frage stellen: Wie soll man die unterschiedlichen Folgen gegeneinander abwägen? Sind drei Leichtverletzte schlimmer als ein Schwerverletzter? Wie sieht es bei bleibenden Schäden aus? Ändert es sich beim Verhältnis 1 zu 10 oder zu 100 oder zu 1000?

Dennoch wird man sagen wollen, wenn mit einer Handlung weniger Schaden angerichtet wird als mit einer anderen, dass doch die mit weniger Schaden zu bevorzugen wäre. Dann würde man allerdings Jim empfehlen zu schießen. Will man das?

Wer immer an der Stelle nun »ja« sagt, dem würde ich gerne ein anderes bekanntes Beispiel bringen, das in entscheidenden Punkten anderes liegt als der Fall von Jim: In einem Krankenhaus liegen fünf Patienten, die dem Tod geweiht sind. Bei einem ist es das Herz, bei einem anderen die Leber, bei zweien sind es die Nieren und bei einem die Lunge. Alle fünf sterben, wenn sie nicht in den nächsten Tagen eine Organtransplantation bekommen. Mit Transplantationen könnten alle gerettet werden, nur gibt es keine Organe. Allerdings liegt im Nachbarzimmer ein gesunder junger Mann, der für eine Blutspende gekommen ist. Mit seinen Organen könnten alle fünf Patienten gerettet werden. Man will die Frage gar nicht mehr stellen, weil es zu sehr nach schlechtem Horrorfilm klingt. Dennoch: Dürfte der Chirurg den einen opfern, um fünf zu retten? Ich hoffe, dass die Ablehnung nun einhellig ist – allgemein, ganz besonders aber unter Chirurgen. Wer streng orthodox utilitaristisch denkt, tut sich schwer bei der Begründung der Ablehnung, aber hier hilft Kant: Man darf den Blutspender niemals zum bloßen Mittel machen.

Mit dieser Verkürzung tut man dem Utilitarismus allerdings Unrecht, dessen Vertreter durchaus die Probleme sehen und diesen durch Weiterentwicklungen begegnet sind. Ich will an dieser Stelle nur eine nennen, weil sie mir sehr wichtig erscheint. Das Problem ist ja oft, dass man die Folgen einer einzelnen Handlung nicht abschätzen kann und zudem nicht mehr aus dem Nachdenken über die Zukunft herauskäme. Dem tritt der sogenannte »Regelutilitarismus« entgegen. Bei ihm beurteilt man nicht die einzelnen Handlungen, sondern die Regeln, nach denen man handelt. Und wenn die Regeln mehr positive als negative Folgen zeitigen, sollte man sich an diese Regeln halten. Das scheint vernünftig, hat allerdings ein anderes Problem: Man müsste sich auch dann an die Regel halten, wenn man genau sieht, dass das, was man gerade gemäß der Regel tun will, in diesem speziellen Einzelfall ausnahmsweise in die Katastrophe führt.

Tugendethik

Bei allen Betrachtungen haben wir allerdings eines nicht wirklich beachtet: Jim selbst. Besser gesagt, wie es Jim dabei ergeht, was ihm sein Gewissen sagt, ob er es überhaupt fertigbrächte zu schießen, auch wenn es ihm sinnvoll erscheint. Ob er wider seine Überzeugungen handeln kann, ob er dabei seine Integrität opfern müsste. Das war sogar einer der Punkte, um die es Williams bei diesem Beispiel vorrangig ging.

Mit Überlegungen wie diesen hat eine der ältesten Ethiken, die über Jahrhunderte eher ins Hintertreffen geraten war, in den letzten Jahrzehnten eine Renaissance erfahren: die Tugendethik. Sie geht zurück vor allem auf Aristoteles und besagt, dass man sich so verhalten soll, wie sich ein tugendhafter Mensch in dieser Situation verhalten würde. Das klingt zunächst wie ein Zirkelschluss, aber es steckt mehr hinter dieser Formulierung.

Zum einen orientiert sich der tugendhafte Mensch an einem Ziel, und dieses Ziel soll nach Aristoteles' Auffassung das höchste Gut sein. Das wiederum soll man daran erkennen, dass man es als Endziel haben will und nicht mir als Mittel zu etwas Anderem dient, wie zum Beispiel Geld, das man haben will, um sich etwas kaufen zu können. Was aber ist nun dieses Endziel? Aristoteles antwortet:

»Derart dürfte in erster Linie die Glückseligkeit sein. Denn diese suchen wir stets wegen ihrer selbst und niemals wegen etwas anderen;«

Und wie sieht die Glückseligkeit aus? Aristoteles zufolge entsprach sie keineswegs der Lust, also dem reinen Spaß oder dem Nichtstun. Vielmehr

»ist das Gute für den Menschen die Tätigkeit der Seele auf Grund ihrer besonderen Befähigung, und wenn es mehrere solche Befähigungen gibt, nach der besten und vollkommensten; und diese außerdem noch ein volles Leben hindurch. Denn eine Schwalbe macht noch keinen Frühling, und auch nicht ein einziger Tag; so macht auch ein einziger Tag oder kurze Zeit niemanden glücklich und selig.«

Der Mensch soll also das tun, was er besonders gut kann. Vor allem aber, und das erkennt man an dieser Stelle sehr gut, geht es um eine langfristige Perspektive, nicht um einzelne Handlungen. Der Mensch soll sich insgesamt tugendhaft verhalten, deshalb auch der Verweis von der Handlung auf den tugendhaften Menschen. Wie aber sehen die Tugenden aus? Auch dafür hat Aristoteles eine Antwort: seine *Mesotês*-Lehre. Die ethische Tugend ist das mittlere zwischen zwei schlechten Extremen:

»Die Tugend ist also ein Verhalten der Entscheidung, begründet in der Mitte im Bezug auf uns, einer Mitte, die durch Vernunft bestimmt wird und danach, wie sie der Verständige bestimmen würde. Die Mitte liegt aber zwischen zwei Schlechtigkeiten, dem Übermaß und dem Mangel. Während die Schlechtigkeiten in den Leidenschaften und Handlungen hinter dem Gesollten zurückbleiben oder über es hinausgehen, besteht die Tugend darin, die Mitte zu finden und zu wählen. Darum ist die Tugend hinsichtlich ihres Wesens und der Bestimmung ihres Was-Seins eine Mitte, nach der Vorzüglichkeit und Vollkommenheit aber das Höchste.«

Wie das praktisch aussieht, führt Aristoteles dann für die einzelnen Tugenden an. Die Tapferkeit etwa sei die richtige, die goldene Mitte zwischen Feigheit und Tollkühnheit, die Besonnenheit zwischen Stumpfheit und Zügellosigkeit, die Großzügigkeit zwischen Geiz und Verschwendung, der Hochsinn zwischen Engstirnigkeit und Aufgeblasenheit, die Gerechtigkeit zwischen dem Zuviel und Zuwenig.

Das wirklich Interessante daran ist aber, dass man diese Tugenden erwirbt und sie dann zu Eigenschaften des jeweiligen Menschen werden. Eine Art von Tugenden, die verstandesmäßigen wie Weisheit, Klugheit und Auffassungsgabe, erwirbt man durch Belehrung. Die anderen Tugenden, eben die ethischen wie Tapferkeit, Besonnenheit, Großzügigkeit oder Großherzigkeit, sowie die allem übergeordnete

Gerechtigkeit aber erwirbt man durch Gewöhnung und Einübung. Und diese Tugenden bilden dann den Charakter.

Man muss zugeben, dass diese Ethik den Nachteil hat, oft keine konkreten Antworten auf konkrete Probleme zu geben, wie man auch hier bei Jims Dilemma sieht. Sie hat aber einen großen Vorteil, dem wir in diesem Buch noch begegnen werden: Sie begreift den Menschen als Ganzes, der in verschiedenen Situationen nach seinen Überzeugungen und gemäß seinem Charakter handelt und nicht Gefahr läuft, nur Ausführender von ethischen Theorien zu sein.

Weitere Theorien

Daneben gibt es noch eine Vielzahl von weiteren ethischen Theorien, die jede für sich hochinteressant sind, die man aber nicht alle in diesem kurzen Überblick darstellen kann. Dazu würde ich etwa Schopenhauers Mitleidsethik zählen. Eine Ethik, die bewusst in Abgrenzung zu Kant die Wurzel im Gefühl sucht, eben im Mitleid mit anderen Menschen und auch Tieren. Dazu gehört auch die Vertragsethik, der Kontraktualismus, dem zufolge das richtig ist, zu dem alle Beteiligten ihre Zustimmung gegeben haben oder hätten geben können. Ein Verfahren, durch das sichergestellt wird, dass nicht einige zugunsten der Mehrheit auf der Strecke bleiben. Zu nennen wäre beispielsweise auch die Diskursethik mit ihrem Hauptvertreter Jürgen Habermas, die nur das als moralisches Gesetz gelten lässt, worauf sich alle in einem offenen Diskurs geeinigt haben oder zumindest hätten einigen können.

Care-Ethik

Zu guter Letzt sei noch die Care-Ethik genannt, weil sie einen deutlich abweichenden Ansatz verfolgt. Die meisten ethischen Theorien verfolgen einen Universalitätsanspruch: Alle Normen sollen für alle gleichermaßen gelten, und sie sollten neutral über Einzelinteressen hinausgehen. Dem widersetzt sich die Care-Ethik und betont den Wert der Fürsorglichkeit und Anteilnahme. Die Gefühle zu anderen Menschen werden in den Mittelpunkt gerückt. Modellbeispiel ist die Mutter-Kind-Beziehung, die Fürsorglichkeit und Liebe vorlebt, aber zugleich sehr parteiisch ist, nur für Einzelne gilt. Man kann sie nicht verallgemeinern, da das die Mutter überfordern würde. Die Care-Ethik bleibt auf die Beziehung zu besonderen Anderen beschränkt.

Ich führe die Care-Ethik hier speziell an, weil sie meines Erachtens einen zusätzlichen Aspekt bietet, der viele Situationen im Leben besser verständlich macht. Neben der schon genannten Mutter-Kind-Beziehung kann man damit auch die andere Sorge um Menschen erfassen, die man persönlich kennt oder denen man auch nur persönlich begegnet. Sie spielt meines Erachtens auch eine große Rolle in manchen Berufsethiken, etwa denen der Pflege oder der Ärzte. Jeder Arzt will für den Patienten, der vor ihm liegt, das Beste erreichen. Auch wenn er genau weiß, dass die Mittel, würde man diese Behandlung verallgemeinern, jedem Kranken angedeihen lassen, niemals ausreichen würden. Dennoch entsteht aus dem individuellen Arzt-Patient-Verhältnis eine Nähe, die eine direkte Anteilnahme herbeiführt. Vielleicht liegt in diesem Spannungsverhältnis, dem jeder Arzt ausgesetzt ist, zwischen seinen Pflichten als Sachwalter der finanziellen Mittel der Krankenversicherung einerseits und seiner Hinwendung zum Patienten mit den entsprechenden Pflichten ihm gegenüber andererseits einer der Gründe dafür, dass sich das Gesundheitssystem einer alle zufriedenstellenden Lösung zu entziehen scheint.

John Rawls

Allerdings lohnt es sich, eine Theorie aus dem Bereich der Vertragstheorien gesondert zu betrachten, auch wenn sie nicht den Anspruch erhebt, eine umfassende Moraltheorie zu sein: John Rawls' »Theorie der Gerechtigkeit«. Es geschieht nicht oft, dass ein philosophisches Buch schon bei seinem Erscheinen so große Aufmerksamkeit auch außerhalb von Fachkreisen erregt, wie es dem 2002 verstorbenen amerikanischen Moralphilosophen John Rawls mit seinem Werk »A Theory of Justice« 1971 gelang. Nur wenige Zeit später erschien es in verschiedenen Sprachen, unter anderem 1975 auf Deutsch, und man kann es wohl als das einflussreichste moralphilosophische Buch der zweiten Hälfte des 20. Jahrhunderts bezeichnen. Worum geht es darin? Wie der Titel schon sagt, versucht Rawls darin eine umfassende Theorie zu entwickeln, wie jenes überragende Prinzip, die Gerechtigkeit, die seit Platon und Aristoteles einen der Kernpunkte jeder Moral darstellt, in einer Gesellschaft und ihren Institutionen umgesetzt werden soll. Meines Erachtens gelingt es ihm auf überzeugende Weise, vor allem aber ist der Weg, den er dafür wählt, nicht weniger interessant als das Ergebnis.

Schleier des Nichtwissens

Rawls verwendet zur Herleitung seiner Theorie ein Gedankenexperiment. Er stellt sich die Frage, wofür sich freie vernünftige Menschen in einer für alle gleichen Ausgangssituation in ihrem Eigeninteresse entscheiden würden. Um das zu erreichen, geht er von einer Gesellschaft von Menschen aus, die er als kompetente Moralbeurteiler bezeichnet, die also über ausreichend Intelligenz, Lebenserfahrung, Faktenkenntnis, Selbstkritik verfügen sowie über die Bereitschaft und Fähigkeit, abzuwägen, neue Erkenntnisse zu berücksichtigen und sich in andere hineinzuversetzen. Diese Gesellschaftsmitglieder versetzt Rawls nun in die fiktive Situation, in der sie über die Grundsätze der Gerechtigkeit und die Grundstruktur der Gesellschaft entscheiden dürfen. Rawls nennt diese Situation »original position«, im Deutschen hat sich dafür »Urzustand« eingebürgert, aber vielleicht wäre, weil es sich um keine historische Überlegung, sondern ein Gedankenexperiment handelt, »Ausgangsposition« treffender. Der eigentliche Clou dabei ist, wie Rawls erreicht, dass die Menschen, die ja bekanntermaßen nicht gleich sind, in dieser gedanklichen Situation die gleiche Ausgangsposition einnehmen können: Er setzt sie – fast schon poetisch – hinter einen »Schleier des Nichtwissens« (veil of ignorance):

»Vor allem kennt niemand seinen Platz in der Gesellschaft, seine Klasse oder seinen Status; ebenso wenig seine natürlichen Gaben, seine Intelligenz, Körperkraft, usw. Ferner kennt niemand seine Vorstellung vom Guten, die Einzelheiten seines vernünftigen Lebensplanes, ja nicht einmal die Besonderheiten seiner Psyche wie seine Einstellung zum Risiko oder seine Neigung zu Optimismus oder Pessimismus. Darüber hinaus setze ich noch voraus, dass [sie] die besonderen Verhältnisse in ihrer eigenen Gesellschaft nicht kennen, d.h. ihre wirtschaftliche und politische Lage, den Entwicklungsstand ihrer Zivilisation und Kultur. Die Menschen im Urzustand wissen auch nicht, zu welcher Generation sie gehören.«

Jedoch ist der Schleier, nennen wir es einmal, halb durchsichtig. Er blendet nur Einzeltatsachen aus, nicht aber allgemeine Tatsachen über die menschliche Gesellschaft, die die Menschen, die hinter dem Schleier sitzen, kennen sollen:

»Sie verstehen politische Fragen und die Grundzüge der Wirtschaftstheorie, ebenso die Grundfragen der gesellschaftlichen Organisation und die Gesetze der Psychologie des Menschen. Sie kennen voraussetzungsgemäß alle allgemeinen Tatsachen, die für die Festsetzung von Gerechtigkeitsgrundsätzen von Bedeutung sind.«

Im Grunde steckt darin eine Verallgemeinerung, aber mit einer Besonderheit: Der Schleier des Nichtwissens zwingt, wenn man ihn ernst nimmt, zu einem hohen Grad an Objektivität: Wer beispielsweise eine robuste Gesundheit hat, kann sehr wohl dafür sein und es gerecht finden, die Kostenübernahme für medizinische Behandlungen durch die gesetzliche Krankenversicherung zu begrenzen. Dasselbe mag denken, wer selbst über ausreichende finanzielle Mittel verfügt und lieber geringere Beiträge bei geringeren Leistungen zahlt. Wer jedoch dank des Schleiers des Nichtwissens nicht weiß, ob er selbst mit chronischen Krankheiten und ohne Geld in der Welt stehen wird, dürfte vermutlich für eine Absicherung auch dieser Zustände stimmen. Aber es geht noch weiter. Man weiß hinter dem Schleier des Nichtwissens auch nicht, ob man mit Begabungen ausgestattet sein wird, ob man leicht lernt und ob man eine stabile Psyche hat oder leicht aus der Bahn geworfen wird. Ob man wohlbehütet aufwächst oder ohne jede Förderung seitens der Eltern. Dies alles sind nun einmal im Sinne Rawls' Zufälligkeiten in der Lotterie des Lebens, weshalb man sie außen vor lassen muss, wenn man eine wirklich gerechte Regelung sucht. Beachtlich ist dabei auch die Einbeziehung der Generationen. Wie viel darf eine Generation auf Kosten von anderen verbrauchen, ist eine der oft verdrängten, aber extrem wichtigen Fragen – im Hinblick auf Schulden, Investitionen in Bildung und Zukunft und auch beim Verbrauch von Ressourcen oder der natürlichen Grundlagen. Wir werden diesen Fragen im Laufe des Buches immer wieder begegnen.

Grundsätze der Gerechtigkeit

Rawls geht nun davon aus, dass sich vernünftige Menschen aus dieser Ausgangsposition des Urzustandes heraus, wenn sie nicht wissen, wo sie in der Gesellschaft stehen werden – ob Mann ob Frau, ob schwarz ob weiß, ob in einer alteingesessenen Familie oder einer mit Migrationshintergrund, ob arm oder reich, ob klüger oder weniger klug –, für Grundsätze der Gerechtigkeit entscheiden, die fair sind, die unter anderem gleiche Chancen für alle beinhalten. Diese Grundsätze formuliert Rawls folgendermaßen:

Erster Grundsatz

Jedermann hat gleiches Recht auf das umfangreichste Gesamtsystem gleicher Grundfreiheiten, das für alle möglich ist.

Zweiter Grundsatz

Soziale und wirtschaftliche Ungleichheiten sind so zu regeln, dass sie sowohl (a) den am wenigsten Begünstigten die bestmöglichen Aussichten bringen als auch (b) mit Ämtern und Positionen verbunden sind, die allen gemäß der fairen Chancengleichheit offen stehen.

Vorrang hat für Rawls die Freiheit des Einzelnen, die so umfassend sein muss, wie es in einer Gemeinschaft möglich ist. Danach kommt der zweite Grundsatz, der mit dem beginnt, was Rawls das »Differenzprinzip« oder Unterschiedsprinzip nannte. Ihm zufolge dürfen Ungleichheiten nur dann bestehen, wenn dadurch auch dem Schlechtestgestellten ein Vorteil erwächst. Es darf ruhig jemand ein größeres Stück vom Kuchen bekommen, aber nur dann, wenn auch der oder die Schlechtestgestellte mehr Kuchen erhält. Das kann zum Beispiel dann der Fall sein, wenn der, der das größere Stück will, dazu beigetragen hat, dass der Kuchen für alle größer wurde. Aber es ist eben nicht zulässig, sich einfach ein größeres Stück zu nehmen, indem man die Stücke der anderen kleiner schneidet:

Das Unterschiedsprinzip bedeutet faktisch, daß man die Verteilung der natürlichen Gaben in gewisser Hinsicht als Gemeinschaftssache betrachtet und in jedem Falle die größeren sozialen und wirtschaftlichen Vorteile aufteilt, die durch die Komplementaritäten dieser Verteilung ermöglicht werden. Wer von der Natur begünstigt ist, sei es, wer es wolle, der darf sich der Früchte nur soweit erfreuen, wie das auch die Lage der Benachteiligten verbessert.

Besonderen Wert legt Rawls auf die Chancengleichheit. Er unterscheidet formale Chancengleichheit, dass alle das gleiche gesetzliche Recht auf eine vorteilhafte Position haben, von fairen Chancen, bei denen die unterschiedlichen realen Ausgangspositionen ausgeglichen werden. Wenn zwar jeder mit Hochschulreife eine Universität besuchen darf, unabhängig davon, wie viele es sich dann leisten können, liegt formale Chancengleichheit vor. Faire Chancen für alle aber gibt es erst dann, wenn sich auch alle Begabten tatsächlich die Universität leisten können und nicht nur die Reichen. Um diese fairen Chancen zu gewährleisten, muss die Gesellschaft eingreifen, zum Beispiel durch Stipendien. Gleich Begabte sollen auch die real gleichen Chancen erhalten. Mehr noch, da die Begabungen, die man hat, einen unverdienten Vorteil darstellen, muss sich eine wirklich gerechte Gesellschaft vermehrt um die bemühen, »die mit weniger natürlichen Gaben oder in weniger günstige Positionen geboren werden«. Dies wird eine der zentralen Überlegungen im Kapitel »Soziales« sein.

Rawls' Thesen lassen sich hier nur in Ansätzen darstellen, und natürlich ist Rawls auch heftig von verschiedenen Seiten für seine Position kritisiert worden. Ich glaube dennoch, dass er einen entscheidenden Beitrag geleistet hat. Vor allem auch mit dem Schleier des Nichtwissens. Abgesehen davon, dass die Einführung eines Schleiers in der Philosophie genauso überrascht wie die Idee, durch Nichtwissen zu Erkenntnissen zu gelangen, vermag dieser Schleier wirklich die Sichtweise zu verändern. Oft ist es schwer, seine eigene Position zu verlassen und sich in die des anderen zu versetzen. Zumal man dann einfach die Gegenposition einnimmt und wieder zu keiner Lösung kommt. Klassiker auf diesem Gebiet sind etwa die Position des Arbeitgebers und Arbeitnehmers oder des Vermieters und Mieters mit in mancher Hinsicht entgegengesetzten Interessen. Hier ist meist klar, was die jeweils andere Seite möchte, das sagt aber noch nicht sehr viel darüber aus, wie eine gerechte Lösung aussieht. Leichter ist dann manchmal, sich vorzustellen, man wüsste nicht, in welcher Position man sich befindet, und sich zu überlegen, was man dann für richtig hielte. Das aber ist die Idee der »original position«, der Ausgangsposition hinter dem Schleier des Nichtwissens.

Wir werden dieser Idee wieder begegnen. Aber zunächst wollen wir uns nach diesem Ausflug in Gedankenexperimente, fiktive Situationen und theoretische Überlegungen wieder dem Alltag zuwenden.

5 Von Radfahrern, Autofahrern und anderen Verbrechern

Über Recht und Moral

Berlin, Prenzlauer Berg, Schönhauser Allee. Vielleicht muss man es als Berufskrankheit eines Menschen ansehen, der sich über Jahre hinweg mit Alltagsmoral beschäftigt: Man wird aufmerksamer und empfänglicher für Situationen, in denen die Moral eine Rolle spielt. Aber nicht, weil man etwas bewerten wollte. Etwa im Sinne einer Beurteilung, diese oder jener hätte sich gut oder schlecht verhalten. Dafür kennt man als Beobachter normalerweise die Begleitumstände viel zu wenig. Es geht viel mehr darum, zu versuchen, die Situationen zu verstehen – zu ergründen, welche Gesetzmäßigkeiten dahinter stehen könnten.

So bei folgender Begebenheit: Ein Radfahrer, eher jünger, Mountainbike, fährt die Schönhauser Allee auf dem Fahrradweg stadteinwärts. Ein wenig vor ihm will ein Auto offenbar in eine Einfahrt einbiegen. Ein größeres Auto, eines der so gescholtenen SUVs, Sport-Utility-Vehicles, also ein Geländewagen für die Stadt. Der Fahrradfahrer fährt langsamer, das Auto biegt ein, fährt aber nicht in die Einfahrt, sondern bleibt quer auf dem Fahrradweg und dem halben Gehweg stehen. Der Fahrer des Autos, auch jünger, gut gekleidet, steigt aus und geht zu dem Haus, in dem sich einer der wenigen Bankautomaten am Prenzlauer Berg befindet. Der Fahrradweg ist komplett blockiert, der Radfahrer muss stehen bleiben. Das Einzige, was ihm bliebe, wäre zu versuchen, auf die Straße in den relativ starken Verkehr oder auf den ebenfalls halb blockierten Gehweg auszuweichen. Daraufhin ruft er – für Berliner Verhältnisse sehr freundlich – dem Autofahrer zu: »Das ist aber nicht sehr toll.« Der Autofahrer dreht sich kurz um, sagt »Ich weiß« und geht weiter.

Der Fahrradfahrer entgegnet konsterniert: »Was soll denn das? Soll ich Sie jetzt anzeigen?«, worauf der Autofahrer ruft: »Geh doch zurück nach Stuttgart!« und die Bank betritt.

Besondere Gegenden

Ein wenig ahnt man vielleicht schon, worum es gehen wird: Um Gesetze und Vorschriften, ob und warum man sich an sie halten soll, ob es sinnvoll ist, spießig oder gar menschenfeindlich, darauf zu bestehen. Aber um diese Geschichte wirklich zu verstehen, sollte man ein paar Dinge genauer kennen. Der Prenzlauer Berg galt schon zu DDR-Zeiten als Künstlerviertel und wurde nach der Wende zu einem der Hauptanlaufpunkte für Zugezogene aus dem Westen. Gerne auch aus München oder eben Stuttgart. Innerhalb von wenigen Jahren wurden zwischen 50 und 80 % der Bevölkerung ausgetauscht. Wenn man so will, ist der Prenzlauer Berg einer der Klassiker in Deutschland für eine mittlerweile fast vollständig abgelaufene Gentrifizierung. Damit bezeichnet man das Phänomen, wenn ein Stadtviertel durch Sanierungsmaßnahmen und Zuzug neuer Bewohner von der Bausubstanz her aufgewertet wird, was jedoch zu einer Verdrängung der bisherigen Bevölkerung führt. Für den Prenzlauer Berg bedeutet das, dass er inzwischen mehr oder weniger ein klassisches besseres Wohnquartier ist mit Reminiszenzen an seine Vergangenheit. Dass das alles nicht unbedingt zu einem nur freundlichen und friedlichen Miteinander führt, muss man wohl nicht extra betonen. Darüber hinaus war der Prenzlauer Berg wie auch der Stadtbezirk Mitte in den Jahren nach dem Mauerfall ein unfassbar freier Ort, an dem vieles bis alles erlaubt war. So etwas wie Parktickets oder Anzeigen wegen nächtlicher Ruhestörung gab es nicht. Es war sozusagen ein rechtsfreier oder zumindest ordnungsfreier Ort. Der Zuzug der betuchten Bewohner – oder die Etablierung der zuvor freiheitsliebenden Bewohner – hat dem ein Ende bereitet. Zudem sind die Stuttgarter wegen ihrer Ordnungsliebe verrufen. Das »Geh doch zurück nach Stuttgart!« war also ein Hinweis des Autofahrers, dass der Radfahrer mit seiner Vorstellung, er, der Autofahrer, soll nicht den Radweg blockieren, sich in völlig spießiger Art und Weise auf die Straßenverkehrsordnung beruft. Und dass er mit dieser Einstellung nichts in Berlin und speziell am Prenzlauer Berg verloren hat.

Soweit der Ablauf des Geschehens. Was aber will man daraus erkennen? Zunächst war bemerkenswert, dass der Autofahrer ein großes, ziemlich teueres Auto fuhr, also eher zu denjenigen gehörte, welche die einheimische Bevölkerung im Prozess der Gentrifizierung verdrängen. Dennoch wandte er sich gegen die »typischen Zugezogenen«. Das dürfte vor allem Soziologen oder Psychologen beschäftigen – oder unterhalten. Hier interessiert aus ethischer Sicht mehr, was man daraus für die Bedeutung des Rechts, der Gesetze für das Zusammenleben erkennen kann. Ich glaube, eine ganze Menge.

Bedeutung des Rechts

Für gewöhnlich sind Radfahrer – ganz speziell die in Berlin – nicht gerade als fanatische Anhänger der Straßenverkehrsordnung bekannt. Sie betrachten Ampeln mehr als unverbindliche Empfehlungen, kümmern sich wenig um Einbahnstraßen und fahren gerne auch auf Gehwegen. Hier aber beruft sich der Radfahrer – dem wir einmal unterstellen wollen, dass er ein typischer Radfahrer ist, der sich sonst auch über die Regelungen hinwegsetzt, wenn es ihm passt – gerade auf die Einhaltung der Rechtsordnung bzw. Straßenverkehrsordnung. Misst er mit zweierlei Maß, oder könnte er Gründe anführen, das hier zu tun? Diese Gründe wären deshalb interessant, weil sie etwas über das Verhältnis von Recht und Moral sagen können.

Ein guter Ausgangspunkt für derartige Überlegungen ist, sich die Situation ohne rechtliche Regelung vorzustellen. Also eine Situation, in der es keine Vorschrift gibt, ob man auf Radwegen mit dem Auto stehen bleiben darf oder nicht. Die Frage, wer »Recht« hat, ob der Autofahrer dann dort stehen bleiben darf oder nicht, bemisst sich in diesem Fall nach allgemeinen Regeln, mit anderen Worten nach moralischen Überlegungen. Um hier zu einem sinnvollen Ergebnis zu kommen, muss man allerdings eines versuchen: Man muss sich möglichst frei machen von seiner eigenen Rolle im Straßenverkehr, ob man selbst vorwiegend oder nur als Autofahrer, Fußgänger oder Radfahrer unterwegs ist. Man muss sich gewissermaßen in dieser Hinsicht hinter einen Schleier des Nichtwissens begeben. Wenn man das tut, kann man beim Parken auf dem Fahrradweg durchaus unterschiedlicher Meinung sein, solange es um leichte Beeinträchtigungen geht, bildlich gesprochen um das Halten mit zwei Rädern auf dem Fahrradweg, um schnell etwas zu erledigen. Aber selbst der notorischste Fahrradhasser wird einräumen müssen, dass eine Vollblockade eines – noch dazu vielbefahrenen – Radwegs, um seine Bankgeschäfte zu erledigen, falsch ist. Hier nimmt sich jemand auf Kosten von Anderen seinen Vorteil heraus.

Was aber hat das nun mit dem Verhältnis von Recht und Moral zu tun? Das Recht, in diesem Fall die Straßenverkehrsordnung, verbietet, auf Radwegen zu parken. Ein Verhalten, das offenbar auch dann falsch ist, wenn es nicht explizit verboten wäre, einfach weil es andere in ihren »Rechten« beschneidet. Es scheint sich um einen typischen Fall zu handeln, in dem, um das Zitat von Oliver Wendel Holmes Jr. anzuwenden, das »Recht«, seine Faust zu schwingen, endet, weil die Nase des Nachbarn getroffen wird. Ich setze »Rechte« hier in Anführungszeichen, weil es dabei nicht um Rechte im juristischen Sinne, sondern um ein moralisches Recht geht. Etwas, das man nicht vor Gericht durchsetzen kann oder aus einem vom Gesetzgeber beschlossenen

Gesetz ableiten, sondern etwas, auf das man sich aus moralischer Sicht berufen kann. Um es abzugrenzen, könnte man auch von »moralischer Berechtigung« sprechen, aber die Tatsache, dass die Sprache für beide Fälle, das Recht im juristischen wie auch im moralischen Sinne, dasselbe Wort »Recht« vorsieht, weist ja schon darauf hin, wie eng die beiden Begriffe auch inhaltlich verknüpft sind.

Der Radfahrer will also mit dem Rad fahren, und der Autofahrer will sein Auto kurz abstellen, um Geld abzuheben. Beides sind legitime Bedürfnisse, es stellt sich nur die Frage, wer seine Bedürfnisse hintanstellen muss. Muss der Radfahrer stehen bleiben und absteigen, weil da nun einmal für ein paar Minuten ein Auto steht? Oder muss der Autofahrer woanders einen Parkplatz suchen, vielleicht etwas länger suchen und danach auch einen längeren Fußmarsch in Kauf nehmen, weil dieser Weg für Radfahrer gedacht ist? An dieser Stelle setzt die Straßenverkehrsordnung an und versucht, genau das zu regeln. Indem sie festlegt, dass Radwege Radfahrern vorbehalten sind, dass, wer länger als drei Minuten hält oder sein Fahrzeug verlässt, parkt, wo das Parken verboten ist und wo das Halten, und dass das Bußgeld höher ausfällt, wenn man bei einem Verstoß andere behindert. Der Gesetz- bzw. Verordnungsgeber will also die Bedürfnisse, das, was jeder am liebsten tun würde, wenn es nur nach ihm ginge, gegeneinander abgrenzen.

Und damit ist man vom Radwegstreit in Berlin bei einer der wichtigsten und treffendsten Definitionen des Rechts angelangt, bei der von Immanuel Kant:

»Das Recht ist also der Inbegriff der Bedingungen, unter denen die Willkür des einen mit der Willkür des anderen nach einem allgemeinen Gesetze der Freiheit zusammen vereinigt werden kann.«

Das Recht schränkt also zwar die Freiheit des Einzelnen ein, aber zu dem Zweck, die Freiheit aller zu gewähren. Es legt die Grenzen fest, bis zu denen der Einzelne gehen darf, um die anderen, die ja auch ihre Freiheit haben und vielleicht etwas anderes wollen, nicht zu sehr einzuschränken.

Musik wird störend oft empfunden

In dieselbe Kerbe schlagen zum Beispiel auch die Vorschriften zum Schutz vor Lärm. Man findet sie in den Immissionsschutzgesetzen der Länder, Verordnungen der Gemeinden oder Hausordnungen: Meist ist es verboten, zwischen 22 Uhr und 6 Uhr Lärm zu verursachen, »durch den jemand in seiner Nachtruhe gestört werden kann«. Auch hier sollen wieder die Wünsche der Menschen gegeneinander abgegrenzt werden: der Wunsch nach Nachtruhe der einen gegen den Wunsch nach Musikgenuss oder sonstiger, auch lauter Betätigung der anderen. Und fast jeder kennt die Problematik. Entweder, weil man selbst schlafen will und andere lärmen, oder weil man Musik hören will – speziell bei einem Fest auch mal lauter und länger. Und die meisten kennen sogar beide Sichtweisen aus eigener Erfahrung. Wer morgens raus muss, freut sich, wenn irgendwann mal Ruhe ist, wer feiern und Musik hören möchte, würde gerne länger aufdrehen. Auch hier hat der Gesetzgeber eine Abgrenzung getroffen und eine Nachtruhezeit festgelegt. Ob die mit 22 Uhr bis 6 Uhr die Bedürfnisse einer modernen Gesellschaft wirklich trifft, würde ich persönlich zwar bezweifeln, da es jedoch eine Abgrenzung ist, die nicht willkürlich erscheint, muss man sie im Grunde akzeptieren. Oder man wirkt politisch auf eine Änderung hin.

Das ethische Minimum

Viel interessanter scheint da die Frage, inwieweit man sich auf diese Zeiten streng berufen kann. Mit anderen Worten: Darf man jederzeit – soweit es keine anderen Einschränkungen gibt, wie etwa die Feiertagsruhe – von 6 Uhr morgens bis 22 Uhr so laut Musik hören, wie es eben noch zulässig ist? Und umgekehrt, darf man um 22:01 die Polizei rufen, weil in der Nachbarwohnung lautstark Geburtstag gefeiert wird? Und so, wie die Frage formuliert ist – verzeihen Sie mir bitte, dass ich Sie damit in eine bestimmte Richtung dränge –, ist die Antwort klar: Natürlich ist beides nicht richtig. Das Recht kann zwar in Zweifelsfällen eine Abgrenzung liefern, aber keinen Grund, sein Verhalten ansonsten nicht mehr zu beschränken. Sich innerhalb einer rechtlich erlaubten Position zu bewegen bedeutet noch nicht, dass man moralisch richtig handelt. Nicht alles, was einen nicht ins Gefängnis bringt, ist deshalb automatisch gut. Der österreichische Rechtstheoretiker Georg Jellinek prägte 1872 den Begriff des »ethischen Minimums« für das Recht. Er meinte damit, dass das Recht nur das umfasst, was als absolutes Minimum unverzichtbar für ein Zusammenleben in einer Gesellschaft ist. Das Recht steckt den Rahmen ab, den man keinesfalls überschreiten darf. Es entbindet aber nicht von der Verpflichtung, sich zu überlegen, wie man sich innerhalb des Rahmen richtig verhält.

Wer um 6 Uhr morgens seine Kinder in einer Etagenwohnung Bobbycar fahren lässt, ist ebenso asozial wie jemand, der in einem hellhörigen Haus ab 6 Uhr morgens oder bis 22 Uhr abends laut Musik hört. Und wer sich dabei auf die Lärmschutzregelungen beruft, ist ebenso ein Querulant wie derjenige, der um 22:01 bei einer Geburtstagsfeier die Polizei ruft. Man mag jeweils das Recht auf seiner Seite haben, die Moral aber nicht. Die erfordert Rücksicht, auch wenn man das Gesetz auf seiner Seite hat.

»Das ist mein gutes Recht«

Ich würde sogar weiter gehen und wage die Behauptung, wann immer jemand den Satz verwendet: »Das ist mein gutes Recht«, es sich um alles Mögliche handelt, aber genau nicht darum, nicht um gutes Recht. Meist wird es sich im Gegenteil um schlechtes Recht handeln, nämlich um ein Recht, das allein auf den Buchstaben beruht und nicht auf dem Inhalt. Weil das Recht eine Abgrenzung der Interessen vornehmen soll – man denke nur an die Kant'sche Definition –, müsste es jederzeit möglich sein, die Rechtsposition, auf die man sich beruft, auch begründen zu können. Anders begründen zu können als durch einen schlichten Verweis auf das vermeintlich »gute Recht«. Man müsste in der Lage sein, bei einer Gegenüberstellung der Positionen und Interessen Gründe zu benennen, warum der eigenen Position hier Vorrang gebührt.

Dabei ist die Tatsache, dass man das Gesetz auf seiner Seite hat, nicht ohne jede Bedeutung. Geht man wieder von der Kant'schen Definition aus, nach der das Recht die Willkür der Beteiligten gegeneinander abgrenzt, gibt die Rechtsposition sicherlich einen gewissen Hinweis, dass man sich beim Abwägungsprozess der Interessen auf der richtigen Seite befindet. Und für den Streitfall ist die Grenze dann auch an dieser Stelle gesetzt. Nur handelt es sich dabei im Hinblick auf die moralische Position lediglich um eine Vermutung, keinen Nachweis. Schließlich kann sich auch der Gesetzgeber geirrt haben. Er ist ja schließlich nur ein Abstraktum, das aus Menschen besteht, und politische Entscheidungen, zu der die Gesetzgebung auch gehört, sind keinesfalls immer richtig. Kurz gesagt: Ein Recht zu haben beweist noch nicht, dass man auch wirklich recht hat. Dennoch haben die Gesetze und das Recht einen moralischen Wert, wie wir gleich sehen werden.

Das Leben ohne Recht

Das alles spielte sich auch am Radweg auf der Schönhauser Allee vor dem Geldautomaten ab. Der Autofahrer war der

Meinung, der Radfahrer würde sich strikt auf »sein gutes Recht« berufen, dass Autos auf dem Radweg nichts verloren haben. Der Radfahrer war der Meinung, der Autofahrer solle woanders parken, damit er auf dem Radweg fahren kann. Und drohte deshalb mit der Anzeige.

Das wiederum passte dem Autofahrer nicht. Was primär nachvollziehbar scheint: Wer wird schon gerne angezeigt? Für das Verhältnis zwischen Moral und Recht aber wäre interessant, sich zu überlegen, wie die Alternative aussehen könnte. Der Autofahrer hatte einen Vorschlag: Er wollte, dass der Radfahrer wieder zurück nach Stuttgart geht, weil er dessen Verhalten, sich auf das Gesetz zu berufen, als unpassend für Berlin empfand. Das ist die eine Seite: Freiheit von den Zwängen des Gesetzes. Die nostalgische Erinnerung an die freien Zeiten des Prenzlauer Berges nach dem Mauerfall. Was aber, wenn der Radfahrer sich diese Freiheit auch nimmt? Statt mit Anzeige zu drohen, könnte er auch mit dem Fuß gegen die Autotüre treten, vermeintlich zu spät bremsen und gegen das Hindernis fahren oder, während er um das Auto herumschiebt oder sich daran vorbeizwängt, »versehentlich« mit dem Lenker am Lack entlangkratzen. Damit wäre man bei der anderen Seite: Freiheit vom Gesetz bedeutet auch Freiheit vor dem Schutz des Gesetzes.

Diese Überlegung ist nicht neu, sie lässt an ein bekanntes Werk denken: Thomas Hobbes' »Leviathan«. In dieser Schrift hatte der englische Philosoph im Jahre 1651 die Entstehung des Staates damit erklärt, dass zunächst ein sogenannter Naturzustand geherrscht hatte, mit dem berühmten »Krieg aller gegen alle«. Um das zu beenden, habe man sich darauf geeinigt, die Regelungsmacht dem Souverän Leviathan zu überlassen. Hobbes wurde wegen der Verteidigung des absolutistischen Souveräns zu Recht kritisiert, doch bleibt die Grundidee, dass man sich auf den Staat und seine Gesetze geeinigt hat, um das Recht des Stärkeren durch das Recht zu ersetzen. Man muss nun auch nicht so weit gehen, wegen Falschparkens gleich wieder den Krieg aller gegen alle zu fürchten. Aber in kleinerer Münze läuft es darauf hinaus, wenn der Autofahrer sich seinen Vorteil nimmt und sein schwereres Gefährt dem Radfahrer einfach in den Weg stellt, während der Radfahrer sich dafür vielleicht mit einer Beschädigung des Autos revanchiert.

Ohne mit dem Autofahrer gesprochen zu haben, vermute ich stark, dass er in Wirklichkeit auf Seiten des Radfahrers die »Stuttgarter Lösung« gegenüber einer »Berliner Lösung« bevorzugt, das heißt, er hofft, dass sich der Radfahrer an die Gesetze hält und nicht Selbstjustiz übt.

Warum sich an Gesetze halten?

Warum sollte der Radfahrer das tun? Ganz einfach, weil er fürchtet, bestraft zu werden oder den Schaden ersetzen zu müssen. Was aber, wenn diese Gefahr nicht droht, weil ihn niemand sieht oder er unerkannt davonfahren könnte? Damit wäre man angelangt bei der Grundfrage: Warum soll man sich an die Gesetze halten? Abgesehen von der Angst vor Strafe. Man kann dabei beim Radfahren bleiben, mit dem Klassiker der Fragen zu Recht und Moral schlechthin, der Rote-Ampel-Frage: Muss man aus moralischen Gründen nachts an einer roten Ampel stehen bleiben, auch wenn weit und breit niemand zu sehen ist, niemand gefährdet wird, keine Kinder danebenstehen, denen man ein schlechtes Vorbild wäre – und auch keine Polizei?

Eine erste Antwort darauf findet man in der antiken Philosophie, bei Platon im Dialog »Kriton«. Dort beschreibt Platon, wie Sokrates, nachdem er aus politisch motivierten Gründen, aber in einem ordnungsgemäßen Verfahren zum Tode verurteilt worden war, Besuch im Gefängnis erhält von seinem Freund und Schüler Kriton. Der will ihm zur Flucht verhelfen und hat umfangreiche Vorbereitungen getroffen. Sokrates aber will nur mitgehen, wenn ihn Kriton davon überzeugen kann, dass sich die Flucht moralisch vertreten lässt. Weil er in einem der Rechtsordnung entsprechenden Verfahren verurteilt wurde, würde das bedeuten, dass es moralisch erlaubt sein müsste, sich über die Rechtsordnung hinwegzusetzen.

An dieser Stelle entwickelt Platon ein ungemein plastisches Bild: Sokrates fordert Kriton auf, sich vorzustellen, sie würden fliehen und auf der Flucht würden sich ihnen »die Gesetze und das Gemeinwesen« in den Weg stellen und zur Rede stellen:

›Sage mir, Sokrates, was lässt du dir einfallen zu tun? Gehst du nicht geradezu darauf aus, durch dieses dein Beginnen uns, die Gesetze, sowie das ganze Gemeinwesen zugrunde zu richten, soweit es auf dich ankommt? Oder glaubst du an die Möglichkeit, dass ein Staat noch Bestand habe und vor dem Untergang bewahrt sei, in dem die einmal gefällten gerichtlichen Urteile keine Kraft haben sondern von Unberufenen wirkungslos gemacht und vernichtet werden?‹

Für Sokrates war die Antwort klar: Wenn man sich über die Gesetze hinwegsetzen darf, würden Anarchie und Chaos einreißen, Zustände, die niemand wollen kann.

Nun wird man nicht gleich den Untergang des Staates fürchten, wenn man nachts einmal über eine rote Ampel radelt, dennoch bleibt das Grundprinzip dieser Überlegung bestehen: Wenn man erwartet, dass sich die Anderen an Gesetze halten, muss man es selbst auch tun. Oder umgekehrt, wenn man sich selbst das Recht gibt, sich über Gesetze hinwegzusetzen, muss man es den Anderen auch zugestehen.

Und wenn es Unsinn ist?

Der gewichtigste Einwand ist allerdings der, dass es eben unsinnige Gesetze gibt oder Situationen, in denen sonst sinnvolle Gesetze keinen Sinn hätten. Und in diesem Fällen wäre es, so der Einwand, doch Schwachsinn, wenn man daran gebunden wäre. Etwas zivilisierter ausgedrückt: Dann kann diese Bindung doch in niemandes Interesse liegen.

Meiner Meinung nach übersieht dieser Einwand aber einen wichtigen Aspekt. Lässt man die Problematik von gesetzlichem Unrecht, wie man es in Deutschland im letzten Jahrhundert zur Zeit des Nationalsozialismus leider erleben musste, einmal beiseite – darauf will ich am Ende des Kapitels noch einmal zurückkommen –, bin ich der festen Überzeugung, dass es besser ist, sich an die Gesetze zu halten. Das Problem ist nämlich nicht so sehr, ob man sich an unsinnige Gesetze halten soll, sondern wer bestimmt, dass sie unsinnig sind. Wir alle könnten uns im Sinne von Kants Kategorischem Imperativ auf die Maxime einigen, dass man sich nur dann an Gesetze halten soll, wenn es sinnvoll ist. Nur wer bestimmt, welche Gesetze sinnvoll sind und welche unsinnig? Wohl derjenige, der sich nicht an das Gesetz hält. Und dann wäre es nicht die Maxime, ich halte mich nur an sinnvolle Gesetze, die in diesem Fall verallgemeinert würde, sondern es wäre die Freiheit zu bestimmen, welche Regeln darunterfallen und welche nicht. Wenn ich mir herausnehme, für mich zu bestimmen, welche Gesetze sinnvoll sind und welche nicht, muss ich es auch jedem anderen zugestehen, diese Entscheidung für sich zu treffen. Und die Ansichten darüber gehen sehr weit auseinander.

Bei Tempolimits etwa. Manchmal leuchten sie unmittelbar ein. Im Allgemeinen gilt bei uns in geschlossenen Ortschaften eine Höchstgeschwindigkeit von 50 km/h. In Wohngebieten oder vor Schulen und Kindergärten sind es häufig 30 km/h. Andererseits gibt es viele Stellen, an denen die Notwendigkeit der Geschwindigkeitsbeschränkung nicht zu erkennen ist. Sicherlich ist die eine oder andere davon auch tatsächlich nicht notwendig, aber an vielen Stellen ist es vielleicht für den Vorbeifahrenden lediglich nicht ersichtlich, dass es sich um einen Unfallschwerpunkt handelt, einen vielbegangenen Schulweg oder Ähnliches. Und manche

Autofahrer trauen sich in Bezug auf Fahrzeugbeherrschung und Reaktionsgeschwindigkeit mehr zu als andere. Die Frage, die dann entsteht: Soll man die Entscheidung, ob die Geschwindigkeitsbeschränkung an dieser Stelle sinnvoll ist oder nicht und damit, ob man sich an sie halten soll oder nicht, wirklich jedem einzelnen Fahrer überlassen? Oder soll man sich dazu bekennen: Es mag sein, dass an manchen Stellen die Geschwindigkeitsbegrenzung überzogen ist. Aber unterm Strich ist es besser, diese einzelnen Stellen hinzunehmen, um insgesamt eine funktionierende Regelung zu erhalten.

Was entgegnet man dann jemandem, der der Meinung ist, die Eigentumsregelung in unserer Gesellschaft sei falsch, auf jeden Fall sei es unsinnig, dass Fahrräder einzelnen Personen gehören, die sie dann 23 Stunden am Tag absperren? Der meint, es wäre doch viel sinnvoller, wenn sich jeder jedes Fahrrad nehmen könnte und dort wieder abstellen, wo er es nicht mehr braucht. Deshalb sei das Verbot, Fahrräder mitzunehmen, unsinnig, und er sei vollkommen berechtigt, sich darüber hinwegzusetzen. Will man vielleicht entgegnen, dass da jemand konkret geschädigt würde? Nun, der »Fahrradmitnehmer« wird vielleicht entgegnen, das sei falsch, es entstünde doch gar kein Schaden, denn der, dem das Fahrrad genommen wurde, kann sich ja jederzeit das nächste nehmen.

Ich muss gestehen, ich will lieber in einer Gesellschaft leben, in der es nicht jedem Einzelnen überlassen bleibt, frei zu bestimmen, woran er sich halten möchte und woran nicht. Ich bin sehr glücklich darüber, dass es bestimmte Verbote gibt, bei denen man nicht einfach berechtigt ist, sie außer Kraft zu setzen. Ich freue mich, dass das Verbot, andere zu schlagen, auch für diejenigen gilt, die der Meinung sind, ich schreibe so viel Unsinn, dass ich dafür eine Ohrfeige verdiene. Auch wenn mich dieses Verbot daran hindert, anderen für das, was sie schreiben, eine Ohrfeige zu verpassen.

Eines scheint mir besonders wichtig: Sich über ein Gesetz hinwegzusetzen wird dann besonders problematisch, wenn es sich um ein Schutzgesetz zugunsten anderer handelt. Wenn der Zweck des Gesetzes ist, andere zu schützen, nimmt man anderen etwas weg, wenn man sich darüber hinwegsetzt: deren Schutz. Man maßt sich an, zu entscheiden, nicht welcher Gefahr man sich selbst aussetzt, sondern welcher Gefahr sich andere aussetzen sollen.

Im Grunde mögen wir alle keine Regeln, Vorschriften, Gesetze. Man kommt nicht darum herum: Sie engen ein, und wer wird schon gerne eingeengt. Deshalb ist der Reflex nahe, sie als negativ zu empfinden. Man kann es aber auch umgekehrt sehen: Sie schützen. Sie schaffen sogar Freiräume. Nicht, weil man sich innerhalb ihres Rahmens aufführen darf, wie man will, sondern weil sie den Bereich des Einzelnen vor den Eingriffen anderer schützen. Viele empfinden Gesetze als etwas, das den Mächtigen nützt, man kann sie aber auch umgekehrt sehen: als Schutz des Schwachen vor dem Starken, aber auch vor dem zu starken Staat. Es geht auch nicht um einen blinden Gesetzesgehorsam, sondern um einen anderen Blickwinkel: dass das Achten der Gesetze sinnvoll ist. Dass Gesetze kein Selbstzweck sind, sondern nur dazu dienen, andere Zwecke zu verfolgen. Sie können aber ihren Zweck nur erfüllen, wenn man sie beachtet und achtet. Gewissermaßen achtet man, wenn man das Recht achtet, den anderen Menschen, dessen Freiheit und dessen Interessen durch eben dieses Recht geschützt werden.

Bedenken

Dennoch, auch wenn ich es für sinnvoll halte, das Recht zu achten, möchte ich das nicht so stehen lassen, ohne auf drei Aspekte hinzuweisen, die damit in Zusammenhang stehen.

Gesetzliches Unrecht

Der erste wurde schon genannt: Gesetzliches Unrecht. Glücklicherweise spielt er derzeit keine Rolle, weil wir in einem Rechtsstaat leben. Das war nicht immer so, und speziell in der Zeit des Nationalsozialismus galten Gesetze, die Unrecht waren und deren Befolgung oder Anwendung Unrecht darstellte. Die Rechtsphilosophie stand nach 1945 vor dem Problem, wie man damit umgehen sollte, dass das Recht zum Mittel des Terrors geworden war. Auf der einen Seite durfte sich Derartiges auf keinen Fall wiederholen, auf der anderen Seite sah man den Wert der Rechtssicherheit, dass man sich also auf das Recht auch verlassen darf. Vor diesem Hintergrund veröffentlichte der Heidelberger Rechtsphilosoph Gustav Radbruch 1946 den Aufsatz »Gesetzliches Unrecht und übergesetzliches Recht«, in dem er die sogenannte »Radbruch'sche Formel« prägte:

»Der Konflikt zwischen der Gerechtigkeit und Rechtssicherheit dürfte dahin zu lösen sein, dass das positive, durch Satzung und Macht gesicherte Recht auch dann den Vorrang hat, wenn es inhaltlich ungerecht und unzweckmäßig ist, es sei denn, dass der Widerspruch des positiven Gesetzes zur Gerechtigkeit ein so unerträgliches Maß erreicht, dass das Gesetz als ›unrichtiges Recht‹ der Gerechtigkeit zu weichen hat. Es ist unmöglich, eine schärfere Linie zu ziehen zwischen den Fällen des gesetzlichen Unrechts und den trotz richtigen Inhalts dennoch geltenden Gesetzen; eine andere Grenzziehung kann dagegen mit aller Schärfe vorgenommen werden: wo Gerechtigkeit nicht einmal erstrebt wird, wo die Gleichheit, die den Kern der Gerechtigkeit ausmacht, bei der Setzung des positiven Rechts bewusst verleugnet wurde, da ist das Gesetz nicht etwa nur ›unrichtiges Recht‹, vielmehr entbehrt es überhaupt der Rechtsnatur.«

Im Prinzip gewährt diese Formel der Rechtssicherheit weitgehenden Vorrang. Insoweit schließt sie sich dem Satz von Goethe aus seinen »Maximen und Reflexionen« an:

»Es ist besser, es geschehe dir Unrecht, als die Welt sei ohne Gesetz. Deshalb füge sich jeder dem Gesetz.« Erst wenn das Recht, so wie es eben im Nationalsozialismus der Fall war, so falsch und ungerecht ist, dass man es schon nicht mehr als Recht, sondern als Unrecht bezeichnen muss, »unrichtiges Recht« nennt es Radbruch, soll es zurücktreten. Dann wird man aber nicht nur frei, es nicht mehr anzuwenden, sondern dann ist es auch falsch, es weiter anzuwenden, im Extremfall ein Verbrechen.

Recht und billig

Der zweite ist ein Aspekt, den schon Aristoteles gesehen hat: die Billigkeit. Der Begriff mag überraschen, weil man »billig« eher in einem anderen Zusammenhang kennt, nämlich bei der Frage des Preises, was etwas kostet. Hier geht es aber um eine andere Bedeutung des Wortes, wenn sie auch über die Angemessenheit zusammenhängen. Aristoteles, der sich viel mit der Gerechtigkeit beschäftigte, stellte fest, dass es Einzelfälle gibt, in denen das Gerechte, das in den Gesetzen niedergelegt ist, nicht passt. Weil Gesetze allgemein formuliert sein müssen, können sie nicht alle Fälle erfassen, und es kann notwendig sein, in speziellen Einzelfällen eine spezielle Einzelfallgerechtigkeit anzuwenden, eben jene Billigkeit, auf Griechisch Epikie:

»Sodann ist von der Billigkeit und dem Billigen zu reden, wie sich die Billigkeit zur Gerechtigkeit und das Billige zum gerechten verhält [...] Wenn also nun ein Gesetz allgemein spricht, aber dabei ein Fall eintritt, der dem allgemeinen widerspricht, so ist es, soweit der Gesetzgeber allgemein formulieren lässt, richtig, dies zu verbessern, wie es ja auch der Gesetzgeber selbst getan hätte, wenn er dabei gewesen wäre; und wenn er diesen Fall gewusst hätte, hätte er ihn ins Gesetz aufgenommen. Daher ist das Billige ein Recht und besser als ein gewisses Recht, nicht als das Recht im allgemeinen, sondern als der Mangel, der entsteht, weil das Gesetz allgemein spricht. Dies ist also das Gesetz des Billigen, eine Korrektur des Gesetzes, soweit es auf Grund seiner Allgemeinheit mangelhaft ist.«

Dies griff im 13. Jahrhundert der Kirchenlehrer Thomas von Aquin auf und betonte:

»Darum ist die Billigkeit sozusagen die obere Richtschnur für die menschlichen Handlungen.«

Thomas erachtete die Einzelfallgerechtigkeit also sogar als höherwertig gegenüber der Gerechtigkeit des Gesetzes. Gleichzeitig mahnte er aber, dieses Prinzip nur in Extremfällen anzuwenden. Das wiederum ist verständlich, weil sonst wieder laufend das Problem auftritt, wer bestimmt, ob es sich um einen der Fälle handelt, bei denen das Abweichen vom Gesetz geboten ist. Man muss sich nur einmal die Frage stellen: Will man, wenn man vor Gericht steht, einen Richter, der sich an das Gesetz gebunden fühlt und nur in seltenen Ausnahmefällen davon zugunsten der Einzelfallgerechtigkeit, der Billigkeit, abweicht, oder einen Richter, der generell so entscheidet, wie er es in diesem Fall aus seiner Sicht für diesen speziellen Fall für gerecht hält? Wenn auch die zweite Möglichkeit zunächst gut klingen mag, weil sie näher am Einzelfall steht, muss man sich klarmachen, dass man damit der persönlichen Einschätzung und Meinung, im Extremfall der Willkür des Richters ausgeliefert wäre. Das zu verhindern aber ist eines der Hauptanliegen der Rechtssicherheit.

Recht und gut

Der dritte Aspekt aber ist einer, der jeden Tag auftritt. Wir haben oben schon festgestellt, dass das Befolgen der Gesetze kein Selbstzweck ist, sondern den Menschen dienen soll. Dementsprechend ist das Befolgen der Gesetze auch keine positive Tat, die einen Menschen auszeichnet. Ich will es deshalb einmal so formulieren: Wer an jeder roten Ampel stehen bleibt, aber sich nicht um diejenigen kümmert, die neben ihm stehen, ist kein guter, sondern ein schlechter Mensch.

Teil II

Moral im Alltagsleben

6 Von Krawatten, Hofleuten und Händeschütteln
Über Höflichkeit und Manieren

»Die Höflichkeit ist die erste Tugend und vielleicht der Anfang aller Tugenden. Sie ist auch die dürftigste, oberflächlichste, fragwürdigste: Ist sie überhaupt eine Tugend? Ihre moralische Reputation ist jedenfalls zweifelhaft. Aber sie schert sich um Moral sowenig, wie die Moral sich um sie. Was ändert es am Faschismus, wenn ein Nazi höflich ist? Was ändert es an der Schreckensherrschaft? Natürlich nichts, und dieses *nichts* ist für die Höflichkeit sehr bezeichnend: Formtugend, Etikettentugend, Scheintugend. Anschein einer Tugend und nur Schein.«

Mit dieser Suada, die man fast nur wörtlich wiedergeben kann, beginnt der französische Philosoph André Comte-Sponville das erste Kapitel und damit insgesamt sein sehr lesenswertes Buch über Tugenden: »Ermutigung zum unzeitgemäßen Leben.«

Ich muss zugeben, ich empfinde diese Passage als erfrischend. Ein renommierter Philosoph räumt auf mit der Nähe der Höflichkeit zur Moral, des Benimms zum Richtigen, der Manieren zum Guten. Natürlich gibt es bei Höflichkeit und noch mehr bei Manieren und Benimm ein *richtig* und *falsch*, das ist ja der Sinn eines festen Kanons. Aber wie wenig das mit Moral zu tun hat, erkennt man schon daran, dass man hier *richtig* und *falsch* nicht wie bei moralischen Fragen durch *gut* und *böse* ersetzen kann, die Kategorien der Moral. Es ist auch nach längerem Nachdenken nicht wirklich ersichtlich, welchen moralischen Gehalt etwa die Frage haben soll, ob man ein Frühstücksei köpfen darf oder nur aufklopfen.

Klugheit statt Moral

Hängen sie dann überhaupt zusammen: Höflichkeit und Moral? Benimmratgeber betonen immer wieder, wie wichtig das richtige Verhalten ist, damit man nicht schlecht auffällt und sich keine Chancen verbaut. »Gerade für junge Menschen«, liest man dann oft. Das ist zweifellos richtig, nur scheint mir das weniger eine Frage der Moral als vielmehr der Klugheit: Es geht nicht darum, wie man dem Anderen gerecht wird, sondern wie man selbst möglichst gut weiterkommt. Das ist nicht notwendig unmoralisch. Voranzukommen, seine Chancen zu wahren, wird erst dann bedenklich, wenn es auf Kosten anderer geht und zwar stärker als es das Vorankommen notwendigerweise beinhaltet. Wenn das nicht zutrifft, ist das Verfolgen seiner Ziele zumindest ethisch neutral. Man kann sogar vertreten, das Verfolgen von Lebenszielen, das Anstreben eines gelungenen Lebens ist Teil der Ethik. Dennoch bleibt es in erster Linie im eigenen Interesse, sich richtig zu benehmen, so weit es um die eigenen Chancen geht.

Denkt man diesen Aspekt weiter, erkennt man, dass Manieren und Benehmen in moralischer Hinsicht zweischneidig sind. Der Klassiker auf diesem Gebiet, Adolph Freiherr von Knigge, verfolgte 1788 mit seinem Buch »Über den Umgang mit Menschen« ein klares Ziel: Der Bürger sollte die richtigen Umgangsformen erlernen, um in der Lage zu sein, die gesellschaftlichen Schranken, die damals noch echte Standesschranken waren, zu überwinden:

> »In keinem Lande in Europa ist es vielleicht so schwer, im Umgange mit Menschen aus allen Klassen, Gegenden und Ständen allgemeinen Beifall einzuernten, in jedem dieser Zirkel wie zu Hause zu sein, ohne Zwang, ohne Falschheit, ohne sich verdächtig zu machen und ohne selbst dabei zu leiden, auf den Fürsten wie auf den Edelmann und Bürger, auf den Kaufmann wie auf den Geistlichen nach Gefallen zu wirken, als in unserm deutschen Vaterlande;«

Es handelt sich um einen zutiefst demokratischen Ansatz, den Knigge ein Jahr vor der Französischen Revolution verfolgte.

Man muss hier allerdings überlegen, was Ursache ist und was Lösung. Wenn man lernen muss, sich richtig zu benehmen, um nicht ausgegrenzt zu werden, stellt sich die Frage, ob nicht umgekehrt die Regeln, gegen die jemand wissentlich oder unabsichtlich verstoßen kann, das eigentliche Problem sind. Wenn ein Schulabgänger eine Stelle nicht bekommt, weil seine Krawatte katastrophal gebunden ist, dann weiß der Bewerber etwas nicht. Aber die Frage ist, welchen Wert es hat, zu wissen, wie man ein längliches Stück Stoff richtig um seinen Hals knotet. Offensichtlich handelt sich dabei um Barrieren, die Menschen auf ihrem Weg überwinden müssen und die ihnen demnach in den Weg gelegt werden. Von oben. »Höflich« kommt von »Hof«, es geht um das »höfische« Benehmen, und das bedeutendste Anstandsbuch der Renaissance trägt den Titel »Der Hofmann«. Auch wenn sein Autor Baldassare Castiglione damit versucht, ein Bedürfnis zu befriedigen, das durch das Aufbrechen überkommener sozialer Strukturen entstanden war, geht es darum zu zeigen,

»wie das höfische Betragen eines Manns, der am Hof eines Fürsten lebt, sein müsse, damit es ihm ermögliche, seinem Herrn in allen billigen Dingen angemessen zu dienen, und er sich so seine Gnade und das Lob der übrigen Leute erwerbe …«

Das deutet auf unterschiedliche Zielrichtungen hin, die man im Zusammenhang mit Anstandsregeln verfolgen kann: Sie aufzustellen, auf ihre Einhaltung zu pochen und Menschen danach zu beurteilen, wie gut sie sie beherrschen, wirkt ausgrenzend. In dieser Hinsicht wäre es gut, sie weitgehend abzulehnen – was nicht bedeutet, dass sie nicht auch positive Seiten haben können, auf die wir später kommen werden. Aber ganz unabhängig von diesen möglichen positiven Seiten ist es paradoxerweise gerade die Ausgrenzung, die dafür spricht, die Anstandsregeln zu lehren: Man muss die Realität anerkennen und innerhalb dieser Realität agieren. Der Bewerber mit der falsch gebundenen Krawatte wird sich kaum mit dem Personalchef über den Wert von Kleidungsregeln unterhalten können. Er bekommt schlicht die Stelle nicht. Deshalb ist es notwendig, sich entsprechend benehmen zu können. Das beinhaltet keine Anerkennung der Benimmregeln als moralisch, sondern stellt einen reinen Pragmatismus dar.

Auch der Freiherr von Knigge hatte diesen Aspekt schon gesehen: So sei es schwierig, meinte er, in einer eingeschworenen Gesellschaft, wie es damals auch die Stände waren, als Außenstehender – man möchte einfügen: als Aufsteiger – zurechtzukommen, akzeptiert zu werden;

»folglich ist es wichtig, für jeden, der in der Welt mit Menschen leben will, die Kunst zu studieren, sich nach Sitten, Ton und Stimmung anderer zu fügen.«

Gegensatz von Höflichkeit und Moral

Bei längerem Nachdenken kommt man eher auf den Verdacht, dass Höflichkeit und Moral vielleicht sogar entgegengesetzt sein könnten. Eines der klassischen Themen der Moral ist das Lügenverbot, dem ja ein eigenes Kapitel gewidmet ist. Und auch ohne auf entsprechende statistische Untersuchungen verweisen zu können, behaupte ich, dass am häufigsten aus Höflichkeit gelogen wird. Das Lob gegenüber der Gastgeberin, auch wenn es nicht geschmeckt hat, das Kompliment über das in Wirklichkeit mäßige Aussehen, vielleicht sogar der »Gute Morgen«, den man seinem Chef wünscht, obwohl man doch das Gegenteil für den Widerling erhofft. All das sind kleine tägliche Lügen und dürften keine deutsche Besonderheit sein, auch wenn man Entsprechendes in Goethes »Faust II« findet. Dort sagt Mephistopheles zum Bakkalaureus, dem Schüler aus »Faust I«: »Du weißt wohl nicht, mein Freund, wie grob du bist?« Worauf der antwortet: »Im Deutschen lügt man, wenn man höflich ist.«

In eine ähnliche Richtung geht auch das Eingangszitat von Comte-Sponville: Die Höflichkeit ist insgesamt eine Maske, ein Schein, denn der Zuspruch, den man gewährt, nicht weil man ihn ernst meint, sondern weil man es halt so macht, ist kein echter Zuspruch. Ein vermeintlich freundliches Lächeln, während man jemandem die Hand schüttelt, den man nicht mag, sieht nur freundlich aus, ist es aber nicht.

In manchen Städten Deutschlands etwa wird man als Fremder mit ausgesuchter Höflichkeit behandelt. Man wird in einer Gesellschaft vorgestellt, man plaudert angenehm miteinander, und wenn man sich verabschiedet hat, ist man wieder vergessen. Ein echter Kontakt, ein echtes Interesse für den Menschen ist nicht vorhanden. Es werden Konventionen erfüllt.

Man kann nun die These vertreten, das sei besser, als den Fremden gar nicht zu beachten. Das stimmt sicher auch, aber es ist schlechter, als sich wirklich mit ihm auseinanderzusetzen, ihn als Person und nicht nur als Objekt der Höflichkeit zu behandeln und vor allem auch zu achten. Nun wird es schwierig, und es zeigt sich die Janusköpfigkeit der Höflichkeit: Denn die Achtung kann sich auch umgekehrt in der Höflichkeit ausdrücken.

Verbindungen zwischen Moral und Manieren

Was ist damit gemeint? Wie kann etwas zu wenig Achtung bedeuten und zugleich Ausdruck von Achtung sein? Das liegt an dem, was Comte-Sponville schrieb: Die Höflichkeit ist Schein, aber sie ist als Schein immerhin Form. Der eigentliche Punkt ist, dass man einem Menschen moralisch gesehen als Menschen positiv gegenüberstehen sollte. Wenn man das nicht tut – oder aus irgendwelchen Gründen nicht kann –, ist es besser, ihn höflich zu behandeln als auch noch rüde. Immanuel Kant nannte die »Umgangstugenden« Scheidemünze, also Kleingeld, und das trifft es vielleicht am besten: moralisches Kleingeld.

Insgesamt lassen sich einige Berührungspunkte zwischen Höflichkeit und Moral feststellen: Neben dem schon genannten Ausdruck der Achtung oder Wertschätzung des Anderen kann sie – gerade bei Kindern – zur Moral hinführen, und sie dient im Alltag dem Schutz des Anderen. Schutz vor Kränkungen oder Verletzungen und teilweise Schutz vor den Widrigkeiten des Alltags.

Wertschätzung des Anderen

Dieser Aspekt, die Wertschätzung des Anderen, scheint mir der zentrale Punkt der Verbindung zwischen Höflichkeit und Moral zu sein. An vielen Punkten der Manieren zeigt sich der Aufwand, der einem Menschen sein Gegenüber wert ist. Die Türe auf zu halten bedeutet, man muss seinen eigenen Gang verlangsamen, vielleicht sogar stoppen und warten, bis der Nachfolgende die Türe erreicht hat. Um das aber überhaupt tun zu können, muss man, so komisch das klingt, daran denken. Fast jedem noch so höflichen Menschen ist es sicher schon passiert, dass er, weil buchstäblich in Gedanken versunken, jemandem die Türe vor der Nase hat zufallen lassen. Man muss ganz einfach beim Aufhalten der Türe – was hier als Beispiel für viele Kleinigkeiten des Alltags gilt – daran denken, dass es noch andere Menschen gibt. Und allein das halte ich für einen entscheidenden Schritt, wenn nicht sogar den entscheidenden Schritt in der Regelung des Zusammenlebens. Weil ich das für so wichtig halte, will ich es später im Zusammenhang mit der Achtung des Anderen als Grundpfeiler einer modernen Moral weiter ausführen.

Es spiegelt sich aber in vielen Kleinigkeiten des Benehmens wider. Ein Beispiel ist die Kleidung. Vielleicht überraschend würde ich dazu auch die Kleidungsvorschriften bei Gericht rechnen. Natürlich kann man sie als Betonung der Staatsmacht auffassen: schwarze Roben bei Richter, Staatsanwalt und Verteidiger. Man kann sie auch als Teil der Inszenierung sehen. Aber man muss meines Erachtens darin oder in der Frage, ob die Beteiligten Krawatten tragen, auch einen Respekt vor demjenigen sehen, über den gerichtet wird. Kann man sich vorstellen, dass Richter in Jeans und T-Shirt, so wie sie auch in den Biergarten radeln würden, einen Menschen für mehrere Jahre ins Gefängnis schicken? Der Angeklagte hat, so meine ich, ein Recht darauf, zu sehen, dass sich die Beteiligten auch in der äußeren Aufmachung für ihn Mühe machen. Inhaltlich sollten sie das ohnehin, aber auch die Kleidung kann hier ausdrücken, dass man den Angeklagten und womöglich Verurteilten als Menschen achtet.

Wer bestimmt, was Wertschätzung ausdrückt?

Die schöne Idee, dass die Höflichkeit die Wertschätzung des Anderen beinhaltet und sich in Umgangsformen ausdrückt, hat aber auch eine Kehrseite: Dann lässt sich aus mangelnden Umgangsformen auf eine geringe Wertschätzung oder Gleichgültigkeit schließen. Was zunächst wie eine rein logische Umkehrung aussieht, hat eine ganz praktische Konsequenz, über die man sich im Klaren sein muss: Hier findet das »Übliche«, Überkommene, eine Einbruchspforte in die Moral. Denn »mangelnde Umgangsformen« bestimmen sich nach dem im jeweiligen Land Üblichen, also danach, »was man tut«. Die steife Großtante könnte sich zu Recht beschweren, dass die Großnichte keinen Knicks macht und der Großneffe keinen Diener, dass die beiden kein reizendes Kleidchen und keinen Matrosenanzug tragen, wenn sie zu Besuch kommen. Wenn das – und sei es nur aus Sicht der Tante – üblich ist, könnte sie sich zu Recht zurückgesetzt fühlen, weil sie es den Kindern und ihren Eltern offensichtlich »nicht wert« ist, diese Mühen auf sich zu nehmen.

Wenn man eine moderne Moral verfolgt, die gerade diese alten Zöpfe abschneiden will, steht man vor einem Problem: Wie sollen Veränderungen stattfinden?

Man könnte natürlich auf die nächste Generation warten und hoffen, dass die es anders sieht. Falls das geschieht und nicht die Kinder sich so daran gewöhnen, dass sie es dann selbst wieder so erwarten – worauf ich später noch eingehen will. Nicht umsonst haben sich viele Benimmregeln über Jahrhunderte erhalten, auch wenn ihre Funktion schon lange entfallen ist und sich keiner mehr erinnert. Wer weiß schon, was hinter der Regel steht, dass die Frau rechts vom Mann gehen soll? Weil der Mann, meist Rechtshänder, seinen Degen links trägt, damit er ihn mit der rechten Hand schnell ergreifen und ziehen kann und dabei möglichst die neben ihm gehende Frau nicht verletzen sollte. Das Tragen von Degen ist aus der Mode gekommen, das Rechtsgebot für Frauen findet sich noch in den Benimmhandbüchern. Und wer es nicht kennt und in die Verlegenheit kommt, mit der englischen Königin einen Spaziergang zu unternehmen, setzt sich schnell in die Nesseln und wird nicht mehr eingeladen.

Die andere Möglichkeit, Veränderungen zu erreichen, geschieht über Provokation. Diese Form des Widerstands hat soziologisch gesehen die Funktion, über einen gezielten Normbruch das Gegenüber zu einer Reaktion zu veranlassen und dadurch zu zeigen, dass die Norm unnötig, unsinnig oder falsch ist. Zumindest aber führt die Provokation zu einer Reflexion über die Regel – mit welchem Ausgang auch immer.

Eines der bekanntesten Bilder der Studentenproteste stammt vom 9. November 1967: Bei der Amtsübergabe an den neuen Rektor tragen zwei Studenten – in Anzug und Krawatte – vor den in den Hörsaal marschierenden Professoren in ihren Talaren ein Plakat mit der Aufschrift: »Unter den Talaren – Muff von 1000 Jahren«. Eine damals unerhörte Provokation, die aber letztlich nicht nur zur weitgehenden Abschaffung der Talare, sondern auch zum Umbau der Universitäten führte.

Heutzutage ist es nicht mehr so einfach, mit Verstößen gegen die Kleidungsordnung zu provozieren oder überhaupt aufzufallen – außer durch schlechten Geschmack. Zumindest das Auffallen gelang dem Fiat-Chef Sergio Marchionne, der sich im Frühjahr 2009 nach dem Einstieg beim amerikanischen Autobauer Chrysler auch um die Übernahme der deutschen Opel AG bemühte: Zum entscheidenden Gespräch mit dem deutschen Wirtschaftsminister erschien er – entgegen allen ungeschriebenen Gesetzen an der Schnittstelle von Wirtschaft, Hochfinanz und Politik – nicht im dunklen Anzug mit Krawatte, sondern im Pullover. Opel hat er so letztlich nicht bekommen – warum auch immer –, aber den Beifall des Feuilletons und das Wohlwollen der Bevölkerung. Auf jeden Fall aber hat er die Frage vorangebracht, warum man sich eigentlich einen Strick um den Hals binden muss, und sei er auch aus noch so teurer Seide, wenn man über Finanzen reden will.

Über den Umgang mit Menschen

Bei der Betrachtung von Manieren und Höflichkeit kommt man nicht um »den Knigge« herum, der oben auch schon zitiert wurde. Es dürfte sich um eines der bekanntesten und missverstandensten Bücher überhaupt handeln. »Knigge« gilt allgemein als Schlagwort für Regelwerke. Im Buchhandel findet man den neuen großen Knigge, den Business-Knigge, den Ess- und Tisch-Knigge, den Knigge für moderne Frauen und den für junge Leute von heute, den Knigge für Kids, den Japan-Knigge und den China-Knigge, den Deutsch-Knigge, den Mini-Knigge und den koscheren Knigge bis hin zum Erotik-Knigge und den Sex-Knigge.

Leider macht sich kaum jemand die Mühe, das Original von Adolph Freiherr von Knigge, den Ur-Knigge, wenn man so will, zu lesen. Das ist schade, denn es ist eines der klügsten Bücher, die über das zwischenmenschliche Verhalten geschrieben worden sind. Und der Titel »Über den Umgang mit Menschen« ist Programm. Es geht nicht um Etikette oder die Frage, wie man den Löffel hält, sondern darum, wie man mit Menschen umgeht, welches Verhalten man ihnen schuldig ist, wie Knigge in der Vorrede selbst schreibt:

»Wenn die Regeln des Umgangs nicht bloß Vorschriften einer konventionellen Höflichkeit oder gar einer gefährlichen Politik sein sollen, so müssen sie auf die Lehren von den Pflichten gegründet sein, die wir allen Arten von Menschen schuldig sind, und wiederum von ihnen fordern können. – Das heißt: Ein System, dessen Grundpfeiler Moral und Weltklugheit sind, muss dabei zum Grunde liegen.«

Nichts von dem, was man gemeinhin mit ihm assoziiert, findet am im »Knigge«. Weder den Gebrauch von Besteck, ob man den Fisch mit dem Messer schneiden darf, oder wie es sich dabei mit der Kartoffel verhält. Wann man der Dame den Vortritt zu gewähren hat und wer wem das Du anbieten darf. Vielmehr stecken in dem Buch all die Weisheiten, die man wirklich braucht beim Umgang mit Menschen und aus denen sich dann alle anderen Überlegungen fast von alleine ergeben oder daneben auf das ihnen gebührende Maß zurechtgestutzt werden.

Im ersten Kapitel macht Knigge allgemeine Bemerkungen, deren Überschriften zum Teil schon die Klugheit ausdrücken: »Enthülle nicht die Schwächen Deiner Nebenmenschen!«, »Interessiere Dich für andre, wenn Du willst, dass andre sich für Dich interessieren sollen!«, »Lass jedem seine Handlungen selbst verantworten, wenn Du nicht sein Vormund bist!«, »Man kann in jeder Gesellschaft etwas lernen«. Andere wiederum zeigen die Richtung: »Über Schmeichelei«, »Über Egoismus«, »In fremden Gegenden«, »Ob diese Regeln für alle Menschen passen?« Danach folgen ein Kapitel »Über den Umgang mit sich selbst« und eines über den Umgang mit »Leuten von verschiedenen Gemütsarten, Temperaturen und Stimmungen des Geistes und des Herzens«, als da wären etwa Ehrgeizige, Eitle, Jähzornige, Lügner, Trunkenbolde oder Enthusiasten und Schwermütige.

Der zweite Teil befasst sich dann mit speziellen Situationen wie dem Umgang von Personen verschiedenen Alters, unter Verwandten, Eheleuten oder Verliebten. Und vor den Dienern und Herren, Hauswirten und Wirten ein langes Kapitel über den Umgang unter Freunden, aus denen beispielhaft ein paar Absätze zitiert seien, um zu zeigen, dass wahre Höflichkeit eben in der inneren Einstellung liegt:

»Kein Grundsatz scheint mir unfeiner und eines gefühlvollen Herzens unwürdiger als der: daß es ein Trost sei, Gefährten oder Mitleidende im Unglücke zu haben. Ist es nicht genug, selbst leiden und dabei überzeugt sein zu müssen, daß in der Welt noch viele ebenso redlich gute Menschen, wie wir sind, nicht weniger Elend zu tragen haben? Sollen wir noch die Summe dieser Unglücklichen mutwilligerweise dadurch vermehren, daß wir andre zwingen, auch unsre Last mitzutragen, die dadurch um nichts leichter wird? …«

»Klagt Dir ein Freund seine Not, seine Schmerzen so höre ihn mit Teilnehmung an. Halte Dich nicht mit moralischen Gemeinsprüchen auf, mit Bemerkungen über das, was anders hätte sein und was er hätte vermeiden können, da es doch einmal nicht anders ist. Hilf, wenn Du es vermagst, tröste und verwende alles, was ihm Linderung geben kann, aber verzärtle ihn nicht an Leib und Seele durch weibische Klagen. Erwecke vielmehr seinen männlichen Mut, daß er sich erhebe über die nichtigen Leiden dieser Welt. Schmeichle ihm nicht mit falschen Hoffnungen, mit Erwartungen eines blinden Ungefährs, sondern hilf ihm, Wege einschlagen, die eines weisen Mannes würdig sind. …«

»Jede Art von schädlicher Schmeichelei muß im Umgange unter echten Freunden wegfallen, nicht aber eine gewisse Gefälligkeit, die das Leben süß macht, Nachgiebigkeit und Geschmeidigkeit in unschuldigen Dingen. …«

Knigge gibt zwar durchaus konkrete Verhaltenshinweise, aber eben nicht im Sinne eines Kochrezepts oder einer Gebrauchsanweisung, sondern wohlbegründete Ratschläge, die zugleich das Prinzip der Freundschaft beleuchten. Ein Prinzip, dem wir später in diesem Buch wieder begegnen werden.

Höflichkeit, Benehmen, Benimm und Manieren. Das Gleiche?

»Denn eben wo Begriffe fehlen, da stellt ein Wort zur rechten Zeit sich ein.« Noch einmal Goethes »Faust«, und ein wenig fühlt man sich hier an diesen Satz erinnert. Alle diese Ausdrücke drehen sich um dasselbe Thema, und doch scheinen Unterschiede zu bestehen. Lexikalische Definitionen helfen hier wenig, weil sie stark voneinander abweichen. Aber einen wichtigen Hinweis auf unterschiedliche Bedeutungen findet man bei dem englischen Philosophen John Locke in seinen 1693 erschienenen »Gedanken über Erziehung« (»Some Thoughts Concerning Education«). Ziel der Erziehung ist nach Locke das gute Benehmen (good breeding). Um dieses zu haben, brauche es eine innere Haltung, Andere nicht zu verletzen, die Locke Höflichkeit (civility) nennt und die sich äußerlich darin zeigt, dass man elegant oder weltmännisch (well-fashioned) sei. Die Höflichkeit ist nach Locke »jenes allgemeine Wohlwollen und jene Rücksichtnahme gegenüber anderen Menschen, die jedermann darauf bedacht sein lassen, in seinem Benehmen keinerlei Geringschätzung, Missachtung oder Nachlässigkeit gegenüber anderen an den Tag zu legen ...«.

Die Eleganz dagegen, »jene Schicklichkeit, und jener wohlgefällige Anstand in Blicken, Stimme, Worten, Gebärden und dem ganzen äußeren Sichgeben, das die Gesellschaft für uns einnimmt und diejenigen, mit denen wir verkehren, sich wohl fühlen lässt und angenehm berührt«.

Das scheint mir den Punkt zu treffen: Ganz egal, wie man es nennt, entscheidend ist die innere Haltung, die ein Wohlwollen gegenüber den Mitmenschen ausdrücken soll. Manieren, Benimmregeln oder auch Höflichkeit sind leer, wenn sie nicht diese innere Haltung widerspiegeln, die eben dieses Wohlwollen, Respekt oder Rücksichtnahme gegenüber den Mitmenschen darstellt. Dann stellen sie nur den Schein dar, den Comte-Sponville so kritisiert.

Pünktlichkeit

Vielleicht ist die Pünktlichkeit ein gutes Beispiel. Schließlich gilt sie dem Sprichwort nach als »die Höflichkeit der Könige« und zählt zu den bürgerlichen Tugenden. Man kann sie auf zweierlei Art betrachten: einmal als Respekt vor der Uhr und einmal als Respekt vor dem Menschen. Ein Beispiel: Man hat sich um acht Uhr mit jemandem verabredet, und nun stellt sich die Frage, ob man zu spät kommen darf und wenn ja, um wie viel. Dazu kann man nun Benimmratgeber zu Rate ziehen, in denen man für viele Situationen detaillierte Anweisungen erhält. Man kann dazu auch das Kapitel »Pünktlichkeit & Unpünktlichkeit« in dem Buch »Manieren« des äthiopischen Prinzen Asfa-Wossen Asserate lesen. Dieses Buch hat den unschätzbaren Vorteil, dass es den deutschen Benimmregeln den Spiegel vorhält, indem es ihnen Gepflogenheiten anderer Länder, vor allem aber die des äthiopischen Kaiserhofs gegenüberstellt. Dass Pünktlichkeit eine eher nordische Angelegenheit ist, hat man schon geahnt, spätestens wenn man bei dem amerikanischen Anthropologen Edward T. Hall gelernt hat, monochrone und polychrone Zeitkulturen zu unterscheiden. Hall meinte, in monochronen Gesellschaften wie Nordeuropa, den USA und ganz extrem Japan, werde Zeit als etwas stetig Fließendes, Einzuteilendes angesehen; alles läuft meist nach Plan strenggeregelt hintereinander ab, man muss eine Sache abschließen, bevor man eine andere beginnt. In polychronen Gesellschaften, etwa im Nahen Osten, den Mittelmeerländern und Südamerika dagegen zögen es die Menschen vor, mehrere Dinge gleichzeitig zu tun; Termine haben weniger Bedeutung.

Bei Asserate erfährt man aber auch, dass die Kuckucksuhr in Afrika als der »deutscheste aller deutschen Gegenstände« galt. Und es gelingt ihm in seinen Schilderungen, die Unsinnigkeit der Sklaverei der Uhr darzustellen im Gegensatz zum nonchalanten Umgang eben am äthiopischen Kaiserhof. Nur beschleicht einen das unbestimmte Gefühl, dass dort am Kaiserhof noch nie jemand im Januar an einer zugigen Berliner Ecke im beißenden sibirischen Wind auf jemanden gewartet hat. Und dass es sich auch leichter warten lässt, wenn die Verantwortung für das zur richtigen Zeit fertige Essen beim Personal liegt.

Vor allem aber erkennt man daran eines: Man braucht keine Regeln, wann man wie viel zu spät kommen darf oder nicht. Man muss sich nur die jeweilige Situation genauer ansehen. An der zugigen Ecke bei 20 Grad unter null wird man möglichst niemanden auch nur eine Minute warten lassen; wenn man jemanden zu Hause zu einem ungezwungenen Glas Wein trifft, kann es auch mal länger sein. Bei einem Abendessen, das frisch zubereitet wird, ist es klar, dass man nicht eine Stunde zu spät kommt, bei einem kleinen Umtrunk kann man das lockerer sehen.

Die Pünktlichkeit zeigt aber auch noch sehr klar das Prinzip der Wertschätzung im wahrsten Sinne des Wortes: Wer einen Anderen warten lässt, schätzt ihn nicht als wertvoll genug, um sich seinetwegen zu beeilen oder auch nur seine Zeit einzuteilen. Er erachtet seine eigene Zeit als wertvoller als die des Anderen und damit indirekt sich selbst wertvoller als den Anderen. Das ist jetzt aber wieder eine Frage der inneren Haltung gegenüber dem Anderen, der »civility« nach John Locke, die sich in der Äußerlichkeit des Benehmens ausdrückt, hier darin, wie pünktlich man ist. Ohne dass deshalb die Pünktlichkeit zum Selbstzweck wird.

Aber selbst wenn man die Höflichkeit als Schein verurteilt, nimmt man ihr damit nicht jeden Wert. Comte-Sponville nannte sie die »erste Tugend« und erklärt auch, warum: Es geht um die zeitliche Ordnung in der Entwicklung des Individuums: »Die Höflichkeit (»das tut man nicht«) ist früher als die Moral (»das *darf* man nicht tun«)«. Die Moral bilde sich erst im Laufe der Zeit als eine Art verinnerlichte Höflichkeit heraus, wenn sie sich von Äußerlichkeiten und Eigennutz befreit hat und auf die gute Absicht gerichtet ist, die bei der Höflichkeit nichts gelte. Dabei kann er sich auf Immanuel Kant berufen, der meinte, dass die Umgangsformen nur gespielt seien:

»Die Menschen sind insgesamt, je zivilisierter, desto mehr Schauspieler; sie nehmen den Schein der Zuneigung, der Achtung vor Anderen, der Sittsamkeit, der Uneigennützigkeit an, ohne irgend jemand dadurch zu betrügen, weil ein jeder Andere, daß es hiermit eben nicht herzlich gemeint sei, dabei einverständigt ist ...«

Die Menschen spielen sich, so Kant, mit der Höflichkeit also gegenseitig etwas vor, was aber nicht so schlimm sei, weil jeder weiß, dass es nur gespielt ist. Im Gegenteil, obwohl es nur gespielt ist, sieht Kant darin einen Gewinn, weil man über das Spielen das Richtige erlernt:

»...und es ist auch sehr gut, daß es so in der Welt zugeht. Denn dadurch, daß Menschen diese Rolle spielen, werden zuletzt die Tugenden, deren Schein sie eine geraume Zeit hindurch nur gekünstelt haben, nach und nach wohl wirklich erweckt und gehen in die Gesinnung über.«

Ein Kind lernt zunächst nur, dass man »danke« sagt, wenn man etwas bekommen hat. Zum Teil einfach als Automatismus, zum Teil im Hinblick auf die Aussicht, dann wieder etwas zu bekommen. Das hat natürlich nichts mit echter Dankbarkeit als Tugend zu tun, sondern ist hart ausgedrückt eine Art Dressur oder ein berechnendes Vorgehen.

Zur Erkenntnis des Werts der Dankbarkeit ist ein Kind in dem Alter aber auch noch nicht wirklich fähig, sondern kann das erst mit der Zeit lernen, wohin das Einüben des »danke«-Sagens führen soll.

Einen ähnlichen Ansatz findet man in der Tugendethik. Aristoteles unterscheidet ja die verstandesmäßigen Tugenden wie Weisheit und Klugheit von den ethischen wie Großzügigkeit oder Besonnenheit. Und während man die verstandesmäßigen durch Belehrung erwerben könne, gehe das bei den ethischen nur durch Gewöhnung und Übung. Wie aber soll man Tugenden, die man noch nicht hat, anwenden und damit üben können? Indem man sie zunächst als Schein, als vorgegebene Regeln, als Höflichkeit erlernt. Dass man Andere nicht beleidigen soll, weil man sie damit verletzt, verstehen Kinder oft nicht. Sie können aber lernen, dass »man es nicht tut«, und es damit einüben, zur Gewohnheit und zu einem festen Prinzip werden lassen.

Längere Kant-Zitate sollen keine Gewohnheit werden, aber hier ist Kant nicht nur wie sonst gedanklich präzise, sondern auch wunderbar klar verständlich:

»Höflichkeit (Politesse) ist ein Schein der Herablassung, der Liebe einflößt. Die Verbeugungen (Complimente) und die ganze höfische Galanterie samt den heißesten Freundschaftsversicherungen mit Worten sind zwar nicht eben immer Wahrheit (...) aber sie betrügen darum doch auch nicht, weil ein jeder weiß, wofür er sie nehmen soll, und dann vornehmlich darum, weil diese anfänglich leeren Zeichen des Wohlwollens und der Achtung nach und nach zu wirklichen Gesinnungen dieser Art hinleiten.

Alle menschliche Tugend im Verkehr ist Scheidemünze; ein Kind ist der, welcher sie für echtes Gold nimmt. – Es ist doch aber besser, Scheidemünze, als gar kein solches Mittel im Umlauf zu haben, und endlich kann es doch, wenn gleich mit ansehnlichem Verlust, in bares Gold umgesetzt werden.«

Schutz des Anderen

Nicht nur bei Kindern verfolgt die Höflichkeit das Ziel, Andere nicht zu verletzen. Es gilt als unhöflich, der Nachbarin zu sagen, dass sie hässlich ist. Aber dahinter steckt nicht nur die Etikette, sondern das Gebot, niemanden zu verletzen. Wer sich dieses Gebot klarmacht, braucht dazu keine Anstandsregeln. Die Problematik einer solchen Regel: Sage niemandem, dass er nicht gut aussieht!, war Thema im Kapitel über Lügen und Wahrheit. Denn diese Regel kann verhindern, dass jemand etwas an seinem Äußeren ändert, obwohl es gut möglich wäre. Dennoch bleibt der positive Effekt, dass Höflichkeitsregeln Andere vor Verletzung schützen.

Und sie können das Leben erleichtern: Zum guten Benehmen gehört, älteren Menschen schwere Lasten abzunehmen oder ihnen einen Sitzplatz in öffentlichen Verkehrsmitteln zu überlassen. Wenn diejenigen, denen geholfen wird, schwach sind, ist das eine sehr sinnvolle Regel. Das ist ein großer Vorteil der Höflichkeit: Sie gibt klare Regeln vor und schützt damit die Schwachen. Das wiederum, der Schutz der Schwachen, ist ein allgemeines moralisches Prinzip. Wenn man sich an dieses Prinzip hält, braucht man keine Benimmregeln. Allerdings muss man dann in jedem Fall nachdenken, was sinnvoll ist. Und leider ist das Nachdenken im Alltag nicht wirklich verbreitet – warum auch immer. Insofern könnte man froh sein, wenn es Anstandsregeln gibt, weil damit der Sinn, der dahinter steht, annähernd erreicht werden kann.

Ein Klassiker auf diesem Gebiet ist die enge Kino-, Theater- oder Opernsitzreihe. Weil sie normalerweise nicht breit genug sind, um gerade zu seinem Platz durchzugehen, muss man seitwärtsgehend an denjenigen vorbei, die schon sitzen und je nach Enge dann kurz wieder aufstehen. Die Etikette verlangt nun so zu gehen, dass man den Sitzenden oder Aufstehenden das Gesicht und nicht den Rücken zuwendet. Aber dazu braucht man nur dann die Etikette, wenn man nicht nachdenkt oder kein Gespür hat. Denn wer mindestens eines von beiden anwendet, kommt nicht auf die Idee, den Anderen seinen Hintern zuzuwenden oder ihn den Sitzenden ins Gesicht zu drücken. Nur zeigt die Erfahrung, dass viele offensichtlich beides nicht haben, und an dieser Stelle kommt man ins Grübeln: Vielleicht wäre Unterricht in gutem Benehmen für diese Menschen besser.

Dass das aber dem Verständnis unterlegen ist, kann man am Beispiel des Händeschüttelns erkennen: Händeschütteln gilt in Deutschland als freundliches Zeichen, in anderen Ländern gelten wortwörtlich andere Sitten. Der Handschlag leitet sich von der Idee her, zu zeigen, dass man keine Waffe in der Hand hält, also keine Gefahr droht. Abgesehen davon, dass die Fragen, wer wem wann die Hand zuerst gibt, wie lange, mit welcher Kraft und in welchem Winkel mehrere Seiten in Benimmbüchern füllen, kam der Handschlag speziell im Zusammenhang mit der Schweinegrippe in Verruf. Zu Recht, denn die Verbreitung von Erkältungsviren erfolgt – entgegen der landläufigen Annahme – weniger in Form der sogenannten »Tröpfcheninfektion« durch die Luft, sondern häufiger per »Schmierinfektion«. Die ist so ekelig, wie sie sich anhört, und kommt daher, dass man bei einer Erkältung an den Händen vom Putzen der Nase und Niesen massenhaft Viren trägt, die man bei Berührungen weitergibt. Im Winter die Hand zu geben mag zwar als höflich gelten, ist aber in Wirklichkeit ein trojanisches Benimmpferd: Der so durch Höflichkeit Beglückte erhält noch eine Erkältung als Dreingabe. Hier wäre Nachdenken besser am Platze als Benimmregeln. Andererseits sind beim selben Thema die Vorgaben, beim Niesen ein Tuch oder notfalls den linken Handrücken vor Mund und Nase zu halten, von Vorteil. Wobei die infektionshygienische Empfehlung, in die eigene Ellenbeuge zu niesen, meines Wissens noch keinen Eingang in die entsprechenden Etikettebücher gefunden hat und deshalb vermutlich beim Empfang des Botschafters immer noch als Verstoß gelten dürfte.

Erschwernis oder Erleichterung des Lebens?

Natürlich muss man sich in einem Buch, das sich der praktischen Moral widmet und das Leben besser machen will, die Frage stellen, ob Höflichkeit und Benimmregeln insgesamt – auch für den, der sich daran halten muss – nun eine Erleichterung oder eine Erschwernis darstellen. Daran festhalten sollte man ja nur, wenn sie das Leben insgesamt befördern, besser machen.

Die innere Haltung, die den Nächsten wertschätzt im Sinne John Lockes, verbessert das Zusammenleben. Aber wie sieht es konkret mit den Regeln aus? Sind sie nun lästig oder sinnvoll? Denkt man an die Sitzreihe im Theater, ist es anscheinend sinnvoll, wenn es die Regeln gibt, weil es doch sehr kühn ist, sich darauf zu verlassen, dass die Menschen nachdenken. Der Theaterkritiker C. Bernd Sucher schafft in seinem »Handbuch des guten Benehmens«, dem auch dieses Beispiel entnommen ist, den Spagat: Er stellt die Regeln vor – und dies auch noch sehr amüsant –, überträgt sie in die heutige Zeit – soweit das bei diesem Thema überhaupt möglich ist – und vor allem: Er begründet sie. Und zeigt damit, dass man sich das Leben eher einfacher als schwerer machen kann. Ein gelungenes Beispiel sind seine Ausführungen zum Mitbringen von Blumen:

»Hat man den Strauß erstanden, geht – glaubt man den Benimmaposteln – der wirkliche Stress erst los: Auspacken, nicht auspacken, wohin mit dem Papier? Es ist alles ganz einfach. Beste Möglichkeit: Blumen vorschicken am Tage der Einladung mit einer Visitenkarte und einem kurzen Gruß. (Damit erspart man der Hausfrau oder dem Hausmann – so er/sie keine Haushälterin und kein Personal hat –, während der Begrüßung der Gäste auch noch auf Vasensuche zu gehen.) Zweitbeste Lösung: Blumen verschicken am Tag nach der Einladung, mit einigen Worten des Dankes (Vorteile siehe oben). Schlechteste Lösung (Nachteile oben): Blumen mitbringen. Immer ohne Papier verschenken. (Zellophanverpackte Blumen darf man verhüllt überreichen, ich selbst finde diese Form nicht sonderlich schön.) Das Papier gehört weder in den Schirmständern noch in die Hosentasche. Wenn man die Hausfrau/den Hausherrn schon damit belästigt, die Blumen just jetzt ins Wasser zu stellen, da sie/er Besseres und Wichtigeres zu tun hätte – zum Beispiel die Gäste miteinander bekannt zu machen –, dann kann man ihr/ihm auch das zerknüllte Papier noch in die Hand drücken oder auf dem Tisch neben der Garderobe liegenlassen.«

Sucher hat recht: Es ist alles ganz einfach. Dann, wenn man sich den Sinn klarmacht. Nachdem man diesen Absatz gelesen hat, wird man sich nie wieder Gedanken machen müssen, wie man mit Blumen bei Einladungen umgeht. Und das weniger, weil man es gelernt hat, sondern weil man es verstanden hat. Ob man nun wirklich die Blumen vorab schicken möchte, sei dahingestellt, aber wie man mit dem Papier umgeht, weiß man nun. Und die Lösung überrascht vielleicht so manchen, der meint, die Etikette zu kennen, und nie gewagt hätte, mit den Blumen auch das zusammengeknüllte Papier zu überreichen.

Entscheidungsvermeidung

Es gibt aber noch einen positiven Aspekt von Benimmregeln, auf den man im ersten Moment vermutlich nicht kommt: Sie ersparen Entscheidungen an Stellen, an denen sie nicht unbedingt notwendig sind. Und Entscheidungen selbst in kleinen Dingen sind anstrengender, als man vielleicht denkt. Psychologen der Universität von Minnesota haben nachgewiesen, dass es ermüdet, Entscheidungen treffen zu müssen, egal ob es wichtige oder unwichtige sind. In einer Reihe von verschiedenen Versuchsanordnungen schnitten Versuchspersonen in Konzentrationstests schlechter ab, wenn sie vorher Entscheidungen treffen mussten. Und das lag nicht am Nachdenken allein, sondern am Entscheiden: In einem Versuch sollten Probanden sich überlegen, welche Gegenstände ihnen gefielen. Die Hälfte von ihnen musste am Ende dann einen Gegenstand auswählen – und erwies sich anschließend als unkonzentrierter, ein Anzeichen für stärkere Ermüdung.

Das könnte tatsächlich einen positiven Effekt von Benimmregeln darstellen: Wenn ich nicht überlegen muss, ob ich die Türe aufhalten soll, den Platz in der Straßenbahn anbieten, sondern es nach einem festen Regelwerk einfach tue, sieht das zwar nach einer Belastung aus, entlastet aber in Wirklichkeit den Alltag. Besonders gut kann das zum Beispiel bei Briefen funktionieren. Feste Regeln, wie die Adresse geschrieben werden soll oder wie man die Anrede jeweils formuliert, mögen zwar starr sein, ersparen aber das Nachdenken ebenso wie feste Grußformeln am Briefende. Ein »Hochachtungsvoll« oder »Mit freundlichen Grüßen« kann man schnell und ohne besondere Überlegungen schreiben, und es ist nicht falsch. Sowie man eine persönlichere Wendung schreiben möchte, etwa mit Grüßen an jemand Anderen oder mit Hinblick auf ein baldiges Wiedersehen, muss man überlegen und sich anstrengen. Das ist sicherlich besser, erfordert aber mehr Einsatz und kann leichter danebengehen als eine Floskel.

Konsequenz: Nur die Regeln, deren Sinn zu erkennen ist

Am Beispiel Briefgestaltung kann man auch wieder die Zweischneidigkeit der Regeln sehen. Sie können entlasten, weil man sich an sie halten und nicht entscheiden muss und damit auch dem Unsicheren eine sichere Struktur bieten. Sie können aber auch leicht den disqualifizieren, der sie nicht kennt. Und so sollte man auch mit diesen Regeln umgehen: Man kann sie nutzen, um sich das Leben zu erleichtern, aber man sollte sich davor hüten, sie zur Ausgrenzung zu benutzen. Das kann man leicht vermeiden, indem man sich bewusst macht, dass sie ja nur Oberfläche und Schein sind, wenngleich ihre Anwendung auch Respekt ausdrücken kann. Das ist vielleicht ihr wichtigster Punkt, aber von der leeren Anwendung allein halte ich wenig.

7 Von Spaß, Intimität und Seitensprung
Über Sexualität und Beziehung

Was zwei – oder mehr oder weniger – Erwachsene einvernehmlich miteinander im Bett – oder wo auch immer – machen, ist deren Sache und keine Frage der Moral.

Eigentlich könnte man nach dieser Aussage das Kapitel Sexualität auch schon wieder beenden. So ähnlich macht es auch der – wegen seiner bioethischen Ansichten umstrittene – australische Moralphilosoph Peter Singer. Er beginnt sein Buch »Praktische Ethik« mit dem Kapitel »Was Ethik nicht ist« und beklagt dort,

»dass eine Schlagzeile ›Bischof attackiert sinkende Moral‹ in uns immer wieder die Erwartung weckt, es gebe etwas über Promiskuität, Homosexualität, Pornographie usw. zu lesen, und nicht etwas über die kümmerlichen Beiträge, die wir zur Linderung der Not den ärmeren Völkern der Dritten Welt zur Verfügung stellen, oder über unsere erbärmliche Gleichgültigkeit gegenüber der natürlichen Umwelt unseres Planeten.

Erstens ist also Ethik nicht so etwas wie eine Verbotstafel für den Sexualbereich. Auch im AIDS-Zeitalter wirft Sex keine singulären moralischen Probleme auf. Entscheidungen über Sex können Erwägungen über Aufrichtigkeit, Rücksicht auf andere oder Klugheit usw. mit einschließen, aber es gibt in dieser Hinsicht nichts Spezielles, denn dasselbe ließe sich zu Entscheidungen sagen, die das Autofahren betreffen. (Tatsächlich sind die moralischen Probleme, zu denen das Autofahren Anlass gibt, sowohl vom Standpunkt der Umwelt als auch dem der Sicherheit, viel schwerwiegender als Probleme, die sich daraus ergeben, dass man sich sexuell betätigt.)«

Als Konsequenz daraus kündigt Singer an, sich in seinem Buch nicht mit Fragen der Sexualmoral zu beschäftigen.

Dennoch scheint es eine Verbindung zwischen Sexualität und Moral zu geben, zumindest im allgemeinen Sprachgebrauch – und wohl auch im Denken. Der bekannte amerikanische Moralphilosoph Thomas Scanlon sagte in einer moralphilosophischen Tagung über den Inhalt der Moral sinngemäß, dass wohl keiner im Saal – dort waren Menschen versammelt, die sich professionell mit Moralphilosophie befassten – Moral mit Sexualität in Verbindung brächte, solange es nicht um Vergewaltigung, Betrügen des Partners, Minderjährige oder andere Problemfälle gehe. Wenn er jedoch in die Zeitung schaue, würde der Begriff »Moral« laufend mit Sex in Verbindung gebracht. Während, fügte er noch zum Gelächter der Zuhörer an, wenn der Begriff »Ethik« falle, es meistens um Geld ginge.

Spaß ohne Grenzen?

Einerseits ein schöner Gedanke: Sex ist per se nicht unmoralisch, im Gegenteil, es gibt sogar eine Reihe von Anhaltspunkten, dass man ihn auch von moralischer Seite her positiv sehen kann: die Hingabe an einen anderen Menschen, die Gestaltung seines eigenen Lebens und schlicht die Freude am Leben. Andererseits gibt es auch hier Grenzen, wie auch Thomas Scanlon betont und zudem jedem klar ist. Nur, wo verlaufen diese Grenzen? Bei Sex unter Ehegatten ohne Verhütung erteilt sogar die katholische Kirche ihren Segen. Und dass eine Vergewaltigung eines der schrecklichsten Verbrechen darstellt, muss man nicht extra betonen. Wie aber ist es mit einvernehmlichen Sex, der aber auf falschen Versprechen, der Vorspiegelung tiefer Liebe, einer Täuschung beruht? Und wie sieht es aus, wenn der, dem Gewalt angetan wird, das will, weil er oder sie eine masochistische Neigung hat und nur durch Schmerzen zur sexuellen Erfüllung kommen kann? Ist Sex in einem Abhängigkeitsverhältnis verwerflich? Wenn eine Lehrerin mit einem Siebzehnjährigen ein Verhältnis hat, oder mit einem Achtzehn- oder Neunzehnjährigen? Kindesmissbrauch ist eindeutig höchst verwerflich. Aber was ist, wenn ein Siebzehnjähriger Sex hat mit einer Fünfzehnjährigen? Ein Fünfzehnjähriger mit einer Dreizehnjährigen? Wie steht es um Promiskuität, also den Geschlechtsverkehr mit häufig wechselnden Partnern? Gibt es da eine Grenze, ab der es falsch wird?

Moralische Probleme beim Sex

Allerdings stößt man auf ein Problem, wenn man darangeht, diese Fragen moralphilosophisch lösen zu wollen. Vielleicht zu Anfang ein kleines Quiz: Woher stammt folgendes Zitat?

»Die sittliche Ordnung will, dass sich der Verkehr der Geschlechter grundsätzlich in der Einehe vollziehe, weil der Sinn und die Folge des Verkehrs das Kind ist. Um seinetwillen und um der personhaften Würde und der Verantwortung der Geschlechtspartner willen ist dem Menschen die Einehe als Lebensform gesetzt. [...] Indem das Sittengesetz dem Menschen die Einehe und die Familie als verbindliche Lebensform gesetzt und indem es diese Ordnung auch zur Grundlage des Lebens der Völker und Staaten gemacht hat, spricht es zugleich aus, dass sich der Verkehr der Geschlechter grundsätzlich nur in der Ehe vollziehen soll, und dass der Verstoß dagegen ein elementares Gebot geschlechtlicher Zucht verletzt.«

Vom Großinquisitor der katholischen Kirche? Aus einer mittelalterlichen oder auch altbabylonischen Rechtshandschrift? Dem Parteiprogramm einer ultrakonservativen Splitterpartei? Aus der Sharia, dem islamischen Recht? Falsch. Es stammt aus einem Urteil des deutschen Bundesgerichtshofs in der zweiten Hälfte des 20. Jahrhunderts, genauer gesagt aus dem Jahr 1954. Es ging um den berühmten Kuppeleiparagraphen, der es unter anderem Eltern verbot, die jeweiligen Partner ihrer unverheirateten – volljährigen – Kinder mit diesen in einem Raum übernachten zu lassen. Und wenn man diesen Teil der Urteilsbegründung, die sich auf Sex zwischen Verlobten bezieht, gelesen hat, fragt man sich nur noch, ob die Beteiligten anschließend auf dem Scheiterhaufen verbrannt wurden.

Man erkennt, es stellt ein großes Problem bei der Beschäftigung mit den philosophischen Grundlagen der Sexualität dar, dass die Sexualmoral einem starken Wandel unterworfen ist. Das bedeutet, man muss die Texte vor ihrem zeitlichen Hintergrund lesen. Das gilt übrigens nicht nur in Bezug auf die Sexualität. So nehmen viele antike Philosophen die Sklaverei als etwas ganz Natürliches hin und arbeiten sie in ihre Werke ein. Es würde daher kaum Probleme bereiten, eine mit hochkarätigen Zitaten gespickte Verteidigungsschrift der Sklaverei zusammenzustellen. Das Gleiche gilt für die Rechte der Frau. Von Gleichberechtigung liest man über Jahrtausende sehr wenig, im Gegenteil, die untergeordnete Stellung der Frau wird als selbstverständlich angesehen. Aber in besonderem Maße scheint es für die Sexualität zu gelten. Wohl in wenigen anderen Bereichen – außer vielleicht dem der Religion – können sich viele Philosophen offenbar so wenig von den hergebrachten Vorstellungen lösen. Das gilt auch für Immanuel Kant, den Philosophen der Aufklärung. Auch Kant besteht darauf, dass der Geschlechtsverkehr ausschließlich in der Ehe zum Zwecke der Fortpflanzung geschehen dürfe. Alles andere sei eine Verletzung der Pflichten gegen sich selbst, die offensichtlich schlimmer sein soll als der Selbstmord, weil »selbst die Nennung des Lasters bei seinem eigenem Namen für unsittlich gehalten wird, welches bei dem des Selbstmords nicht geschieht«.

Es stellt schon eine kühne These und eigentlich einen Bruch in der Logik Kants dar, aus den Scham- und Sprachgewohnheiten der Menschen seiner Zeit auf die Verwerflichkeit einer Handlung zu schließen. Zu Kants Entschuldigung könnte man vorbringen, dass er vor Freud lebte und ihm folglich die Mechanismen der Verdrängung oder Tabubildung, die Freud in seinem Werk aufgedeckt hat, nicht bekannt waren. Dennoch bemüht sich Kant, das Verbot der Sexualität außerhalb der Ehe in seine Pflichtethik zu integrieren. In seinen Vorlesungen über Ethik etwa widmet Kant ein eigenes Kapitel den »criminibus carnis«, den Verbrechen des Fleisches. Dazu zählt er neben Sex außerhalb der Ehe, dem Ehebruch, und dem Inzest auch die Onanie, denn durch die »wirft der Mensch seine Person weg und setzt sich unter das Tier«. Das scheint denn doch ein wenig hart für eine so harmlose Sache wie die Selbstbefriedigung, die mit den Worten Woody Allens immerhin Sex ist mit jemandem, den man wirklich liebt.

Versagen der Moralphilosophie bei Fragen des Sex?

Was soll man nun damit anfangen? In der Tat scheint das Autofahren größere Gefahren mit sich zu bringen und auch automatisch größere Schäden für die Umwelt. Wieso aber haben wir dann bei der Sexualität eher das Gefühl, dass es sich um unmoralische Dinge handeln könnte? So kann man wohl auch den legendären Satz des amerikanischen Kritikers, Schriftstellers und Förderers der Marx Brothers, Alexander Woollcott, verstehen: »All the things I really like to do are either immoral, illegal, or fattening. – Alle die Dinge, die ich wirklich mag, sind entweder unmoralisch, illegal oder machen dick.« Geht man davon aus, dass er – wie wohl die meisten Menschen – Spaß am Sex hatte und der weder dick macht noch illegal ist, war diese Betätigung wohl mit »unmoralisch« gemeint: Es ist schon fast ein Reflex: Sex = unmoralisch.

Hat die Sexualmoral der Kirche – und auch der weltlichen Philosophen – über die Jahrhunderte so unauslöschliche Spuren in unserer Psyche hinterlassen? Oder wurde die Sexualität durch die Kultur verdrängt und in Bahnen gelenkt, wie es Sigmund Freud in seinem Essay »Das Unbehagen in der Kultur« beschrieben hat?

»Die heutige Kultur gibt deutlich zu erkennen, dass sie sexuelle Beziehungen nur auf Grund einer einmaligen, unauflösbaren Bindung eines Mannes an ein Weib gestatten will, dass sie die Sexualität als selbständige Lustquelle nicht mag und sie nur als bisher unersetzte Quelle für die Vermehrung der Menschen zu dulden gesinnt ist.«

Geht es darum, dass man etwas zweckentfremdet, das die Natur vermutlich tatsächlich zu einem anderen Ziel, nämlich der Fortpflanzung, eingerichtet hat? Oder geht es darum, dass man irgendwie das Gefühl hat, Sexualität geht tiefer als andere Bedürfniserfüllungen, geht mehr ins Innere, Innerste einer Person, ist intimer?

Wer Sex einschränken will, braucht Gründe

Der entscheidende Punkt bei der moralischen Beurteilung der Sexualität scheint mir zu sein: Wer etwas für unmoralisch erklärt, muss begründen können, warum. Solange es keinen stichhaltigen Grund dafür gibt, dass man etwas Natürliches, das auch noch Spaß bereitet, unterlassen soll, hat man das auch moralische Recht, es zu tun. Das Ausleben der Sexualität ist – vielleicht auch weil sie so tief im Menschen verankert ist – ein wichtiger Aspekt der Freiheit. Ganz zu schweigen von ihren positiven Seiten, der Verbindung zweier Menschen oder ganz einfach dem Genuss, den Menschen dabei empfinden.

Benutzung des Anderen

Trotz seines nicht gut begründeten Festhaltens an der überkommenen Sexualmoral seiner Zeit lohnt es sich, wie fast immer, Kant auch zu diesem Thema zu lesen. Bei ihm findet sich eine Stelle, die die moralische Problematik der Sexualität auf den Punkt bringt:

»Denn der natürliche Gebrauch, den ein Geschlecht von den Geschlechtsorganen des anderen macht, ist ein Genuss, zu dem sich ein Teil dem anderen hingibt. In diesem Akt macht sich ein Mensch selbst zur Sache, welches dem Rechte der Menschheit an seiner eigenen Person widerstreitet. Nur unter der einzigen Bedingung ist dieses möglich, dass, indem die eine Person von der anderen gleich als Sache erworben wird, diese gegenseitig wiederum jene erwerbe; denn so gewinnt sie wiederum sich selbst und stellt ihre Persönlichkeit wieder her.«

Kant stellt darin fest, dass man beim Sex die Geschlechtsorgane des Anderen und damit den Anderen für seinen Genuss benutzt. Eine sicherlich sehr profane, aber doch zutreffende Beschreibung. In der Kant'schen Ethik steckt aber im Benutzen eines Anderen immer eine Entwürdigung gemäß der sogenannten Selbstzweckformel des Kategorischen Imperativs: »Handle so, dass du die Menschheit sowohl in deiner Person, als in der Person eines jeden anderen jederzeit zugleich als Zweck, niemals bloß als Mittel brauchst.« Wer einen anderen als Mittel benutzt, raubt ihm damit seine Würde. Aber ist damit Sex immer entwürdigend? Nein, denn Kant liefert auch die Lösung dazu: Wenn der Andere das genauso macht, hebt sich das, vereinfacht gesprochen, wieder auf. Jeder benutzt den Anderen, und alle sind zufrieden.

Was soll das nun außer der Verkomplizierung eines einfachen, sehr natürlichen Vorgangs? Es eröffnet die grundlegende Erkenntnis, dass das Ganze nur dann nicht entwürdigend ist, wenn eine Symmetrie vorliegt. Eigentlich auch wieder sehr naheliegend und nachvollziehbar, aber diese Erkenntnis liefert meines Erachtens den Schlüssel zu fast allen, wenn nicht allen moralischen Fragen rund um die Sexualität.

Dabei ist »Symmetrie« nicht in dem Sinne gemeint, dass beide oder alle Beteiligten das Gleiche tun, dieselben Rollen spielen oder Ähnliches. Ein Ansatz, der in vielen Fällen zum Beispiel schon an den unterschiedlichen Geschlechtsorganen von Mann und Frau scheitern würde. Nein, es geht um die Symmetrie der Beteiligung. Falls einer von zwei Geschlechtspartnern gerne gefesselt und geschlagen wird und der Andere gern fesselt und schlägt, ist das trotz aller äußerlichen Asymmetrie symmetrisch: Beide tun das, was sie wollen, wie sie persönlich ihre Sexualität empfinden und leben wollen. Sie sind sich dessen bewusst, und sie kommen »auf ihre Kosten«. Darum geht es. Es geht um eine Symmetrie der Freiwilligkeit, der Einschätzung der Situation, des Einbringens und der Wahrung der Persönlichkeit.

Doch engere Grenzen bei der Sexualmoral?

Nach all dem könnte man nun die Theorie vertreten, die Sexualität braucht genauso viele und genauso enge oder weite moralische Grenzen wie alles andere im Leben. Eher weniger als das Autofahren, weil sie weniger gefährlich ist, aber vielleicht so viel wie das Fußballspielen, das Miteinanderarbeiten oder das Zusammenleben zwischen Nachbarn. Immerhin ist man beim Fußball für 90 Minuten auf begrenztem Raum, hat teilweise Körperkontakt, und es sind Emotionen im Spiel. Darüber hinaus kann man sich verletzen – die meisten Sportverletzungen gehen auf das Konto des Freizeitkickens –, und man hat sogar – anders als hoffentlich beim Sex – entgegengesetzte Interessen: Jeder will gewinnen. Mit seinen Arbeitskollegen verbringt man meist mehr Zeit pro Woche als mit seinem Partner und oft auch über längere Jahre. Auf seine Nachbarn muss man oft mehr Rücksicht nehmen als auf den Partner, weil der kaum die Polizei ruft, wenn man zu laut Musik hört. Und mit dem Nachbarn ist man oft länger verbunden als mit vielen Partnern, geschweige denn Sexualpartnern. Also wozu die Idee, dass der Sex mehr oder andere moralische Regeln braucht als das sonstige Zusammenleben? Und woher?

Ein Grund dürfte sicherlich in der Kant'schen Erkenntnis

liegen, dass man den Anderen beim Sex benutzt. Das klingt sehr unschön, dürfte aber der Wahrheit ziemlich nahe kommen. Der andere Grund, warum für den Geschlechtsverkehr andere Regeln gelten als beim Autofahren, Fußballspielen und unter Kollegen und Nachbarn lässt sich erahnen, wenn man sich ein anderes Wort genauer betrachtet, das in diesem Zusammenhang benutzt wird: *intim*. Intimverkehr, Intimbereich, intim werden. *Intim* kommt vom lateinischen *intimus* für das Innerste. Und tatsächlich stellt die Intimität beim Geschlechtsverkehr den engsten körperlichen Kontakt dar, und sei es, je nach Praktik, auch nur punktuell. »Die intensivste Art und Weise, in der wir zu einem anderen Menschen in Beziehung treten, ist der sexuelle Kontakt«, schreibt der Harvard-Philosoph Robert Nozick. Daneben ist das sexuelle Erleben mit einer starken Erregung verbunden und einem Sichfallenlassen. Man öffnet nicht nur seine verletzlichen Sexualorgane körperlich gegenüber dem Partner, sondern öffnet sich auch in psychischer Hinsicht. »In sexueller Intimität lassen wir den Partner in das Gebiet innerhalb unserer Grenzen ein oder machen diese Grenzen durchlässiger, wir zeigen unsere Leidenschaften, Fähigkeiten, Phantasien und Erregungen und gehen auf die des anderen ein«, schreibt Nozick weiter. Und das scheint nicht nur dann zu gelten, wenn man sich auf die Sexualität einlässt. Im Gegenteil. Eine Vergewaltigung verletzt ein Opfer psychisch meist stärker als ein Raubüberfall oder ein tätlicher Angriff, und sexueller Missbrauch in der Jugend hinterlässt tiefste Spuren in der Entwicklung.

Offenbar ist die Sexualität stärker mit der Persönlichkeit verbunden als andere Bereiche des menschlichen Lebens. Sexualität ist ein Grundbedürfnis wie Essen, Trinken, Schlafen oder soziale Nähe, aber dennoch in dieser Reihe das Grundbedürfnis, welches am intimsten ist. Intim im übertragenen Sinn als Umschreibung von Sexualität und im Wortsinn als »zum Innersten gehörend«. Natürlich kann, wer immer das so empfindet und ausüben will, Sexualität wie Essen und Sättigung an einem Schnellimbiss praktizieren oder wie Turnübungen. Es bleibt zum einen die Frage, ob einem diese Trennung vom Innersten wirklich vollständig gelingt – das mögen Psychologen beantworten. Tatsächlich scheint es mehr eine Frage der Klugheit zu sein, seine Sexualität so auszuleben, dass die eigene Psyche davon profitiert. Dennoch bleibt dann die Frage, ob es der jeweilige Sexualpartner genauso empfindet. Wenn ja, ergeben sich moralisch gesehen wenig Probleme. Wohl aber, wenn das nicht der Fall ist. Wegen dieser engen Verknüpfung der Sexualität mit dem Innersten der Person hat man gegenüber dem Sexualpartner höhere Anforderungen an die Pflichten. Man muss vorsichtiger sein, mehr Rücksicht nehmen als beim Autofahren, Fußballspielen, unter Arbeitskollegen und Nachbarn. Nicht beim Geschlechtsverkehr selbst, der kann so ablaufen, wie es beide wollen. Aber bei der Einbettung der Sexualität ins Leben der Beteiligten.

Moralisch oder nicht? »Perversitäten«

Mit diesen beiden Erkenntnissen vor Augen kann man nun an die Fragen um die Sexualität gehen. Als Erstes die sogenannten »Perversitäten«. Der klassische Katalog ist lang und sehr weit gespannt: Von Homosexualität, Fetischismus, Sadomaso, Inzest, Sodomie bis hin zur Onanie, alles wurde von den Sittenwächtern als widernatürlich und deshalb pervers gebrandmarkt. Hauptargument ist die »Widernatürlichkeit«. Das setzt voraus, dass man die natürliche Bestimmung der Sexualität kennt. Diese muss nicht unbedingt in der Fortpflanzung liegen. Und selbst wenn, sagt ein Abweichen nichts über die ethische Beurteilung aus. Die Schweizer Ethiker Philipp Balzer und Klaus Peter Rippe verweisen auf das Beispiel des Kaffeetrinkens. Sie meinen, niemand würde behaupten wollen, die Herstellung oder der Konsum von Kaffee sei zu missbilligen, weil die Kaffeebohnen, die dabei verwendet werden, ihren »natürlichen Zweck« nicht mehr erfüllen können. Der amerikanische Moralphilosoph Alan Goldman bringt es auf den Punkt: Er definiert Sex als eine Aktivität, die »darauf abzielt, das sexuelle Verlangen des Akteurs zu befriedigen«. Als pervers würden dabei alle die Verlangen bezeichnet, die ihrer Form nach vom durchschnittlichen sexuellen Verlangen abweichen. Eine statistische Unterscheidung, die keine moralische Wertung beinhaltet. Denn: »Kein unmoralisches Verhalten ist dadurch entschuldigt, dass es ein sexuelles Verhalten ist, und nichts am Sex ist unmoralisch, wenn es nicht durch Regeln verurteilt werden kann, die auch anderswo Anwendung finden.« Goldman konkretisiert das in der Form, dass es zwar besondere, sich auf Sex beziehende Regeln geben kann, die aber aus allgemeinen Regeln ableitbar sein müssen. Wie eben die Frage der Symmetrie und der höheren Verletzlichkeit.

Wenn es einem Mann nun einmal Spaß macht und ihn sexuell erregt, in Damenunterwäsche gefesselt von seiner Partnerin oder seinem Partner mit Stöckelschuhen oder Springerstiefeln getreten zu werden, und der andere Part das umgekehrt empfindet: Was spricht dagegen? Nichts. Sodomie ist eine Frage des Geschmacks und des Tierschutzes. Hierin wird wieder deutlich, dass sich die Frage der Moral bei der Sexualität nach Kriterien richtet, die auch außerhalb dieses Bereichs gelten.

Über Onanie und Homosexualität will man in diesem Zusammenhang eigentlich gar nicht mehr sprechen. Die Selbstbefriedigung ist wohl wirklich jedermanns höchst eigene Angelegenheit. Und Homosexualität ist eine sexuelle Lebensform, die statistisch eine Minderheit darstellt, worin sich aber auch schon alle vernünftigen Argumente gegen sie erschöpfen.

Und die sonstigen Problemfälle?

Die Suche nach einer Abgrenzung des Missbrauchs von Kindern zum Sex unter Jugendlichen scheint nun auch klarer, ohne dass man Altersgrenzen angeben muss. Wenn ein Erwachsener Sex mit einem Kind oder Jugendlichen hat und dabei seine Macht oder die Unerfahrenheit des Minderjährigen ausnutzt, ist das höchst unmoralisch, weil die Symmetrie nicht gegeben ist: Der oder die Minderjährige wird zum Mittel der Sexualität des Erwachsenen. Hinzu kommt, dass die sexuelle Entwicklung noch nicht abgeschlossen ist, die Verletzlichkeit ist sehr groß, und nicht umsonst tragen die Kinder oft lebenslange Schäden davon. Wenn dagegen Jugendliche miteinander Sex haben, kann die Wechselseitigkeit gegeben sein, so dass keiner einseitig zum Objekt der Sexualität des Anderen wird. Auch hier muss man ihre Entwicklung beachten, so dass ein »anything goes« wohl zu weit ginge. Aber der Unwertgehalt ist ein völlig anderer. Je nach Konstellation – handelt es sich um echte Liebe oder um Ausnutzung eines Machtgefälles – und nach Reife des Schülers kann das Verhältnis der Lehrerin mit dem siebzehn- oder achtzehnjährigen Schüler sich einmal als höchst verwerflich und ein andermal als relativ harmlos erweisen. Abgesehen von der vernünftigen Erwägung, ein Verhältnis zwischen Lehrern und Schülern gleich in welcher Konstellation insgesamt zu verbieten und zu unterbinden, um Missbrauch vorzubeugen oder generell Störungen des Schulablaufs zu vermeiden.

Partnerschaft

Was bedeutet das nun für die Partnerschaft? Zunächst nicht, dass der Sex nur in der Ehe stattfinden sollte. Und auch nicht, dass er nur verknüpft mit echter Liebe moralisch unbedenklich ist. Wer Freude an reiner Sexualität losgelöst von Liebe hat, soll diese Freude empfinden – ohne diesbezüglich von moralischen Fesseln beengt zu werden. Es kann nicht Aufgabe der Moral sein, Menschen vorzuschreiben, wie sie glücklich werden wollen, solange sie dabei Andere nicht beeinträchtigen.

Aber man darf auf der anderen Seite nicht übersehen, dass eine funktionierende Partnerschaft, eine echte Liebe, einen sehr hohen Wert darstellt. Manche meinen, es sei sogar der höchste, das, wonach eigentlich die Menschen in ihrem Leben streben. Interessanterweise meint sogar der liberale Freigeist und Nobelpreisträger Bertrand Russell, dass »Geschlechtsverkehr ohne Liebe nur geringen Wert besitzt und in der Hauptsache als Versuch mit dem Ziel der Liebe zu betrachten ist«. Das bedeutet aber, dass Liebe und Partnerschaft keinen Selbstzweck darstellen: Liebe hat diesen Wert, weil die Partner das für ihr Leben anstreben. Und als Zweites hat es zur Folge, dass die Art der Partnerschaft, wie die Menschen ihre Liebe ausleben wollen, ihren eigenen Vorstellungen überlassen bleibt. Dass – meistens – zwei beteiligt sind, macht die Sache nicht einfacher. Dennoch: Wie Menschen ihre Partnerschaft führen wollen, müssen sie miteinander ausmachen. Es gibt keine Norm, wie Partnerschaften zu führen sind, wie sie auszusehen haben. Sicherlich gelten auch hier die beiden Grundsätze, die auch bei der Sexualität zu beachten sind: Man darf den Anderen nicht zum Objekt machen, und man muss die erhöhte Verletzlichkeit berücksichtigen, die dadurch entsteht, dass sich Menschen öffnen und ihre Emotionen zeigen.

Ansonsten aber ist jede Form von Partnerschaft eine Verbindung von zwei Menschen und damit eine Abmachung, gewissermaßen ein Vertrag. Das gilt übrigens auch für die Ehe, die nach deutschem Recht, das hier auf römischer Rechtstradition aufbaut, einen Vertrag zwischen den Ehepartnern darstellt, der vom Standesbeamten beurkundet wird. Das soll nun nicht die Partnerschaft profanisieren, sondern nur zeigen, dass es Sache der Partner ist, wie sie ihre

Partnerschaft ausgestalten. Was ihnen wichtig ist und was unwichtig, was sie als Voraussetzung sehen und was nicht. Wie das im Einzelnen aussehen soll, dafür gibt es vielleicht Üblichkeiten, und viele werden sich an dem orientieren, was sie kennen. Wenn sich die Partner keine Gedanken machen, wird das gelten, es gibt aber keine Vorschriften.

Treue

Am wichtigsten scheint mir das bei der Frage der Treue oder umgekehrt, dem Seitensprung. »Is Adultery Immoral? – Ist Ehebruch unmoralisch?«, lautet der zunächst überraschende Titel eines klassisch gewordenen Aufsatzes des Philosophen Richard Wasserstrom. Auf so etwas können aber auch nur Philosophen kommen!, wird mancher Ehemann oder manche Ehefrau dazu ausrufen und der Meinung sein: Natürlich ist er unmoralisch. Schließlich war er früher auch bei uns strafbar und ist es auch heute noch in anderen Kulturen, die ihn zum Teil sogar mit der Todesstrafe bedrohen. Interessant wird es allerdings, wenn man nachfragt, warum er unmoralisch ist oder sein soll. Dann kommt man nämlich zu einer grundsätzlichen Unterscheidung: Man kann den Bund zwischen zwei Menschen als heiliges Prinzip sehen – wie etwa die katholische Kirche im Sakrament der Ehe – und Ehebruch als Verstoß gegen dieses heilige Prinzip und schon allein deshalb als unmoralisch. Will man das nicht tun, weil man die Partnerschaft als Angelegenheit der Partner betrachtet, wird es schon schwieriger. Man kann mit einem vorbeugenden Effekt argumentieren, dass der Seitensprung den Anfang vom Ende einer Beziehung darstellen kann, was besonders wichtig ist, wenn auch Kinder in der Beziehung vorhanden sind, die unter einer Trennung der Eltern leiden könnten. Betrachtet man aber den Ehebruch allein, wird man, wenn man keine weiteren Argumente dagegen findet, wie Wasserstrom zum Schluss kommen, dass er als solcher nicht unmoralisch ist. Die Betonung liegt auf »als solcher«. Denn Wasserstrom betont vollkommen zu Recht, dass Ehebruch in der konkreten Situation dennoch unmoralisch sein kann und es in vielen Fällen auch ist: weil er den Bruch eines Versprechens bedeutet und mit einer Täuschung des Partners verbunden ist. Und, möchte man anfügen, mit der Enttäuschung eines Vertrauens, das die Grundlage einer Beziehung darstellt. *Das* ist es, was den Ehebruch – und das sehe ich genauso für jede nichteheliche Beziehung – moralisch bedenklich macht. Es geht um die Abmachung der Partner: Wenn sie Treue vereinbaren, sind sie an diese Vereinbarung gebunden. Diese Vereinbarung muss nicht ausdrücklich erfolgen, hier findet sich wieder eine Einbruchstelle des Üblichen in die Moral: Wenn partnerschaftliche Treue im Kulturkreis oder dem sozialen Umfeld das Standardmodell darstellt, muss man davon ausgehen, dass sie stillschweigend vereinbart wird. Es ist jedoch genauso gut möglich, eine offene Beziehung zu vereinbaren, in der jeder neben der Beziehung Sexualkontakte haben kann. Ob man die haben will, ist eine andere Frage. Nur ist es jederzeit möglich, das in einer Partnerschaft zu vereinbaren. Mehr Paare vereinbaren sicherlich in dieser Hinsicht etwas, was ich »Gentlemen's Agreement« nenne. Auch wenn es nicht geschlechtsneutral klingt, ist es so gemeint. Inhalt der Vereinbarung ist: Beide Partner dürfen sich außerhalb amüsieren, der oder die Andere will es aber nicht wissen. Ein »Don't ask, don't tell« der Treue.

Sowohl offene Beziehung und noch mehr das Gentlemen's Agreement haben jedoch auch ihre Probleme. Zum einen muss sichergestellt sein, dass wirklich beide Partner diese Form der Beziehung wünschen und nicht nur der Stärkere sie dem Schwächeren aufzwingt und der Schwächere dann darunter leidet. Zum anderen werden diese Vereinbarungen, insbesondere das Gentlemen's Agreement, meist stillschweigend geschlossen. Nur heißt stillschweigend noch lange nicht einseitig. Deshalb muss, wer glaubt, diese Vereinbarung stillschweigend geschlossen zu haben, sich sehr sicher sein, dass wirklich beide Teile zugestimmt haben.

Welches der Modelle für eine gelungene Beziehung der Betreffenden am förderlichsten ist, ist eine andere Frage, aber keine Frage der Moral. Die Moral ist keine Heilslehre. Sie soll dem Menschen ihr Glück ermöglichen, aber es ist nicht ihre Aufgabe, den Menschen vorzuschreiben, wie ihr persönliches Glück auszusehen hat.

8 Von Einwegflaschen, Atomkraftwerken und Panzerminen **Über Konsum und Geld**

Irgendwann hieß es, man soll keine Turnschuhe von Nike mehr kaufen, weil sie von Kindern hergestellt würden. Zuvor sollte man eine Zeitlang nicht mehr bei Shell tanken, weil der Mineralölkonzern plante, die Brent Spar, einen alten schwimmenden Öltank, im Meer zu versenken. Dann kamen Aufrufe, nicht mehr bei Lidl zu kaufen, weil der Discounter sein Personal schlecht behandelt, oder Gemüse aus Spanien oder den Niederlanden zu meiden, weil es unter zu hohem Wasser-, Energie- und Pestizidverbrauch gezogen wird. Die Liste der Dinge, die es zu vermeiden gilt, wenn man ein guter Mensch sein will, setzt sich immer weiter fort: bestimmte Fischarten oder Fleischsorten, Obst zu bestimmten Jahreszeiten, Leder von bestimmten Tieren, Zeitungen aus bestimmten Verlagshäusern, Strom bei bestimmten Versorgern, Filme mit bestimmten Darstellern und sogar den Segen aus bestimmten Kirchen. Einkaufen, Konsumieren wird immer schwieriger, weil es nicht mehr nur Aspekte wie Preis und Qualität beinhaltet, sondern plötzlich auch Grundhaltungen, politische und religiöse Überzeugungen und vor allem auch Moral.

Moral beim Einkaufen

Populär geworden war die Idee, durch Einkauf etwas zu bewegen, als 1977 die Evangelische Frauenarbeit in Deutschland zum sogenannten »Früchteboykott« aufrief: Als Protest gegen die Apartheid und das Verbot der »South African Black Women's Federation« sollten die Verbraucher auf Obst und Nahrungsmittel aus Südafrika verzichten. Ein hochmoralisches Anliegen, dem allerdings eine kontroverse Diskussion innerhalb der Evangelischen Kirche vorangegangen war, im Rahmen deren sich der Rat der EKD gegen den Boykottaufruf aussprach. Diskutiert wurde, ob es sich um ein geeignetes Mittel dafür handelte, Solidarität zu zeigen, den Schwarzen in Südafrika wirklich zu helfen und ihnen nicht sogar wirtschaftlich zu schaden, und auch, inwiefern durch die Maßnahme ein entsprechendes Bewusstsein für das Anliegen in Deutschland geschaffen werden kann.

Die Apartheid ist glücklicherweise überwunden, der Früchteboykott Geschichte, geblieben ist aber die Frage, wie sehr die Moral das Einkaufen bestimmt. Eigentlich geht die Frage weiter, sie umfasst alles wirtschaftliche Handeln: neben dem Einkauf andere Formen des Konsums wie Reisen, aber nicht zuletzt auch das Sparen, die Geldanlage.

Boykott oder verantwortungsvoller Einkauf

Sieht man sich die Fälle genauer an, erkennt man schnell, dass es um zwei Gruppen geht: einmal die Fälle des Boykotts, bei denen man ein per se neutrales Produkt meidet, um dadurch zu protestieren oder den Verkäufer zu einer Verhaltensänderung zu bewegen. So geschehen beim Boykott der Marke Shell im Jahre 1995. Es ging dabei nicht darum, dass das Benzin an Shell-Tankstellen schlechter, umweltschädlicher oder moralisch bedenklicher war als das anderer Mineralölkonzerne. Die Aktivisten, unter ihnen sogar deutsche Behörden, wollten Druck auf die Firma ausüben, damit sie von ihrem Plan abrückt, den ausgedienten Öltank Brent Spar im Meer zu versenken. Von dem Erfolg waren damals sogar die Urheber der Aktion überrascht: Die Umsätze an den Shell-Tankstellen sanken um bis zu 50 %, und Shell lenkte ein. Ironie der Geschichte war, dass später selbst Greenpeace zugeben musste, dass man von falschen

Zahlen ausgegangen war und der Umweltschaden bei der Versenkung minimal gewesen wäre. Dennoch, viele rieben sich verwundert die Augen, und in gewissem Sinne war es einer der ersten echten Beweise für die Macht des bewussten Verbrauchers.

Die andere Gruppe umfasst Produkte, die selbst problematisch sind, sei es, dass sie auf unethische Weise hergestellt wurden, an ihnen drastisch gesprochen Blut klebt, sei es, dass sie die Umwelt unnötig belasten oder man einen Vertriebsweg für falsch hält. Beispiele wären Kleidung oder Schuhe, die unter unmenschlichen Arbeitsbedingungen, in sogenannten Sweatshops oder gar in Straflagern, genäht wurden, Tropenholz, das nicht aus nachhaltigem Anbau stammt und der Einkauf bei einem Discounter oder Drogeriemarkt, der dafür bekannt ist, dass er seine Angestellten schlecht behandelt und Erzeuger mit seiner Marktmacht gnadenlos unter Druck setzt.

Muss man diese beiden Gruppen unterschiedlich bewerten? Ich denke ja, auch wenn es Überschneidungen geben mag. Der Boykott ist eine Unmutsäußerung, verbunden mit Druck, und funktioniert nur, wenn genügend Menschen mitmachen und das Ganze auch medial begleitet wird. Man muss sich mit den Zielen des Boykotts identifizieren und ihn auch für das geeignete Mittel halten, um dieses Ziel zu erreichen. Gerade darüber gehen die Meinungen oft auseinander: Boykottmaßnahmen etwa gegen Länder, weil dort undemokratische Regierungen die Menschenrechte missachten, treffen häufig zunächst die ärmsten Bevölkerungsanteile, während das korrupte Regime wenig davon spürt.

Dagegen trägt man beim Konsum von ethisch bedenklichen Waren selbst persönlich zu den negativen Folgen bei. Man unternimmt nicht nur nichts dagegen, man unterstützt es positiv. Und das passiert bei jedem einzelnen Stück. Jeder Gartenstuhl aus Regenwaldtropenholz trägt seinen Anteil zur Abholzung einer gewissen Fläche mit bei. Umgekehrt benötigt die Verweigerung oder das Ausweichen auf andere

Produkte auch keine Begründung oder eine kritische Masse, man leistet eben nur selbst keinen Beitrag. Man verantwortet sein eigenen Handeln und dessen Folgen.

Hilft das was?

Natürlich ist die Welt morgen keine andere, nur weil ich heute mein Gemüse vom Bauern am Markt kaufe oder meine Getränke nicht in Einwegflaschen. Aber ist es nicht naiv, nur das tun zu wollen, von dem man glaubt, dass es sofort die Welt verändert? Alles für sinnlos zu halten, was nicht dazu führt, dass vom nächsten Tag an die Menschen nurmehr händchenhaltend im Sonnenschein über duftende grüne Wiesen laufen?

Gerade beim Konsum scheinen mir drei Aspekte für das individuelle korrekte Verhalten zu sprechen: kausale Verursachung, Summeneffekt und die innere Aufrichtigkeit.

Kausale Verursachung

Eines der Charakteristika unserer Zeit ist die Arbeitsteilung – weltweit. Man kann über die Veränderungen der Lebensweisen denken wie man will, die Globalisierung als Fluch empfinden oder als Segen, das ändert nichts an den Fakten, die sich vermutlich auch nie mehr rückgängig machen lassen. So man sich nicht eine besondere Lebensform – Selbstversorger auf einem Bauernhof oder Ähnliches – sucht, erlebt und erledigt man nurmehr einen Bruchteil der Dinge, die das Leben bestimmen, selbst. Lebensmittel etwa kann man auf dem Markt oder direkt beim Bauern kaufen, dann kann man mit etwas Glück denjenigen kennenlernen, der sie erzeugt hat. Wie er es getan hat, sieht man meist auch dann nicht. In der Mehrzahl der Fälle kauft man die Lebensmittel im Geschäft, sei es ein Supermarkt, Discounter oder Bioladen, fertig verpackt. Man nimmt sie mit nach Hause, bereitet sie zu, isst sie und entsorgt die Reste. Vom ganzen Produktions- oder Lebenszyklus bekommt man nur einen Bruchteil mit. Den überwiegenden Teil der Gewinnung – wie der Entsorgung – erledigen andere. Oft haben wir nicht einmal mehr eine Vorstellung davon. Der Spruch »Wozu Atomkraftwerke? Bei uns kommt der Strom aus der Steckdose« greift es ironisch auf, ist aber für viele nicht so absurd wie er scheint. Als prägnantes Beispiel dafür kann man die berühmte lila Kuh aus der Werbung der Firma Milka heranziehen. Die Werbekampagne war so erfolgreich und echte Kühe sind mittlerweile vielen so fremd geworden, dass bei Umfragen in Kindergärten Anfang der 1990er Jahre gut die Hälfte der Kinder glaubte, Kühe wären generell lila. Darüber kann man nun entsetzt sein, muss es aber nicht. Das Phänomen zeigt jedoch eine ganz praktische Konsequenz auf: Man kennt die realen Rahmenbedingungen des eigenen Konsums nicht mehr, sondern nur noch das abgepackte Produkt im Regal, und auf dem ist die Kuh nun mal lila. Dementsprechend fühlt man sich auch für die realen Auswirkungen seines Konsums – speziell auch der Nachfrage, die man hervorruft – nicht mehr verantwortlich. Wenn der Strom aus der Steckdose kommt, denkt man über seine Gewinnung nicht mehr nach, es sei denn, in der eigenen Nachbarschaft steht ein Atomkraftwerk oder es wird ein Atommüllendlager geplant. Dennoch muss jedes einzelne Watt Leistung für den Strom der Lampe, mit deren Licht Sie gerade lesen, ebenso gewonnen werden wie für den, mit dem ich beim Tippen dieses Textes gerade meinen Computer betreibe. Und auch wenn wir den Strom jeweils aus den Steckdosen in unseren Wohnungen entnehmen, haben wir uns bei der Wahl unserer Stromversorger dafür entschieden, woher er in Wirklichkeit stammt und wie er erzeugt wird. Die räumliche und persönliche Trennung von Erzeugung und Entsorgung vom Konsumieren bedeutet nicht, dass man nicht über Nachfrage und Verbrauch für alles ursächlich wäre. Und wenn man die

Wahl zwischen verschiedenen Produkten hat, nicht auch für seine Wahl verantwortlich ist. Das moderne Just-in-time-System ohne große Lagerhaltung macht es ja sogar wieder deutlicher: In dem Moment, in dem der Strichcode Ihrer Waren über die elektronische Kasse gezogen wird, löst das vereinfacht ausgedrückt einen Nachbestellvorgang aus, und der zieht sich entsprechend bis zum Hersteller und Rohstoffeinkauf weiter. Die Autorin und Journalistin Tanja Busse nennt das unter Bezugnahme auf den Soziologen Ulrich Beck »Abstimmung mit dem Einkaufswagen«.

Summeneffekt

Um es ganz klar zu sagen: Es ändert am Zustand der Welt praktisch nichts, ob Sie nun heute Nachmittag Erdbeeren kaufen, die mit übergroßem Bewässerungs- und Energieaufwand gezogen wurden und unter erheblichem CO_2-Ausstoß durch halb Europa gefahren oder um die halbe Welt geflogen wurden, oder ob Sie das aus ökologischen und moralischen Gründen bleiben lassen. Und das T-Shirt, das Sie diese Woche kaufen, rettet kein Kind vor der Arbeit in einem Sweatshop. Es muss dort in der Stunde soundso viele nähen, die, wenn Sie keines erwerben wollen, im Billigverkauf nebenan verramscht werden. Man muss keinen Minderwertigkeitskomplex haben, um zu der Erkenntnis zu gelangen, dass bei fünf Milliarden Weltbevölkerung der eigene Beitrag zum Verlauf der Welt verschwindend gering ist.

Anders muss man es wohl bei Lebensmitteln tierischen Ursprungs sehen, besonders bei Fleisch und Fisch. Da wir Lebewesen als Individuen betrachten, kommt man um die Feststellung nicht umhin, dass man mit jedem Stück Fleisch, das man isst, für Lebensbedingungen und Tod eines ganz bestimmten Tieres verantwortlich oder zumindest mitverantwortlich ist. Bei allen anderen Konsumentscheidungen aber, ob sie nun Auswirkungen auf die Umwelt oder auf

Menschen haben, sind tatsächlich die Auswirkungen des eigenen Handelns sehr gering, um nicht zu sagen vernachlässigenswert.

Allerdings wäre es meines Erachtens völlig verfehlt, daraus einen Freibrief ableiten zu wollen. Hier kann Immanuel Kant wirklich praktische Lebenshilfe leisten. In seiner »Grundlegung zur Metaphysik der Sitten« setzte er sich ausdrücklich mit der Frage auseinander, ob man sein Handeln an den Folgen ausrichten soll oder am Grundsatz, einer Frage, der wir schon im Kapitel über die ethischen Theorien begegnet sind. Für Kant war klar, dass es nicht auf die Folgen ankommen darf. Unabhängig von allen theoretischen Überlegungen auch aus ganz praktischen Gründen, weil »die Folgen bei aller meiner vermeinten *Schlauigkeit* nicht so leicht vorauszusehen« seien. Die Konsequenz formuliert Kant so:

> »Was ich also zu tun habe, damit mein Wollen sittlich gut sei, dazu brauche ich gar keine weit ausholende Scharfsinnigkeit. Unerfahren in Ansehung des Weltlaufs, unfähig auf alle sich ereignenden Vorfälle desselben gefaßt zu sein, frage ich mich nur: Kannst du auch wollen, daß deine Maxime ein allgemeines Gesetz werde? Wo nicht, so ist sie verwerflich, und das zwar nicht, um eines dir oder auch anderen daraus bevorstehenden Nachteils willen, sondern weil sie nicht als Prinzip in eine mögliche allgemeine Gesetzgebung passen kann;«

Mit anderen Worten: Weil ich die Folgen meiner Handlungen oft nicht absehen kann, ist es besser, mich danach zu richten, ob der Entschluss, an dem ich meine Handlungen ausrichte, allgemeines Gesetz sein kann, ob ich also wollen würde, dass jeder so handeln muss.

Ganz unabhängig von dieser moralphilosophischen Argumentation kommt hier aber auch noch ein logisches Argument zum Tragen: Die negativen globalen Auswirkungen des Konsums entstehen ja gerade, weil sie in großem Maßstab stattfinden. Wie groß die Auswirkungen kleinster Beiträge in diesem Summeneffekt sein können, kann ein konkretes Beispiel zeigen. England ist bekannt für seinen Tee, und über den Tag hinweg kochen sich viele Engländer schnell eine Tasse Tee. Dazu verwenden sie oft elektrische Wasserkocher. Nun hat der Energy Savings Trust (EST), eine britische halbstaatliche Non-Profit-Organisation zur Förderung der Energieeinsparung, errechnet, dass man pro Tasse 0,3125 kWh Energie benötigt, also nicht sehr viel. Allerdings hat der EST herausgefunden, dass 67 % der Briten dazu neigen, den Kessel, auch wenn sie nur eine Tasse Tee zubereiten, großzügig zu füllen. Würden alle Briten immer nur die benötigte Menge für eine Tasse erwärmen, könnte man damit, wie die EST errechnet hat, in etwa die Menge an Energie einsparen, die man benötigt, um die Hälfte der Straßenbeleuchtung des gesamten Landes zu betreiben.

Der Beitrag des Einzelnen ist gering, in der Summe aber entsteht der Schaden. Dann aber wäre es unlogisch, wenn jeder Einzelne sich auf die geringe Größe seines Beitrags berufen könnte. Denn jeder kann nur seinen kleinen eigenen Beitrag gestalten. Der jedoch steht dann in seiner Verantwortung, positiv wie negativ. Die Alternative wäre, politisch tätig zu werden. Das scheint vernünftig, doch dazu weiter unten.

Innere Aufrichtigkeit

Ein entscheidender Punkt bei der Frage nach dem richtigen Verhalten als Konsument oder weiter noch als wirtschaftender Mensch scheint mir die Frage der inneren Aufrichtigkeit zu sein. Vielleicht kann man es auch Konsistenz, also Widerspruchsfreiheit der Persönlichkeit, nennen, Integrität oder im weitesten Sinne unbeschädigte Persönlichkeit. Was meine ich damit? Die meisten Menschen sind empört, wenn sie erfahren, dass ein Gewerkschafter privat in Luxus lebt oder ein Linkspolitiker mit Aktien spekuliert. Es geht an dieser Stelle gar nicht um die Empörung über Politiker oder Geistliche, die gegen Homosexualität zu Felde ziehen und dann auf einer Bahnhofstoilette in flagranti erwischt werden. Dabei handelt es sich moralisch gesehen um schlichte Heuchelei, der vielleicht auch psychologische Abwehrmechanismen zugrunde liegen. Aber während der bigotte Sexualmoralist genau das tut, was er als vermeintlich verwerflich brandmarkt, spricht rein von den Fakten her nichts dagegen, dass ein Gewerkschaftler selbst anders lebt als die von ihm vertretenen Arbeitnehmer, solange er sich seinen Luxus nicht aus Gewerkschaftsbeiträgen finanzieren lässt. Dennoch hat man ein Problem damit, wenn sich das persönliche Leben der Akteure nur schwer mit deren Überzeugungen zur Deckung bringen lässt.

Im Falle des Konsumenten geht es noch einen Schritt weiter. Es mag stimmen, dass das individuelle Verhalten auf die Gesamtheit hin betrachtet nur sehr wenig bewegt und Lösungen nur auf politischen Wege erreicht werden können; jedoch entsteht ein innerer Widerspruch, wenn jemand persönlich anders handelt, als er es politisch befürwortet. Und es stellt sich dann die Frage nach der äußeren Glaubwürdigkeit und der inneren Aufrichtigkeit einer Person.

Wie sollte man es etwa einschätzen, wenn jemand auf dem Weg zur Demonstration für Mitbestimmung, Arbeitnehmerrechte und bessere Bezahlung von niedrigen Lohngruppen sich die Getränke für den Marsch noch schnell in dem Discounter holt, der erst ein paar Wochen zuvor in die Schlagzeilen geraten war, weil er die Bildung eines Betriebsrates verhindert hat? Wenn man die Tröten für die Demonstration gegen die Globalisierung beim Billigimport aus chinesischer Herstellung kauft? Oder wenn man als Imbiss für die Sitzung des Arbeitskreises für Tierschutz abgepackte Frikadellen für 99 Cent serviert?

Natürlich kann derjenige, der so handelt, logisch und teilweise auch nachvollziehbar erklären, dass individuelles Handeln wenig bewirkt, wenn man nicht die Rahmenbedingungen ändert, und es deshalb wenig Effekt zeigt, wenn er allein Opfer bringt. Dennoch bleibt ein Unbehagen, wenn eine Person selbst anders handelt, als sie es sich von der Gesellschaft wünscht, und damit widersprüchliche Ziele beim eigenen und politischen Handeln verfolgt. Vielleicht hängt es mit dem biblischen »An ihren Taten sollt ihr sie erkennen« zusammen. Oder mit der Idee der aristotelischen Tugendethik. Ihr zufolge ist ja das richtige, tugendhafte Handeln das, was ein tugendhafter Mensch in dieser Situation tun würde. Und die ethischen Tugenden können, so Aristoteles, nicht durch Benutzung des Verstandes, also Studium und Erkenntnis erworben werden, sondern nur durch andauernde Übung. Es erscheint fraglich, ob man beim Streben nach dem Guten im Sinne Aristoteles' das eigene Handeln außer Acht lassen kann, ob man zum guten, tugendhaften Menschen werden kann, wenn ein Widerspruch zwischen moralischen Forderungen und Handeln besteht, wenn man das Gute nicht laufend ausübt, sondern nur theoretisch fordert.

Vielleicht könnte man auch vom »entfremdeten Konsum« sprechen, in Anlehnung an die entfremdete Arbeit bei Karl Marx. Ein Mensch wird von sich selbst entfremdet und deformiert, wenn er als Konsument etwas macht, was er als Person ablehnt.

Das Problem der LOHAS

Mit sich im Reinen scheinen die LOHAS. LOHAS ist ein Akronym für »Lifestyle of Health and Sustainability« und bezeichnet Menschen, die einen Lebensstil pflegen, der auf Gesundheit und Nachhaltigkeit basiert. Eigentlich tun sie all das, was man als verantwortlicher Konsument tun sollte: bewusst einkaufen, auf artgerechte Tierhaltung achten, umweltschädigende Produkte vermeiden, gesunde Produkte kaufen, keine Chemie und keine versteckten Zucker und Fette. Kein Einkauf beim Discounter, bei dem die Angestellten und Lieferanten schlecht behandelt werden. Kurz, sich nichts von der Industrie unterjubeln lassen. Ihr Revier sind der Biosupermarkt, besser noch der Öko-Wochenmarkt und Manufaktum, der Versandhandel für handwerklich hochwertige und dauerhafte Produkte. »Es gibt sie noch, die guten Dinge«, lautet dessen Werbebotschaft, und das könnte auch als Wahlspruch für die LOHAS gelten: nur gute Dinge, die aus guter Quelle stammen, gut für Körper und Seele sind und gut zu guten Menschen passen.

Zudem können sich die LOHAS darauf berufen, dass die Welt tatsächlich besser wäre, wenn alle so handeln würden. Dass sie sich wünschen können, wenn es im Sinne Kants allgemeines Gesetz würde, gesund und nachhaltig zu leben.

Bei Manufaktum gibt es zum Beispiel einen handgeschmiedeten Spaten aus Edelstahl mit einem Stiel aus Ebenholz, der nicht lackiert wurde, sondern zur besseren Haltbarkeit mit Leinölfirnis behandelt. So einen Spaten kauft man sich vermutlich tatsächlich nur einmal im Leben, kann mit ihm dann für den Rest seiner irdischen Zeiten graben und sich theoretisch am Ende – wörtlich, nicht übertragen – sein eigenes Grab schaufeln. Damit ist der Edelspaten nicht nur schöner, sondern auch umweltfreundlicher. Und unterm Strich sogar günstiger, als immer wieder neue billige zu kaufen, die dann im Laufe der Jahre beim Gebrauch kaputtgehen. Allerdings kostet er auch mehr als das Fünffache eines billigen Baumarktspatens. Und wer das Geld dafür im Moment nicht übrig hat, kann schlecht solange mit den Fingern graben, bis er das Geld dank einiger nicht notwendiger Billigspatenkäufe zurücklegen konnte. Dieses übertriebene Beispiel illustriert einen der Hauptkritikpunkte am Lebensstil der LOHAS: Er ist elitär, und die LOHAS erkaufen sich ihr gutes Gewissen. Auf eine Art und Weise, die – und das scheint aus moralphilosophischer Sicht interessant – zwar theoretisch zum allgemeinen Gesetz werden könnte, aber nicht praktisch. Denn ein Lebensstil, der zwar gut ist, den sich aber nur 10 Prozent der Bevölkerung leisten kann, ist nicht in der Lage, die Probleme der Umwelt und der Gesellschaft zu lösen.

Daneben gibt es noch einen weiteren Kritikpunkt: Die Autorin Kathrin Hartmann vertritt in ihrem Buch »Ende der Märchenstunde« die im Untertitel ausgedrückte These »Wie die Industrie die LOHAS und Livestyle-Ökos vereinnahmt«. Sie ist der Auffassung, dass nicht die LOHAS mit ihrem Verhalten die Industrie beeinflussen, sondern umgekehrt die Industrie mit Bioprodukten eine neue Nische entdeckt hat, in der sich höhere Spannen verwirklichen und damit höhere Gewinne erzielen lassen. Unterm Strich diene der Lebensstil der LOHAS der eigenen Gewissensberuhigung, sei für Umwelt und Gesellschaft aber bedeutungslos, wenn nicht sogar negativ, weil eine neue Kastengesellschaft, eine Bio-Elite geschaffen wird.

Poltisches Handeln

Tatsächlich, das ökologisch und sozial vorbildliche Leben und Konsumieren wird dann gefährlich und negativ, wenn es zu einer Gewissensberuhigung führt, wenn derjenige sich dann sagt: Ich tue ja schon alles für die Umwelt, weil ich nur ökologisch korrekte Waren kaufe, den neuesten energiesparenden Kühlschrank und das neueste Elektro-, Hybrid- oder Effizienzauto kaufe. Ich leiste ja schon genug für die Gesellschaft, weil ich nicht beim bösen Discounter einkaufe, der seine Angestellten schlecht behandelt, nur Fair-Trade-Kaffee trinke, auch wenn er doppelt so viel kostet, und meine Kinder nur Spielzeug aus deutscher Herstellung bekommen. Inzwischen gibt es sogar Untersuchungen, die belegen, dass Menschen, nachdem sie ökologisch korrekt eingekauft haben, weniger moralisch handeln. Offenbar leiten sie daraus so etwas wie ein moralisches Guthaben ab, von dem sie zehren können.

Das soll keineswegs diese Lebensweise diskreditieren. Natürlich ist es besser, so zu handeln, als das Gegenteil. Und wer sollte es tun, wenn nicht diejenigen, die es sich leisten können? Aber es darf nicht dazu führen, dass damit die Verantwortung für Umwelt und Gesellschaft erschöpft ist. Denn wie hoch ist der Anteil in der Bevölkerung, der sich diesen Lebensstil leisten kann? Fünf Prozent, zehn oder gar zwanzig? So viele vermutlich nicht. Doch selbst wenn es so viele wären, bleiben immer noch 80 Prozent der Bevölkerung und damit die überwiegende Mehrzahl, die, wenn sie nicht ihren Lebensstil massiv einschränken wollen, diesen Ansatz des Handelns nicht verfolgen können. Die Gesamtauswirkungen dieses Lebensstils auf Umwelt und Gesellschaft sind daher denknotwendig auf eine Randerscheinung begrenzt. Der Begriff der Eliten ist ja etwas zwiespältig, aber gerade diejenigen, die über entsprechende finanzielle Mittel verfügen und über das Bewusstsein, das sich in einem verantwortlichen Lebensstil ausdrückt, haben meist auch mehr Möglichkeiten der politischen, medialen, wirtschaftlichen Einflussnahme. Anders als beim Konsum können wenige Prozent der Bevölkerung, wenn sie politisch aktiv sind und überzeugende Argumente haben, politische Veränderungen herbeiführen, die dann relevante Veränderungen in der Gesellschaft bewirken.

Es hilft der Welt wenig, wenn ein Redakteur persönlich nur Fair-Trade-Kaffee kauft, aber in seinen Artikeln die Freiheit des Marktes verteidigt, auf dem die kleinen Kaffeebauern keine Chance haben. Oder wenn ein Manager mit seiner Familie samstags das multikulturelle Straßenfest besucht, aber seine Firma an eine Partei spendet, die die Angst vor Überfremdung zum Wahlkampfthema macht. Wenn ein Unternehmer zu Hause ausschließlich biologische Lebensmittel verkocht, aber den Lobbyverband seiner Branche gegen »überzogene« Umweltstandards arbeiten lässt. Oder umgekehrt formuliert: Wer seinen Strom von Lichtblick bezieht, sollte dann auch Parteien wählen und unterstützen, die diese Energiepolitik fördern. Richtiges individuelles Verhalten entbindet nicht von der Pflicht, sich auch gesellschaftlich richtig zu verhalten. Und gesellschaftlich richtiges

Verhalten bedeutet hier, sich auch beruflich oder eben politisch für die Ziele einzusetzen, die man für so wichtig hält, dass man sein eigenes Leben danach ausrichtet.

Ist wirklich Öko, wo Öko draufsteht?

Wer hätte das gedacht? Ein in Hamburg gekaufter Apfel aus Neuseeland kann eine nicht viel schlechtere CO_2-Bilanz aufweisen als einer aus dem alten Land. Aber es scheint zu stimmen: Zu bestimmten Jahreszeiten haben Lagerung und Konservierung der einheimischen Äpfel nur 30 % weniger CO_2 verschlungen als der Transport mit dem Schiff um die halbe Welt. Ein Energievorteil, den man zunichtemacht, wenn man nur eineinhalb Kilometer weiter mit dem Auto fährt, um sie einzukaufen. Aber es wird noch komplizierter: Äpfel aus kleineren Betrieben haben bei ihrer Erzeugung bis zu fünf mal mehr CO_2 verursacht als solche aus Großbetrieben. Wenn man das alles das erste Mal liest, will man es nicht glauben, und wenn man es das zweite Mal hört, will man den Glauben an das richtige Konsumieren vollständig verlieren. Was bringt es noch, bewusst zu konsumieren und einheimisches Obst zu kaufen, wenn der vermeintliche ökologische Supergau sich als vergleichsweise harmlos erweist? Kann man in Zukunft nurmehr mit dem dicken Öko-Handbuch einkaufen gehen oder hoffen, dass es endlich die passende iPhone-App gibt, die für jedes Radieschen auswirft, ob der Verzehr gerade korrekt ist?

Hinzu kommt: Je höher der Marktanteil der ökologisch und sozial korrekt erzeugten Waren wird, umso häufiger kommen Fehlentwicklungen zutage. Sei es, dass die Produktionsweise und Transportwege in Wirklichkeit mehr Schaden als Nutzen anrichten, sei es, dass Betrug aufgedeckt wird und ein Ökosiegel auf konventionell produzierten Waren klebt.

Dabei handelt es sich um ein bekanntes Problem, dem wir schon im Kapitel über die ethischen Theorien begegnet sind.

Alle ethischen Betrachtungen, die sich an den Folgen orientieren, hier an den Folgen des eigenen Konsums für Umwelt und Gesellschaft, haben einen Nachteil: Um das richtige Handeln sicher bestimmen zu können, müsste man allwissend sein. Man müsste zum einen alle Zusammenhänge kennen, zum anderen in die Zukunft blicken können. Und man müsste vor allem auch erkennen können, ob im speziellen Fall eine Ausnahme vorliegt. Ob also zum Beispiel ein Betrüger hier nur behauptet, der Kaffee sei fair gehandelt, obwohl er einfach im Lagerhaus umetikettiert wurde. Oder ob gerade die Jahreszeit herrscht, in der die einheimischen Äpfel fast schon klimaschädlicher sind als solche aus Übersee. Zudem müsste man vor jeder einzelnen Handlung sich möglichst vollständig informieren, hier also tatsächlich mit der Handbibliothek des ethischen Konsumenten zum Einkaufen gehen. Vor diesem Problem steht vor allem die Nützlichkeitsethik, der Utilitarismus, der den Wert einer Handlung danach bemisst, ob sie für alle von der Handlung Betroffenen (einschließlich der Tiere) das Glück vermehrt oder das Leiden. Deshalb entwickelte man den sogenannten Regelutilitarismus, bei dem man nicht die Folgen jeder einzelnen Handlung versucht zu bestimmen, was oft kaum möglich ist, sondern auf Regeln abstellt: Wenn eine Regel mehr positive als negative Folgen hat, sollte man nach der Regel handeln. Und das sehe ich beim verantwortlichen Konsum gegeben: In der Regel ist es besser, ökologische und regionale Produkte zu kaufen, und zwar dort, wo auch der Handel nicht die sozialen Strukturen schädigt. Dass es an manchen Stellen wenig bringt oder im Einzelfall auch einmal kontraproduktiv sein kann, ändert an der Wirksamkeit der Regel nichts. Und auch Betrugsfälle sind Ausnahmen, die bedauerlich sind, weil sie ein richtiges Anliegen in Verruf bringen. Sie ändern aber an der Wirksamkeit der Regel nichts. Und dies alles sollte nicht als Ausrede dafür dienen, sich seiner Verantwortung als Verbraucher zu entziehen.

Informationspflicht – Denkpflicht

Vielleicht klingt es ja ein wenig naiv, aber eigentlich wünscht man sich als moralisch halbwegs bewusster Konsument ein Siegel, oder vielleicht so etwas wie eine Ampel. Nicht für Fett, Kalorien und Salz, wie es von Medizinern und Verbraucherschützern gefordert wird, sondern für die Ethik. Auf jeder Verpackung, an jedem Regal und in jedem Prospekt sollte es für jedes Produkt und jede Dienstleistung eine Kennzeichnung geben: Grün, gelb und rot für moralisch einwandfrei, bedenklich und falsch. Und damit wird dargestellt, was wirklich unabhängige Prüfer wirklich objektiv unter Berücksichtigung wirklich aller relevanten Faktoren als wirklich abschließende Bewertung abgegeben haben. Nachteil eins: Es gibt die Moralampel nicht. Nachteil zwei: Es wird sie nie geben. Nachteil drei: Es kann sie nicht geben. Vorteil: Es hat auch positive Aspekte, dass es sie nicht gibt. Und die Folge des Ganzen: Man muss sich informieren und selber denken.

Dass es die Moralampel nicht gibt, wissen wir alle. Dass es sie nie geben wird, wissen wir nicht so sicher, aber ich wage es zu behaupten. Dazu muss man sich nur das Trauerspiel um die Einführung einer einfachen Kennzeichnung von Lebensmitteln ansehen. Wenn man sieht, wie es der Industrie gelingt, zu verhindern, dass Zucker- und Fettbomben deutlich als solche markiert werden, kann man nahezu mit Sicherheit ausschließen, dass moralische Aspekte verbindlich auf Produkten ausgewiesen werden. Es wäre vermutlich auch unmöglich, denn Moral ist wesentlich weniger klar zu definieren als Kalorien. Und selbst bei denen ist man sich über die Bewertung der Folgen uneins: Über die Frage, ob dick sein nun schädlich ist oder gesund, streitet man mittlerweile in der Medizin. Um wie viel mehr würde man über die moralischen Maßstäbe streiten. Der eine sieht es als die Bestimmung des Tieres an, gegessen zu werden und lehnt nur grausame Haltungs- und Schlachtbedingungen ab.

Am anderen Ende der Skala halten manche Fruitarier, die eine besonders strenge Form der veganen Lebensweise pflegen, dagegen schon gepflückte Früchte für bedenklich, weil die Pflanze sie nicht freiwillig hergegeben hat; sie essen deshalb nur Fallobst. Und dazwischen gibt es jede Menge Abstufungen von Positionen. Nicht nur bei der Ernährung. Während ich auf jede Packung Kondome einen großen grünen Punkt kleben würde, weil sie vor HIV und anderen übertragbaren Krankheiten schützen und damit helfen, Leben und Gesundheit zu bewahren, sehen andere in ihnen ein Hilfsmittel für Unzucht und würden diesen Weg zur Verderbnis sicher gerne mit einer roten Ampel markieren. Woran sollte sich die Moralampel also genau orientieren? Ein moralisches Gesamturteil scheint fast unmöglich.

Anders hingegen für Teilbereiche und konkrete Felder. Dort kommt man als Verbraucher um den Anhaltspunkt einer Kennzeichnung nicht herum. Man kann zwar manche Holzarten von vornherein vermeiden, aber ob das Holz nun aus zertifizierten nachhaltigen Betrieben stammt oder aus Massenrodungen, sieht man dem Frühstücksbrettchen nicht an, ebenso wenig wie dem Bettbezug, ob seine Baumwolle organisch angebaut wurde oder konventionell. Auch dem Fisch – wenn man überhaupt welchen isst – schmeckt man die Maschenweite des Netzes und damit die Schäden, die sein Fang in der Meeresfauna hinterlassen hat, nicht an. Und selbst der Veganer muss sich, wenn er Gentechnik ablehnt, darauf verlassen, dass die Beschriftung seines Tofus als gentechnikfrei stimmt. Egal ob Transfair, Bio oder Demeter, die Kennzeichnung hilft. Was die Kennzeichnung allerdings wert ist, ob ihr strenge Kriterien und eine strenge Überprüfung zugrunde liegen oder ein Marketingcoup der Industrie, darüber muss man sich jedoch informieren. Auch wenn es mühsam und unbequem sein mag, zumindest mühsamer als einfach zu kaufen.

Hier drängt sich wieder die Idee auf, die Immanuel Kant in seiner Schrift »Was ist Aufklärung?« dargelegt hat. Dass es für den Menschen so bequem ist, sich auf das zu verlassen, was ihm gesagt wird, oder hier eher, was ihm ins Regal des Supermarkts gelegt wird. So drapiert, dass er gerne zugreift – und zum Teil gar nicht merkt, warum er danach greift:

»Faulheit und Feigheit sind die Ursachen, warum ein so großer Teil der Menschen, nachdem sie die Natur längst von fremder Leitung freigesprochen (*naturaliter maiorennes*), dennoch gerne zeitlebens unmündig bleiben; und warum es anderen so leicht wird, sich zu deren Vormündern aufzuwerfen. Es ist so bequem, unmündig zu sein.«

So wie man vom mündigen Staatsbürger verlangen kann, dass er sich vor der Wahl über die Parteien und Kandidaten, die er zu wählen gedenkt, informiert, so kann man es auch vom mündigen Konsumenten verlangen. Ja, mehr noch: Während der Wähler – was man auch immer davon halten mag – notfalls nicht zur Wahl gehen kann, kann man Konsum zwar einschränken, aber kaum vollständig auf ihn verzichten. Jeder Mensch hat als moralisches Wesen die Pflicht, sich in einem Mindestmaß über die moralischen Aspekte seines Handelns Gedanken zu machen. Und da man um Kaufentscheidungen nicht herumkommt, eben auch über die moralischen Aspekte seines Konsums. Ein Gehirn verpflichtet mindestens soweit zum Denken, wie es für das Handeln notwendig ist.

Sparsamkeit als Tugend

Eines der schönsten Beispiele dafür, wie moralische Regeln, die wir von unseren Eltern gelernt haben, heute zu kurz greifen, ist die Sparsamkeit. Klassischerweise gehört sie neben Ordentlichkeit, Fleiß, Reinlichkeit und Pünktlichkeit zu den sogenannten bürgerlichen Tugenden und auch zu dem größeren Kanon der preußischen Tugenden, zu denen etwa auch Gehorsam, Mut und Pflichtbewusstsein zählen. In einem Buch über Tugenden aus den 1950er Jahren werden ihr etliche Seiten gewidmet. In vielen alten Geschichten verlieren Menschen wortwörtlich »Haus und Hof«, weil sie nicht mehr »ordentlich haushalten« und nicht das Geld zusammenhalten. Kindern wird früh am Weltspartag der Wert des Geldes, aber auch des Sparens beigebracht, und in der Wollust, die zum Katalog der Todsünden der katholischen Kirche gehört, steckt nicht nur die sexuelle Maßlosigkeit, sondern jede Form der Genusssucht und Ausschweifung, also das Gegenteil der Sparsamkeit. Andererseits zählt auch der mit der Sparsamkeit verwandte Geiz zu den sogenannten Todsünden, das könnte schon einmal zu denken geben.

Vielen ist von Großeltern und Eltern das Prinzip bekannt, dass es besser ist, zehn Cent weniger zu zahlen als mehr, dass es sich lohnt, zu vergleichen und auf die Preise zu sehen. Nicht umsonst haben, nachdem die Sparsamkeit als bürgerliche Tugend hierzulande hochgehalten wurde, die Discounter in Deutschland den höchsten Marktanteil und exportieren von hier aus ihr Geschäftsmodell. Es erscheint ja auch auf den ersten Blick etwas widersinnig, wenn man die Wahl zwischen zwei Geschäften hat, in das teurere zu gehen und von zwei Produkten zum teureren zu greifen, wenn die Qualität der Ware selbst gleich ist. Auf jeden Fall erscheint es nicht moralisch besser, im Gegenteil eher untugendhaft, weil verschwenderisch, achtlos und großspurig.

Man könnte nun streiten, ob die Sparsamkeit zusammen mit den anderen bürgerlichen Tugenden mehr als Mittel zur Bewahrung von Herrschaftsstrukturen diente oder ob sie einfach in eine Zeit der stabilen lokalen Strukturen – sozial wie ökologisch – passte. Und sicherlich hat sie auch heute noch ihren Wert vor allem im Hinblick auf Vorsorge und Rücklagenbildung für Alter und Schicksalsschläge. In ihrer täglichen Funktion scheint sie jedoch aus dem Ruder gelaufen. Gerade beim Einkauf, hat man den Eindruck, ist sie zum alleinigen Kriterium geworden, wie auch der inzwischen sehr abgegriffene Werbeslogan »Geiz ist geil« einer Elektronikhandelskette zeigt. Er mag in gewisser Weise ironisch gemeint gewesen sein, trug jedoch das sprichwörtliche Körnchen Wahrheit in sich und löste dementsprechend einen Diskurs in den Medien aus. Tatsächlich verstärkt die Sparsamkeit – auch wenn sie nicht bis zum Geiz getrieben wird – viele der negativen Entwicklungen im Konsumbereich. Und zwar aus zwei Gründen: zum einen, weil sie die verschiedenen Kriterien, die einer Kaufentscheidung zugrunde liegen sollten – unter anderem auch die Frage der moralischen Auswirkungen –, vernachlässigt und auf ein einziges reduziert: den Preis. Zum anderen, weil die Fokussierung auf den Preis beim Endverbraucher dazu führt, dass Kosten auf die Allgemeinheit und die Gesellschaft verlagert oder exportiert werden.

Beispielhaft können hier Umweltfolgen herangezogen werden. Die Wirtschaft wird nicht müde zu betonen, dass höhere Umweltstandards höhere Kosten verursachen und damit die weltweite Wettbewerbsfähigkeit schmälern. Das kann durchaus zutreffen, aber Schäden an der Natur stellen einen Verlust dar, der sich teilweise sogar beziffern lässt. So geht eine Studie der UNO davon aus, dass allein die 3000 größten Unternehmen der Welt durch den Missbrauch natürlicher Ressourcen, Verschmutzung von Luft oder Gewässern und das Aussterben von Arten jährliche Umweltschäden in Höhe von etwa 2 Billionen (2 000 000 000 000) Euro verursachen. (Zum Vergleich: Das ist jedes Jahr fast so viel, wie die Finanzkrise des Jahres 2008, die die Weltwirtschaft an den Rand eines Zusammenbruchs geführt hat, nach Schätzungen des Internationalen Währungsfonds insgesamt gekostet hat.) Nur treffen genauso wie die Finanzkrise die Umweltschäden die Allgemeinheit und belasten damit den Hersteller oder den einzelnen Konsumenten wesentlich geringer, als seine direkte Ersparnis durch den Raubbau an der Natur ist. Ein Problem, das der Ökologe Garrett Hardin »The Tragedy of the Commons« nannte, die Tragödie der Gemeingüter oder Allmende, weil man die Natur als Gemeingut aller Menschen auffassen kann. Diese Idee des gemeinsamen Nutzens von Gütern und ihre Probleme halte ich für so interessant, dass ich sie später in einem eigenen Kapitel wieder aufgreifen will.

Doch zurück zur Sparsamkeit. Als einfache Regel, etwa in der Art: »Sparen ist gut, und mehr sparen ist besser«, funktioniert sie nicht, steht im Widerspruch zu den Grundsätzen, wie wir oben zur moralischen Verantwortung des Verbrauchers überlegt haben. Nach ökologisch und sozial höheren Standards zu produzieren und zu handeln schlägt sich meist auf die Preise nieder, führt also zu teureren Waren, was häufig, aber beileibe nicht immer mit höherer Qualität einhergeht. Es kostet nur einfach mehr, Andere nicht auszunutzen. Im Zuge der Beschleunigung des Lebens hat sich auch das Gesicht der Sparsamkeit gewandelt. Während früher das bedächtige Haushalten im Vordergrund stand, bei dem auch eine höhere Ausgabe als langfristig günstig erwogen werden konnte, ist das einer Schnäppchenmentalität gewichen. Der hintergründige Satz »Ich habe nicht genug Geld, um mir etwas Billiges leisten zu können« – lieber einmal etwas mehr ausgeben, aber dadurch auf Dauer sparen – hat sich zu »Geiz ist geil« gewandelt. Gewissermaßen in einer evolutionären Anpassung an veränderte Lebensverhältnisse.

Hat damit die Sparsamkeit als Tugend ausgedient? Auf jeden Fall in dieser Form. Da es sich um eine Tugend handelt, lohnt es sich aber, bei Aristoteles, dem Begründer der Tugendethik, nachzusehen, und tatsächlich finden sich in seiner »Nikomachischen Ethik« Gedanken dazu. Generell sieht Aristoteles ja die Tugenden als ein Verhalten der Mitte zwischen zwei Extremen, die jeweils ein Übermaß darstellen. Hier geht es um den Umgang mit Vermögenswerten, und da nennt Aristoteles zwei Tugenden, die Freigiebigkeit (eleutheriotes) zwischen Verschwendung (asotia) und Geiz (aneleutheria) in kleinen Dingen und die Großartigkeit oder Großzügigkeit (megaloprepeia) zwischen Kleinlichkeit (mikropepeia) und Protzerei (banausia) oder Geschmacklosigkeit (apeirokalia) in großen Dingen. Das Interessante daran ist aber eben, dass die Tugenden immer als Mitte, man könnte sagen: goldener Mittelweg zwischen Extremen liegen. Insofern ist eine Sparsamkeit, die immer mehr will und andere Aspekte außer Acht lässt, niemals eine Tugend im Sinne Aristoteles', bei dem eben gerade das Maßhalten ein Charakteristikum der Tugend darstellt. Für Aristoteles wäre der sparsame Konsument, der das Billigste kauft ohne Rücksicht auf die Folgen, kleinlich und geizig.

Die Rahmenbedingungen unseres Lebens haben sich geändert, und wir müssen uns daran gewöhnen, dass wir nicht mehr nach dem Einkauf 10 Cent ins Sparschwein stecken, sondern beim Einkauf 10 Cent oder mehr in die Umwelt und die soziale Verträglichkeit.

Ethische Geldanlage

Diese Überlegungen betreffen nicht nur das Sparen beim Einkauf, sondern auch das Sparen im Sinne der Geldanlage. »Wie ich einmal eine Panzermine kaufte«, betitelt die Autorin und Journalistin Tanja Busse die Einleitung ihres Buches »Die Einkaufsrevolution – Konsumenten entdecken ihre Macht«. Darin schildert sie, wie sie, die selbst in Äthiopien mit Minenopfern in Kontakt gekommen war, eines Tages entdeckte, dass sie Miteigentümerin einer Firma war, die Panzerminen herstellt. Das bedeutet, strenggenommen hat sie damit nicht einmal nur, wie sie schreibt, eine Panzermine gekauft, sondern sie sogar mit hergestellt und verkauft. Wie konnte das passieren? Nun, sie hatte bei ihrer Hausbank einen ganz normalen Aktienfonds gekauft. Erst bei genauerer Nachforschung fand sie heraus, dass sich unter den Aktien auch solche eines Unternehmens befanden, das zwar nicht selbst Landminen produziert, wohl aber eine seiner Tochterfirmen. Umgerechnet hatte sie auf diese Weise 17 Euro in eine Firma investiert, die Landminen herstellt und verkauft, eben jene Waffen, deren Auswirkungen sie Jahre zuvor auf ihrer Afrikareise so schockiert hatten und die sie aus tiefstem Herzen verabscheut. »17 Euro mehr oder weniger verändern erst mal gar nichts – völlig klar«, schreibt sie, um dann aber festzustellen, dass das für sie dennoch kein Argument sein kann, weil es eben die Masse ausmache.

Was hat das nun zu bedeuten? Wie will man damit umgehen, dass theoretisch auf jeder der produzierten Minen zwar sehr sehr klein aber doch der eigene Name steht? Oder umgekehrt damit, dass die Gewinne, welche das eigene angelegte Geld abwirft, zu einem gewissen Teil aus der Minenproduktion stammen? Dass, überspitzt ausgedrückt, die Absicherung des eigenen Alters mit den Opfern der Minen erkauft wurde? Das ist nun absichtlich drastisch formuliert, aber an der Grunderkenntnis kommt man eben nicht vorbei: So wie man als Verbraucher mit seinem Verhalten etwas bewegt, tut man es auch als Geldanleger. Man kann sich als Konsument von Finanzprodukten sehen, dann gibt es fast keinen Unterschied mehr. Und man kommt auch um die Feststellung nicht herum, dass man auch für seine Geldanlage verantwortlich ist.

Einerseits ist es noch schwerer als beim normalen Konsum, überhaupt die Zusammenhänge zu erkennen. Bei vielen Anlageformen erfährt man gar nicht genau, was mit dem Geld geschieht, in welche Aktien genau nun ein Aktienfonds investiert. Und, falls man auch aus eben diesen Gründen eine derartige Anlage ablehnt und nur ein Sparkonto für Notfälle vorhält, wie man es immer wieder in Interviews zum Thema Geld zum Beispiel auch von linken Politikern hört: Man erfährt normalerweise auch nicht, was die Hausbank mit dem Geld macht, das man aufs Sparbuch legt. Die Bank lässt es ja dort nicht liegen oder trägt es in den großen Tresor im Keller, sondern verleiht es. Vielleicht an einen Häuslebauer, vielleicht aber auch an einen Minenbauer. Vielleicht an den Mittelständler im Nachbarort, der dringend investieren muss, um Arbeitsplätze zu erhalten, vielleicht aber auch an ein umweltzerstörendes Großprojekt, gegen das man die Woche zuvor noch auf einer Liste unterschrieben hat.

Die Alternative

Andererseits ist es auch einfacher: Die meisten von uns kaufen öfter Lebensmittel, als dass sie Geld anlegen. Das heißt, man kann die Entscheidung besser abwägen und sich besser erkundigen. Und es gibt Möglichkeiten: Ethikbanken etwa und ethische Geldanlagen. Während das vor ein paar Jahren noch sehr nach Birkenstock und Holzregal klang, hat sich das mittlerweile massiv gewandelt: Die entsprechenden Banken können sich vor Zulauf kaum noch retten, und es kommen immer mehr auf Ethik, Ökologie und Nachhaltigkeit bedachte Fonds oder andere Anlagemöglichkeiten auf den Markt. Die GLS Bank etwa, zusammen mit der Umweltbank und der Ethikbank eine der drei führenden Ethikbanken in Deutschland, veröffentlicht jeden ausgegebenen Kredit, und man kann sich entscheiden, in welche Bereiche das Geld aus dem eigenen Konto fließen soll. Dass es bei Landminenproduzenten landet, ist damit ausgeschlossen. Man kann auch ganz gezielt Aktien oder Anleihen eines Unternehmens kaufen, dessen Geschäft man gut findet. Oder Staatsanleihen, weil man sein Geld lieber der Gemeinschaft leiht als der Wirtschaft – unabhängig von Sicherheitsaspekten. Es gibt also Möglichkeiten. Sich zu informieren ist zwar etwas umständlicher, als das zu kaufen, was die Bank an der Ecke empfiehlt, dafür muss man es eben auch nicht täglich machen. Und Bücher zum Thema gibt es genug, ebenso Informationen im Internet.

Es bleibt allerdings eine Frage: Was bedeutet das im täglichen Leben? Darf man nun seine Spargroschen einfach am Konto bei der Hausbank liegen lassen oder muss man tätig werden? Das Wort »muss« verwende ich nicht sehr gerne, aber man kommt wohl nicht umhin, festzustellen: Aus moralischen Gesichtspunkten ist man gehalten, auch bei der Geldanlage auf richtiges Handeln zu achten. Und das hat zur Folge, dass man nicht einfach den Kopf in den Sand oder Geldtopf stecken kann. Ob man etwas unternimmt, ist natürlich jedermanns Entscheidung, aber richtig wäre es.

Dies wäre nun natürlich auch der Moment, über das Zinsverbot nachzudenken, das es in vielen Religionen gibt – und die fast genauso häufigen Methoden, es zu umgehen: durch einschränkende Auslegung des Verbots auf überzogene Zinsen oder alternative Formen, wie sie etwa bei den Shariakonformen Anlagen zum Tragen kommen. Es mag durchaus auch wirtschaftstheoretische Überlegungen geben, die die Idee des Zinsverbotes stützen, und auch ethische Überlegungen, die Ertrag ohne Arbeit ablehnen. Allerdings soll dieses Buch praktische Überlegungen für den Alltag anstellen und die Moral nicht überstrapazieren. Und angesichts einer Geldentwertung durch Inflation halte ich den Wunsch nach Ausgleich zumindest der Inflation durch Rendite für sehr nachvollziehbar und berechtigt. Was nicht ausschließt, darauf zu verzichten oder die Erträge zu spenden. Das ist natürlich positiv, nur aus ethischen Gründen fordern würde ich es nicht.

Und morgen im Supermarkt?

Was ist nun das Fazit aus all dem? Ich glaube, es braucht weder moralphilosophische Betrachtungen noch wissenschaftliche Untersuchungen, um zu erkennen, dass Erdbeeren zur Erdbeerzeit von Feldern der Umgebung ökologisch besser sind als im Winter eingeflogene aus Bewässerungskulturen. Dass in der Saison gewachsenes Gemüse besser ist, als das ganzjährig in beheizten Treibhäusern gezogene. Dass es einem auf dem Hof frei herumlaufenden Hühnchen zu Lebzeiten besser ergeht als einem in einer Legebatterie. Dass Kaffee aus fairem Handel, bei dem die Kaffeepflücker einen adäquaten Lohn für ihre Arbeit bekommen, gerechter ist als Billigstsonderangebotskaffee. Dass kleine Läden für die Struktur unserer Städte und ländlichen Regionen besser sind als Großeinkaufszentren, die man nurmehr mit dem Auto erreichen kann. Dass ein Hemd aus Baumwolle, für deren Gewinnung weniger Wasser und Insektizide verbraucht wurden, besser ist als eines, für das mehr eingesetzt wurde. Dass bei Wurst, die für wenige Cent pro 100 Gramm eingeschweißt im Regal liegt, nachdem man Herstellung, Verpackung, Transport, Handelsspannen abgezogen hat, zu wenig als Preis für die Rohstoffe bleibt, um über Lebensmittelskandale wirklich überrascht zu sein.

Andererseits sollte das richtige Einkaufen weder zur Religion noch zum Correctness-Terror werden. Man sollte sich darum bemühen, ja, das sollte man wirklich. Aber wenn man dann ein T-Shirt sieht, das einem sehr gut gefällt und das man haben möchte, kann man es sich kaufen, auch wenn es nicht aus Biobaumwolle hergestellt wurde, ohne deswegen in der Hölle zu schmoren. Wenn man am Kiosk vorbeigeht und Hunger hat oder am Bahnhof noch schnell vor Abfahrt des Zuges etwas essen will, wird man es auch als überzeugter Bioesser vermutlich überleben, wenn das, was man bekommt, aus konventioneller Herstellung stammt. Ob einem der Industriekäse auf dem Pappsandwich schmeckt, ist eine andere Frage.

Auch wenn es überall zutrifft, mehr noch als in vielen anderen Bereichen, scheint mir beim Konsum ein Grundsatz zu gelten: Jeder Schritt in die richtige Richtung stellt einen Fortschritt dar. Man muss nicht auf einen Schlag alles richtig machen, um richtig zu handeln.

Aber man muss sich auch klarmachen, dass man mit seinem eigenen Konsum nur sehr wenig bewegt, dass wirkliche Veränderungen nur politisch erreicht werden können. Und dass ein Schluck aus der Fair-Trade-Kaffeetasse nicht von der gesellschaftlichen Verantwortung entbindet.

9 Von Schätzen, Hunger und Steuern
Über Soziales

Fast kann man es nicht mehr hören. Dennoch erweist es sich immer wieder als wahr, womöglich auch hier: Manchmal lernt man Dinge erst dann richtig zu schätzen, wenn man sie nicht mehr hat. In diesem Fall wäre es besonders tragisch, denn momentan müsste man das, wovon ich hier spreche, nicht verlieren. Noch könnte man es vermutlich halten. Die Rede ist von der noch – ich betone noch – einigermaßen intakten Gesellschaft in Deutschland und großen Teilen von Europa. Wer hier lebt, macht sich vermutlich nicht wirklich klar, was für einen Schatz es darstellt, dass die Gesellschaft hier noch ein einigermaßen homogenes soziales Gefüge hat. Ich schreibe absichtlich das etwas pathetische Wort »Schatz«, denn es beinhaltet zweierlei: den materiellen Wert und den immateriellen. Den materiellen, weil die Kosten für eine auseinanderfallende Gesellschaft immens sind: Aufwand unter anderem für Sicherheit, Strafverfolgung, Schäden. Materiell lässt sich auch die Attraktivität des Wirtschaftsstandorts betrachten, oft als weicher Standortfaktor bezeichnet. Das leitet aber über zu den immateriellen Werten: die Lebensqualität, aber vor allem auch die Gerechtigkeit, die beinhaltet, dass niemand von der Teilhabe an der Gesellschaft ausgeschlossen wird. Dabei bewahrheitet sich wieder einmal die Einschätzung des Philosophen Sokrates, wonach die Gerechtigkeit zu den schönsten Dingen überhaupt gehört, Dinge, die sowohl um ihrer selbst, als auch wegen der daraus entspringenden Folgen von jedem geliebt werden müssen, der glücklich werden will.

Der Berliner Publizist Nils Minkmar beschreibt in seinem Buch »Mit dem Kopf durch die Welt« eine, wie er es nennt, historische Errungenschaft der alten Bundesrepublik: den Besuch bei Schulkameraden.

»Grundschul- und Gymnasialklassen waren in jeder Hinsicht so gemischt, dass ich über die Jahre mit Klassenkameraden in die verschiedensten Wohnungen und Häuser zum Spielen ging. Ich war bei Exiliranern, Hotelbetreibern, Arbeitern, Alleinerziehenden und Großfamilien, Konservativen und Gewerkschaftlern, Berufssoldaten und Hippies, biederen Vorortfamilien wie aus der Werbung und Wohngemeinschaften zu Besuch.«

In der egalitären und offenen Gesellschaft der späten Bonner Republik hätten – zumindest unter Kindern – kaum Standesgrenzen bestanden: »Reiche spielten mit Armen, Linke mit Rechten, Protestanten mit Katholiken.«

Nun beschreibt Nils Minkmar damit das Leben in einer kleinen Stadt im Saarland, in der er aufgewachsen ist. In Städten wie Hamburg, Köln, dem Ruhrgebiet oder Berlin hat es damals sicherlich auch schon Viertel gegeben, die wenig soziale oder ethnische Durchmischung aufwiesen, ebenso viele ländliche Gegenden. Doch Minkmar will mit seiner Schilderung ja auch nur exemplarisch das Phänomen darstellen, dass die Bundesrepublik damals eine relativ homogene Gesellschaft hatte. Natürlich gab es Standesunterschiede, Reiche und Arme, bildungsnahe und bildungsferne Menschen, aber die Abstände zwischen ihnen schienen geringer als heute, Kontakt, Verständigung und Austausch waren jederzeit möglich.

Das abgehängte Prekariat

Davon bewegt sich unsere Gesellschaft leider immer weiter weg. Vermutlich die gefährlichste soziale Entwicklung, der wir gegenüberstehen, ist die Abtrennung ganzer Teile der Gesellschaft. Zum einen droht das beim sogenannten »abgehängten Prekariat«, einem Teil der Bevölkerung, der den wirtschaftlichen, bildungsmäßigen und sozialen Anschluss an den Rest der Bevölkerung verloren hat und ihn aus eigener Kraft nicht mehr findet. Bekannt wurde der Begriff durch eine Studie der Friedrich-Ebert-Stiftung, die von einer Größenordnung von 8 % der Bevölkerung ausgeht. Zum anderen findet man das bei Migranten, von denen mittlerweile ein Teil in ausgesprochene Opposition zur Mehrheitsgesellschaft geht und Parallelgesellschaften entwickelt. Über die Ursachen kann man viel diskutieren, eine davon ist aber sicher, dass sich viele von ihnen umgekehrt von der Gesellschaft ausgeschlossen fühlen.

Teilweise überlagern sich diese beiden Probleme. Gemeinsam ist ihnen auch, dass die Betreffenden auf das Gefühl, von der Gesellschaft ausgeschlossen zu sein, reagieren: durch Rückzug, Abschottung, Aufgabe oder Aggression, Gewalt und Kriminalität. Und gemeinsam ist auch das Problem der Bildungsferne, das einen fatalen Kreislauf entwickelt und ein Ausbrechen oder einen Aufstieg der Kinder verhindert.

Und an dieser Stelle wird das ohnehin schwierige soziale Problem zur moralischen Katastrophe: z.B. bei Kindern, die in Bedingungen aufwachsen, die ihnen von vornherein die Chancen für ihr Leben mindern oder gar nehmen. Eine Gesellschaft, die das zulässt, obwohl sie zu den reichsten der Welt gehört, handelt unmenschlich. Sie lässt Menschen fallen, missachtet ihren Anspruch auf ein Leben innerhalb der Gesellschaft, auf gleichberechtigte Teilnahme an der Gesellschaft und damit auch an gleichen Rechten und politischer Mitwirkung.

Diese Gesellschaft handelt aber auch dumm. Sie verkennt, dass jeder Mensch, den man am Rande liegen lässt, zum einen nicht zur Gesellschaft beiträgt, zum anderen aber auch von der Gesellschaft wird weiter getragen werden müssen. Und, wenn er in die Kriminalität abgleitet, hohe Kosten verursachen wird, soziale Kosten und Kosten der Strafverfolgung. Deutschland wird wegen der demographischen Entwicklung nach ganz übereinstimmenden Vorhersagen in den nächsten Jahrzehnten unter einem extremen Mangel an ausgebildeten Arbeitskräften leiden. Und dennoch glaubt die Gesellschaft, es sich leisten zu können, relevante Teile ihrer Jugendlichen mit geringer Bildung auf ihrem Weg ins Leben zurücklassen zu können. Eine Studie der Bertelsmann Stiftung hat versucht, die Kosten unzureichender Bildung in der Zukunft hochzurechnen: Die Tatsache, dass heute jeder fünfte Jugendliche eine nur unzureichende Bildung erhält, führt diesen Berechnungen zufolge im Laufe des Lebens von heute geborenen Kindern zu volkswirtschaftlichen Kosten in Höhe von rund 2,8 Billionen Euro.

Die Gesellschaft verkennt aber auch, dass jeder, den sie durch die Maschen fallen lässt, ein wesentlich höheres Risiko hat, kriminell zu werden. Diese Kriminalität kostet nicht nur mehr, sondern verschlechtert das Leben in der Gesellschaft insgesamt. In Deutschland kann man abends mit der U-Bahn fahren, was bei weitem nicht in allen Ländern selbstverständlich ist. Man kann seine Kinder in die Schule bringen auch ohne bewaffneten Leibwächter. Man kann im Stau im Auto sitzen und muss nicht fürchten, dass einem mit einer an den Kopf gehaltenen Waffe das Auto mit Schlüssel gestohlen wird. Natürlich haben wir auch Kriminalität, aber sie bestimmt nicht unser gesellschaftliches Leben. In anderen Ländern tut sie das. Wenn man bei den Sparmaßnahmen der öffentlichen Haushalte den Rotstift an den Freizeitmöglichkeiten für Kinder ansetzt, an der Betreuung in und vor der Schule, an den Stadtteilbibliotheken und damit viele Kinder und Jugendlichen nicht mehr in die Gesellschaft integriert, sollte man an die Folgekosten denken. Und sich überlegen, ob es nicht billiger ist, jetzt in die Jugendbetreuung und Förderung zu investieren, als später in immer mehr Polizei, private Sicherheitsdienste, Wachmänner für bewachte Wohnanlagen, und dennoch seines Lebens nicht mehr froh wird, weil man nicht weiß, ob all diese Sicherheitsmaßnahmen ausreichen.

Das sind keine moralischen Argumente, sondern solche der Klugheit. Für das Gebiet der Moral reicht meines Erachtens zur Begründung der Unhaltbarkeit schon die Tatsache, dass man Kindern, denen man aufgrund ihrer Lebensumstände keinen Zugang zu Bildung gewährt, zugleich den Zugang zu den gleichen Rechten verwehrt und sie fallen lässt. Damit missachtet man sie als Menschen.

Chancengleichheit

Es gibt einen sehr schönen Cartoon von Hans Traxler über Chancengleichheit. Vor einem Baum stehen eine Krähe, ein Affe, ein Storch, ein Elefant, ein Fisch in einem Goldfischglas, eine Robbe und ein Hund. Ihnen gegenüber sitzt ein offiziell aussehender Mann an einem Tisch und sagt: »Zum Ziele einer gerechten Auslese lautet die Prüfungsaufgabe für alle gleich: Klettern Sie auf den Baum!«

Dieses Bild leuchtet sofort ein: Strikt gleiche Anforderungen an alle sind nicht gerecht, wenn nicht alle gleiche Voraussetzungen mitbringen.

Was bedeutet das für die Moral? Sehr viel, wenn man von der Grundannahme ausgeht, dass Gerechtigkeit eines der, wenn nicht das entscheidende Grundprinzip des Zusammenlebens ist. Nicht alle Menschen sind gleich, das wäre wohl auch furchtbar. Aber alle haben die gleichen Rechte und die gleiche Würde. Besonders einleuchtend und nahezu unwidersprochen ist das auf dem Gebiet der politischen Mitwirkung und bei der Behandlung vor dem Recht, vor den Gerichten. Wählerstimmen ungleich zu gewichten oder jemandem das Wahlrecht zu verweigern erscheint ebenso zutiefst ungerecht wie die Vorstellung, manche hätten vor Gericht weniger Rechte als andere. Umstritten wird es bei der Verteilung der wirtschaftlichen Güter. Was steht hier wem zu? Oder interessanter: Muss der, der mehr hat, etwas abgeben, und wenn ja, wie viel?

Eine Verknüpfung dieser beiden Aspekte sieht der amerikanische Moralphilosoph John Rawls'. In seinem epochalen

Werk »Eine Theorie der Gerechtigkeit« führt er aus, dass die selbstverständliche Teilnahme an politischen Entscheidungen sich nicht in dem Grundsatz »Ein Wähler eine Stimme« erschöpfen kann. Sondern um einen wirklichen Beitrag zur politischen Diskussion leisten zu können, müssen alle Menschen auch über Mittel verfügen, sich über politische Themen informieren zu können und selbst Vorschläge einzubringen. Und auch die Gewährleistung der gleichen Rechte funktioniert nur, wenn die Menschen die Möglichkeit haben, diese Rechte durchzusetzen. Beides erfordert materielle Mittel, aber auch Bildung und eine Gesellschaft, die bereit ist, allen ihren Mitgliedern Platz zu lassen. Gerechtigkeit im Hinblick auf Politik, Rechte und Freiheit ist also ohne ein Mindestmaß an wirtschaftlicher Gerechtigkeit nicht möglich.

Grundaufgabe des Sozialen: Ausgleich der Lotterie des Lebens

Ein weiterer Grundgedanke in John Rawls' »Theorie der Gerechtigkeit«, dem wir bereits im Kapitel über die ethischen Theorien begegnet sind, scheint mir ebenso essentiell, wenn man sich Gedanken über moralisches Handeln in sozialen Dingen machen möchte: Niemand kann etwas für die Ausgangsposition, die er in der Gesellschaft hat. Und zwar sowohl in finanzieller Hinsicht, in Hinblick auf seinen Status, als auch in Bezug auf seine Fähigkeiten. »Niemand hat seine besseren natürlichen Fähigkeiten oder einen besseren Startplatz in der Gesellschaft verdient«, schreibt Rawls wörtlich. Er geht davon aus, dass die »Ungleichheiten der Geburt und der natürlichen Gaben« unverdient sind und deshalb ausgeglichen werden müssen. Wenn alle Menschen gleich behandelt werden sollen und wirkliche Chancengleichheit herrschen soll, müsse die Gesellschaft sich mehr um diejenigen kümmern, die mit weniger natürlichen Gaben in eine weniger günstige gesellschaftliche Position geboren werden. »Die natürliche Verteilung ist weder gerecht noch ungerecht; es ist auch nicht ungerecht, dass die Menschen in eine bestimmte Position der Gesellschaft hineingeboren werden. Das sind einfach natürliche Tatsachen. Gerecht oder ungerecht ist die Art, wie sich die Institutionen angesichts dieser Tatsachen verhalten.«

Das Besondere an dieser Erkenntnis ist die Tatsache, dass man nicht nur materielle Unterschiede betrachtet, sondern auch gesellschaftliche, körperliche und geistige. Intelligenz, körperliche Fähigkeiten, Aussehen, Durchsetzungskraft wurden genauso in der Lotterie der Natur verteilt wie Krankheiten, Entscheidungsschwäche, Antriebsarmut, Dummheit oder die Frage, in welche Familie man hineingeboren wird. Und all dies beeinflusst auch die Tatsache, inwiefern man es schafft, etwas aus seinen Fähigkeiten zu machen. Natürlich gibt es einen Bereich, für den jeder selbst verantwortlich ist. Wer die Talente, die er mitbekommen hat, vergeudet, hat das zu einem gerüttelt Maß selbst zu verantworten. Das gilt für beide Talente, die aus Gold und die angeborenen. Wenn aber jemand zu seinen Talenten eine Depression bekommen hat, ist er vielleicht nicht in der Lage, etwas aus ihnen zu machen. Das können die Gesellschaft und der Sozialstaat auch nur zum Teil ausgleichen. Aber sie können zum Beispiel dafür sorgen, dass jemand, der Fähigkeiten hat, diese auch entwickeln kann, obwohl ihm das in seiner Familie weder finanziell noch strukturell möglich wäre. In welche Familie man geboren wurde, ob überhaupt in eine Familie, dafür kann niemand etwas. Heribert Prantl, Leiter des Ressorts Innenpolitik der Süddeutschen Zeitung, illustriert das in einem sehr leidenschaftlichen Plädoyer für den Sozialstaat unter dem Titel »Korrektur des Schicksals« in seiner typischen, sehr eindrücklichen Art:

»Das Schicksal teilt ungerecht aus; und es gleicht die Ungerechtigkeiten nicht immer aus. Hier hat der Sozialstaat seine

Aufgabe. Er sorgt dafür, dass der Mensch reale, nicht nur formale Chancen hat. Es genügt ihm nicht, dass der Staat Kindergärten, Schulen und Hochschulen bereitstellt mit formal gleichen Zugangschancen für Vermögende und Nichtvermögende; der Sozialstaat sorgt auch für die materiellen Voraussetzungen, die den Nichtvermögenden in die Lage versetzen, diese formale Chance tatsächlich zu nutzen. Der Sozialstaat ist also, mit Maß und Ziel, Schicksalskorrektor.«

Förderung von Kindern

In besonderem Maße gilt dies alles für die Förderung von Kindern. Rawls spricht diesen Gedanken direkt an:

»Das Prinzip [gemeint ist das Ausgleichsprinzip] besagt also, wenn alle Menschen gleich behandelt werden sollen, wenn wirkliche Chancengleichheit herrschen soll, dann müsse die Gesellschaft sich mehr um diejenigen kümmern, die mit weniger natürlichen Gaben oder in weniger günstige gesellschaftliche Positionen geboren wurden. Der Gedanke ist der, die zufälligen Unterschiede möglichst auszugleichen. Nach diesem Prinzip würde man vielleicht mehr für die Bildung der weniger Begabteren aufwenden, jedenfalls in einem bestimmten Lebensabschnitt, etwa den ersten Schuljahren.«

Das sollte nicht zu einer Nivellierung führen, was Rawls in der Folge auch betont. So muss man darauf achten, dass auch die Begabten in ihrer Begabung gefördert werden, was schließlich, wenn dadurch besondere Leistungen erzielt werden können, nicht nur den Begabten selbst, sondern auch der Gesellschaft zugutekommt. Worum es im Kern geht, ist die Tatsache, dass Kinder wenig Möglichkeiten haben, ihr Schicksal selbst zu bestimmen. Dies können allenfalls die Eltern tun, wenn sie die Einsicht und die finanziellen wie auch geistigen Mittel dazu haben. Da das aber wieder die Ungerechtigkeiten verstärkt, muss die Gesellschaft hier tätig werden und allen ihren Mitgliedern die

Chancen eröffnen. Die Weichen werden im Kleinkindalter gestellt, und es ist zutiefst ungerecht, wenn für manche die Weichen nach oben und für andere nach unten gestellt werden, ohne dass die Kinder selbst etwas dafür können oder dagegen unternehmen könnten. Hier wird Menschen ihre Zukunft gestohlen.

Problem für den Einzelnen

Das alles scheint mir als Ausgangspunkt unverzichtbar, um über die Frage nachzudenken, wie sich der Einzelne auf diesem Gebiet nun moralisch richtig verhalten soll. Was kann, soll, muss er tun, um selbst zu der Gerechtigkeit beizutragen? Darf er nur selbst nicht ungerecht sein? Schwächere nicht weiter unterdrücken? Oder ist er dazu verpflichtet, einen positiven Beitrag zu leisten? Und wenn ja, wie? Spenden? Sich kümmern? Sich engagieren? Sozial oder politisch?

Soziale Grundpflichten

Auch wenn es ein wenig komisch klingt, aber ich halte es für die wichtigsten sozialen Grundpflichten, seine Steuern und Abgaben zu zahlen und keine unnötigen Leistungen der Gesellschaft in Anspruch zu nehmen. In Deutschland und Europa gibt es – was Heribert Prantl betont – eine Sozialstaatskultur. Das kann man negativ sehen im Hinblick auf einen grenzenlosen Wohlfahrtsstaat, der zum Ausnutzen verführt, oder positiv als gesellschaftliche Errungenschaft. Ich sehe es als Letzteres. Ein Staat ist kein Moloch, der in Opposition zu den Bürgern steht, sondern die Summe aller Bürger. Es gilt das Motto: »Der Staat sind wir«. Dem können die meisten oder viele wohl zustimmen. Nur sollte man auch die Konsequenzen daraus ziehen. Vermutlich zahlen die wenigsten Menschen gerne Steuern. Die meisten würden wohl lieber weniger als mehr abgeben wollen. Das halte ich auch für sehr nachvollziehbar und emotional verständlich. Aber für genauso nachvollziehbar und verständlich halte ich die Notwendigkeit, Steuern zu zahlen. Und daraus folgend die Verpflichtung gegenüber der Gemeinschaft, es auch zu tun und sich nicht davor zu drücken. Freude beim Steuerzahlen kann man nicht fordern, aber doch ein Bewusstsein dafür, dass es insgesamt sinnvoll ist.

Der Hamburger Sozialpsychologe Erich H. Witte, Experte auf dem Gebiet der Sozialpsychologie der Werte, verweist in einem Forschungsbericht darauf, dass es aus psychologischer Sicht notwendig sei, auf die positive Bedeutung der Steuern für die Gemeinschaft hinzuweisen. Das helfe, die Steuermoral zu verbessern, habe als wesentlichen Effekt aber auch eine »größere Akzeptanz des Staatswesens als eine Institution, die für Sicherheit sorgt, im Notfall hilft und für Gerechtigkeit einsteht«.

Entsprechendes gilt auch für die sozialen Sicherungssysteme Rentenversicherung, Arbeitslosenversicherung, Krankenversicherung und Unfallversicherung. Abgesehen von der Rentenversicherung, bei der man tatsächlich hofft, im Gegenzug zu den eingezahlten Beiträgen eine entsprechende Altersversorgung zu erhalten, handelt es sich bei den anderen um Versicherungen für bestimmte Fälle im Rahmen des Solidaritätsprinzips. Auch hier ist mehr als verständlich, dass die Beiträge keine Freude bei den Zahlern auslösen. Immerhin fallen auf Arbeitgeber- und Arbeitnehmerseite zusammengerechnet um die 40 Prozent Beiträge bezogen auf das Bruttogehalt an. Andererseits beinhaltet das auch die soziale Sicherung, die sich seit den Bismarck'schen Gesetzen vor über 120 Jahren mehr oder weniger bewährt hat. Bismarck wollte damit die sogenannte soziale Frage, die soziale Not der Arbeiterschaft lösen – durchaus mit politischen Hintergedanken. Damit sollte der sozialistischen Bewegung die Triebkraft entzogen werden. Dennoch bleibt der Verdienst, ein drängendes soziales und Gerechtigkeitsproblem gelöst zu haben.

Warum führe ich das hier aus? Weil man sich auch bei den Sozialversicherungsbeiträgen klarmachen muss, dass es sich um »Sozial«-versicherungsbeiträge handelt. Auch wenn man selbst abgesichert wird, trägt man damit zur sozialen Sicherung bei. Und das sollte man beim Bezahlen der Beiträge – entsprechend wie bei den Steuern – und bei der Inanspruchnahme bedenken. Der Satz »Ich will schließlich was für meine Beiträge« darf sich nur auf den Fall beziehen, dass wirklich das versicherte Risiko eingetreten ist. Dann will man die Leistungen völlig zu Recht. Aber man muss sich bewusstmachen, wie viele Beitragszahler wesentlich mehr einzahlen müssen, um andere Fälle aufzufangen. Bei einer Herztransplantation kostet alleine die Operation ohne die jahrelange Nachbetreuung zwischen 50 000 und 125 000 Euro. Die Kosten für eine Dialysebehandlung bei Nierenversagen liegen zwischen 40 000 und 50 000 Euro pro Jahr. Dem muss eine Vielzahl von Versicherten gegenüberstehen, die wesentlich mehr einzahlen, als sie jemals Leistungen von der Kasse bezahlt bekommen. Dafür sind sie aber auch gesund und nicht mit der Krankheit belastet. Sie haben im Sinne John Rawls' in der Lotterie der Natur gesunde Nieren oder ein gesundes Herz gewonnen, die anderen das Gegenteil.

Der Staat als neutrale Stelle

Diese Betonung der Steuern und Abgaben soll nicht bedeuten, dass man sich sozial zurücklehnen und auf den Staat zeigen soll. Aber man sollte auch die sozialen Leistungen derer, die arbeiten, verdienen und Steuern und Beiträge zahlen, nicht geringschätzen. Auch wenn sie sich sonst nicht engagieren. Immerhin machen die Ausgaben für soziale Sicherung über 50 % sowohl des Bundeshaushalts als auch der öffentlichen Haushalte insgesamt aus. Und man darf einen Vorteil des Staates als Träger der sozialen Aufgaben nicht unterschätzen: Er befreit die Hilfebedürftigen aus ihrer Stellung als Bittsteller, als abhängig vom Wohlwollen derer, die helfen. Die Fürsorge der Einzelnen, die Wohlfahrt degradiert den Hilfeempfänger immer auch. Der Sozialstaat dagegen gibt einen Rechtsanspruch, der sich einklagen lässt, und den man deshalb erhobenen Hauptes fordern kann.

Umgekehrt muss sich derjenige, der sie fordert, klar sein, dass es Leistungen des Staates und damit der Anderen sind. Das soll ihn nicht wieder zum Almosenempfänger degradieren, sondern nur bewusst werden lassen, dass man sie bekommt, weil, wenn und solange man selbst nicht in der Lage ist, für sich zu sorgen, sich selbst seine Grundbedürfnisse zu erfüllen. Zu diesen rechnet man Nahrung, Obdach, Sicherheit, medizinische Grundversorgung, persönliche Nähebeziehungen, soziale Zugehörigkeit, Individualität und private wie politische Autonomie. Aber auch die Möglichkeit der Teilhabe an der Gesellschaft. Um es praktisch auszudrücken: Zum Existenzminimum gehört auch, sich von Zeit zu Zeit ein Bier in einer Kneipe leisten zu können und sich über das Weltgeschehen so informieren zu können, dass man mit anderen darüber sprechen kann. Vor allem aber gehört dazu auch die Möglichkeit, sich weiter zu entwickeln, eine reelle Chance, diesen Zustand der Bedürftigkeit wieder verlassen zu können.

Umgang mit Armut

Wenn man sich das Bisherige vor Augen führt, wird schnell klar, dass die sozialen Fragestellungen zwei Grundaspekte aufweisen: materielle und immaterielle – wirtschaftliche und menschliche. Das, was sich mit einem Scheck ausgleichen lässt, und das, wovon die Würde des Menschen betroffen ist, weil der eine weniger wert zu sein scheint als der Andere. Wobei Letzteres auch nur gefühlt sein kann, weil sich ein Mensch nicht als gleichwertiger Mensch behandelt fühlt, aus der Gesellschaft ausgeschlossen. Davon ausgehend glaube ich, dass es auch beim Handeln gegenüber sozial schlechter Gestellten diese zwei Aspekte zu beachten gilt: den materiellen und den immateriellen, symbolischen.

Ein gutes Beispiel hierfür sind die Projekte der Obdachlosenzeitschriften, die es in vielen Städten gibt. Sie geben Obdachlosen die Möglichkeit, diese speziellen Zeitschriften zu verkaufen und so einer eigenen Erwerbsarbeit nachzugehen, ohne zu betteln. Nun schwankt die publizistische Qualität dieser Blätter stark, und nicht jeder will jedes Exemplar wirklich lesen. Wenn man es ehrlich betrachtet, kaufen viele die Zeitschriften auch nicht, um sie zu lesen, werfen oft nicht einmal einen Blick hinein. Man kann das nun als Feigenblattaktion ansehen oder aber als die Möglichkeit, dass die Verkäufer denjenigen, die sie unterstützen, auf Augenhöhe begegnen. Hier liegt in dem Kaufpreis, der selbst schon eine Unterstützung darstellt und meist noch aufgerundet wird, eine materielle Hilfe. In der Tatsache aber, dass es ein Kauf ist, liegt auch eine immaterielle Unterstützung. Die Verkäufer werden als Geschäftspartner behandelt, als jemand, der seinen Lebensunterhalt bestreitet und Teil der Gesellschaft ist, nicht nur am Rande oder nur geduldet.

Der tägliche Kontakt: Bettler

Diese Problematik stellt sich natürlich auch bei Bettlern, die in den letzten Jahren wieder zunehmend auftreten. Viele Menschen sind sich unsicher, wie sie mit diesem Phänomen umgehen sollen. Einerseits steht man einem Menschen gegenüber, der sichtlich Hilfe braucht und darum bittet. Andererseits ist man sich manchmal schon nicht sicher, ob es sich nicht um professionelle Bandenmitglieder handelt, begegnet in Großstädten täglich so vielen, dass man nicht weiß, wem man geben soll, und man fragt sich, ob etwas zu geben überhaupt ein geeignetes Mittel ist, diesen Menschen zu helfen.

Das verneinen viele Organisationen und Experten, die sich professionell mit diesem Thema beschäftigen. Sie raten sogar dazu, Bettlern nichts zu geben. Wer auf diese Weise Geld erhalte, so die Auskunft, werde weiter in die Passivität und damit an den Rand der Gesellschaft gedrängt, statt wieder integriert. Zudem würde die Hilfe nur die erreichen, die tatsächlich betteln, aber nicht die, die sich nicht trauen oder sich schämen. Insofern seien Spenden an Organisationen, die sich um diese Bevölkerungsgruppen kümmern, zielgerichteter. Das vermag zu überzeugen, auch wenn der Vorschlag ja gerade von diesen Organisationen kommt und man in solchen Fällen rein subjektiv immer größere Zweifel hat, dass es wirklich bei den Menschen ankommt, als wenn man es denjenigen direkt persönlich in die Hand drückt.

Allerdings scheint mir wieder ein Aspekt wichtig: die moralischen Gefühle, die den Impuls, zu geben, auslösen. Es sind gerade diese Gefühle, welche die organisierten Bettlerbanden, zum Teil mit typischem antrainiertem Hinken von Kindern ausnutzen. Dennoch sind diese Gefühle wichtig und wertvoll, und man sollte sie nicht systematisch unterdrücken.

Man kann hier auch auf Aristoteles' Tugendethik zurückgreifen. Er meinte ja, dass man die ethischen Tugenden durch Einübung und Gewohnheit erwirbt, und das müsste dann natürlich auch umgekehrt gelten. Deshalb scheint es mir gefährlich, zu trainieren, anderen Menschen in die Augen zu sehen und zu denken, dass die sich doch lieber an die zuständigen Organisationen wenden sollen.

Wer geben will, soll das deshalb auch tun und vielleicht darauf achten, ob es nicht Hinweise gibt, die auf organisierte Bettlerbanden hindeuten. Für effektiver halte ich jedoch tatsächlich eine Spende an Einrichtungen, die Bedürftigen gezielt helfen, und die es auch in vielen Städten gibt:

spezielle medizinische Behandlungsangebote, Essensversorgung, Übernachtungsmöglichkeiten, Betreuungseinrichtungen, Nothilfen und Ähnliches.

Das tägliche weltweite Elend

Nicht so direkt vor Augen, aber wesentlich größer ist das weltweite Elend. Von den vielen Zahlen sei an dieser Stelle nur eine genannt: Nach einem UNICEF-Bericht sterben täglich 30 000 (!) Kinder an den Folgen schwerer Armut. Mehr braucht man wohl nicht, um eine Ahnung vom Ausmaß zu bekommen, auch wenn es leicht wäre, weitere erschreckende Zahlen aufzuzählen.

Die Frage, die sich an dieser Stelle sofort aufdrängt, ist: Haben wir in einem reichen Land nicht die Pflicht, zu helfen?

Der australische Ethiker Peter Singer ist wegen seiner bioethischen Standpunkte sehr umstritten, hier kommt ihm allerdings ein großer Verdienst zu: Mit seinem Aufsatz »Famine, Affluence and Morality – Hunger, Wohlstand und Moral« stieß er 1971 eine moralphilosophische Debatte zu diesem Thema an, die bis heute andauert und in den letzten Jahren eher zunimmt. Singer war schockiert von dem Elend in den Flüchtlingslagern im heutigen Bangladesch, in dem wegen des damaligen Unabhängigkeitskrieges Millionen von Menschen in größter Not lebten. Er postulierte daraufhin weitreichende Hilfspflichten der reichen Länder, denen diese Not bekannt war und die sie durch Hilfsgüterlieferungen in für sie leicht zu bewerkstelligendem Ausmaß hätten beseitigen können. Singer entwickelte daraufhin das bekannt gewordene Teichbeispiel:

»Wenn ich an einem seichten Teich vorbeikomme, und ein Kind darin ertrinken sehe, so sollte ich hineinwaten und das Kind herausziehen. Das bringt zwar mit sich, dass meine Kleider schmutzig und nass werden, aber das ist bedeutungslos, wohingegen der Tod des Kindes vermutlich etwas sehr Schlechtes wäre.«

Mit diesem einleuchtenden Beispiel stützt er seine These, die er folgendermaßen formulierte:

»Wenn es in unserer Macht steht, etwas Schlechtes zu verhindern, ohne dabei etwas von (vergleichbarer) moralischer Bedeutung zu opfern, so sollten wir dies, moralisch gesehen, tun.«

Das hätte freilich, wie Singer selbst einräumt, gewaltige Konsequenzen, die er am Beispiel Kleidung ausführt:

»Wenn wir neue Kleider kaufen, nicht um uns warm zu halten, sondern nur, um ›gut gekleidet‹ zu sein, so befriedigen wir kein wichtiges Bedürfnis. Wir würden nichts von Bedeutung opfern, wenn wir weiterhin unsere alten Kleider trügen und das Geld stattdessen der Welthungerhilfe spendeten. Auf diese Weise würden wir eine andere Person vor dem Hungertod bewahren. Aus dem oben gesagten folgt, dass wir Geld spenden sollten, anstatt es für Kleider auszugeben, die wir nicht benötigen, um uns warm zu halten.«

Singer hat damit die Debatte angestoßen, und es wurde ihm entgegnet, dass es große Unterschiede gebe zwischen dem Teichbeispiel und dem Hunger in der Welt: vor allem der räumliche Abstand und die Frage, ob man der Einzige ist, der helfen kann.

Dennoch bleibt der Grundgedanke, der sich auch durch das Beispiel des Autofahrers unterstreichen lässt: Ein Autofahrer fährt in seinem neuen Cabrio mit makellosen Ledersitzen eine Straße entlang und sieht ein Kind regungslos mit einem blutenden Bein am Straßenrand liegen. Das Kind braucht dringend medizinische Hilfe, aber wenn der Autofahrer es mitnimmt, wird das blutende Bein die Ledersitze ruinieren und Kosten von 200 Euro verursachen. Würde er das Kind deshalb nicht mitnehmen, wäre man zu Recht entsetzt. Am Morgen, bevor er wegfuhr, hat der Autofahrer seinen Briefkasten geleert und wie so oft einen Spendenbrief vorgefunden. Diesmal bat UNICEF um 50 Euro für sterbende

Kinder in der Sahara. Mit den 50 Euro könnten 25 Kinder gerettet werden, indem sie Überlebenspacks mit Elektrolyten erhalten, die ihnen bei lebensgefährlichen austrocknenden Durchfällen helfen und sie so vor dem Tod bewahren. Diesen Brief hat er wie so viele andere Spendenbriefe in den Papierkorb geworfen. Das haben wohl die meisten von uns auch schon getan, und man ist nicht entsetzt darüber, obwohl es nicht nur um eines, sondern sogar um 25 Menschenleben ging, die man hätte für nur 50 statt 200 Euro retten können.

Auch wenn hier wieder die Argumente des räumlichen Abstandes und der vielen möglichen Helfer bei den Kindern in Afrika greifen, dieses Beispiel lässt einen ein wenig ratlos zurück. Allein die moralphilosophische Debatte über dieses Thema füllt halbe Bibliotheken. Diskutiert wird darüber, wer, wie bis zu welchem Ausmaß helfen muss. Vor allem wird aber auch über die Frage diskutiert, woraus moralphilosophisch eine Pflicht zu begründen wäre. Allein schon, weil man helfen kann? Oder weil die reichen Länder ihren Reichtum der Ausbeutung der armen verdanken? Oder weil sie zumindest, wenn sie auch nicht dazu beigetragen haben, so doch davon profitieren? Und ist das tatsächlich so? Erfordert die Gerechtigkeit, zu große Unterschiede zwischen Menschen auszugleichen? Oder darf man einfach keinen Menschen unter menschenunwürdigen Bedingungen vegetieren lassen?

Daneben gibt es aber auch ganz praktische Fragen. Vor allem die, ob Spenden das Problem überhaupt lösen können oder sogar verstärken, weil sie verhindern, dass eigenständige Strukturen in den Empfängerländern aufgebaut werden. Müsste man nicht vor allem strukturelle Veränderungen fördern, die zu nachhaltigen Verbesserungen führen? Geht das alles ohne politische Veränderungen in den entsprechenden Ländern? Wer soll und wer kann überhaupt helfen? Die internationale Gemeinschaft, Regierungen, humanitäre Organisationen oder jeder Einzelne? Und wenn jeder Einzelne, wie und in welchen Ausmaß? Genügt ein Dauerauftrag an eine Spendenorganisation, oder sollte man sein Leben der Bekämpfung der Not widmen?

Hier kommt dieses Buch noch mehr als an anderen Stellen an eine Grenze. Man kann für diese Probleme nicht nur keine Handlungsempfehlungen formulieren, sondern auch schon die Erkenntnis des Richtig oder Falsch fällt schwer. Moralphilosophisch und tatsächlich. Interessanterweise hat wieder einmal Immanuel Kant den Finger in die Wunde gelegt und das Problem erkannt. In seiner »Metaphysik der Sitten« beschäftigt er sich mit der Pflicht, Anderen zu helfen, und erkannte, dass diese Pflicht nicht grenzenlos sein kann, weil man sich sonst selbst – Stichwort Mutter Teresa – vollkommen aufopfern müsste:

»Denn mit Aufopferung seiner eigenen Glückseligkeit (seiner wahren Bedürfnisse) Anderer ihre zu befördern, würde eine an sich selbst widerstreitende Maxime sein, wenn man sie zum allgemeinen Gesetz machte. Also ist diese Pflicht nur eine weite; sie hat einen Spielraum, mehr oder weniger hierin zu tun, ohne dass sich die Grenzen davon angeben lassen.«

Ich halte das nicht nur für zutreffend, sondern auch für eine praktikable Lösung: Man hat eine Pflicht, aber wie weit sie geht, muss jeder für sich selbst bestimmen, »ohne dass sich die Grenzen davon angeben lassen«.

Ehrenamt

Eine gute Möglichkeit, sozial etwas beizutragen, ist das Ehrenamt. In Deutschland engagiert sich etwa jeder Dritte in seiner Freizeit ehrenamtlich, wobei der Sport an erster Stelle steht, gefolgt von kulturellen, schulischen, kirchlichen, sozialen und Freizeitaktivitäten. Jedoch, obwohl ich jedes einzelne Engagement schätze und begrüße, muss ich gestehen, dass ich persönlich das Ehrenamt nicht für den Schlüssel zur Lösung aller Probleme der Gesellschaft erachte. Der häufig herangezogene Vergleich mit den USA übersieht die Unterschiede der sozialen und staatlichen Kultur zwischen Europa und den USA, in denen der Sozialstaat wesentlich geringer ausgeprägt ist. Im Prinzip stehen sich hier zwei Modelle gegenüber: die Sozialstaatsidee, dass der Staat als organisierte Institution der Gesellschaft die sozialen Aufgaben übernimmt, und die Idee des bürgerschaftlichen Engagements, bei dem sich die Bürger gegenseitig helfen und der Staat nur in Notfällen einspringt. Die beiden Modelle zu vergleichen oder gar zu bewerten würde bei weitem den Rahmen hier sprengen, und es soll auch keinesfalls der Eindruck entstehen, dass die Modelle sich ausschließend oder gar unversöhnlich gegenüberstehen. Es sind alle Übergänge denkbar, und Überschneidungen gibt es an vielen Stellen. Der hiesige Sozialstaat würde vermutlich überfordert sein ohne das freiwillige Engagement vieler Bürger. Dennoch sollte man sich die Unterschiede und vor allem auch die Parallelen vor Augen führen, wenn man über diese Fragen nachdenkt und diskutiert.

Das ehrenamtliche Engagement hat drei Komponenten: Die Aufgabe, die erledigt wird, der Eindruck, den das Engagement bei denen hinterlässt, denen geholfen wird, und die Befriedigung, die sie denen gibt, die sich engagieren. Die erste Komponente, die Aufgabe, kann der Staat erledigen – ob besser oder schlechter, darüber scheiden sich die Geister. Die beiden anderen Komponenten aber, die wichtig sind für den Zusammenhalt einer Gesellschaft, kann der Staat für seine Bürger nur beschränkt erbringen.

Die erste Komponente, die konkrete Leistung, die erbracht wird, scheint insofern unproblematisch, als natürlich eine Hilfe für Hilfsbedürftige zunächst stets positiv ist. Dennoch kann es hier zu einer schwierigen Überschneidung kommen: Ehrenamtliche Hilfe sollte die staatlichen Leistungen nicht ersetzen, sondern ergänzen. Wenn Bürger in ihrer Freizeit für Andere arbeiten, sollte das den Anderen zugutekommen. Wenn sich aber der Sozialstaat aus diesen Bereichen dann zurückzieht, weil die Aufgaben ja erledigt werden, würde der Schuss gewissermaßen nach hinten losgehen: Statt staatlicher Leistungen, auf die die Hilfebedürftigen einen rechtlichen Anspruch haben, bekämen sie dasselbe von ihren Mitbürgern – zwar menschlich sehr wertvoll, aber ohne eigenen Anspruch, gewissermaßen gnadenhalber.

Dem steht die zweite Komponente gegenüber, die Wirkung auf diejenigen, denen geholfen wird. Diese Wirkung sollte man nicht unterschätzen. Sie kann sehr dazu beitragen, die Gesellschaft zusammenzuhalten. Wir haben oben bereits die beiden schwierigen Entwicklungen des abgehängten Prekariats und der Parallelgesellschaften aus dem Migrationsbereich angesprochen. In beiden Fällen wird ein Signal sehr wertvoll, das von einem Engagement ausgeht: das Zeichen, »Ihr seid nicht ausgeschlossen, sondern uns etwas wert«. Dies entspricht auch einem wichtigen Anliegen, der Achtung vor jedem Menschen, die diesem Menschen auch vermittelt werden sollte.

Leider ist auch die dritte Komponente zweischneidig: die Befriedigung, die man aus seiner Arbeit für Andere ziehen kann. Was auf den ersten Blick rein positiv klingt, hat auf den zweiten Blick auch Schattenseiten. Zum einen droht sehr schnell ein Verhältnis, in dem die Hilfeempfänger zu Empfängern von Almosen werden, zum anderen dürfen die Hilfsaktionen nicht zum Wellnessurlaub für das Gewissen und die eigene Seele werden.

In der Wirtschaftsethik etwa kennt man das Corporate Volunteering, bei dem Unternehmen sich über die Kompetenz und Arbeitskraft von Mitarbeitern für die Gesellschaft engagieren. Dies beginnt bei einem Weihnachtsbasar, den Mitarbeiter für wohltätige Zwecke organisieren, und geht über Arbeitseinsätze bei der Errichtung von sozialen Einrichtungen bis zu mehrmonatigen Auslandseinsätzen von Führungskräften bei Hilfsprojekten weltweit. Zum unbestreitbaren Nutzen für die Gesellschaft und die Erfahrungen für die

Helfenden kommen hier die positiven Effekte für die Unternehmen, einerseits der Werbeeffekt, andererseits die Personalentwicklung, für die derartige Unternehmungen ähnlichen Wert haben wie Outdoor-Events, bei denen Mitarbeiter in der freien Natur Aufgaben erledigen müssen. In diesem Moment erkennt man aber schon deutlich die Grenzen: Wenn die Hilfe zum Mittel für die Personalentwicklung wird, verliert sie ihre Unschuld, und der, dem geholfen wird, balanciert auf der Grenze von Zweck und Mittel.

Entsprechendes kann man auch bei privaten Hilfsinitiativen sehen: Wenn Spitzenkräfte aus der Wirtschaft, Notare, Seniorpartner von Anwaltskanzleien und Chefärzte im Rahmen einer Charity-Aktion auf dem Weihnachtsmarkt Glühwein ausschenken und dann 300 Euro dem Kinderheim übergeben, ist das eine positive Sache, aber wenn es wirklich um das Kinderheim ginge, hätte jeder der Beteiligten den halben Samstag in seinem Beruf arbeiten gehen können und die darauf entfallenden Einnahmen spenden. Vermutlich hätten sie ein Vielfaches den Kindern zukommen lassen können – aber ohne den Wellness-Effekt fürs Gewissen. Auf der anderen Seite ist es wichtig, in der Öffentlichkeit zu sehen, dass Menschen sich für die, denen es nicht gutgeht, engagieren. Und das Bewusstsein, nun ganz speziell etwas für Andere zu tun, muss auch positiv gesehen werden.

Noch mehr gilt das für Arbeitseinsätze im Kontakt mit Menschen, mit denen man sonst nicht in Kontakt kommt. Das Zusammentreffen mit Menschen, die nicht in der Mitte, sondern am Rand, womöglich sogar außerhalb der Gesellschaft leben, hilft, die eigenen Einstellungen und Sichtweisen zu überprüfen. So bin ich zum Beispiel der festen Überzeugung, dass bei den meisten Menschen wenige Nächte Arbeit in einer Großstadtnotaufnahme ausreichen würden, um sehr schnell ihr Bild über Alkohol- oder Drogenabhängigkeit zu verändern und sie darin eine echte Krankheit erkennen zu lassen. Vielleicht würde insofern auch die Einführung von Pflichtpraktika bei karitativen Einrichtungen im

Rahmen des Wirtschafts-, Jura- oder Politikstudiums geeignet sein, unsere Gesellschaft längerfristig nachhaltig zu verändern.

Das unamtliche Engagement

Einen Bereich, der meines Erachtens unterschätzt wird, weil er keine Strukturen kennt und dementsprechend auch keine Lobby hat, würde ich gerne angelehnt an das ehrenamtliche Engagement »unamtliches« Engagement nennen. Eigentlich müsste man es konsequenterweise »un-ehren-un-amtlich« nennen, weil ein Aspekt des Ehrenamtes, nämlich die öffentliche Anerkennung, die Ehre, hier auch entfällt. Da aber »un-ehren« zu sehr nach »unehrenhaft« klingt, sollte man das lieber lassen. Ich meine die direkte, unstrukturierte Hilfe Mitmenschen gegenüber. Vielleicht wäre auch »Kann-ich-Ihnen-helfen?«-Prinzip eine treffende Bezeichnung: die Aufmerksamkeit gegenüber Mitmenschen, bei denen man das Gefühl hat, sie brauchen Hilfe. Das geht einfach los bei Ortsunkundigen, die suchend mit einem Stadtplan an einer Ecke stehen und versuchen, sich zu orientieren, über Menschen, denen man ansieht, dass sie akute gesundheitliche Schwierigkeiten haben, etwa blass werden, zusammensinken oder ohne Bewusstsein irgendwo im öffentlichen Raum sitzen oder liegen. Sozusagen die soziale Erste Hilfe. Wer in solchen Fällen seine Hilfe anbietet, kennt das Problem und hat es schon öfter erlebt, dass das Hilfsangebot schroff zurückgewiesen wird. Damit muss man rechnen, oft geschieht dies aus Unsicherheit oder Angst Fremden gegenüber, oft auch aus reiner Verteidigung gegen Einmischung. Wenn diejenigen nicht erkennbar verwirrt sind, hat man alles Erforderliche getan. Häufig sind die Menschen aber auch dankbar, und diese kleinen Gesten helfen neben dem Augenblick auch das Klima in der Gesellschaft zu verbessern.

Die wirkliche soziale Hilfe, vergleichbar dem längerfristigen Ehrenamt, kommt aber dann, wenn man für konkrete Menschen in seiner Umgebung Verantwortung sozialer Art übernimmt. Nur ein Beispiel: Wir werden wegen der demographischen Entwicklung in den nächsten Jahren zunehmend alleinstehende Ältere – in jeder Nachbarschaft – sehen, die Hilfe in ihrem täglichen Leben benötigen, seien es Besorgungen oder Dinge im Haushalt. Vor allem aber freuen sie sich über Ansprache, Abwechslung und das Gefühl, nicht allein zu sein. Oft sind es gar nicht die tatsächlichen Hilfeleistungen, die in erster Linie fehlen, diese kann tatsächlich der Sozialstaat über Pflegedienste professionell und gut erbringen. Die menschliche Zuwendung jedoch kann der Staat nicht liefern, auch wenn sich die Pflegedienstleister oft persönlich einbringen und – gewissermaßen auch wieder privat – neben ihren bezahlten Aufgaben auch diese zwischenmenschliche Komponente erbringen. Das ist jedoch naturgemäß begrenzt, und die klassische Nachbarschaftshilfe kann hier vieles leisten.

Politisches Handeln

Viele der in diesem Kapitel angesprochenen Fragen sind politische Fragen. Teils grundsätzlicher Natur, teils ganz konkret. Wie weit der Sozialstaat seine Leistungen erstreckt. Wie die sozialen Sicherungssysteme gestaltet, erhalten, ausgebaut werden. Ob und wie Kinder aus schwachen Familien gefördert werden. Wie man versucht, Migranten in die Gesellschaft zu integrieren, und welche Voraussetzungen man daran knüpft. Welchen Beitrag und welches Bekenntnis zur Gesellschaft und zu den gesellschaftlichen Werten man für eine Integration erforderlich hält. Und wie man diese Forderungen notfalls durchsetzt. Wie man die Entstehung von Parallelgesellschaften verhindert oder ihnen entgegenwirkt. Wie der eigene Staat international der Weltarmut entgegenwirken soll. Wie viel Beitrag man von denen für gerechtfertigt erachtet, die in der Lotterie der Natur gewonnen haben. Innerhalb der Gesellschaft oder im Vergleich zu anderen Gesellschaften.

Was folgt daraus? Meines Erachtens, dass man diese Fragen – wenn auch vielleicht nicht ausschließlich – zumindest auch politisch angehen muss. Wie beim Umweltschutz und dem wirtschaftlichen Handeln reicht es nicht aus, nur seinen eigenen Lebensbereich nach moralischen Grundsätzen auszurichten und sich darauf zurückzuziehen, das sollten erst mal alle machen, dann würde es schon werden. Politische Fragen, welche die gesamte Gesellschaft betreffen, teilweise sogar mehrere Staaten, kann man als Einzelner mit seinen noch so engagierten Beiträgen nicht lösen. Wenn man in diesem Bereich wirklich etwas bewirken will, kommt man um ein Engagement im gesellschaftlichen Bereich nicht herum. Das kann in Organisationen oder Parteien sein, die man unterstützt, indem man bei ihnen mitarbeitet oder auf sie einwirkt, das beginnt aber auch an der Wahlurne. So, wie es widersinnig ist, selbst Strom vom Ökostromanbieter zu beziehen, aber eine Partei zu wählen, die Atomkraft und Kohlestrom befürwortet, scheint es mir auch nicht sehr sinnvoll, in seiner Freizeit Suppe auszuschenken, aber bei der nächsten Wahl für eine Partei zu stimmen, welche die sozialen Leistungen so weit kürzt, dass Menschen in die Suppenküchen gehen müssen.

Was man nun genau macht, bleibt dem Einzelnen überlassen. Mir persönlich gehen alle Vorgaben auf diesem Gebiet zu weit. Insofern halte ich den freien, verantwortlichen Menschen, der die Möglichkeit haben soll, sein Leben nach seinen Maßstäben zu bestimmen, hier für einen doppelten Maßstab: auf der Seite dessen, dem geholfen wird, aber auch auf der Seite dessen, der hilft.

10 Von Almwiesen, Nobelpreisen und Treppenhäusern
Über Gemeingut

Was haben der Nobelpreis für Wirtschaft und Mülltüten vor der Wohnungstüre gemeinsam? Auf den ersten Blick nicht viel, und ich gebe zu, dass die Verknüpfung gewagt ist. Aber die Gemeinsamkeit sehe ich in der Figur der Allmende.

Wir schreiben das Jahr 2009. Das Jahr nach dem großen Finanzcrash, der die Weltwirtschaft und die Welt an den Rand eines Abgrunds gebracht hat. Überall in den Medien tauchten Bilder von der Weltwirtschaftskrise Anfang der 1930er Jahre auf: Schlangen der Arbeitslosen vor den Arbeitsämtern und den öffentlichen Suppenküchen. Sturm auf geschlossene Banken. Und es wurden die politischen Verwerfungen im Gefolge der Krise an die Wand gemalt: das Erstarken der Radikalen, das letztendlich in Deutschland in den Nationalsozialismus mündete. Diesmal wollte man alles besser machen und zeigen, was man aus den Fehlern von damals gelernt hatte. Vermutlich noch nie in der Geschichte haben Wirtschaftswissenschaftler das öffentliche Geschehen und die öffentliche Diskussion in einem ähnlich großen Ausmaß bestimmt. Wissenschaftler, die vorher vor allem in Fachkreisen bekannt waren, tauchten plötzlich im Feuilleton und im Politikteil der Zeitungen und auf den Bildschirmen auf. Plötzlich waren sie gefragte Interviewpartner und Gäste. Etwa der Harvard-Ökonom Kenneth Rogoff, der die Finanzkrise vorhergesagt hatte, Simon Johnson, der frühere Chef des Internationalen Währungsfonds, der eine Beschränkung der Macht der Banken forderte, oder Paul Krugman aus Princeton, der in der Publizität allen vorangeht und unter anderem mit seiner wöchentlichen Kolumne in der New York

Times bekannt wurde. Die wirtschaftliche Welt und nicht nur sie, auch die Politik und die Medien, sie alle beschäftigten sich in erster Linie mit einem: mit der Wirtschaftskrise. Überschuldung, Bankrott von Banken oder ganzen Ländern. Mit Fragen wie der, ob gespart werden soll oder die Ausgaben erhöht. Ob illiquide Banken abgewickelt oder sie als systemrelevant gerettet werden müssen. Ob sich die Wirtschaft erholt oder die nächste Blase droht. Ob Inflation droht oder Deflation.

Wirtschaftsnobelpreis

Das waren die Themen, und das waren die Stars der Wirtschaftswissenschaften, als am 12. Oktober 2009 der Generalsekretär der Königlich Schwedischen Akademie der Wissenschaften, Gunnar Öquist, vor die Presse trat, um die Träger des Nobelpreises für Wirtschaftswissenschaften des Jahres 2009 zu verkünden: Neben Oliver E. Williamson aus Berkeley wurde mit der in Bloomington lehrenden Elinor Ostrom zum ersten Mal eine Frau in dieser Kategorie ausgezeichnet. Ihr Forschungsgebiet: Commons, zu deutsch Gemeingüter oder Allmende. Eine fast in Vergessenheit geratene Wirtschaftsform, bei der alle Beteiligten eine Ressource, klassischerweise etwa Weideland, gemeinsam nutzen und bewirtschaften – jenseits oder zwischen Privateigentum und staatlicher Verwaltung.

Mitten in der größten wirtschaftlichen Krise seit der großen Depression erhält keiner der großen Stars aus den Medien den Nobelpreis, sondern eine Frau, die sich seit Jahrzehnten zum Beispiel mit den Bewirtschaftungsformen von Schweizer Hochgebirgsalmen, Weideland in Zentralasien oder Bewässerungssystemen auf den Philippinen und Nepal befasst.

Hat die Kommission Schrulligkeit bewiesen? War sie weltfremd oder feige, weil sie nicht wusste, wer von den öffentlichen Auguren im Rückblick mit seinen Theorien Recht behalten würde? Oder war sie weitsichtig, weil es sich um ein Thema handelt, das unterschätzt wurde und eine Zukunft gerade auch in den Entwicklungsländern hat? Vielleicht manches von allem. Die offizielle Begründung betont vor allem die Erhaltung der Umwelt und der natürlichen Ressourcen, ein zentraler Satz nennt aber auch weitere Ausblicke: »Ostrom's work teaches us novel lessons about the deep mechanisms that sustain cooperation in human societies. – Ostroms Arbeit lehrt uns neue Lektionen über die tieferen Mechanismen, die die Zusammenarbeit in menschlichen Gesellschaften tragen.«

Das weist tatsächlich weit über die eigentlichen Felder der Allmende hinaus, und womöglich spielt die Royal Swedish Academy of Sciences hier auf etwas an, von dem ich überzeugt bin: Auch wenn man – wie es wohl zu vermuten steht – nun nicht die Eigentumsverhältnisse der modernen Welt grundlegend auf Gemeineigentum umstellen will, kann man aus dem Modell der Allmende Grundsätze entnehmen, die für unser Zusammenleben äußerst wertvoll sind. Denn ob es uns bewusst ist oder nicht, ob wir wollen oder nicht, wir teilen jeden Tag vieles mit vielen Anderen: das Treppenhaus, den Fahrradkeller, den Mülltonnenplatz mit den Mitbewohnern, die Schule mit den Mitschülern, die Räume in der Firma mit den Kollegen, den Gehweg, die Straße, öffentliche Plätze, die Stadt und sogar den Staat mit den Mitbürgern. Im Großen die Erde, die Umwelt, die Meere und die Atmosphäre und sogar den Weltraum mit allen Menschen. Und im Kleinen Bett und Tisch mit dem Partner und das Badezimmer mit der Familie.

Doch dazu später. Zunächst sollte man einen Blick auf die Arbeit von Elinor Ostrom und das Grundprinzip der Allmende werfen.

Allmende

Das Wort »Allmende« stammt aus dem mittelhochdeutschen al(ge)meinde, almende und bedeutet »was allen gemein ist«, also was allen gemeinsam, zusammen gehört. Der zweite Wortteil deckt sich mit dem von »Gemeinde«, und diese Wortverwandtschaft spiegelt auch den Inhalt wider: Unter Allmende versteht man die gemeinschaftliche Verwaltung und Bewirtschaftung von gemeinsamen Besitz. Typischerweise kennt man sie im europäischen Bereich im Zusammenhang mit Weideland, etwa auf Almen. Dort gibt es die Situation, dass Land mehreren Bauern oder eben der Gemeinde gehört und die einzelnen Bauern ihr Vieh im Sommer darauf weiden dürfen. Eigentum oder Alleineigentum ist dazu nicht notwendig. Eigentum und Nutzungsberechtigung können sogar auseinanderfallen, wie etwa bei den Waldweiden in England vor der Eroberung durch die Normannen 1066, die nach der Regel bewirtschaftet wurden: »Der Boden gehört dem Lord, das Weiderecht den Commoners.« Ähnliche Formen gibt es bei Bewässerungssystemen, zum Beispiel in Nepal, bei denen alle, die ihre Äcker damit versorgen wollen, an Ausbau und Unterhalt der Dämme und Gräben mitwirken.

Die Tragik der Allmende

Es handelt sich um ein System, das vielerorts über Jahrhunderte gut funktionierte, aber mehr und mehr in Vergessenheit geriet. Den theoretischen Todesstoß versetzte ihm ein Essay, der 1968 im Wissenschaftsmagazin Science erschien. Unter dem Titel »The Tragedy of the Commons«, zu Deutsch »Die Tragik der Allmende«, befasste sich der Mikrobiologe und Ökologe Garrett Hardin mit der Problematik der Überbevölkerung und zog eine negative Bilanz. Ihm zufolge würde es, wenn ein Gut, das mehreren zur Verfügung steht – das bezog sich auf die natürlichen Ressourcen –, dazu führen, dass jeder versuche, möglichst viel davon für sich zu bekommen. Reiche aber das Gut nicht für alle, komme es zur Tragik der Allmende: Während der Gewinn aus der Übernutzung dem Einzelnen zufalle, würden sich die Kosten, die durch die Übernutzung entstünden, also der Raubbau und die langfristige Zerstörung der Ressource, auf die Allgemeinheit verteilen. Weil für den Einzelnen sein Gewinn höher sei als sein Anteil an den Kosten, gebe es, so Hardin, für ihn keinen Anreiz, darauf zu verzichten. Sein Beispiel ist das einer Viehweide, die allen Bürgern einer Gemeinde zur Verfügung steht, eine Allmende. Hardin geht davon aus, dass jeder Viehhalter versucht, so viel Vieh wie möglich auf der Allmende zu halten und als rational denkendes Wesen seinen Gewinn zu erhöhen. Wenn er überlegt, was es ihm einerseits nützt und andererseits kostet, seine Herde um ein Stück Vieh zu vergrößern, kommt er zu folgendem Schluss: Der Nutzen für ihn steigt um 1, die Kosten in Form der zusätzlichen Abgrasung aber nur um einen Bruchteil von 1, nämlich den Anteil, den er an der Weidelandnutzung hat. Also sollte er seinen Viehbestand vergrößern. Wenn nun jeder rational denkende Mensch zu demselben Schluss kommt, so Hardin, ist die vollkommene Überweidung der gemeinschaftlichen Weide die notwendige Folge, und darin sieht Hardin eben die Tragik.

Es spricht einiges für Hardins Feststellung, die schon durch ihre Einfachheit überzeugend wirkt. Sie spiegelt ein Modell des Menschen wider, das gerade in den Wirtschaftswissenschaften häufig bemüht wird: der Homo Oeconomicus, jener Mensch, der sein Handeln rational an Gewinnstreben ausrichtet und der so manches auf der Welt zu erklären scheint. Und schließlich muss man leider zugeben, dass ein kurzer Blick in die Umgebung Hardins Schlüsse zu bestätigen scheint: Ob es sich im Kleinen um öffentliche Einrichtungen handelt, die schnell verwahrlosen, um Parks, in denen alles Grün niedergetrampelt wird, oder im Großen um Fischbestände in den Meeren, bei denen ständig die Fangquoten überschritten werden, bis die Bestände zusammenbrechen: Der rationale Nutzenmaximierer scheint sich auf Kosten der Anderen zu behaupten.

Elinor Ostroms Leistung

An dieser Stelle betrat nun Elinor Ostrom das Parkett. Ideell zumindest. Sie untersuchte in Feldstudien noch existierende Allmendewirtschaften und trug Daten anderer Wissenschaftler zusammen. Und sie machte eine interessante Feststellung: Wider alle Erwartungen, die auf dem Dogma der Tragik der Allmende basieren, funktionieren die Allmenden. Zum Teil sogar besser als die beiden klassischen Alternativen, die Privatisierung oder staatliche Regulierung. Eines der beiden Beispiele, welche das Nobelpreiskomitee zitiert, betrifft die Nutzung von Grasland in Zentralasien. Über Jahrhunderte war das Vieh von Nomaden saisonal über die Flächen bewegt worden, am längsten in der Mongolei, dort bis in die 1990er Jahre. In China und Russland dagegen wurden staatliche Agrarkollektive installiert.

Bei der Auswertung von Satellitenaufnahmen aus diesen Gegenden stellten Wissenschaftler fest, dass die Bodenerosion in der Mongolei wesentlich geringer war als in den benachbarten Regionen in China und Russland. Auch in den Gegenden in China, in denen als Reaktion auf die fortschreitende Bodenerosion die Kombinate aufgelöst und das Land privatisiert wurde, schritt die Erosion voran. Beide Formen, Sozialisierung und Privatisierung, waren den alten Bewirtschaftungsformen im Hinblick auf die Langzeitnutzung unterlegen. Das andere Beispiel betrifft Bewässerungssysteme in Nepal. Traditionellerweise wurden sie von den Nutzern verwaltet und betrieben, meist mit Hilfe von primitiven kleinen Dämmen aus Steinen, Bäumen und Lehm. An manchen Stellen errichtete die Regierung mit fremder

Hilfe moderne Dämme aus Stahl und Beton – die überraschenderweise im Misserfolg endeten, weil sie die Verbindungen zwischen den Nutzern am oberen und unteren Ende des Systems vernichteten. Solange die Mitarbeit aller Nutzer für die Erhaltung der alten Dämme notwendig war, hielten sich die Anlieger direkt unterhalb des Dammes bei der Wasserentnahme zugunsten deren am Unterlauf zurück. Bei den haltbaren modernen Dämmen war das nicht mehr nötig, und die Anlieger des Oberlaufs entnahmen überproportional viel Wasser mit dem Effekt, dass der Gesamtertrag der Felder zurückging.

Andererseits gibt es ja zweifelsohne eine ganze Reihe von Fällen, in denen die gemeinsame Nutzung scheitert. Elinor Ostrom versuchte nun herauszufinden, wann die gemeinsame Bewirtschaftung anderen Formen überlegen ist. Einer der Hauptpunkte scheint zu sein, dass die Teilnehmer aktiv bei der Aufstellung und Durchsetzung der Regeln für die Nutzung mitwirken können. Daneben müssen Berechtigte und Nichtberechtigte abzugrenzen sein und Sanktionsmöglichkeiten bei Verstößen bestehen. Insgesamt sind all diese Punkte auf lokaler Ebene meist besser gegeben als in größeren Maßstäben.

Anwendungen

Trotz dieser Einschränkungen scheint die Allmende ein Modell zu sein, das eine Alternative zu staatlicher Regulation und Privatisierung darstellt. Und ein Modell, das viele Situationen treffend beschreibt. Ein derzeit aktuelles Thema ist die CO_2-Belastung der Atmosphäre, ein Problem, das uns noch viele Jahre und Jahrzehnte beschäftigen wird. Die Atmosphäre ist Gemeingut der Erdbevölkerung, wenn man umfassender denkt, sogar des gesamten Lebens auf der Erde. Jeder kann seine Abgase in sie abgeben, nur ist sie insgesamt begrenzt. Alle zusätzlichen klimaschädlichen Gase, generell alle klimabelastenden Maßnahmen wirken auf die gesamte Erde. Wenn man den Klimawandel stoppen will, muss man die Einleitung dieser klimaschädlichen Gase begrenzen. Damit wird die Höchstmenge, die noch vertretbar ist, sozusagen ein gemeinsames Gut aller Menschen. Für dieses Gut werden die Menschen auf der Erde, um das etwas pathetische »die Menschheit« zu vermeiden, gemeinsame Regeln der Bewirtschaftung finden müssen. Wenn sie den Klimawandel stoppen wollen, was sie hoffentlich tun.

Das Prinzip gilt bei allen Umweltbeeinträchtigungen. Man kann sich streiten, wem die jeweilige Natur und Umwelt gehört, ob dem konkreten Eigentümer, den Menschen, die dort wohnen, dem jeweiligen Land, der ganzen Weltbevölkerung oder in einem gewissen Maße auch sich selbst, weil die Natur einen eigenen Wert in sich darstellt. Als in den 80er Jahren des letzten Jahrhunderts die Wälder wegen des sauren Regens zu sterben drohten, waren davon nicht nur die Grundeigentümer und Forstwirte betroffen, weil deren juristisches Eigentum geschädigt wurde, sondern alle, weil die natürliche Lebensgrundlage beeinträchtigt wurde. Das kann man weiter fassen, sei es das Einleiten von Abwässern in Flüsse und Meere, das Versiegeln des Bodens durch Bebauung, das Erschließen der Alpen für den Skitourismus, das Trockenlegen von Feuchtbiotopen, das Abholzen der Regenwälder. Das Überfischen der Meere. Die Liste ist lang.

»Alle glücklichen Familien sind einander ähnlich; aber jede unglückliche Familie ist auf ihre besondere Art unglücklich.« An diesen Satz, mit dem Tolstois »Anna Karenina« beginnt, könnte man denken und sagen: Man kann die Umwelt auf die unterschiedlichste Art beeinträchtigen; aber es gibt nur eine unbeeinträchtigte. Und die muss man sich teilen. Sie ist Gemeingut aller Menschen.

In den letzten Jahren wurde das Allmendemodell für das Wissen diskutiert, das nach Ansicht vieler allen gehören sollte und nicht durch Urheberrecht und Patente Einzelnen exklusiv zugewiesen, besonders wenn es, wie etwa bei Medikamenten, Leben retten kann. Aber auch in Bezug auf die genetische Information der Erde, im Zusammenhang mit Genpatentierungen und bei ausgerotteten Tier- und Pflanzenarten, deren genetische Information insgesamt verlorengeht, speziell aber auch bei der Nutzung der begrenzten Ressourcen der Erde.

Im Endeffekt liegt diese Idee auch dem ökologischen Fußabdruck zugrunde, der im Kapitel über Natur und Umwelt noch eine Rolle spielen wird. Dabei berechnet man, welchen Anteil an der Erde man sich bei seiner Lebensweise nimmt. Und hinter dieser Berechnung steckt natürlich die Idee, dass die Erde allen Bewohnern gemeinsam gehört, und zu einer verantwortungsvollen Nutzung dieses Gemeingutes zählt, dass man sie nicht übernutzt.

Praktische Bedeutung im Alltag

Interessanterweise kennt wohl fast jeder von uns ein Allmendemodell, das in vielen Fällen gut funktioniert: die Wohnungseigentümergemeinschaft. Wer eine Eigentumswohnung kauft, erwirbt sogenanntes Sondereigentum an seiner Wohnung. Alles andere, das, was für alle Wohnungen notwendig ist und von allen genutzt werden kann, vom Dach über die Außenwände, das Treppenhaus, die Haustechnik, der Eingang und der Garten, stellt Gemeinschaftseigentum dar, mit anderen Worten eine Form der Allmende. Wer jemals in einer solchen Wohnanlage war, die ganz oder überwiegend von Eigentümern bewohnt wird, bemerkt sehr schnell, dass diese Anlagen meist sehr gepflegt sind und das Gemeinschaftseigentum sorgsam behandelt wird. Das dürfte an den Mechanismen der Allmende liegen. Die Kosten für Reparaturen und Unterhalt treffen die Eigentümer direkt, sie sind also davon betroffen. Die Eigentümer können und müssen über die Eigentümerversammlung die

Regularien des gemeinschaftlichen Nutzens mit bestimmen, soweit sie nicht vom Gesetz her vorgegeben sind oder in der Teilungserklärung festgelegt wurden. Dazu kommt aber ein meines Erachtens besonders wichtiger Aspekt: Die Eigentümer der Wohnungen identifizieren sich mit dem Gemeinschaftseigentum. Sie wissen, dass sie etwas nutzen, das ihnen zum Teil gehört. Und dieses Wissen verändert die Einstellung. Schmutzige Wände im Treppenhaus kosten nicht nur den Neuanstrich, sondern man empfindet sie ein wenig so, als wären sie in der eigenen Wohnung. Und dieses Bewusstsein, dass das gemeinschaftlich Genutzte auch ein Teil des Eigenen ist, scheint mir das Wichtigste zu sein, und das sollte man sich zunutze machen.

Sich das zunutze zu machen bedeutet nicht, nun möglichst viele derartige Einrichtungen zu begründen. Das wäre oftmals gar nicht möglich, sei es aus politischen Gründen, sei es aus finanziellen oder anderen Gründen, über die sich sicher diskutieren ließe. Die eigentliche Bedeutung sehe ich vielmehr darin, sich die Grundidee, dass man etwas gemeinschaftlich nutzt, in der Vielzahl von Situationen bewusst zu machen, in denen man Ressourcen tatsächlich gemeinsam nutzt. Und das sind, wie ich oben bereits versucht habe darzustellen, wesentlich mehr, als man zunächst meint. In all diesen Situationen sollte jedem daran gelegen sein, dass das gemeinschaftliche Gut möglichst erhalten bleibt, nicht übernutzt wird und jeder seinen ausreichenden Beitrag leistet.

Nachbarschaft

Angefangen beim Treppenhaus. Wenn man nicht in einem Einfamilienhaus wohnt, benutzt man das Treppenhaus gemeinsam. Egal, wie die Eigentumsverhältnisse im Haus aussehen, die Nutzenden und Nutznießer sind die Bewohner des Hauses. Eine verschmutzte Wand beeinträchtigt in erster Linie sie, erst in zweiter Linie denjenigen, der den Neuanstrich zahlen muss. Das gleiche gilt für Dreck, der herumliegt. Zum einen sollte man – gut, das sollte man nirgendwo tun – nichts achtlos hinwerfen, zum anderen betrifft das aber auch Dreck, den jemand anderer zurückgelassen hat. Natürlich ist man nicht der Hausmeister oder der Reinigungsservice, der für die Sauberkeit zuständig ist. Aber wenn die Treppenhausreinigung immer dienstags erfolgt, und am Mittwoch hat der Wind oder wer auch immer eine Stapel Prospekte auf der Treppe verteilt, kann man entweder eine Woche lang mit dem zunehmenden Schmutz leben oder sie kurz in den Papierkorb oder ins Altpapier werfen. Entscheidend ist hier das Bewusstsein, dass man eine Woche lang über den Papierhaufen steigen muss, wenn man ihn nicht wegräumt. Und dass man selbst und die anderen Hausbewohner diejenigen sind, die mit dem Schmutz konfrontiert sind. Ob man will oder nicht.

Und noch mehr gilt das für die Unsitte, seinen Müll oder seine schmutzigen Schuhe ins Treppenhaus zu stellen. Wie kommt man eigentlich auf die Idee, den Müll, der zu sehr stinkt, als dass man ihn in der Wohnung haben will, ins gemeinschaftliche Treppenhaus zu stellen? Dorthin, wo er mit seinem Gestank alle Bewohner belästigt und die Anderen auf dem Weg nach Hause auch noch einen Mülltütenslalom laufen lässt. Oder schmutzige müffelnde Schuhe. Es handelt sich beim Treppenhaus nicht um Niemandsland, sondern eher um Jedermannsland, genauer Gemeinschaftsland.

Das gilt für den Rest des Hauses gleichermaßen, aber auch für andere Orte, an denen man sich gemeinsam aufhält. Schüler nutzen die Schule gemeinsam, Sportler den Sportplatz, Badende die Badewiese oder den Strand und so fort. Dort überall gilt: Gleich, wie die Eigentumsverhältnisse aussehen, für die Nutzung gehört es denen, die es nutzen, und sie teilen sich das, worum es geht. Es ist nichts Anonymes, das niemandem gehört. Es ist Gemeinnutzeigentum, Allmende. Und alle Nutzer sollten ein Interesse daran haben, dass es erhalten und gepflegt wird.

Staat

Einer der Punkte, bei dem es sehr wichtig wird, das Prinzip zu erkennen, ist der Staat. Man kennt den Spruch, der dem Sonnenkönig Ludwig XIV. zugeschrieben wird: »L'état c'est moi! – Der Staat bin ich!« In einer Demokratie muss man ihn umformulieren: »Der Staat sind wir.« Das ist sehr wörtlich zu verstehen. Der Staat ist zwar ein sehr großes Gebilde, aber er ist im Endeffekt nur die Summe seiner Bürger oder Bewohner. Und das sollte man sich klarmachen. Sicherlich befindet man sich auch als Bürger an etlichen Stellen in Opposition zum Staat. Zum Beispiel wenn der Staat zu sehr in das Leben der Bürger eingreift. Oder wenn er umgekehrt seine Bürger nicht ausreichend unterstützt oder schützt. Zudem ist der Staat nicht allwissend und hat – im Gegensatz zur Auffassung totalitärer Regime – keinesfalls immer recht. Dann kann und sollte sich jeder wehren und den Staat in die Schranken weisen. Das ist kein Problem und umgekehrt für eine Demokratie gesund. Aber im Allgemeinen ist der Staat eben nicht die Krake, gegen die wir uns wehren müssen, sondern die Organisationsform der Gemeinschaft. Dazu gehören auch die Steuern. Bei der schon erwähnten Debatte um die Schwarzgelder im Ausland konnte man es hören: Wer Steuern hinterzieht, schädigt nicht nur den Staat, sondern die Gemeinschaft, also alle. Das Zahlen von Steuern stellt den Beitrag jedes Einzelnen zur Allmende der staatlichen Gemeinschaft dar. Ein Aspekt, der schon im Kapitel über Soziales eine Rolle gespielt hat. Ich gebe zu, dass diese Einstellung schwerfällt, wenn man gerade seinen Steuerbescheid mit der Aufforderung zur Nachzahlung bekommen hat oder die Lohnabrechnung mit den Abzügen. Aber es ändert nichts an der Grundtatsache – und das muss man sich immer wieder bewusstmachen.

Internationale Vergleichsuntersuchungen zeigen, dass die Bereitschaft, Steuern zu zahlen, in der Schweiz wesentlich größer ist als in Deutschland. Das liegt nicht nur am relativen Reichtum, sondern nach Ansicht von Sozialpsychologen daran, dass in der Schweiz viele Steuern kantonal oder sogar kommunal festgelegt werden und das in einer direkten Demokratie geschieht, das heißt, jeder Bürger wird über die Steuersätze befragt. Diese Beobachtung deckt sich mit den Ergebnissen von Elinor Ostrom über die Allmende, die um so besser funktioniert, je stärker die Einzelnen an der Festlegung der Regeln beteiligt sind. Diese Beteiligung ist in einer indirekten Demokratie wie in Deutschland schwierig, aber dennoch gilt auch hier, dass der Steuertopf eines Landes Gemeineigentum aller Bürger ist. Seinen Teil einzuzahlen ist daher ebenso wichtig, wie sich nicht übermäßig daraus zu bedienen.

Im Prinzip gilt dasselbe für die Polizei und die Strafverfolgung. Auch da fällt es schwer, sich das bewusst zu machen, wenn man gerade einen Strafzettel bekommen hat oder sonstigen unangenehmen Kontakt mit der Polizei hatte. Dennoch besteht das Grundprinzip, dass es nicht um einen Kampf Bürger gegen Obrigkeit gehen sollte, sondern darum, die Gemeinschaft gemeinsam am Laufen zu halten. Dass es da eine Vielzahl von Problemen gibt, sehe ich sehr wohl. Oft tritt der Staat dem Bürger gegenüber nicht als sein Vertreter auf, sondern wirklich obrigkeitsmäßig. Andererseits sehen eben viele im Staat auch einen Gegner, der er nicht sein sollte. Aus grundsätzlichen Erwägungen halte ich ein gesundes Misstrauen des Bürgers gegenüber dem Staat an dieser Stelle für richtig und gut. Die Freiheit ist ein sehr hohes Gut, und jede größere Organisation neigt dazu, immer mehr zu wachsen, auch der Staat und die Ordnungsbehörden. Dennoch muss man sich klarmachen, dass die Strafverfolgung im Interesse aller liegt, noch mehr die vorbeugende Gefahrenabwehr. Zu der gehören aber zum Beispiel auch Geschwindigkeitsbegrenzungen – einschließlich ihrer Überwachung, das berüchtigte und verhasste Blitzen.

Bildung

Eine eigenartige Konfrontationssituation empfinden viele auch in der Schule, in zunehmendem Maße leider auch an der Universität. Dabei müssten sich alle bewusst sein, dass neben der gemeinschaftlichen Nutzung der Räume dort eine besondere Art von Wissensallmende vorliegen sollte: Die Wissensvermittlungsallmende oder besser noch Bildungsallmende. Es sollte von der Grundidee her weder an der Schule noch an der Universität ein Gegeneinander geben. Alle Beteiligten wollen eigentlich dasselbe, den Schülern oder Studenten Wissen, Bildung und Fähigkeiten vermitteln. Auch wenn es an vielen Stellen in der Praxis nicht so gut oder manchmal auch gar nicht funktioniert, aus welchen Gründen auch immer, sollte man darüber die Grundidee nicht vergessen.

Sozialversicherung

Eine geradezu klassische Form der Allmende stellen die Sozialversicherungen dar. Eine genau festgelegte Gruppe von Mitgliedern und Mitnutzenden teilt sich das gemeinschaftliche System und sollte Interesse daran haben, es nicht zu übernutzen. Paradebeispiel ist die gesetzliche Krankenversicherung, deren Problematik wir ja schon im vorangegangen Kapitel über Soziales begegnet sind. Die Versicherten tragen durch ihre Beiträge zum System bei und sind gleichzeitig die Nutznießer. Wenn nun jeder versucht, sich so viel wie möglich herauszuholen, kommt es tatsächlich zur Tragik der Allmende, die Hardin 1968 beschrieb. Es müsste daher allen Beteiligten klarwerden, dass sie ein System nutzen, das nur funktionieren kann, wenn man es als Allmende begreift. Ein Problem dabei ist allerdings, dass es nicht nur *eine* Art von Nutzern gibt, die Versicherten, sondern gespiegelt dazu auch die sogenannten Leistungserbringer im Gesundheitswesen beteiligt sind: Ärzte, der Pflegedienst, Krankenhausbetreiber, die Pharmaindustrie und viele mehr. Insgesamt eine Wirtschaftsmacht im Umfang von über zehn Prozent des Bruttosozialprodukts. Das führt dazu, dass sich die schwarzen Peter wechselweise zuschieben lassen und jeder dem Anderen eine Übernutzung der Allmende vorwerfen kann. Dennoch kann das System auf Dauer vermutlich nur funktionieren, wenn sich alle Beteiligten klarmachen, dass sie gemeinsame Nutznießer eines gemeinschaftlichen Gutes sind: der gesetzlichen Krankenversicherung.

Versicherungen

Noch schwieriger wird es bei privaten Versicherungen, bei der privaten Krankenversicherung, aber auch bei allen anderen Versicherungen. Im Grunde gilt wieder dasselbe Prinzip: Aus dem gemeinschaftlichen Topf der Versicherungsprämien werden die einzelnen Ansprüche ausgezahlt. Auch hier kann das System nur funktionieren, wenn nicht jeder versucht, so viel wie möglich rauszuholen, sondern nur den Teil, der ihm zusteht, weil ihm tatsächlich der Schaden entstanden ist, gegen den er versichert war. Hier kommt allerdings die Schwierigkeit dazu, dass es dabei neben den Versicherten auch einen Versicherer gibt, der Gewinne erzielen will. Und ich gebe zu, wenn auf der Bilanzpressekonferenz ein wieder gesteigerter Milliardenüberschuss verkündet wird, fällt es schwer, das Prinzip der Allmende hier zu sehen. Doch man kommt um die Tatsache nicht herum, der wir bereits im Kapitel »Soziales« begegnet sind, dass auf einen Dialysepatienten mit Kosten von 40 000 bis 50 000 Euro pro Jahr viele Versicherte kommen müssen, die wesentlich weniger in Anspruch nehmen, als sie einzahlen.

Interessanterweise könnte das Prinzip der Allmende in diesem Bereich verstärkt auf genossenschaftliche Modelle oder die Versicherungsvereine verweisen, die ohnehin in manchen Sektoren, etwa der Krankenversicherung, auf einen Marktanteil von über 50 Prozent kommen.

Schwarzfahren

Man kann aber auch ans Schwarzfahren denken. Gerade bei der Bahn und vielen städtischen Verkehrsbetrieben handelt es sich um klassische Gemeinschaftsgüter, weil sie in gemeinschaftlichem Eigentum stehen. Darum sollte man sie auch so ansehen: als Gemeinschaftsgut, das alle Beteiligten nach den gemeinschaftlichen Regeln nutzen und für das jeder seinen Beitrag in Form des Fahrpreises leistet.

Das Prinzip erkennen

Die Liste ließe sich fast noch beliebig verlängern, wichtig ist hier aber vor allem, das Prinzip zu erkennen und sich nach diesem Prinzip zu verhalten. Ein wenig mag das nach Sozialromantik klingen, und irgendwie scheinen auch das große Wir-Gefühl, Patriotismus und womöglich Nationalismus um die Ecke zu lugen. Das Erstere, die Sozialromantik, räume ich ein, das Letztere, Patriotismus oder gar Nationalismus, weise ich zurück. Tatsächlich sollte es nicht zu einer Überbewertung des Staates kommen oder zu einer Unterordnung des Einzelnen unter die staatlichen Interessen oder auch nur die Interessen der Gemeinschaft. Es muss stets jeder Einzelne gleichberechtigt mit allen Anderen im Mittelpunkt der Interessen stehen.

Es geht ja nicht um die Betonung der Gemeinschaft als Gemeinschaft, sondern um die Idee, dass man das Gemeinsame nur nutzen kann, wenn sich alle einerseits beteiligen, andererseits niemand es übernutzt, damit es nicht zur Tragik der Allmende kommt.

Strenggenommen handelt es sich dabei nicht einmal um

eine reine Frage der Moral, sondern auch um eine der Klugheit. Um ein praktisches Ziel zu erreichen, verhält man sich angemessen. Da aber die sittliche Einsicht, mithin die Moral, einer der im Rahmen der Klugheit zu berücksichtigenden Faktoren darstellt, steht dem nicht viel entgegen.

Doch nun weiter zu einer kleinen Gruppe, die vieles gemeinsam nutzt: die Familie.

11 Von Präsidentengattinnen, Mafia und Kindern
Über Familie und Freundschaft

Der 30. 6. 2010 ist ein bemerkenswertes Datum. An diesem Tag wählte die Bundesversammlung den zehnten Bundespräsidenten der Bundesrepublik Deutschland. Den meisten ist diese Wahl in Erinnerung, weil sie als besonders spannend galt und Christian Wulff erst im dritten Wahlgang, dann allerdings mit absoluter Mehrheit, gewählt wurde. Besonders an dieser Wahl war auch, warum sie notwendig wurde: Wulffs Vorgänger Horst Köhler war nur ein Jahr nach seiner Wiederwahl zu einer zweiten Amtszeit für die meisten völlig überraschend mit sofortiger Wirkung zurückgetreten.

Das alles ist bemerkenswert und wird sich sicher auch in den politischen Chroniken entsprechend niederschlagen. Ein anderes Faktum wurde zwar teilweise positiv bemerkt, meines Erachtens aber nicht ausreichend gewürdigt: der Familienstand der beiden aussichtsreichsten Kandidaten Christian Wulff und Joachim Gauck. Joachim Gauck lebt seit der Wendezeit von seiner Frau und seinen beiden Söhnen getrennt, ohne geschieden zu sein, und hat seit vielen Jahren eine feste Fernbeziehung mit einer Nürnbergerin. Im Falle einer Wahl wäre sie, so ließen sie verlautbaren, mit ins Schloss Bellevue gezogen und hätte die Repräsentationspflichten einer First Lady wahrgenommen. In diesem Falle hätten die beiden auch über eine Heirat nachgedacht – was natürlich erst möglich wäre, nachdem Joachim Gauck sich hätte scheiden lassen. Das hat Christian Wulff schon hinter sich: Er ist in zweiter Ehe verheiratet und hat mit seiner zweiten Frau Bettina einen gemeinsamen Sohn. Beide bringen auch je ein Kind aus vorherigen Beziehung mit in die Ehe, er eine Tochter, sie einen Sohn.

Um Missverständnissen vorzubeugen: Ich halte das nicht für bemerkenswert, weil ich diese jeweiligen Lebensläufe etwa für unmoralisch hielte, beleibe nicht. Aber ich halte es für bemerkenswert, wenn die beiden mit realistischen Chancen antretenden Bewerber um das höchste Amt eines Staates jeweils eine Lebensform gewählt haben, die nicht mehr dem klassischen Begriff »Familie« entspricht. Bei Christian Wulff trifft das noch eher zu, er hat mit seiner zweiten Frau und dem gemeinsamen Sohn das, was man als sogenannte »Kernfamilie« bezeichnet, allerdings ergänzt durch die beiden Kinder aus jeweils früheren Beziehungen. Damit wird Deutschland ganz offiziell von einer sogenannten »Patchworkfamilie« repräsentiert.

Zählt man die Zahlen von Wulff und Gauck zusammen sieht man: Ziemlich genau 90 % der Mitglieder der Bundesversammlung und laut Umfragen etwa 80 % der Bevölkerung (hier waren noch viele unentschlossen) wollen gerne ihr Land von einem der beiden Kandidaten repräsentiert sehen, die diese Lebensformen gewählt haben. Aber was wäre, wenn man fragen würde, ob sie diese Lebensformen für richtig halten? Kämen da auch 80 oder 90 % Zustimmung heraus?

Ein wenig pikant ist allerdings, dass der bekennende Katholik Wulff, der sogar Kuratoriumsmitglied in der evangelikalen Vereinigung »ProChrist« ist, als geschiedener Wiederverheirateter nach katholischem Kirchenrecht von den Sakramenten Kommunion und Beichte ausgeschlossen ist. Dabei handelt es sich um kein Relikt aus vergangenen Jahrhunderten, sondern eine vom letzten Papst ausdrücklich bekräftigte Regelung für wiederverheiratete Geschiedene, »denn ihr Lebensstand und ihre Lebensverhältnisse stehen in objektivem Widerspruch zu jenem Bund der Liebe zwischen Christus und der Kirche, den die Eucharistie sichtbar und gegenwärtig macht«. Etwas anderes kann nur gelten, so der Papst und die Synode der Bischöfe, wenn die Eheleute »sich verpflichten, enthaltsam zu leben, d.h., sich der Akte zu enthalten, welche Eheleuten vorbehalten sind«. Ich möchte nicht in präsidiale Betten schauen, aber ich wünsche Christian Wulff und seiner Frau aus vollstem Herzen, dass sie trotz dieser Regelungen ihr Leben nach ihren Vorstellungen leben und genießen können.

Zweitklassig?

Was bedeutet das? Residiert nun an der Spitze des Staates in Schloss Bellevue in Berlin eine Familie, die zwar aus Vater, Mutter Kind und zusätzlichen Kindern besteht, aber dennoch keine »richtige« Familie« ist? Wachsen die Kinder dann in einer Familie zweiter Klasse auf? Das ist keinesfalls meine Meinung, aber der bekennende Katholik Christian Wulff wird sich vielleicht diese Frage stellen oder stellen müssen.

Was wäre mit Joachim Gauck und seiner Lebensgefährtin? Führen sie eine Beziehung zweiter Klasse, weil ja nur »Ehe und Familie« unter dem besonderen Schutz des staatlichen Ordnung stehen, wie es in Artikel 6 des Grundgesetzes heißt? Gut, die beiden könnten heiraten, da Gauck Protestant ist, hätte er auch keine oder weniger Probleme mit der Wiederverheiratung. Was aber, wenn er es nicht tun will, weil er nach all den Jahren des Getrenntlebens sich dennoch nicht von seiner ehemaligen Frau scheiden lassen will oder warum auch immer?

Und wie sieht es mit gleichgeschlechtlichen Paaren aus? Sie können in Deutschland bislang nicht heiraten, sondern nur eine Partnerschaft eintragen lassen. Sie können es selbst dann nicht, wenn sie sich gerne zu allen Aspekten einer Ehe bekennen würden, insbesondere auch zueinanderstehen in guten wie in schlechten Tagen. Führen sie damit auch aus staatlicher Sicht Beziehungen zweiter Klasse? Und da es ihnen verwehrt wird, eine Ehe einzugehen, sind sie mit ihrer Veranlagung folglich Menschen zweiter Klasse?

Bis zu 45 % aller Ehen werden in Deutschland wieder geschieden. 52 % aller geschiedenen Männer und 56 % der geschiedenen Frauen heiraten wieder. 22 % aller Kinder wachsen nicht mehr in der klassischen Kernfamilie Mutter-Vater-Kind mit verheirateten Eltern auf, davon 7 % bei einer nichtehelichen oder gleichgeschlechtlichen Lebensgemeinschaft und 15 % bei alleinerziehenden Elternteilen. In den neuen Bundesländern sind es sogar 38 %, 16 % und 22 %. Schätzungen zufolge leben zwischen 2 und 10 % der Bevölkerung dauerhaft homosexuell. Nurmehr etwa ein Viertel der Bevölkerung lebt in Form einer klassischen Familie mit Kindern, knapp 20 % der Bevölkerung lebt alleine.

Die eigentlich entscheidende Frage lautet: Wie geht man mit diesen Zahlen um? Man kann auf der einen Seite folgern, das sind alles Verirrungen, und deshalb muss man um so dringender gegensteuern, eben Ehe und Familie in ihrer klassischen Form umso stärker fördern und aus moralischer Sicht fordern.

Oder man versucht, die moralischen Forderungen zu überdenken. Nicht im Sinne einer Bankrotterklärung der Moral vor der Realität, indem man so lange Abstriche macht, bis es wieder passt. Sondern indem man sich überlegt, welche moralischen Forderungen an die Struktur von Partnerschaften und Familien berechtigt sind und welche überkommen. Und mit welchen Werten man den realen Problemen unserer Zeit am ehesten gewachsen ist. Das scheint mir sinnvoller.

Ist das ein Verfall der Sitten? Nein, höchstens ein Verfall der Gebräuche und der Üblichkeit. Ein Verfall der Sitten im Sinne der Moral wäre es dann, wenn Herr Wulff sich nicht zu seinem Sohn aus zweiter Ehe bekennen würde, wenn, weil eine zweite Heirat nicht möglich wäre, dieser Sohn als außereheliches Kind gälte und deshalb weniger Rechte hätte, weniger wert wäre. Das aber wäre die frühere Rechtslage und die damalige moralische Bewertung. Es ist ein Fortschritt unserer Zeit und unserer Gesellschaft, dass uneheche Kinder dieselben Rechte und damit langfristig dieselbe Stellung erhalten wie eheliche. Ein Fortschritt, den das Bundesverfassungsgericht als Hüterin der Menschenrechte immer wieder vorangetrieben hat.

Zwischen ehelichen und nichtehelichen Kindern zu unterscheiden, liegt im Interesse der Institution Familie, beschneidet aber die Rechte der nichtehelichen Kinder. Dass dennoch über lange Zeit so verfahren wurde, ist ein typisches Beispiel dafür, wie manchmal die überkommene Moral den Menschen negiert und das Prinzip hochhält.

Wert der Familie

Das alles soll keineswegs die Familie in Frage stellen. Die gegenseitige Unterstützung innerhalb einer Familie ist etwas Wertvolles. Nicht nur die soziale Absicherung, auch der lange Zusammenhalt als solcher. Es mag romantisch klingen, aber wer je ein Ehepaar gesehen hat, das auch nach seiner goldenen Hochzeit immer noch händchenhaltend zusammen über den Stadtplatz spaziert, weiß, was ich meine. Gegenseitige Hilfe bis hin zur Aufopferung findet man vor allem in Familien. Für Kinder ist das Aufwachsen in einer Familie positiv, und die familiäre Solidarität stellt den eigentlichen Ursprung der Versicherung gegen Unglücksfälle, Krankheit und zur Altersversorgung dar. Für viele Staatsphilosophen ist die Familie die Urzelle des Staates, Modell und kleinste Struktureinheit. Das Besondere, Wertvolle der Familie ist, dass sie verlässlich ist, auf Dauer angelegt ist. Nur: Was bedeutet es dann und welche Folgerungen zieht man, wenn sich familiäre Bindungen in der Lebenswirklichkeit in wirklich relevantem Ausmaß als nicht mehr verlässlich erweisen, weil zwischen einem Drittel und der Hälfte aller Ehen wieder geschieden werden? Und wenn man weiter überlegt, erkennt man, es gibt weitere entscheidende Fragen: Wie steht die Gesellschaft zu denen, die aus welchen Gründen auch immer keine Familie haben? Ist der Zusammenhalt der Familie wirklich ein Wert im moralischen Sinn oder nur ein evolutionärer Vorteil? Hat die Betonung der Familie auch negative Seiten? Und schließlich: Welche Alternativen gibt es?

Gefahr der Familie

Wieder einmal eine Quizfrage: Wie lautet ein bekannter Ausdruck für den Zusammenhalt innerhalb einer Familie? Richtig. Gemeint ist hier nicht Solidarität. Und auch nicht Verbundenheit. Sondern: Nepotismus oder auf Deutsch Vetternwirtschaft. Das ist nämlich der Zusammenhalt, wenn man ihn nicht, wie sonst üblich, von innen, sondern von außen betrachtet. Das, was wir einerseits als positiv ansehen, ist auf der anderen Seite moralisch bedenklich. Der Göttinger Anthropologe Christian Vogel, der sich viel mit den biologischen Grundlagen der Moral beschäftigt hat, nennt das eine Form der »Doppelmoral«, den Unterschied zwischen Ingroup- und Outgroup-Moral. Er zitiert ein arabisches Sprichwort: »Ich gegen meinen Bruder; ich und mein Bruder gegen unsere Vettern; ich, mein Bruder und meine Vettern gegen die, die nicht mit uns verwandt sind: ich, mein Bruder, meine Vettern und Freunde gegen unsere Feinde im Dorf; sie alle und das ganze Dorf gegen das nächste Dorf.« Dieses »nepotistisch-ethnozentristische« Prinzip, wie Vogel es nannte, das Verhalten, Sympathie und Hilfeleistungen gegenüber Nahestehenden zu zeigen, aber Gleichgültigkeit gegenüber Fremden, war schon von Charles Darwin in seiner »Abstammung des Menschen« beschrieben und erkannt worden. Die Soziobiologie erklärt es als sogenannte »Verwandten-Selektion« und kann rechnerisch nachweisen, dass dies eine einfache Steigerung der genetischen Fitness darstellt. Schließlich teilt man ja umso mehr Gene mit Menschen, je näher man mit ihnen verwandt ist. Mit Eltern und

Geschwistern 50 %, mit Nichten und Neffen 25 %, mit Vettern und Basen 12,5 % und so weiter. Bei wenig Fluktuation ist man auch mit den Menschen seines Dorfes verwandt, und so könnte man das arabische Sprichwort ziemlich genau mit abnehmenden Prozentzahlen des jeweils gemeinsamen Genoms illustrieren – und womöglich begründen.

Natürlich ist Hilfe unter Nahestehenden und Verwandten zu begrüßen, sie ist aber moralisch bedenklich, wenn sie – wofür man den Begriff »Vetternwirtschaft« häufig verwendet – zu Lasten Außenstehender geht. Leider ist es ein Grundprinzip, dass häufig Ingroup-Solidarität mit Outgroup-Feindlichkeit erkauft wird. Oft wird der Zusammenhalt mit Hilfe des Kontrastes gesteigert. Ein Prinzip, das sich auf nationaler Ebene viele totalitäre Regime zunutze machen.

Wir halten zusammen

Dabei scheint der Zusammenhalt einer Familie eigentlich ihr Kern zu sein, wenn man von dem gemeinsamen Genpool absieht, den die klassische Familie besitzt und pflegt. Der Zusammenhalt innerhalb einer Familie kann in unterschiedlicher Richtung Belastungen ausgesetzt sein oder zu Belastungen führen. In die eine Richtung bei der Frage, wie weit er gegen die Außenwelt gehen darf und soll, ob sich die Familienmitglieder in allen Fällen gegenseitig schützen sollten. In die andere Richtung bei der immer häufiger auftretenden Frage, ob und mit welchem persönlichen Aufwand man ältere Familienangehörige zu Hause selbst pflegen kann, will, soll, muss.

Zu beiden Fällen gibt es gesetzliche Regelungen. Einmal positiv die grundsätzliche Pflicht zum gegenseitigen Unterhalt von Verwandten direkter Linie, also von Eltern und Kindern. Und umgekehrt, negativ, sind Familienangehörige von bestimmten Pflichten entbunden: Sie sind nicht verpflichtet, gegeneinander vor Gericht auszusagen, und werden nicht belangt, wenn sie Angehörige davor schützen, für ein Verbrechen, das sie begangen haben, bestraft zu werden, indem sie sie etwa vor der Polizei verbergen oder zur Flucht verhelfen. Damit soll der Not Rechnung getragen werden, in der sich jemand befindet, der seinen Angehörigen helfen will. Die moralische Frage, die sich – jenseits des Strafrechts – häufiger stellt, dürfte aber die sein, wie weit diese innerfamiliäre Solidarität insgesamt gehen soll. Rechtfertigt die Tatsache, dass man gemeinsam auf dem Standesamt oder in der Kirche war, einen Mörder zu decken? Die Frage ist provokant und absichtlich zugespitzt, aber ich will damit eines sagen: Meines Erachtens sollte man auch hier die ethischen Überlegungen nicht am Prinzip Ehe oder Familie festmachen, sondern an den beteiligten Menschen. Und dann erkennt man, dass es nicht das Prinzip Familie ist, um das es geht, sondern um den Rückzugsraum der beteiligten Menschen. So wie die Wohnung von der Verfassung wesentlich stärker gegen Eingriffe des Staates geschützt wird als etwa der Telefonverkehr, weil es um den Rückzugsraum der Menschen geht, so sollte man auch die Familie als den Raum sehen, in dem sich ein Mensch geschützt fühlen darf. Woraus man Verschiedenes ableiten kann. Der Staat knüpft die Rechtsfolgen natürlich an die Rechtsinstrumente, die er den Bürgern zur Verfügung stellt, das sind neben der direkten Verwandtschaft Ehe und klassische Familie. Dies erfolgt schon allein aus Gründen der rechtlichen Praktikabilität. Aus ethischer Sicht wäre jedoch, wenn es um den persönlichen Rückzugs- und Schutzraum der beteiligten Menschen geht, jede enge Bindung und Vertrautheit gleichermaßen schutzwürdig, nicht nur die juristisch benannten. Viel wichtiger scheint mir jedoch, dass sich mit dieser Betrachtungsweise auch die Reichweite wesentlich klarer bestimmen lässt: Der Zusammenhalt kann höchstens ein Handeln zur Verteidigung, zum Schutz rechtfertigen, kaum jedoch ein Zusammenwirken im Sinne eines Angriffs auf Andere, zu Lasten

Anderer. Der gemeinsame Schutzraum kann es nicht rechtfertigen, sich zu verbünden, um aktiv einen Außenstehenden zu schaden. Die Aussage zu verweigern, um einen Familienangehörigen nicht zu belasten, ist vertretbar, aus demselben Grund einen Meineid zu schwören oder gar einen Dritten fälschlicherweise zu beschuldigen aber nicht. Dies ginge bereits in Richtung eines mafiösen Zusammenwirkens, und ich verwende dieses Wort ganz bewusst: Wenn man allein die Binnensicht der Familie heranzieht, stellt die Mafia als Extremfall des familiären Zusammenhalts ein positives Modell dar, und man darf nicht vergessen, dass eines der erfolgreichsten Familenepen in der Filmgeschichte Francis Ford Coppolas Trilogie »Der Pate« über die Familie der Corleones ist.

Pflege von Angehörigen

Nun werden hoffentlich – abgesehen vielleicht von Bußgeldbescheiden wegen Zu-schnell-Fahrens – eher wenige von uns in die Verlegenheit kommen, entscheiden zu müssen, ob sie ein Familienmitglied vor der Polizei verbergen sollten. Anders sieht es dagegen mit dem zweiten Punkt aus: der Pflege von Angehörigen. Gerade in einer Gesellschaft mit steigender Lebenserwartung werden immer mehr Menschen mit diesem Problem konfrontiert werden. Die finanzielle Seite ist ja schon gesetzlich geregelt: Solange keine besonderen Umstände vorliegen, müssen Kinder für die Pflege ihrer Eltern, das heißt für den Teil aufkommen, den Pflegeversicherung und eigene Möglichkeiten der Betroffenen nicht abdecken. Zu einer moralischen Frage aber könnte die Überlegung werden, inwiefern die Kinder verpflichtet sein könnten, die Eltern selbst zu pflegen und dies nicht in professionelle Hände zu geben. Ich schreibe absichtlich »könnte«, denn ich glaube, dass es keine moralische Frage ist. Anders ausgedrückt, dass es keine moralische Pflicht in dieser Hinsicht gibt, sondern dass es eine Frage der persönlichen Einstellung ist. Es ist sicher hoch anzurechnen, wenn jemand dazu bereit ist, aber man kann es nicht – vor allem auch aus moralischer Sicht – fordern. Vor allem zwei Aspekte scheinen mir dafür zu sprechen. Zum einen bedeutet die Pflege eines Angehörigen mehr oder weniger die Aufgabe des eigenen Lebens in der bisherigen Form. Nach wie vor trifft diese Aufgabe in der Praxis überwiegend die Frauen, und diese Tatsache macht viele Fortschritte in der Gleichberechtigung der Geschlechter zunichte. Die häusliche Pflege lässt sich kaum mit einer Berufstätigkeit verbinden, und auch das persönliche Leben muss sich dem vollkommen unterordnen. Für Kinder findet sich trotz aller Probleme meist ein Babysitter, während die Betreuung eines pflegebedürftigen Menschen ganz andere Anforderungen an die oder den Aushelfenden stellt. Wer das nicht selbst gemacht oder professionell damit zu tun hat, wird meist überfordert sein. Das leitet über zum zweiten Aspekt, den ich für besonders wichtig halte: Die Anforderungen, die sich dabei stellen, lassen sich wohl nur erfüllen, wenn man die Aufgabe gerne und freiwillig übernimmt und nicht, weil man sich moralisch verpflichtet fühlt. Abgesehen davon, dass eine moralische Pflicht, sein eigenes Leben vielleicht für viele Jahre in vielerlei Hinsicht aufzugeben, schwer zu begründen sein wird, verlangt die Pflege eines anderen Menschen auch eine Hingabe, die sich nicht durch eine moralische Pflicht erzwingen lässt. Ich glaube, wenn das persönliche Bedürfnis, den Angehörigen zu pflegen, nicht vorhanden ist und die Pflege aus reinem Pflichtgefühl gegen einen inneren Widerwillen übernommen wird, ist beiden, dem, der vor der Frage steht, ob er die Aufgabe übernimmt, wie auch dem zu pflegenden Angehörigen, mehr gedient, wenn man die Pflege in professionelle Hände gibt.

Verirrungen des Prinzips Familie

Besondere, glücklicherweise seltene Auswüchse der Überhöhung des Prinzips Familie stellen die sogenannten »Ehrenmorde« dar, bei denen ein meist weibliches Mitglied der Familie getötet wird, weil es gegen bestimmte Verhaltenscodices verstoßen hat und deshalb andere Mitglieder der Familie ihre eigene Ehre und die Ehre der Familie beschmutzt sehen. Hier wird wieder deutlich, welche fatalen Folgen es haben kann, wenn »moralische« Prinzipien über das Individuum gestellt werden. Offenbar eine große Gefahr bei Moralordnungen, die großen Wert auf Kontinuität legen und sich einer kritischen Auseinandersetzung verweigern.

Im Rahmen der Familie kann man leider auch eine weitere Form der »Doppelmoral« beobachten. In den USA häuften sich in den vergangenen Jahren Sexskandale von Politikern, die mit Geliebten und Prostituierten beiderlei Geschlechts auf frischer Tat ertappt wurden. Vor allem waren konservative Republikaner betroffen, aber auch Demokraten. Sie hatten aber fast durchgehend eines gemeinsam: Sie galten als Verteidiger der familiären Werte, eben jener Werte, denen sie in ihrem eigenen Leben wenig Gewicht zumaßen. »Der Moralist pflegt gern die Ansprüche der menschlichen Natur zu übersehen; in solchen Fällen wird aber wahrscheinlich die Natur des Menschen von den Ansprüchen des Moralisten keine Notiz nehmen«, schrieb der englische Philosoph Bertrand Russell zu diesem Thema. Das soll keinesfalls bedeuten, dass man aus der Natur, aus dem Ist-Zustand, die Moral, die Soll-Werte ableitet; eine Verknüpfung, für die der englische Philosoph George Edward Moore den Begriff »naturalistischer Fehlschluss (naturalistic fallacy)« geprägt hat. Es bleibt nur bei der Grundtatsache, dass eine Moral, die gegen die menschliche Natur geht, keine Chance auf dauerhafte Verwirklichung hat, und der Grundforderung, dass man moralische Prinzipien und Institutionen nie über den Menschen stellen sollte.

Man kann Ehen vielleicht langandauernder, aber nicht stärker und glücklicher machen, indem man das Scheidungsrecht wieder abschafft. Im Gegenteil, so manche Ehe würde zur Hölle. So meinte der puritanische englische Dichter und Staatsphilosoph John Milton, wenn die Liebe fehle, stelle die Aufrechterhaltung der Ehe eine Heuchelei dar, die auch Gott nicht gefalle. Deshalb forderte er 1643 in seinem Werk »The Doctrine and Discipline of Divorce« sogar die Selbstscheidung ohne Richter oder Kirche.

Kinder als Ziel?

Dennoch bleibt an dieser Stelle die Frage, inwiefern die klassische Familie nicht wegen ihrer Funktion für die Kinder vorzugswürdig – vielleicht auch aus moralischer Sicht – und deshalb auch förderungswürdig sein könnte. Allerdings wachsen immer mehr Kinder nicht mehr in klassischen Familien auf, so dass für diese Kinder gleichberechtigte Alternativen notwendig sind. Darüber hinaus will ich noch einen weiteren Aspekt ansprechen, den ich aber in erster Linie als Denkanstoß verstanden wissen möchte und als Hinterfragen von womöglich nur vermeintlich richtigen Zielen. Gemeint ist die Annahme, dass Kinder zu bekommen aus moralischer Sicht immer positiv ist. Eine Annahme, die in politischen Diskussionen so selbstverständlich behauptet wird, dass sie nie hinterfragt wird.

Obwohl es dabei eigentlich gar nicht um eine moralische Argumentation geht, sondern um eine politische, staatsförderliche aus rationaler Sicht. Die Sätze »Wer soll denn unsere Renten zahlen?« oder »Wer soll uns denn mal pflegen?« genauso wie die laufenden Prognosen und Berechnungen zum Verhältnis der Erwerbstätigen zu Rentenempfängern beinhalten eines: Sie machen die Kinder, um die es dabei geht, zum Mittel. Sie werden nicht um ihrer selbst willen erwünscht, sondern weil sie als Beitragszahler, Arbeitskräfte,

Versorger erwünscht und benötigt werden. Eine sich darauf berufende, vermeintlich kinderfreundliche Einstellung und Politik ist strenggenommen nicht kinderfreundlich, sondern höchst egoistisch. Und strenggenommen entwürdigt sie auch die Kinder, wenn sie als Mittel für Bevölkerungspolitik betrachtet werden, eben als Mittel und nicht zugleich auch als eigener Zweck.

In dem Roman »Der Untertan« von Heinrich Mann gibt es eine Szene, in der Diederich Heßling mit seiner Frau ins Bett geht und verkündet, auch dabei seine Pflicht zu tun und dem Kaiser »tüchtige Soldaten« zu zeugen. Man ist von dieser Szene abgestoßen, weil sowohl die Sexualität als auch die Beziehung und auch die Kinder nur als Mittel eingesetzt werden. Eine Begründung der Familienförderung mit benötigten Rentenbeitragszahlern und Pflegekräften enthält zwar nicht die obrigkeitshörige Komponente und auch nicht die Degradierung der eigenen Kinder zu Kanonenfutter, das Prinzip, in ihnen ein Mittel zu sehen, bleibt aber das gleiche.

Aus moralischer Sicht gibt es eine ganze Reihe von Gründen, Kinder und Eltern zu fördern. Als Erstes sei die Verpflichtung der Gesellschaft genannt, allen ihren Mitgliedern die Möglichkeit zu einem gelungenen Leben zu gewähren. Speziell im Kindesalter werden viele Weichen für die Entwicklung gestellt, und arme oder gar hungernde Kinder sind ein Skandal, besonders in einem reichen Land. Das ist jedoch vor allem eine Frage der Gerechtigkeit und kommt deshalb im Kapitel über soziale Verpflichtungen ausführlicher zur Sprache. Zudem müssten derartige Maßnahmen wesentlich zielgerichteter die Kinder statt der Eltern fördern. Ebenfalls die Gerechtigkeit ist betroffen bei der Frage, inwiefern Menschen, die sich dafür entschieden haben, Kinder zu bekommen, schlechter gestellt sind, als Menschen ohne Kinder. Zumal sie ja auch einen Beitrag zur Zukunftssicherung leisten. Hier meine ich aber nicht die Kinder als solche, die als Beitrag zu betrachten sich verbietet, sondern die Aufwendungen der Eltern für die Kinder. Aufwendungen, die sich Kinderlose ersparen. Hinzu kommt die reproduktive Freiheit, die Freiheit, sich zu entscheiden, ob man sich fortpflanzen möchte. Es erscheint problematisch, wenn diese Freiheit nur die Menschen haben, die sich die höhere Belastung durch Kinder leisten können.

Entscheidend bleiben muss aber immer, dass die Kinder um ihrer selbst willen gewünscht werden. Als neue Menschen, die ihren vollkommen eigenen Wert haben und nicht dazu dienen, wirtschaftliche, soziale, politische, nationale oder sonstige Zwecke zu erreichen.

Förderung der Kinder

Insofern, wenn man den Fokus auf die Kinder richtet, wäre auch eine Kinderpolitik sinnvoller als eine Familienpolitik. Kinder müssen gefördert werden, nicht Familien. Das mag manchem ideologisch klingen, ist es jedoch nicht. Im Gegenteil: Wer Kinder fördern will und das über die Familie tut, verknüpft das Wohl der Kindern in ideologischer Weise mit dem Begriff der Familie. Einige Beispiele mögen das verdeutlichen:

Seit Jahren wird über Kinder in gleichgeschlechtlichen Partnerschaften gestritten, speziell über die Frage, ob gleichgeschlechtliche Partner ein volles Adoptionsrecht und Zugang zur künstlichen Befruchtung erhalten sollen. Häufig wird das mit dem Hinweis auf das Wohl der Kinder abgelehnt, die in eine »richtige Familie« kommen sollen. Nun hat eine Studie in Deutschland ergeben, dass Kinder in dieser Konstellation genauso gut aufwachsen wie in anderen Familien. Neuere Studien aus den USA erbrachten sogar Hinweise darauf, dass Jugendliche aus gleichgeschlechtlichen Partnerschaften erhöhte soziale und schulische Kompetenzen und weniger soziale Probleme und Aggression aufweisen. Hier auf dem Vorzug der klassischen Vater-Mutter-Kind-Familie zu bestehen ist somit eindeutig an ideologischen Vorstellungen, nicht aber am Kindeswohl orientiert.

Ähnliches gilt für die sogenannte »Herdprämie«, das Betreuungsgeld, das nach § 16 SGB VIII und dem Koalitionsvertrag der schwarz-gelben Koalition des zweiten Kabinetts Merkel ab dem Jahr 2013 eingeführt werden soll: Eltern, die ihre Kinder nicht in eine Krippe schicken, sondern zu Hause betreuen, sollen dafür eine finanzielle Förderung in Höhe von 150 Euro erhalten. Nun wird aber international die frühkindliche Förderung als die effektivste Bildungsmaßnahme angesehen, vor allem auch im Hinblick auf die Integration von sozial Benachteiligten und Migranten. Der Kolumnist Harald Martenstein brachte das Problem auf den Punkt:

»In Gestalt der 150 Euro zahlt also zum ersten Mal in der modernen Geschichte ein europäischer Staat eine Anti-Bildungs-Prämie. ... Familie ist nicht automatisch ›gut‹. Es gibt gute, schlechte und sehr schlechte Familien. Die Anti-Bildungs-Prämie, die so tut, als sei Familie immer gut, gehört zu den wenigen konservativ-ideologischen Bestandteilen des neuen Regierungsprogramms. Ideologie bedeutet: Leugnung der Wirklichkeit zugunsten einer Idee.«

Der Bürgermeister des Berliner Bezirks Neukölln Heinz Buschkowski von der SPD, der in seinem Bezirk mit vielen Problemen aus dem Bereich Armut und Integration beschäftigt ist, beklagt etwa, dass Deutschland mit drei Prozent des Bruttosozialprodukts das meiste Geld von allen OECD-Staaten für Familienpolitik ausgebe, bei der Effizienz allerdings an drittletzter Stelle liege. Während andere Länder 50 % des Geldes in Kindergärten, mehr Lehrer, Freizeitförderung steckten, seien es in Deutschland nur gut 20 %. Der Hauptteil gehe in die monetäre Unterstützung der Eltern. Buschkowskis Fazit: »Das heißt, wir fördern Eltern, andere Länder Kinder.«

Ende der Familie?

Ich betone noch einmal, ich will hier nicht zum Sturm auf die Institutionen der traditionellen Familie oder der Ehe blasen. Nur muss man sich klarmachen, dass sie eine abnehmende Bedeutung haben, wenn man sich die oben genannten realen Zahlen ansieht. Mehr als jede dritte, fast schon jede zweite Ehe wird derzeit in Deutschland wieder geschieden. Nur etwa jeder Zweite lebt in einer klassischen Familie, also als Erwachsene und Kinder zusammen. Knapp 20 % leben alleine und knapp 30 % in einer Partnerschaft ohne Kinder. Dabei ist der Anteil der Alleinlebenden und ohne Kinder Lebenden gestiegen, der Anteil der als Familie Lebenden gesunken. Allerdings zählen zu den Alleinlebenden und in Partnerschaft Lebenden auch die, die noch keine Kinder haben oder deren Kinder bereits aus dem Haus sind. Dennoch bleibt die Tatsache, dass immer mehr Menschen nicht in einem klassischen Familienverbund leben.

Und die ohne Familie?

Angesichts dieser Zahlen scheint es mir sinnvoll, alternative Lebensformen als gleichwertig anzuerkennen. Und gegenüber den Menschen, denen es nicht gelingt, eine Familie zu gründen oder intakt zu erhalten, obwohl sie es wollen, halte ich es für absolut notwendig. Das Wohl der Zukunft in der Familie zu suchen mag manches für sich haben, allerdings ist es ausgrenzend. Es schließt alle die Menschen aus, die keine Familie haben oder sich von ihrer Familie getrennt haben – warum auch immer.

Weiterentwicklung des Familienbegriffs

»Familie ist dort, wo Kinder sind«, hört man oft, wenn es darum geht, den Familienbegriff für neue Lebensformen zu öffnen, insbesondere wenn es um sogenannte Regenbogenfamilien geht, gleichgeschlechtliche Paare, die Kinder aufziehen. Entsprechendes gilt auch für Patchworkfamilien oder andere Formen des Zusammenlebens. Nur muss man sich fragen, ob das wirklich das trifft, was man an der Familie als schützenswert erachtet. Verlieren Eltern, deren einziges Kind stirbt, dann ihren Status als Familie und werden wieder zurückgestuft? Das mag zynisch klingen, ist aber keineswegs so gemeint. Ich würde nur gerne den Begriff erweitern. Kernpunkt der Familie ist für mich die Tatsache, dass Menschen füreinander auf Dauer Verantwortung übernehmen, füreinander da sind. Dies ist typischerweise bei Kindern der Fall, wegen der langsamen Entwicklung des Menschen sehr lange, zum Teil lebenslang – und umgekehrt, wie wir bei den zu pflegenden Angehörigen gesehen haben. In Anbetracht einer sinkenden Kinderquote, wenn immer weniger Menschen Kinder haben, dürften jedoch andere Formen des Füreinander-Einstehens zunehmend wichtiger werden.

Deshalb würde ich gerne den Satz formulieren: »Familie ist dort, wo Menschen füreinander einstehen.«

Das kann sein zum einen die typische Partnerschaft, ob sie nun als Ehe oder eingetragene Lebenspartnerschaft oder auch nur informell geführt wird. Über gemeinsames Eigentum, insbesondere Wohneigentum kommt es ohnehin häufig zu Bindungen, die sich ähnlich schwer auflösen lassen wie eine Ehe. Die Ehe hat sicherlich über die formelle Erklärung, ihre Symbolik, das wörtliche »Versprechen« und auch die rechtlichen Bindungen eine stärkere Wirkung. Das ist auch moralisch von Bedeutung, wenn man den Wert im Hinblick auch auf die Zuverlässigkeit der Verantwortung, die man füreinander übernimmt, sieht. Dennoch sollte man darauf achten, dass man nicht die Institution wichtiger nimmt als die beteiligten Menschen und übersieht, den Wert der Institution daran zu messen, was sie für die Menschen bringt.

Dies muss nicht zu Lasten der klassischen Familie gehen. Es geht nur darum, zu zeigen und zu erkennen, dass es auch andere Formen des Füreinander-Einstehens gibt, die ebenso wertvoll sein können oder sind. Es geht wieder einmal darum, Menschen nicht vorzuschreiben, wie sie glücklich werden sollen, sondern ihnen zu ermöglichen und ihnen dabei zu helfen, ihr Glück auf ihre Weise zu erreichen.

Lob der Freundschaft

Ein erweiterter Familienbegriff kann aber auch ganz andere Formen umfassen wie tiefe echte Freundschaften, Wohngemeinschaften, Hausgemeinschaften oder andere soziale Netzwerke. Für viele Menschen sind ihre sozialen Netzwerke, ihre Freundeskreise ihre eigentliche Familie. Von ihnen wollen sie besucht werden, wenn es ihnen schlechtgeht, und Freunde werden heute oft als Bevollmächtigte in Patientenverfügungen eingesetzt. Das ist nicht weiter verwunderlich, denn mit ihnen teilen sich viele nicht nur ihr Leben, sondern vor allem auch ihre Ansichten und Wertvorstellungen in einem Ausmaß, wie man es früher nur von Familienmitgliedern kannte. Diese haben aber heute oft so unterschiedliche Biographien, dass sie einander fremder sind als langjährige Freunde.

Interessanterweise finden sich in der antiken Philosophie speziell bei Platon und Aristoteles ausführliche Würdigungen der Freundschaft, die in den folgenden Jahrhunderten wesentlich seltener waren. Erst in jüngerer Zeit ist die Freundschaft wieder verstärkt auf Interesse gestoßen, in der Philosophie, aber vor allem auch in der Soziologie und Psychologie.

Die grundlegenden Ausführungen findet man bei Aristoteles. Er unterschied drei Arten der Freundschaft: die Lustfreundschaft, die Nutzfreundschaft und die Tugendfreundschaft. Eine Lustfreundschaft würde man heute ein sexuelles Verhältnis nennen oder Freunde, mit denen man ausgeht und Spaß hat, ohne sich wirklich näher zu kommen. Eine Nutzfreundschaft ist eine Zweckfreundschaft »mit Hintergedanken«, von der man sich Vorteile erhofft. Wirklich wertvoll ist nach Aristoteles die Tugendfreundschaft, bei der man sich gegenseitig das Gute wünscht. Und das um des jeweiligen Freundes willen. Das seien Freunde im eigentlichen Sinne und damit sei die Freundschaft auch beständig. Aristoteles betont den Wert der Freundschaft für das gesamte Leben, was hier von Interesse ist:

»Denn sie ist eine Tugend oder doch mit der Tugend verbunden; außerdem gehört sie zum Notwendigsten im Leben. Denn keiner möchte ohne Freunde leben, auch wenn er alle übrigen Güter besäße. Auch der ganz Reiche, der Regierende und der Fürst scheinen der Freunde ganz besonders zu bedürfen. Denn was nützt ihnen ein solcher Segen, wenn ihnen das Wohltun unmöglich ist, das am ehesten und am lobenswertesten Freunden gegenüber ausgeübt wird? Oder wie ließe sich ein solcher Segen ohne Freunde bewahren oder verteidigen? Je größer er ist, desto gefährdeter ist er. In der Armut wiederum und im sonstigen Unglück hält man die Freunde für seine einzige Zuflucht.

Dem jungen Menschen ist die Freundschaft eine Hilfe, damit er keine Fehler begeht, dem Greis verhilft sie zur Pflege und ergänzt, wo er aus Schwäche nicht zu handeln vermag, den Erwachsenen unterstützt sie zu edlen Taten, denn ›zwei miteinander‹ sind tauglicher zu denken und zu handeln. …

Die Freundschaft ist aber nicht nur notwendig, sondern auch schön. Wir loben jene, die die Freundschaft schätzen. Reichtum an Freunden scheint zum Schönen zu gehören, und man meint auch, tugendhaft sein und Freund zu sein, sei dasselbe.«

Das Besondere an der Freundschaft stellt auch der Mainzer Philosoph Klaus-Dieter Eichler heraus. Er analysiert, dass sich in der Freundschaft zwei unterschiedliche moralische Einstellungen verbinden: »Zuneigung zum anderen und Achtung vor ihm, Sympathie und moralischer Respekt gehen eine scheinbar rätselhafte Symbiose ein.« Anders als in der Liebesbeziehung, bei der man wünscht, die Grenzen zum Partner aufzulösen und zu verschmelzen, bleibt bei der Freundschaft die Sorge um sich selbst erhalten, sie tritt in Wechselwirkung mit der Fürsorge um den Freund oder die Freundin.

Man kann an dieser Stelle streiten, ob man wirklich eine echte Tugendfreundschaft benötigt oder ob eine dauerhafte Nutzfreundschaft nicht auch als Lebensmodell und Ersatzfamilie ausreicht. Immanuel Kant nennt die Nutzfreundschaft, also die Freundschaft zum kalkulierten gegenseitigen Vorteil, »Freundschaft der Bedürfnisse« und erklärt sie so, dass sie als Grundlage einer wechselseitigen Verantwortung dienen könnte: »Die Freundschaft der Bedürfnisse ist, nach welcher die Personen in Ansehung ihrer Bedürfnisse des Lebens sich einander eine wechselseitige Vorsorge anvertrauen können.« Und man muss fragen, ob nicht so manche Familie und Ehe nach vielen Jahren vor allem nach diesem Prinzip funktioniert.

Wichtig scheinen mir vor allem zwei Aspekte: Das eine ist, dass es Alternativmodelle zur klassischen Familie gibt, die der Idee genügen, füreinander einzustehen. Das aber scheint mir das wichtigste Kriterium zu sein, aus moralischer Sicht sogar wichtiger und wohl auch wertvoller als die Frage, ob eine Fortpflanzungsgemeinschaft oder genetische Verwandtschaft besteht. Den zweiten Aspekt kann man teilweise aus dem ersten ableiten: Man muss diese möglichen Alternativen zur Familie anerkennen, achten und pflegen. Tatsächlich wird so manche alte Ehe halten, nur weil sie geschlossen wurde und die Scheidung einen Aufwand darstellt. Den Vorteil haben Freunde, Lebensgemeinschaften oder Ähnliches nicht. Aber so, wie es auch für das Innenleben einer Beziehung notwendig ist, sie zu pflegen, brauchen das die informellen Formen für ihren Fortbestand insgesamt.

Speziell wenn man sich den Aspekt der gegenseitigen Achtung als Teil der Freundschaft vergegenwärtigt.

Ausblick

In den nächsten Jahren und Jahrzehnten werden zunehmend andere als die bislang gewohnten Formen des Zusammenlebens und vor allem auch des Zusammenhalts wichtig werden. Seien es Freundschaften, lebenslange Beziehungen ohne institutionelle Anerkennung, wechselnde Partnerschaften oder ganz neue Formen wie Wohngemeinschaften oder Hausgemeinschaften auch im höheren Alter. Das alles soll die klassische Familie nicht ablösen, man muss nur der Tatsache Rechnung tragen, dass nicht mehr alle Menschen die Familie als Lebensform wählen. Wenn man das Miteinander von Menschen und die Tatsache, dass sie füreinander Verantwortung übernehmen, als das eigentliche Ideal der Familie betrachtet, kann man dieses Ideal bewahren und fördern, indem man die anderen Formen nicht als zweitklassig abwertet, sondern umgekehrt diesen wertvollen Teil herausstellt. Man muss anerkennen, dass es gute und schlechte Familien gibt und dass es gute und schlechte andere Formen des Zusammenlebens gibt. Aber die guten fördert man, indem man sie anerkennt und das Bewusstsein schafft, dass sie auch wertvoll sind. Mir scheint eines wirklich wichtig: Familie ist dort, wo Menschen füreinander einstehen.

12 Von Biohähnchen, Vegetariern und Kühlschränken im Wald
Über Tiere, Umwelt und Natur

Manchmal sind es kleine Beobachtungen, die einen nachdenklich werden lassen. Zum Beispiel bei einer international hochkarätig besetzten Konferenz über Moralphilosophie an der Humboldt-Universität zu Berlin. Zur Mittagspause ging man in ein benachbartes Kulturinstitut, in dem Plätze und Menüs in ausreichender Zahl reserviert waren. Nachdem die Getränke bestellt waren, kam die Bedienung und fragte, wer von den Anwesenden ein vegetarisches Menü haben wolle: Über die Hälfte hob die Hand. Kurz darauf erschien der Koch mit unangenehmen Nachrichten: Die Küche war darauf nicht vorbereitet und hatte nach üblichen Erfahrungen – das Institut liegt direkt hinter der Universität – vorsorglich für etwa ein Viertel der Gäste vegetarische Menüs vorbereitet. Zum Glück sind Moralphilosophen verständige Menschen, und so konnte rasch geklärt werden, wer auf gar keinen Fall Fleisch essen will, die bekamen die vegetarischen Menüs. Andere begnügten sich mit den Beilagen, und ein Teil fügte sich stoisch (eine Haltung, die ja bei Philosophen auch nicht so fernliegt) in ihr an diesem Tag karnivores Schicksal.

Nun war das keine Konferenz über Tierrechte oder Umweltthemen, sondern eine allgemein moralphilosophische Tagung über den »Point of Morality«, also die Position der Moral. Und dennoch waren über die Hälfte der Teilnehmer Vegetarier. Das gibt zu denken, da ihr Anteil in den meisten Ländern zwischen ein und zwei Prozent liegt, so auch in Deutschland laut der nationalen Verzehrstudie. Andere Studien, meist von Vegetarierverbänden, kommen auf bis zu acht Prozent, jedoch nicht annähernd auf über 50 Prozent.

Auch nicht unter Akademikern oder Frauen, Gruppen, die typischerweise einen höheren Anteil an Fleischverweigerern aufweisen. Spricht also die Moral dafür, auf Fleisch zu verzichten? Diese Frage zu beantworten scheint schwierig, denn man kann die Beobachtung auch von der anderen Seite her betrachten: Fast die Hälfte einer Stichprobe von Menschen, die sich professionell mit Moral beschäftigen, sieht sich offenbar nicht daran gehindert, Fleisch zu essen.

Fleischesser oder Vegetarier?

Wie sollte man also mit dieser Frage umgehen? Weiter Fleisch essen oder darauf verzichten? Auch wenn das Thema umstritten ist und sich – wie man oben gesehen hat – selbst die Moralphilosophen keineswegs einmütig verhalten, will ich hier relativ klar Position beziehen: Aus moralischer Sicht ist es besser, kein Fleisch zu essen. Moment, das kann man nicht so pauschal sagen!, höre ich nun Protestrufe. Na gut, ich bin ja kein Fundamentalist, ich lasse mit mir reden. Auch wenn ich zu meiner ersten Formulierung stehe, will ich es, um mehr Konsens zu erreichen, moderater formulieren: Aus moralischer Sicht ist es besser, nicht so viel Fleisch zu essen.

Wie komme ich darauf? Ausschlaggebend sind für mich drei Gründe:

1. Aus tierethischer Sicht scheinen die Positionen, die gegen das Züchten und Schlachten von Tieren sprechen, einleuchtender als die, die es für unbedenklich erklären. 2. Die Fleischproduktion belastet Umwelt und Klima weit stärker, als es für die Ernährung notwendig wäre. 3. Es ist für den Menschen nicht notwendig, Fleisch zu essen. Keinesfalls in den bei uns üblichen Mengen. In diesem Umfang ist es sogar eher gesundheitsschädlich.

Die tierethische Position

Die Moralphilosophen waren sich nicht einig beim Bestellen des Mittagessens, sie sind es sich noch weniger in der theoretischen Betrachtung des Problems: Wie steht der Mensch zum Tier? Im Grunde lassen sich bei den Theorien zwei Konzepte unterscheiden: egalitaristische und hierarchische. Das klingt komplizierter als es ist. Die egalitaristischen Theorien gehen davon aus, dass Mensch und Tier auf gleicher Stufe stehen, der Mensch nur eine Spezies unter vielen ist und deshalb die Interessen der Tiere genauso berücksichtigt werden müssen wie die des Menschen. Die hierarchischen Theorien gehen dagegen davon aus, dass der Mensch als solcher über den Tieren steht – wie in einer Hierarchie.

Viele werden zunächst die Idee, dass Tiere auf derselben Stufe stehen wie Menschen, skeptisch betrachten. Aber schon die erste Formulierung dieser Position durch Jeremy Bentham, den Begründer des Utilitarismus, lässt nachdenken. Bentham hatte ja das Prinzip des Utilitarismus so erklärt:

»Unter dem Prinzip der Nützlichkeit ist jenes Prinzip zu verstehen, das schlechthin jede Handlung in dem Maß billigt und missbilligt, wie ihr die Tendenz innezuwohnen scheint, das Glück der Gruppe, deren Interesse in Frage steht, zu vermehren oder zu vermindern, oder [...] dieses Glück zu befördern oder zu verhindern.«

An dieser Stelle taucht natürlich sofort die Frage auf: Wer gehört denn zu dieser Gruppe? Für Bentham war schon 1789 klar, dass auch Tiere dazugehören müssen:

»Vielleicht wird man eines Tages erkennen, dass die Anzahl der Beine, die Behaarung der Haut oder das Ende des Kreuzbeins gleichermaßen ungenügende Argumente sind, um ein empfindungsfähiges Wesens dem gleichen Schicksal zu überlassen [gemeint war, den Launen eines Peinigers ausgesetzt zu sein]. Warum soll sonst die unüberwindbare Grenze gerade hier liegen? Ist es die Fähigkeit zu denken oder vielleicht die

Fähigkeit zu sprechen? Aber ein ausgewachsenes Pferd oder ein Hund ist ein unvergleichlich vernünftigeres sowie mitteilsameres Wesen als ein einen Tag, eine Woche, oder gar einen Monat alter Säugling. Aber angenommen dies wäre nicht so, was würde das ausmachen? Die Frage ist nicht ›Können sie denken?‹ Auch nicht ›Können sie reden?‹ Sondern ›Können sie leiden?‹.«

Man kann dem Utilitarismus gegenüber eingestellt sein wie man will und sich dagegen sträuben, Tiere und Menschen auf eine Stufe stellen zu wollen, aber an einer Stelle schluckt man: »Können sie leiden?« scheint wirklich ein Kriterium zu sein, an dem man schlecht vorbei kann.

Und an dieser Stelle kommt es zu einer Gabelung. Wer aus dieser Argumentation schließt, dass deshalb Tiere im Grunde die gleichen Rechte haben müssen wie Menschen – wenn auch eventuell mit der Abschwächung, dass im Konfliktfall die des Menschen vorgehen –, landet bei den Tier**rechten** und in der praktischen Konsequenz beim Veganismus, bei der Ablehnung aller tierischer Produkte, die ja nur durch eine »Versklavung« von Tieren gewonnen werden können.

Wer dagegen sagt: Ja, wir müssen die Interessen der Tiere auch berücksichtigen, aber dennoch sind sie nicht gleichberechtigt, der landet beim Tier**schutz**. Er gesteht den Tieren nicht die gleichen Rechte zu wie den Menschen, sieht den Menschen aber als verpflichtet an, das Leiden von Tieren zu vermeiden. Aber dann wird es wieder schwierig: jedes Leiden oder unnötiges Leiden? Und welche Leiden sind notwendig und welche nicht? Davon, wie man diese Fragen beantwortet, hängt ab, ob man Vegetarier wird oder ob man nur noch Fleisch aus artgerechter Haltung isst.

Fehlt hier etwas? Nein. Die dritte Variante, ganz allgemein jedes Fleisch, nicht nur solches aus artgerechter Haltung, zu essen, habe ich absichtlich nicht genannt. Aus einem einfachen Grund: Ich halte sie aus moralischer Sicht für nicht vertretbar.

Biotomaten und Biohähnchen

Warum diese Härte der Aussage? Das liegt am Prinzip des Individuums – und der Frage: »Können sie leiden?« Man kann sicherlich streiten, ob man sich generell auf Biolebensmittel beschränken soll. Ganz unabhängig von der Frage der eigenen Gesundheit spricht die Art der Landwirtschaft dafür und die Überlegung, wie man mit dem Planeten Erde umgehen möchte. Aber das sind allgemeine Überlegungen. Sicher ist es besser, wenn weniger Giftstoffe verspritzt werden und Landstriche nicht veröden, weil das Grundwasser zur Bewässerung der Kulturen abgepumpt und rücksichtslos verbraucht wird. Aber man trägt tatsächlich nur zu einem sehr kleinen Teil bei – wie stichhaltig oder besser wie wenig stichhaltig dieses Argument ist, kann man im Kapitel über Konsum und Geld sehen. Aber immerhin ist es ein Argument. Dieses Argument versagt jedoch beim Tier. Weil man jedes Tier als Individuum ansehen muss. Wer Tomaten oder Erdbeeren aus konventioneller Landwirtschaft in Südspanien kauft, trägt seinen Teil zu den ökologischen Problemen dort bei. Wer aber ein Hähnchen für unter zwei Euro im Supermarkt oder am Hähnchenstand kauft, weiß, dass er damit diesem individuellen Tier ein qualvolles kurzes Leben bereitet hat. Und dass er persönlich für die Qualen dieses individuellen Tieres verantwortlich ist. Nur dank der Arbeitsteilung hat die Ausführung der Quälerei jemand anderes erledigt. Aber die Anweisung dazu hat der Käufer des Billigsthähnchens gegeben.

Das Gleiche gilt bei jedem anderen Fleisch und auch bei Fisch. Wenngleich bei Fisch ein anderes Problem im Vordergrund steht: die gesamtökologischen Folgen. Und es gilt genauso bei allen tierischen Produkten, an vorderster Front bei den Milchprodukten. Dieses Problem tauchte auch schon bei der Frage des Konsumentenverhaltens auf. Dort behandelten wir es vor allem im Hinblick auf die Bauern und die landwirtschaftliche Struktur. Außer den Produzenten trifft es aber auch oder noch mehr die Kühe: Wer zur billigsten Milch greift, nimmt in Kauf, dass die Kühe dafür in industrieller Massentierhaltung leben müssen. Wie das genau aussieht, kann man in einschlägigen Veröffentlichungen lesen oder sich entsprechende Videos im Internet ansehen. Ich will das nicht weiter ausführen, nur so viel: Vergnügen ist es keines. Da aber hochentwickelte Tiere ziemlich sicher leidensfähig sind, führt aus moralischer Sicht kein Weg an artgerechter Tierhaltung vorbei.

Fleisch nurmehr für Reiche?

Biofleisch ist allerdings wesentlich teuerer als konventionell produziertes. Folgt dann nicht daraus, dass sich nurmehr Reiche Fleisch leisten können? Und ist das dann nicht unsozial, ungerecht? Stehen sich hier soziale Werte den Werten des Tierschutzes oder der Tierrechte gegenüber? Und wenn man hierarchisch denkt, dass Menschen höher stehen als Tiere, kann das nicht dazu führen, dass man doch Fleisch aus konventioneller Produktion essen darf?

Ich denke, nein. Wenn Fleisch aus artgerechter Haltung doppelt so viel kostet, bedeutet es ganz einfach, dass man sich, wenn man nicht mehr dafür ausgeben will oder kann, nur noch halb so viel leisten kann. Auf die durchschnittlichen Ernährungsgewohnheiten bezogen würden die Bratenstücke kleiner oder nurmehr jede zweite Mahlzeit enthielte Fleisch.

Die Frage lässt sich dann beantworten, wenn man sie anders formuliert: Welche Grenzen darf man nicht überschreiten, was darf man nicht tun, um seinen Lebensstandard zu erhöhen? Gehört die qualvolle Behandlung von Tieren zu diesen Dingen, die man nicht tun darf? Um hier Missverständnissen vorzubeugen: Es geht dabei nicht um Tierrechtsbewegung oder dergleichen, sondern nur um die nüchterne Frage: Darf man empfindungs- und leidensfähige

Tiere in einer Art und Weise züchten, aufziehen, halten, transportieren und schlachten, die ihnen Qualen verursacht, um den Fleischkonsum zu verbilligen? Diese Frage ist vollkommen losgelöst von der Frage, ob man Tiere überhaupt essen darf. Und wenn man diese Frage so nüchtern stellt, kommt man ziemlich schnell zur Antwort: Das darf man nicht. Das dürfte man allenfalls, wenn es für die Ernährung der Menschen absolut notwendig wäre.

Der Mensch als fleischfressendes Tier

Aber ist es das nicht? Einer der Hauptstreitpunkte zwischen Vegetariern und Fleischessern ist die Frage, ob der Mensch nicht als Allesfresser, Omnivore, das Recht hat, auch Fleisch zu essen, weil er historisch schon immer Fleisch gegessen hat, das somit seine natürliche Ernährung darstellt. Und ob deshalb aus biologischer Sicht das Essen von Fleisch nicht für seine Ernährung notwendig ist.

Zunächst zur ersten Frage, zu der, ob der Mensch nicht von Natur aus Fleischesser ist und deshalb auch ein natürliches Recht hat, Fleisch zu essen. Ich glaube, man muss sie nicht beantworten. Ein zugegeben sehr brutales Beispiel: In der Natur und in der Menschheitsgeschichte ist der sogenannte Infantizid weit verbreitet. Infantizid bedeutet Kindstötung. Es ist bei vielen speziell in Rudeln lebenden Tierarten üblich, dass ein neuer Rudelführer die von seinem Vorgänger stammenden Kinder tötet, damit seine neuen Kinder höhere Chancen haben. Und auch in der Menschheitsgeschichte kommt er in vielen Kulturen vor. Das besagt aber – wie man hoffentlich nicht weiter begründen muss – auf keinen Fall, dass er moralisch richtig ist. Ich will nun Fleischessen keinesfalls auch nur ansatzweise mit dem Töten von Kindern vergleichen. Ich sehe da nur eine einzige Parallele, nämlich das, was ich mit diesem Beispiel zeigen will: Nur weil etwas in der Entwicklungs- und Stammesgeschichte des Menschen vorkommt, ist es noch lange nicht richtig. Es ist nicht ohne Bedeutung dafür, wie man sich verhält, aber es ist schlicht kein Argument für moralisch richtiges Verhalten.

Denn die Frage ist in diesem Zusammenhang nicht, ob der Mensch eigentlich Vegetarier ist, sondern nur, ob er vegetarisch leben *kann*. Auch das wird diskutiert. Es gibt viele Studien dazu, die mich persönlich zwar überzeugen, dass die vegetarische Ernährung sogar gesünder ist, aber die Meinungen werden mit fast religiöser Inbrunst verteidigt. Deshalb will ich mich hier auf zwei Argumente beschränken, die meines Erachtens ausreichen und die ich für zwingend halte. Erstens, es gibt Religionen, die den Fleischkonsum ablehnen, zum Beispiel Teile des Hinduismus – bis zu 40 Prozent der Gläubigen geben an, vegetarisch zu leben, und damit beachtliche Teile der indischen Bevölkerung – oder ganz kategorisch der Jainismus. Zu ihm bekennen sich zwar nur etwa vier bis fünf Millionen Menschen, aber das sind mehr als Null. Es könnte diese Religionen nicht geben, wenn es nicht möglich wäre, ohne Fleisch zu leben. Und zweitens hat vermutlich jeder von uns in seinem Bekanntenkreis Vegetarier, niemand kennt einen davon, der an Mangelernährung über seiner Müslischale zusammengebrochen wäre. Falls man keinen Vegetarier im Bekanntenkreis hat, kennt man zum Beispiel Dustin Hoffman, Richard Gere, Keanue Reeves, Pamela Anderson oder Brigit Bardot, die alle ziemlich lebendig wirken. Und denknotwendig reicht ein einziger langjährig vegetarisch lebender Mensch aus, um zu belegen, dass man ohne Mangelerscheinungen vegetarisch leben *kann*. Und um mehr geht es hier nicht. Das Argument, der Mensch brauche Fleisch für seine Ernährung, trägt nicht.

Nurmehr Biofleisch oder gar kein Fleisch?

Eines der überraschendsten Bücher des Jahres 2009 war das erste Sachbuch des amerikanischen Romanciers Jonathan Safran Foer: »Eating Animals«. 2010 erschien es auf Deutsch unter dem Titel »Tiere essen« und erregte hierzulande nicht weniger Aufmerksamkeit als zuvor schon in den USA. Foer erzählt darin, dass er schon öfter über gewisse Zeitspannen hinweg vegetarisch gelebt, es aber immer wieder aufgegeben hatte. Als dann sein Sohn auf die Welt kam, überlegte er, wie er ihm ein gutes Leben bereiten könnte, und begann zu recherchieren. Er wollte wissen, was Fleisch, das er auf dem Teller hat, eigentlich ist, wollte mehr erfahren über die wirtschaftlichen, sozialen und ökologischen Auswirkungen des Fleischkonsums. Das Ergebnis dieser Recherche war das Buch »Eating Animals«. Ein beeindruckendes Buch, das eine enorme Menge an Fakten enthält, aber auch viele Geschichten rund um Fleisch und Tiere erzählt. Es hat nicht nur eine Diskussion ausgelöst, sondern auch viele Menschen zum Vegetarismus bewegt. Foer gründet das Buch und seine Argumentation auf drei Pfeiler: Das Problem des Lebens und Leidens der Tiere, der Beeinträchtigung der eigenen Gesundheit und die Umweltbelastung, die durch die Massentierhaltung entsteht. Das Leiden der Tiere haben wir oben besprochen, die eigene Gesundheit ist in weiten Zügen jedermanns eigene Angelegenheit, es bleibt aber die Umweltbelastung als moralisches Problem. Um die muss es deshalb hier auch gehen.

Laut dem UN-Bericht »Livestock's Long Shadow« aus dem Jahr 2006 ist die Viehhaltung für 18 Prozent aller klimaschädlichen Gase verantwortlich. Dies ist immerhin etwa so viel oder sogar mehr wie der gesamte Transportsektor: Autos, Schiffe, Eisenbahn, Flugzeuge, also all die Bereiche, in denen große Anstrengungen zur Reduzierung der CO_2-Emissionen unternommen werden. Andere Quellen berichten sogar von noch höheren Zahlen und verweisen etwa auf die hohe Klimawirksamkeit des Methans aus dem Darm von Rindern. Ob die Tiere in ökologischem Landbau gezogen werden, ändert nach einer anderen Studie daran übrigens nur wenig, bei der Rindfleischproduktion soll das sogar zu einer erhöhten CO_2-Belastung führen. Nahezu die gesamte besonders verheerende Regenwaldabholzung erfolgt, so kann man lesen, ausschließlich zugunsten von zusätzlichen Anbauflächen für Futterpflanzen der Schlachttierproduktion.

Man kann sicherlich über die Zahlen streiten, aber vielleicht genügt auch hier wieder eine ganz andere Zahl, um das Grundprinzip zu illustrieren. Die Autoren des Buches »Time to eat the dog?«, Brenda und Robert Vale, rechnen vor, dass ein mittelgroßer Hund vor allem wegen seines Fleischkonsums eine wesentlich stärkere Klimabelastung hervorruft als Herstellung und jährlich 10 000 Kilometer Fahren mit einem großen Geländewagen, der ja als besonders klimaschädlich verrufen ist. Bei Katzen entspreche es immerhin noch einem VW Golf. Auch diese Zahlen sind umstritten, vor allem weil Tierfutter aus Schlachtabfällen hergestellt wird, die ohnehin anfallen. Als plastisches Beispiel können sie dennoch dienen, zumal die Verwendung von Schlachtabfällen bei der menschlichen Ernährung nur untergeordnete Bedeutung hat – hofft man.

Rückkehr zum Sonntagsbraten

Ich will hier auch nicht die Zahlen diskutieren. Wer Genaueres wissen will, dem sei Jonathan Safran Foers Buch ans Herz gelegt. Foer betont, nur die konservativsten Zahlen, wenn möglich aus amtlichen Quellen, herangezogen zu haben, und ließ sie von zwei Faktencheckern überprüfen. Hier soll es ja um die Grundfrage des moralisch richtigen Verhaltens gehen, und da kommt man – ob nun die Prozentzahlen ein wenig nach oben oder unten abweichen –

zum Ergebnis, dass die vegetarische Ernährung vorzugswürdig ist. Es ist besser, keine Tiere zu essen. Im Hinblick auf den Tierschutz ohnehin, aber auch aus Gründen des Klimaschutzes und der Schonung der Ressourcen, wenn man sich die Fakten dazu ansieht.

Ich mache auch keinen Hehl daraus, dass ich persönlich eine Präferenz für vegetarische Ernährung hege. Über kurz oder lang werden wir uns vermutlich sogar stärker in Richtung auf eine vegane Ernährung, also ohne Tierprodukte hin bewegen. Aber dabei ist noch vieles offen und sicherlich vieles zu diskutieren.

Nicht mehr vertretbar scheint jedoch der Fleischkonsum in dem Umfang, wie er heute in hochentwickelten Ländern stattfindet: siebenmal die Woche bis zu dreimal täglich Fleisch essen – richtigerweise müsste man »Tiere essen« sagen. Foer nennt sein Buch nicht zufällig so, und führt darin auch die Zahl von 21 000 ganzen Tieren an, die ein Durchschnittsamerikaner im Laufe seines Lebens verzehrt.

Diese Mengen können ökonomisch nur durch Verzicht auf artgerechte Haltung und ökologisch nur durch Raubbau an der Natur produziert werden.

Aus moralischer Sicht spricht daher – wenn der Verzicht auf Fleisch nicht in Frage kommt – viel für das Modell Sonntagsbraten. Damit ist nicht unbedingt gemeint, dass man nur sonntags Fleisch essen darf, aber das Bewusstsein, dass nicht jede Mahlzeit Fleisch enthalten muss, dass Fleisch etwas Besonderes ist und dass es Tiere sind, die man dabei isst. Und dass man die Produktion von tierischen Nahrungsmitteln nicht ebenso rationalisieren kann wie die von Autos oder anderen Gegenständen, die man immer billiger produzieren möchte. Hier gibt es die absolute Grenze der individuellen Tiere, zu deren Lasten man nicht beliebig einsparen darf.

Planetare Probleme

Nach all den toten Tieren vielleicht einmal eine kleine Aufheiterung. Kennen Sie diesen Witz? Treffen sich zwei Planeten. Fragt der eine: »Wie geht's?« Der andere antwortet: »Schlecht, ich hab Homo Sapiens.« Darauf der erste, tröstend: »Das geht vorbei.«

Gut, ich gebe zu, der Witz ist nur teilweise erheiternd. Dennoch mag ich ihn – ich finde ihn übrigens wirklich lustig –, weil er außer dem Humor noch mehr beinhaltet: Er beschreibt das Verhältnis zwischen dem Menschen und seiner Umgebung, wenn man so will, Umwelt und Natur, und er wechselt den Blickwinkel. Ein anderer Blickwinkel aber ist in der Ethik immer sinnvoll. Man darf nicht vergessen, dass die vermutlich einfachste ethische Regel, die goldene Regel »Was du nicht willst, das man dir tu, das füg auch keinem andern zu!«, nichts anderes beinhaltet als einen Wechsel des Blickwinkels: Man soll sich die Sache aus den Augen des Anderen betrachten.

Hier geht es plötzlich nicht mehr um den Blickwinkel des Menschen, sondern um den der Erde, man könnte auch sagen, um eine globalere Sicht – womit wir wieder Anschluss an die vorherigen Gedanken gefunden hätten. Es geht um die Frage, wie viel sich jeder von uns vom gemeinsamen Kuchen Erde nehmen darf. Wobei man das Wort »nehmen« etwas umfassender sehen muss: Zum Nehmen vom gemeinsamen Kuchen Erde gehört auch das Einleiten von Abfällen einschließlich des derzeit so heiß umstrittenen CO_2 und anderer klimaschädlicher Gase. Es beinhaltet aber auch ein Verhalten, das andere Arten, seien es Tiere oder Pflanzen, verdrängt, aussterben lässt.

Nachhaltigkeit

Man kann das alles auch unter dem Stichwort »Nachhaltigkeit« bearbeiten. Nachhaltigkeit ist ein umstrittener Begriff, der auch in der Wirtschaft verwendet wird. Im Bezug auf die Nutzung der Erde durch den Menschen würde ich ihn in der Weise verwenden wollen, dass er eine Nutzung beschreibt, die nur in dem Ausmaß erfolgt, in dem das zugrundeliegende System, hier die Erde, erhalten bleibt und sich regenerieren kann. In diese Richtung geht auch das alte Indianersprichwort, das eine Zeitlang in der Umweltbewegung sehr beliebt war, dabei aber leider auch den Geruch von Birkenstocksandalen und Jutetaschen angenommen hat: »Wir haben die Erde nicht von unseren Eltern geerbt, sondern wir haben sie von unseren Kindern nur geliehen.« Mir gefällt an dieser Stelle fast die Idee des gemeinsamen Kuchens besser, weil sie weniger pathetisch klingt und das Hauptproblem, die Begrenzung der Erde, beinhaltet. Außerdem wird dasselbe Prinzip umgekehrt beim ökologischen Fußabdruck verwendet. Beim ökologischen Fußabdruck – entsprechend auch beim CO_2-Fußabdruck, dem carbon footprint – berechnet man, wie viel Fläche man für seinen Lebensstil benötigt und wie viele Erden man bräuchte, wenn alle diesen Lebensstil pflegten. Man kann sich im Internet innerhalb von ein paar Minuten durch entsprechende Programme klicken und seinen individuellen Abdruck ausrechnen. Das Ergebnis hängt vom eigenen Lebensstil ab, für den des durchschnittlichen Mitteleuropäers bräuchte man etwa drei Erden.

Es mag jetzt etwas komisch klingen, aber an dieser Stelle wird es von moralischer Seite fast ein wenig langweilig. Was soll man jetzt noch sagen, außer dass das natürlich nicht richtig ist? Deshalb habe ich das Kuchenbeispiel gewählt, weil es so einleuchtend ist und zeigt, dass es sich dabei auch um Fragen der Gerechtigkeit handelt. Manchmal gibt es gute Gründe, dass einer ein größeres Stück vom Kuchen bekommt als die anderen, aber hier fallen mir ehrlich gesagt keine ein.

Ist es nun besser, Energie zu sparen? Soll man erneuerbare Energien fördern? Oder mehr auf effizientere Nutzung setzen? Soll man Solarstrom fördern oder Windkraft? Soll man Müll vermeiden? Oder soll man ihn sortenrein trennen?

Die Antwort aus moralischer Sicht lautet: Ja. Das ist überspitzt ausgedrückt, ausführlich müsste die Antwort lauten: Das kann die Ethik nicht beantworten. Welche Maßnahmen oder Technologien am wirksamsten sind, müssen Experten auf den jeweiligen Gebieten beantworten. Aber dass man etwas davon tun muss, steht außer Frage. Vermutlich sollte man alles parallel angehen: sparen und neue Technologien entwickeln. Und nicht nur auf eine einzelne Technologie setzen, wie man es bei der Atomkraft über Jahrzehnte mit massiven Fördermitteln getan hat. Aus moralischer Sicht ist eine Technologie, mit deren Abfällen sich die nächsten – grob geschätzt – 1000 Generationen befassen müssen, ohnehin sehr fragwürdig. Aber ganz abgesehen davon ist die einzige Aussage, die man zu diesem Thema treffen kann: Ein Lebensstil, der drei Erden benötigt, ist nicht vertretbar. Entweder man schränkt sich ein, oder man findet Alternativen. Das kann eine effizientere Nutzung der vorhandenen Mittel sein, oder man entwickelt und nutzt regenerative Ressourcen. Man muss zudem aus Sicht der generationenübergreifenden Gerechtigkeit fragen, woher die derzeitigen Generationen das Recht nehmen, die weltweiten Vorräte an fossilen Brennstoffen, Kohle, Erdöl, Erdgas, die auch die Grundlage vieler chemischer Produkte darstellen, bis zur Neige aufzubrauchen. Und für viele andere Rohstoffe gilt dasselbe.

Das Prinzip Verantwortung

Allerdings stellt sich ein Problem: Je weiter man von den Orten entfernt ist, an denen sich das eigene Leben auf Umwelt, Tiere und Natur auswirkt, desto schwieriger wird es, die Auswirkungen zu überschauen und festzustellen, was denn das Richtige ist. Noch schwieriger wird es, wenn, wie etwa derzeit beim Klimawandel, die Folgen noch gar nicht oder nur zum Teil eingetreten sind. Man ist auf Prognosen angewiesen und muss mit Wahrscheinlichkeiten arbeiten. Eine ähnliche Diskussion führte man in den 1980er Jahren um das Waldsterben und den saueren Regen: Ob und in welchem Ausmaß er durch Schwefeldioxid-Emissionen verursacht wird. Oder etwa zur gleichen Zeit um das Ozonloch und die Fluorchlorkohlenwasserstoffe, die FCKW. Für fast jede Studie gab es eine Gegenstudie oder den puren Zweifel, die das Problem oder den Zusammenhang in Frage stellten. So ähnlich wie wir es heute beim Klimawandel und dem Zusammenhang mit klimaschädlichen Gasen, allen voran dem CO_2, erleben.

Bei den Schwefeldioxid-Emissionen und den FCKW hat man sich für ein Tätigwerden entschieden. Das Waldsterben ist im befürchteten Umfang ausgeblieben; die einen führen es auf die Reduktion der Emissionen um über 90 % zurück, die anderen sehen sich in ihrem Zweifel bestätigt. Beim Ozonloch hofft man noch, dass es sich nach dem Verbot der FCKW in den nächsten 50 Jahren wieder schließt. Erste Anzeichen dafür kann man schon beobachten.

Wie aber soll man damit umgehen, dass sich die zum Teil globalen Auswirkungen im Umweltbereich, von denen manche auch erst in der Zukunft zum Tragen kommen werden, nicht mit Sicherheit belegen lassen?

Mit dieser Frage beschäftigte sich der aus Deutschland stammende, zunächst nach Israel und dann in die USA emigrierte Philosoph Hans Jonas. Er stellte in seinem 1979 erschienenen Buch »Das Prinzip Verantwortung« eine neue Ethik vor, den »Versuch einer Ethik für die technologische Zivilisation«, wie er das Buch im Untertitel nannte.

Jonas ging davon aus, dass die bisherige Ethik, wie er sie nannte, für die neuen technologischen Probleme zu kurz greift. Eben gerade wegen des zunehmenden Ausmaßes an Arbeitsteilung, der größeren Distanz zwischen Akteuren und den Folgen ihres Handelns, der immer größeren Reichweite der Technologien und vor allem der zunehmenden Ungewissheit über die langfristigen Folgen. Beim Kühlschrank, den jemand im Wald ablädt, sieht jeder sofort die Folgen, bei den FCKW, die er als Kühlmittel enthält, nicht.

Jonas wollte deshalb der bisherigen Ethik, er meinte damit vor allem die Ethik Kants, eine neue Zukunftsethik zur Seite stellen, sie ergänzen. Aus dieser Jonas'schen Ethik scheinen mir für das tägliche Leben zwei Grundsätze wichtig.

Der erste ist ein, wie Jonas es nannte, neuer Kategorischer Imperativ, der den bisherigen vor allem in Richtung auf die Zukunft ergänzen sollte:

»Handle so, dass die Wirkungen Deiner Handlung verträglich sind mit der Permanenz echten menschlichen Lebens auf Erden.«

Das Überleben soll bei der Kollision mit anderen moralischen Erwägungen Vorrang erhalten. Jonas erkannte zudem, dass bei den weitreichenden Folgen, die Technologien und Handlungen haben, auch für ethische Urteilsfindungen zunehmend empirisches Wissen und Prognosen herangezogen werden müssen. Deshalb forderte er, dass man sich eine Vorstellung von den örtlichen und zeitlichen Fernwirkungen macht, als erste Pflicht einer Zukunftsethik. Und bei der Bewertung stellte er den zunächst überraschenden Grundsatz des Vorrangs des Schlechten auf. Er nannte es »In dubio pro malo«. Natürlich nicht auf die Handlungen bezogen, sondern auf die Prognosen:

»Wenn im Zweifel, gib der schlimmeren Prognose vor der besseren Gehör, denn die Einsätze sind zu groß geworden für das Spiel.«

Vereinfacht gesagt, argumentiert er, dass man in sich essentiellen Fragen bei zwei Prognosen, die sich widersprechen, nach der richten soll, die die schlimmeren Folgen vorhersagt. Weil es weniger schlimm ist, sich in dieser Richtung getäuscht zu haben als andersherum, wenn man nichts unternimmt und die Welt geht zugrunde.

Kühlschränke im Wald

Es mutet schon komisch an, wenn man beim Thema Natur und Tiere – in der Umweltethik spricht man bei dem Themenkreis übrigens gerne von UTN: **U**mwelt **T**iere **N**atur, also UTN-Schutz – vor allem zwei Bereiche behandelt: das Essen von Fleisch und Nachhaltigkeit. Und sich bei der Nachhaltigkeit auch noch auf das Thema CO_2 konzentriert. Das kann doch nicht alles sein.

Es ist auch nicht alles. Natürlich geht es dabei um mehr: um aussterbende Tier- und Pflanzenarten weltweit und bei uns. Warum sterben sie aus? Unter anderem weil ihnen der Lebensraum genommen wird – ein Thema der Nachhaltigkeit. Um das Leid von Tieren, die schlecht gehalten werden. In Deutschland werden jährlich mehr als 600 Millionen Tiere verspeist, die meisten in industrieller Massentierhaltung gehalten, ebenso industriell transportiert und geschlachtet. Im Vergleich dazu sind die heftig diskutierten Tierversuche ein zahlenmäßig geringes Problem: 2,8 Millionen Tiere, die in der Forschung »verbraucht« werden, machen weniger als ein Prozent der Tiere aus, die im Kühlregal landen. Dem stehen etwa 90 Millionen Haustiere gegenüber, davon ca. 10 Millionen Hunde und Katzen. Bei den meisten geben sich die Tierhalter redliche Mühe, sie gut zu behandeln. Auf jeden Fall haben vermutlich fast alle von ihnen ein wesentlich besseres Leben und auch Ende als die ganz überwiegende Mehrzahl der Schlachttiere. Dass man auch im Haustierbereich auf artgerechte Tierhaltung achten sollte, also etwa exotische Tiere nicht in zu kleinen oder ungeeigneten Behältnissen oder große Hunde mit zu wenig Auslauf in Stadtwohnungen, versteht sich von alleine. Vor allem aber scheint es mir im Vergleich zum Ausmaß der industriellen Massentierhaltung ein eher geringes Problem.

Es geht auch um Umweltkatastrophen, wie die des Tankers Exxon Valdez, aus dem 1989 nach einer Havarie im Prinz-William-Sund in Alaska 37 000 Tonnen Rohöl ausliefen und ein empfindliches Ökosystem massiv schädigten. Oder 2010, als die Ölbohrplattform Deepwater Horizon explodierte und monatelang Rohöl in den Golf von Mexiko strömte – ein Vielfaches der Menge der Exxon Valdez. Wie und warum kommt es zu solchen Katastrophen? Weil die weltweite Nachfrage nach Öl so groß ist, dass es unter zunehmendem Risiko gefördert und transportiert wird. Und schon wieder landet man bei der Nachhaltigkeit und der Einschränkung des Verbrauchs.

Die Liste ließe sich lange fortführen, aber unterm Strich zeigt sich eines: Echten Umwelt-, Tier-, Naturschutz kann der moderne Mensch fast nurmehr indirekt bewerkstelligen, weil er – außer bei seinen Haustieren – auch nurmehr indirekt mit Umwelt, Tieren und Natur in Kontakt kommt oder Einfluss auf sie ausübt.

Sieht man von den Haustieren ab, haben die wenigsten Menschen direkten Einfluss auf das Schicksal der Tiere – sowohl im eigenen Land als auch weltweit. Wer fährt schon auf Großwildjagd, um die letzten geschützten bengalischen Tiger zu erlegen? Aber viele müssten sich überlegen, ob sie die letzten Thunfische auf ihrer Pizza oder ihren Sushihäppchen essen. Die Zahl der Menschen, die hierzulande selbst Nutztiere halten, ist sehr gering. Und vermutlich werden die in den kleinen Betrieben, um die es dann geht, ohnehin wesentlich besser gehalten als in den industriellen Massentierhaltungen.

Wenn man seine leere Getränkeflasche im Park in die Büsche wirft, ist das keine Frage des Naturschutzes, sondern des Schutzes der Mitbürger, die sich dort erholen wollen. Für den Naturschutz ist es vergleichsweise irrelevant, ob in einer hochfrequentierten und intensiv bearbeiteten innerstädtischen Grünanlage eine Plastikflasche die 500 Jahre, die sie bis zum Verrotten braucht, liegen bleibt. Bei der dünnen Plastiktüte, die man sich beim Kiosk fürs Tragen hat geben lassen, mag es anders aussehen, die wird vom Wind verblasen und stellt in ihren 500 Daseinsjahren eine Gefahr für Tiere dar.

Noch vor 30 Jahren konnte man die ernstgemeinten Ermahnungen hören, man soll nicht das Altöl in den Straßengully kippen, weil ein Liter Öl 1 Million Liter Grundwasser verseuchen könne. Ob das wirklich zutrifft, sei dahingestellt. Nur, wer kippt heute noch sein Öl in den Gully? Und damals lernte man auch ausdrücklich, man solle sein Auto nicht in der Natur waschen und keinen Müll oder alte Kühlschränke im Wald abladen. Auch das tun nur die wenigsten. Allerdings wäre es vermutlich harmlos gegenüber dem, was sie anrichten, weil sie zum Tanken zur blitzsauberen Tankstelle fahren und damit Ölbohrungen im Golf von Mexiko und Tankerfahrten über alle Weltmeere nachfragen.

Wir müssen erkennen, dass in einer arbeitsteiligen globalisierten Welt nicht nur die Arbeit weltweit geteilt wird, sondern auch alles andere wie etwa Ressourcen und Umweltprobleme. Und dass alles, was wir nicht mehr selbst tun, zwar aus den Augen und deshalb auch oft aus dem Sinn, aber noch lange nicht aus der Welt ist. Im Gegenteil, wir haben das Problem, dass wir das, was wir selbst tun, auch selbst kontrollieren und steuern können. Bei allem, was wir für uns erledigen lassen, ist das ungemein schwieriger. Von Verantwortung entbindet es aber nicht.

Was nun konkret tun?

Wie soll man sich nun konkret verhalten gegenüber der Umwelt? Soll man nun fliegen oder Bahn fahren? Das Mineralwasser in Kunststoffflaschen oder Glasflaschen kaufen? Sich Solarzellen aufs Dach montieren? Sein Haus wärmedämmen? Darf man in den Urlaub fliegen? Zum Wandern in den Harz fahren? Oder muss man im Stadtpark Enten füttern gehen? Darf man sich wenigstens noch duschen? Oder muss man sich kalt waschen? Muss man den Müll trennen? Und ist nicht der Wasserverbrauch, wenn man den Joghurtbecher ausspült, schlechter für die Umwelt als wenn man ihn gleich wegwirft?

Diese Liste ließe sich nun ziemlich lange fortsetzen, und für jeden Fall finden sich reichlich Empfehlungen und Information. Ganze Bücher voll, von denen etliche in der Bibliographie zu diesem Kapitel und zum Kapitel über Konsum und Geld aufgelistet sind. Ich will mich auch nicht vor Antworten drücken, aber sie gehören nicht hierher – und hätten auch gar keinen Platz. Aus moralischer Sicht geht es nur darum, dass man darauf achtet, sich kein zu großes Stück vom Kuchen Erde abzuschneiden. Und wenn man sich dann über die Fakten informiert, fällt die Antwort leicht. Manchmal ist es allerdings leichter, sie zu finden, als dann entsprechend zu handeln.

Mir scheinen jedoch ein paar Dinge wichtig, die auch generell für das Verhalten als Konsument gelten und teilweise auch in dem entsprechenden Kapitel besprochen werden:

1. Man muss sich informieren. Angesichts der komplizierten Zusammenhänge kann man nicht einfach sagen: »Wozu Kernkraftwerke, bei uns kommt der Strom aus der Steckdose?« Die Arbeitsteilung entlastet nicht von der Verantwortung. Wer Wasser in der Flasche aus anderen Teilen Europas kauft, kann sich nicht darauf herausreden, er wusste nicht, dass bei den großen Entfernungen bis zu einem Liter Erdöl für den Transport eines Liters Wasser aufgewendet wird
2. Bei der Bewertung muss man im Sinne Hans Jonas' Prinzip der Verantwortung an die zukünftigen Entwicklungen denken, vor allem aber, soweit sie seriös sind, sich eher nach den pessimistischen Szenarien richten und nicht nur selektiv die beruhigenden Studien wahrnehmen.

3. Man kann sich nicht auf den geringen Beitrag berufen, den man selbst leistet. Globale Umweltschäden entstehen durch die Summierung der Einzelbeiträge. Es wäre widersinnig, wenn sich alle, die nur ihren kleinen Beitrag leisten, darauf berufen, dass ihr Beitrag nur klein ist.
4. Jeder Beitrag ist ein Gewinn. Auch wenn man nicht zum Umweltheiligen wird, bleibt jede einzelne nicht verbrauchte Ressource erhalten, vermindert jede einzelne vermiedene Fahrt den CO_2-Eintrag in die Atmosphäre. Das Argument, »solange nicht das und das viel Schlimmere abgestellt wird, darf ich …«, zählt nur begrenzt.
5. Das alles sollte das Leben des Einzelnen nicht zur Mühsal werden lassen. Wie man im Kapitel Egoismus sehen konnte, bringt es oft wenig, von allen Menschen zu erwarten, dass sie sich wie Heilige verhalten. Wir sind fehlbare Menschen, aber wir können uns im Sinne des vorherigen Punktes um kleine Verbesserungen bemühen und sollten vor lauter Mülltrennen folgenden Punkt nicht vergessen:
6. Bei vielen Problemen im Umweltbereich lässt sich individuell nur begrenzt etwas erreichen. Es sind politische Lösungen notwendig, die, wie beim Klimawandel, oft auch nur international wirklich erfolgversprechend sind. Neben dem individuellen Verhalten ist daher auch politisches Engagement notwendig. Wahrscheinlich sogar vorrangig.

Teil III

Grundpfeiler einer zeitgemäßen Moral

13 Von Menschen, Unmenschen und verschwundener Ehre
Über Achtung

Bisher sind wir in diesem Buch verschiedenen Situationen des Lebens begegnet und haben versucht zu erkennen, was in diesen Situationen richtig ist und was nicht, was gut ist und was nicht. Ob und wann man lügen darf, wann man tolerant sein soll und wann nicht. Ob man höflich sein sollte und wie sich in Beziehungen und Familie verhalten. Wie es um Gelddinge bestellt ist, worum es bei der Hilfe für schlechter Gestellte geht und vieles mehr. Vor allem aber drehte es sich darum, *warum* etwas richtig ist oder falsch, gut oder schlecht.

Dieses *warum* ist aus zwei Gründen wichtig: zum einen, weil man für etwas, nach dem man sich richten soll, eine nachvollziehbare Begründung erwarten und verlangen kann. Zum anderen, weil sich, wenn man das *warum* kennt, die Grundsätze auch auf andere Situationen übertragen lassen. Das ist gerade der Vorteil davon, mit Grundsätzen und Begründungen zu arbeiten: Sie sind universeller und nicht, wie viele Regeln, auf bestimmte Situationen festgelegt. Ein »Du sollst nicht lügen« kann manchmal falsch sein. Wann das der Fall ist, kann man sich erschließen, wenn man weiß, wo die moralischen Probleme der Lüge liegen. Dass es um Vertrauen geht, um den möglichen Verlust der Sprache, vor allem aber darum, dass man mit der Lüge den Belogenen manipuliert. Dass manchmal das Gebot, nicht zu verletzen, für eine Lüge sprechen kann, ebenso wie der berechtigte Selbstschutz. Oder wenn man die Toleranz betrachtet. Man kann ihre Grenzen nur erkennen, wenn man versteht, warum es sie gibt: weil man ohne wechselseitige Freiräume nicht leben könnte und weil jeder ein Recht auf seine persönliche Freiheit hat. Und wo sie endet: dort, wo etwa Grundrechte missachtet werden, die Freiheit also missbraucht.

Wenn also diese Grundsätze unser Handeln prägen – und daran zweifle ich nicht –, wäre es natürlich besonders interessant zu wissen, ob hinter den Grundsätzen, die für die einzelnen Bereiche gelten, allgemeinere Grundsätze stehen, die überall gelten und an denen man sich orientieren kann. Ich glaube, es gibt solche, und ich will versuchen, einige von ihnen, die mir besonders wichtig erscheinen, in diesem und den nächsten kurzen Kapiteln darzulegen. Sie sind teilweise verwandt und beziehen sich aufeinander, dennoch lohnt es sich, sie einzeln zu betrachten.

Ein Gedankenexperiment

Darf ich Sie fürs Erste zu einem kleinen Gedankenexperiment einladen? Sie erinnern sich vielleicht an die Problematik des ethisch korrekten Einkaufens. Nun stellen Sie sich ein Kind von unter zehn Jahren in einem Entwicklungsland vor. Es muss unter schrecklichen Bedingungen 14 Stunden am Tag Schuhe nähen, die dann in Europa entweder teuer als Markenschuhe oder billigst beim Discounter verkauft werden. Das Mädchen erhält einen Hungerlohn, keinerlei Schulbildung, und die Arbeitsverhältnisse sind entsetzlich. Bei der Bewertung sind wir uns alle einig: Das darf nicht sein. Aber warum? Darauf soll es hier ankommen, auf die Begründung. Und die wird vermutlich lauten: Weil jeder Mensch ein Recht auf Freiheit hat, auf eine Entwicklungsmöglichkeit als Kind, darauf, menschenwürdig behandelt zu werden. Einfach weil er oder sie Mensch ist. Kinder so auszunutzen bedeutet, ihre Bedürfnisse und ihre Rechte zu missachten. Sie werden ausgenutzt als Mittel für die Gewinne der Unternehmen oder um Käufern hier Schuhe für wenige Euro anbieten zu können. Das Beispiel der Kinder ist so einleuchtend, weil wir sie als unschuldig empfinden und das Ausnutzen als besonders grausam. Aber wenn man genauer nachdenkt, dann geht es nicht darum, dass es Kinder sind, sondern dass es Menschen sind. Und das ist der entscheidende Punkt.

Jetzt stellen Sie sich jemanden vor, den Sie furchtbar finden. Für den Anfang kann das Ihr widerlicher Nachbar sein, der immer so stänkert, oder Ihr Chef, ein Ekelpaket vor dem Herrn. An einem Tag, an dem sich einer von beiden wieder einmal besonders widerlich benommen hat, haben Sie die Möglichkeit, demjenigen nicht nur die Meinung zu sagen, sondern Sie können demjenigen auch ins Gesicht spucken – und das ist das Schöne an einem Gedankenexperiment, bei dem man so etwas annehmen kann, ohne eine Erklärung dafür geben zu müssen, wie lange das funktionieren soll – garantiert ohne dass Ihnen daraus irgend ein Nachteil entsteht. Dürfen Sie das nun tun? Ich hoffe, wir sind uns immer noch einig: Das darf man nicht. Und warum? Die Begründung ist dieselbe wie bei den arbeitenden Kindern: Weil er ein Mensch ist. Es geht nicht darum, ob jemand das verdient hat oder nicht, sondern nur darum, dass man einen Menschen so nicht behandeln darf. Jeder Mensch verdient Respekt, als Mensch geachtet zu werden.

Und nun will ich noch einen Schritt weiter gehen. Stellen Sie sich einen wirklich schlechten Menschen vor. Denken Sie vielleicht an Saddam Hussein, der jahrelang ein Schreckensregime unterhielt und Giftgas gegen Teile seiner Bevölkerung einsetzen ließ. Er wurde zum Tode verurteilt und hingerichtet. Oder denken Sie an einen Kriegsverbrecher, der Massaker an Zivilisten befohlen hat, sei es in Srebrenica im ehemaligen Jugoslawien oder in Ruanda. Es gibt leider eine ganze Menge von solchen Menschen, und nur den wenigsten wird wirklich der Prozess gemacht. Dürfte man so jemanden foltern, quälen für das, was er getan hat? Nun bin ich mir nicht mehr so sicher, ob wir uns da alle einig sind, aber ich hoffe es dennoch. Auch hier muss die Bewertung lauten: Nein, das darf man nicht. Und zwar aus demselben Grund wie bei den geknechteten Kindern und Ihrem widerlichen Chef: Weil auch Kriegsverbrecher Menschen sind und deshalb ein Recht darauf haben, menschenwürdig behandelt zu werden. Ganz egal, was sie getan haben. Sie sollen für ihre Taten zur Rechenschaft gezogen werden, aber man muss sie auch dabei behandeln wie Menschen, seien sie auch Unmenschen. Auch ein Unmensch ist ein Mensch.

Achtung

Nun können wir die Sphäre des Gedankenexperiments verlassen, das uns von der Alltagsethik entfernt hat. Ich hoffe aber, dass es eines verdeutlichen konnte: Wenn man sich auf die Suche macht nach einem Grundsatz, der dem Umgang mit den Mitmenschen zugrunde liegt, landet man meines Erachtens bei einem Begriff: Achtung. Man könnte auch Respekt dazu sagen, allerdings ist das schwierig, denn im deutschen Sprachgebrauch ist Respekt sehr mit der Vorstellung verknüpft, dass man ihn sich verdienen muss. »Respekt!« sagt man im Bayrischen anerkennend, ein Ausdruck, mit dem man eine Leistung honoriert. Mit ihm drückt man seine »Hochachtung« aus, weil jemand etwas geschafft hat. Der Respekt, um den es hier geht, ist etwas anderes. Er steht jedem zu. Unabhängig davon, was er gemacht hat, im positiven wie im negativen Sinn. Man kann ihn sich nicht verdienen, und man kann ihn nicht verlieren. Es handelt sich nicht um Hoch-Achtung, sondern um Achtung. Die Achtung des Gegenübers, seine Anerkennung als Mitmensch. Im Englischen kann man den »recognition respect«, den man jedem schuldet, unterscheiden vom »appraisal respect«, den man sich verdienen muss. In »appraisal« steckt die Bewertung nach Leistungen, in »recognition« das Erkennen, die Anerkennung als Mensch. Ich würde es gerne so formulieren: Man anerkennt im Anderen den Menschen, so wie man selbst einer ist.

Der Frankfurter Philosoph Axel Honneth, der eine Moral der Anerkennung entwickelt hat, formuliert es so: »alle Subjekte besitzen wechselseitig die Pflicht, sich als Personen zu respektieren und zu behandeln, denen dieselbe moralische Zurechnungsfähigkeit zukommt.«

Die Selbstzweckformel

Dieses Prinzip der Achtung des Anderen findet sich in vielen Moralbegründungen als Teil oder Kern. Im Kapitel über die ethischen Theorien sind wir Immanuel Kants Ethik begegnet, die bekannt ist für ihren Kategorischen Imperativ, und haben dort – neben der bekannten Formel des allgemeinen Gesetzes, der wir im nächsten Kapitel wieder begegnen werden – auch die Selbstzweckformel kennengelernt:

»Handle so, dass du die Menschheit sowohl in deiner Person, als in der Person eines jeden anderen jederzeit zugleich als Zweck, niemals bloß als Mittel brauchst.«

Mit ihr erklärt Kant, dass, gleich was mit einem Menschen geschieht, es immer auch um seiner selbst willen geschehen muss. Dann ist er selbst auch Zweck dieser Handlung. Ist das nicht der Fall, instrumentalisiert man ihn, benutzt ihn wie eine Sache, ein Werkzeug, eben als Mittel, und das darf nicht geschehen. Wenn man das auf das Verhältnis zwischen Menschen anwendet, erkennt man schnell, dass darin der Grundsatz steckt, jedem Menschen Achtung und Respekt als Mensch entgegenzubringen. Kant hat das an einer anderen Stelle in seiner »Metaphysik der Sitten« auch entsprechend formuliert:

»Ein jeder Mensch hat rechtmäßigen Anspruch auf Achtung von seinen Nebenmenschen, und wechselseitig ist er dazu auch gegen jeden Anderen verbunden. Die Menschheit selbst ist eine Würde; denn der Mensch kann von keinem Menschen (weder von Anderen noch sogar von sich selbst) bloß als Mittel, sondern muss jederzeit zugleich als Zweck gebraucht werden, und darin besteht eben seine Würde (die Persönlichkeit), dadurch er sich über alle andere Weltwesen, die nicht Menschen sind und doch gebraucht werden können, mithin über alle Sachen erhebt.«

Später bringt er es auf den Punkt, an dem wir auch waren:

»Andere verachten, d.i. ihnen die dem Menschen überhaupt schuldige Achtung weigern, ist auf alle Fälle pflichtwidrig; denn es sind Menschen.«

Muss man damit jeden achten, auch den Vergewaltiger oder den Massenmörder? Ja, weil er ein Mensch ist. Das bedeutet aber nicht, dass man jeden Menschen hochachten oder wertschätzen muss. Hochachtung und Wertschätzung hängen direkt von den Leistungen und Handlungen der jeweiligen Person ab, man muss sie sich im Gegensatz zur Achtung verdienen und kann sie verlieren.

Das Doppelgebot der Liebe

Die Idee kann man aber nicht nur bei Kant finden. An einer der zentralen Stellen des Neuen Testaments geht es um die Nächstenliebe, die im sogenannten Doppelgebot der Liebe der Liebe zu Gott gleichgestellt wird (Mt 22, 37–40):

»Jesus aber sprach zu ihm: ›Du sollst lieben Gott, deinen HERRN, von ganzem Herzen, von ganzer Seele und von ganzem Gemüte.‹ Dies ist das vornehmste und größte Gebot. Das andere aber ist ihm gleich: ›Du sollst deinen Nächsten lieben wie dich selbst.‹ In diesen zwei Geboten hängt das ganze Gesetz und die Propheten.«

Sind das nicht vollkommen unterschiedliche Dinge: Liebe und Respekt? In einem gewissen Zusammenhang stehen sie vermutlich, aber sie sind gewiss nicht identisch, obwohl mir Liebe ohne Respekt schwer vorstellbar scheint. Man kann nun zum Christentum und diesem Gebot der Nächstenliebe stehen wie man will. Sigmund Freud etwa schreibt von einem Gefühl von Überraschung und Befremden und fragt über das Gebot, jeden (!) Anderen zu lieben: »Warum sollen wir das? Was soll es uns helfen? Vor allem aber, wie bringen wir das zustande? Wie wird es uns möglich?« Später im Text erklärt er diese Forderung wörtlich zu einer Zumutung, weil der Nächste vielleicht eher Feindseligkeit und Hass verdient hat als Liebe. Wie man es anstellt, jeden Anderen – sogar seine Feinde – zu lieben, scheint tatsächlich eine schwere Frage zu sein, und die Liebe als Gegenstand der Moral ist ohnehin umstritten. Aber an dieser Stelle soll es weniger um die Frage der Liebe gehen, sondern um das »wie dich selbst«. Wenn man das in den Vordergrund stellt, kann man in diesem Gebot auch die universelle Erkenntnis verorten, dass der Nächste auch ein Mensch ist, eben wie man selbst. Und deshalb dieselbe Achtung verdient.

Verhältnis zur Ehre

»Where has honor gone? – Wohin ist die Ehre verschwunden?«, kann man vor allem in den USA öfter hören. Und tatsächlich taucht an dieser Stelle die Überlegung auf, in welchem Verhältnis Achtung und Respekt zur Ehre stehen. Natürlich kann man die Ehre respektieren und achten. Aber das Besondere an der Achtung des Mitmenschen oder Nebenmenschen, wie Kant ihn nennt, ist, dass man sie sich nicht verdienen muss oder verlieren kann. Auf die Frage: Wohin ist die Ehre verschwunden?, kann man antworten, sie wurde ersetzt durch die Würde jedes Menschen – glücklicherweise. Das mag pathetisch klingen, in Wirklichkeit aber ist die Würde jedes Menschen wesentlich unpathetischer als der Begriff der Ehre. Ehre war an Stand gebunden, manche konnten sie nie erlangen. Das widerspricht unseren Vorstellungen von Gerechtigkeit. Oder man musste sie sich verdienen. Zum Beispiel mit Tapferkeit. Man denkt an Krieger und Fahnen, alles hochpathetisch. Andere konnten oder können sie verlieren. Man denke nur an den furchtbaren Begriff »Ehrenmord«. Und tatsächlich ist die Idee, ein Mensch sollte besser tot sein, als seine Ehre zu verlieren, unmenschlich. Den Anspruch, als Mensch geachtet zu werden, kann man hingegen nicht verlieren.

Gestaltung des Lebens

Der US-amerikanische Philosoph Kwame Anthony Appiah beschließt sein Buch »Ethische Experimente. Übungen zum guten Leben« mit einer Analyse dessen, wie wir zueinander stehen, und kommt – wenig überraschend – auch zur gegenseitigen Achtung. Er orientiert sich an der Gestaltung des eigenen Lebens als zentralem Punkt des Menschseins. Das sieht er als Ausgangspunkt dessen an, was er in seinem Buch erzählen wollte, die Geschichte von Moral und Ethik:

»Und weil sie anerkennt, dass jeder sein Leben zu gestalten hat und wir alle unser Leben gemeinsam gestalten, muss sie auch die Moral – unsere Pflichten gegenüber anderen – ernst nehmen. Gerade die Einsicht, dass auch alle anderen am ethischen Projekt der Lebensgestaltung beteiligt sind, zeigt uns, welche Pflichten wir ihnen gegenüber haben. Die Aufgabe, unser Leben zu gestalten, macht unser Menschsein aus. Wenn wir unser eigenes Menschsein anerkennen und schätzen, müssen wir – eine Kant'sche, aber nicht nur eine Kant'sche Idee – erkennen, dass es dasselbe Menschsein ist wie bei den anderen. Wenn mein Menschsein wichtig ist, dann auch deines. Wenn dein Menschsein nicht zählt, dann auch meines nicht. Wir stehen oder fallen gemeinsam.«

Praktische Anwendung

Soweit die Theorie. Allerdings sind wir angetreten zu zeigen, wie die Moral das Leben besser machen kann. Und in diesem Kapitel speziell mit der Frage, ob man dafür allgemeine Grundsätze aufstellen, nein: auffinden kann. Wie steht es nun mit der Achtung, mit dem Anerkennen des Anderen als Menschen, ganz wie man selbst einer ist? An ein paar Beispielen, denen wir teilweise in den einzelnen Kapiteln schon begegnet sind, kann man erkennen, wie sehr dieses Prinzip in den täglichen Umgang mit hineinspielt.

Höflichkeit

Am einfachsten scheint es mir bei der Höflichkeit. Wenn sie eine moralische Komponente hat, müsste sich auch in ihr die Achtung des Mitmenschen spiegeln. Und tatsächlich ist die Höflichkeit fast schon verwandt mit der Achtung. Sie ist sozusagen ihr äußerer Schein. Das ist der positive Anteil der Höflichkeit: Man zeigt dem Anderen, dass man ihn achtet. In diesem Licht betrachtet werden Höflichkeitsregeln einerseits sinnvoll, andererseits erkennt man auch ihre Gefahr: Wenn sie nur Schein sind, täuschen sie Achtung vor. Aber man kann damit auch ganz praktische Fragen lösen, etwa die, ob man einen Menschen, den man kennt, aber zutiefst ablehnt, grüßen sollte. Ja, denn die Achtung gebietet, einen Menschen wahrzunehmen, und das ist eine Komponente des Grußes. Man erkennt aber auch die Grenzen der Höflichkeit: Wenn es dabei nur um Ehrbezeugungen geht, nicht um die Achtung als Mitmenschen, verliert die Höflichkeit ihre moralische Komponente.

Lüge

Auch bei der Lüge ergeben sich Konsequenzen aus dem Konzept der Achtung. So verbietet die Achtung die Manipulation des Gegenübers, weil man ihm in dem Moment abspricht, eigenständig entscheiden zu dürfen. Besonders klar wird das bei der Lüge gegenüber Belogenen, die man schonen will. Häufig stellt sich dieses Problem bei alten Menschen, die man nicht mehr mit der Wahrheit konfrontieren will. Wenn man der Oma etwas vorspielt, um ihr bestimmte Sachen nicht mehr erzählen zu müssen, »weil sie sich nur aufregen würde«. Wie wir im Kapitel über die Lüge schon gesehen haben: So positiv dieser Ansatz sein mag, bedeutet er auch, dass man ihr damit einen Teil der Eigenständigkeit als Mensch abspricht. Man nimmt sie nicht mehr als vollwertiges Gegenüber wahr. Das beinhaltet trotz aller Sorge auch eine Missachtung. Das Gleiche gilt bei Schwerstkranken, denen man die Wahrheit über ihre Krankheit nicht zumuten will. Man muss sich klarmachen, dass das trotz bester Motive immer auch eine Entfernung dieses Menschen aus der Augenhöhe bedeutet: Man ist der Meinung, selbst besser zu wissen, was er aushalten kann. Man erhöht sich über den Anderen.

Soziales

Im Sozialbereich erlangt die Achtung besonders bei drei Grundfragen Bedeutung: beim Existenzminimum, der Teilhabe an der Gesellschaft und beim Umgang mit Bedürftigen. In den letzten Jahren hat das deutsche Bundesverfassungsgericht immer wieder Bestimmungen aus dem Sozialbereich aufgehoben, weil sie nicht mit der Menschenwürde vereinbar waren. Tatsächlich erfordert die Achtung vor Menschen, jedem ein menschenwürdiges Dasein zu ermöglichen. Dazu gehört auch das, was man »Teilhabe an der Gesellschaft«

nennt. Wenn man jemanden als Mensch achtet, kann man die Hilfe für ihn nicht darauf beschränken, dass er nicht erfriert oder verhungert. Er muss auch die Möglichkeit haben, andere Menschen zu treffen und an Kultur teilnehmen können, sei es durch ein entsprechendes Budget oder andere Mechanismen. Daneben ist es gerade der Aspekt der Anerkennung als Mensch, die es notwendig macht, Kinder und Jugendliche, die von ihrem Elternhaus wenig Förderung erhalten, besonders zu fördern. In welche Umgebung man geboren wurde, darf nicht von vornherein die Möglichkeiten begrenzen, die man im Leben hat. Und schließlich dürfen die Umstände der Hilfe niemanden demütigen. Zwar sollte denjenigen, denen geholfen wird, klar sein, dass sie von den Anderen unterstützt werden. Dennoch darf dies nicht zu einem Menschsein zweiter Klasse führen, zu einer Abhängigkeit von Almosen. Dies leitet dazu über, dass im direkten Umgang stets die Augenhöhe gewahrt werden muss: Der, dem geholfen wird, ist ganz genauso Mensch und genauso viel wert, wie der, der hilft.

Toleranz

Besondere Bedeutung erlangt die Achtung bei der Toleranz. Man könnte sie sogar als den Kernpunkt und Hauptgrund der Toleranz auffassen: Die Haltung oder Meinung des Anderen darf nicht nur deshalb weniger wert sein als meine eigene, weil sie nicht meine eigene ist. Ganz banal, nur weil ich Rot besonders gern mag, ist Blau, das mein Nachbar so liebt, keine schlechtere Farbe. Die Achtung des anderen beinhaltet die Verpflichtung, dessen Meinungen als die eines anderen Menschen zu achten. Ich kann noch so sehr von meinem Glauben als Christ oder Moslem überzeugt sein, dennoch muss ich die Überzeugung des Anderen als Buddhist oder Atheist als Überzeugung eines Menschen respektieren. Was nicht bedeutet, dass man sie nicht aus anderen Gründen ablehnen kann. Aber zunächst muss man sie mit dem Anderen achten.

Allerdings kommt man gerade bei der Toleranz zu einem Punkt, der weiter weist. Achtung bedeutet Respekt vor dem Mitmenschen. Das ist viel, aber auch nicht alles. Gerade bei der Toleranz konnte man ja sehen, dass es Abstufungen gibt zwischen dem reinen Gewährenlassen des Anderen, dass man ihn nicht behindert in dem, was er tut, bis hin zur Anerkennung der Haltung des Anderen als wertvoll. Ebenso kann man Achtung vor einem Menschen haben und ihn deshalb gewähren lassen, oder man geht weiter und bemüht sich, Verständnis zu haben für ihn und seine Vorstellungen und Wünsche. Verständnis, das scheint mir ein weiterer allgemeiner Grundsatz für das Zusammenleben zu sein.

14 Von Masochisten, Knoblauch und Sportwagen
Über Verständnis

»Was du nicht willst, das man dir tu, das füg auch keinem andern zu.«

Die goldene Regel kennt buchstäblich jedes Kind, und tatsächlich scheint sie mir eine gute Anleitung für moralisches Handeln zu sein. Gerade auch für Kinder, weil sie leicht verständlich und nachvollziehbar ist. Interessanterweise findet man sie parallel in den unterschiedlichsten Kulturen, von altindischen, altägyptischen, asiatischen bis hin zur antiken abendländischen Kultur sowie im Alten und Neuen Testament der Bibel. Sie ist also sicherlich ein allgemeiner Grundsatz. Vielleicht sogar der allgemeinste, zumindest wenn man ihre Verbreitung betrachtet. Und so banal und abgedroschen sie klingen mag, halte ich sie dennoch für gut.

Keine Sorge, ich will Sie hier nun nicht mit Kindergartenweisheiten langweilen. Deshalb schnell ein Witz: Was ist ein Sadist? Ein Masochist, der sich an die goldene Regel hält. Und das ist tatsächlich nicht nur ein Witz, sondern wahr. Die Goldene Regel gibt es neben der bekannten negativen Formulierung auch in einer positiven und dann lautet sie: »Behandle andere so, wie du auch von ihnen behandelt werden willst.« Und nachdem ein Masochist gerne gequält wird, sollte er gemäß der Goldenen Regel seine Mitmenschen quälen. Das ist einer der Momente, in denen ich mir denke, es ist manchmal ganz gut, wenn sich jemand nicht an eine Moralregel hält. Der Witz hat aber auch Gehalt, er zeigt den Hauptfehler der Goldenen Regel auf: Sie bleibt subjektiv an den Wünschen und Vorlieben desjenigen hängen, der sie anwendet. Das ist in vielen Fällen nicht weiter schlimm, weil die Wünsche der Menschen doch oft ähnlich sind, aber eben nicht immer, siehe den Masochisten. Ein anderes Beispiel wäre ein Mensch, der zu stolz ist, um sich helfen zu lassen. Ihn würde die Goldene Regel nicht nur davon entbinden, sondern es ihm sogar verbieten, anderen zu helfen. Auch das ist ein eigenartiges Ergebnis. Nun wurden die wenigsten von uns schon von einem moralfesten Masochisten gequält oder von einem stolzen Mensch blutend am Straßenrand liegen gelassen. Aber ich behaupte, jeder von uns war schon einmal Opfer einer unbewussten Anwendung der Goldenen Regel: an Weihnachten, Geburtstagen oder bei der Hochzeit. Viele Menschen wählen Geschenke nach der Goldenen Regel aus: Sie schenken, was sie sich wünschen würden, ohne nachzudenken, ob das wirklich das ist, was der Beschenkte haben will. Darauf würde ich gerne später wieder zurückkommen.

Kategorischer Imperativ

Einen Schritt weiter geht Kants Kategorischer Imperativ. Zur Erinnerung, in der Formel des allgemeinen Gesetzes oder Universalisierungsformel lautet er:

»Handle nur nach derjenigen Maxime, durch die du zugleich wollen kannst, dass sie ein allgemeines Gesetz werde.«

Die Formel heißt Universalisierungsformel, weil sie jede Handlung der Prüfung unterwirft, ob ihre subjektiven Grundsätze oder auch Maximen allgemeines Gesetz werden können, was nichts anderes bedeutet, als dass jeder danach handeln soll. Das Handeln muss also verallgemeinerbar, universalisierbar sein.

Die Beurteilung, was allgemeines Gesetz werden kann, soll die Vernunft übernehmen, nicht die persönlichen Vorlieben. Damit scheint die Gefahr gebannt, dass die eigenen Wünsche blindlings dem Anderen übergestülpt werden. Das ist ein großer Fortschritt und, wie man im Kapitel mit dem

Überblick über die ethischen Theorien gesehen hat, eines der wirkmächtigsten Modelle für die Begründung einer Ethik. Allerdings treten dabei die persönlichen Wünsche nicht nur bei dem, der sein Handeln prüft und danach ausrichtet, sondern auch beim Gegenüber sehr in den Hintergrund. Und eigentlich geht es mir hier genau um diesen Punkt: die persönlichen Wünsche.

Universalisierung

Der Kategorische Imperativ fordert also, dass die Handlungen am Prinzip der Universalisierung geprüft werden. Manche sehen in diesem Prinzip sogar einen Kern der Moral: Jedes moralische Urteil muss verallgemeinerbar, universalisierbar sein. Das heißt, es muss für alle vergleichbaren Situationen gleich gelten.

Der australische Philosoph John Leslie Mackie hat versucht, dieses Prinzip zu analysieren, und unterscheidet drei Stufen.

Die **erste Stufe** sagt, dass die Frage, wer etwas tut, keine Rolle spielen darf. Mackie formuliert es so: »Etwas, das für dich falsch ist, kann nicht für mich nur deshalb richtig sein, weil ich ich bin und du du bist.« Es sei denn, es gibt relevante Unterschiede, die über das ich / du hinausgehen. Ein Vater kann zu seinem kleinen Sohn sagen: »Du darfst kein Bier trinken, ich aber schon.« Das ist moralisch richtig, weil Alkohol Kindern besonders schadet. Wenn er hingegen sagt: »Ich darf frische Brötchen essen, du aber nur die alten«, wäre es moralisch falsch, weil es keinen relevanten Grund für den Unterschied zwischen »Ich« und »Du« gibt. Im Endeffekt ist das die Goldene Regel: Die Unterscheidung zwischen »Ich« und »Du« wird aufgehoben. Damit wird schon ein extremer Egoismus verhindert. Aber auch eine Bevorzugung einer Nation oder einer Religion. Wenn es für Christen erlaubt ist, eine Kirche mit einem

Turm zu bauen, dann muss es auch für Moslems erlaubt sein, wenn es nicht andere Gründe gibt, außer dem, dass die einen Christen sind und die anderen Moslems. Oder dass die einen ihre Kirchen Kirchen nennen und die Türme Kirchtürme und die anderen Moscheen und Minarette dazu sagen.

Dennoch bleiben dabei Defizite: Wer von Natur aus gesund ist, denkt vielleicht anders darüber, was das öffentliche Gesundheitswesen zahlen sollte, als jemand, der mit einem Herzfehler geboren wurde. Von der jeweiligen Warte aus betrachtet sieht das Problem ganz anders aus.

Deshalb schließt sich die **zweite Stufe** an: Versetze Dich selbst in die Lage des Anderen. Das heißt, wenn ich reich bin, sollte ich mich in die Lage eines Menschen versetzen, der arm ist, wenn es darum geht, zu entscheiden, wie die öffentliche Förderung von Kindern aussehen soll. Das gilt übrigens auch umgekehrt: Der, der gefördert wird, sollte sich bei der Überlegung, was ihm zusteht, auch in die Lage dessen versetzen, der die Förderung durch Steuern und Beiträge bezahlt. Bei Fragen der Diskriminierung sollte man sich in die Rolle der Diskriminierten versetzen. Es wechselt also der Standpunkt und damit der Blickwinkel.

Soweit die klassischen Betrachtungsweisen. Doch auch hier bleibt aus meiner Sicht ein entscheidender Punkt offen. Der Punkt, den der irische Dramatiker und Satiriker George Bernard Shaw so wunderbar bloßlegte mit seiner Version der Goldenen Regel: »Behandle andere *nicht* so, wie du von ihnen behandelt werden möchtest; die Vorlieben könnten andere sein.«

Das ist es, worauf ich hinaus möchte und was man so klar jeden Tag am Beispiel des Geschenkes sehen kann: Gesetzt den Fall, ich muss ein Geschenk aussuchen. Wenn ich mich nun einfach in die Situation desjenigen versetze, den ich beschenken möchte, dann würde ich mich natürlich über das freuen, was ich mir immer wünsche. Ich persönlich würde mich zum Beispiel – wenig überraschend –

über eine große Ausgabe der Werke von Immanuel Kant freuen, das dreizehnbändige Historische Wörterbuch der Philosophie oder einen De Tomaso Pantera, einen italienischen Sportwagen, der von 1971 bis 1993 gebaut wurde (wir sind hier zum Glück nicht im Kapitel Natur und Umwelt, da würde ich natürlich schreiben, dass ich gerne eine Bahncard 100 hätte. Über die würde ich mich aber tatsächlich auch freuen). Ich glaube aber nicht, dass es eine gute Idee gewesen wäre, nach diesem Kriterium ein Geschenk für meine Großmutter auszusuchen. Auch wenn man ihr mit nahezu allem eine Freude bereiten konnte, wäre man beim De Tomaso Pantera an eine Grenze gestoßen, zumal sie keinen Führerschein hatte.

Mackie greift das auf mit der **dritten Stufe** der Universalisierung: die unterschiedlichen Vorlieben der Menschen berücksichtigen. Man soll sich noch ernsthafter in die Lage des Anderen versetzen, »so dass seine Wünsche, sein Geschmack, seine Vorlieben, Ideale und Wertvorstellungen genauso wie seine anderen Qualitäten, Fähigkeiten und seine äußere Lage wie zu etwas Eigenem werden«. Mackie ist sich sehr wohl bewusst, dass das sehr weit geht. Er meint, dann sei »die Ausdrucksweise ›*sich* in die Lage des anderen zu versetzen‹ kaum noch sinnvoll; denn kaum etwas von einem selbst wird beibehalten«. Um keine Missverständnisse aufkommen zu lassen: Das bedeutet nicht, dass man sich aufgeben soll. Das wäre ohnehin im Sinne Kants ein Widerspruch in sich selbst. Von allen zu fordern, sie sollen sich nur noch nach den Wünschen der Anderen richten, ist rein logisch nicht vorstellbar. Wenn jeder das streng befolgt, hätte man am Ende dieselben Meinungsverschiedenheiten, nur mit vertauschten Rollen. Die Idee ist vielmehr, das, was der Andere will, zu respektieren und darauf zu reagieren.

Respekt für die Wünsche des Anderen

Das scheint mir der zentrale Punkt zu sein: Man sollte die Wünsche, Gefühle, Haltungen und Interessen des Anderen respektieren. Man geht, wenn man so will, einen Schritt weiter vom Respekt für den Anderen hin zu etwas Umfassenderen. Zum Respekt auch für das, was ihn ausmacht.

Das Ziel ist, den Anderen so zu akzeptieren, wie er ist. Vorausgesetzt, es ist akzeptabel. Diese Einschränkung soll man nun nicht so auffassen, dass damit alles wieder zunichtegemacht wird, weil man die Wünsche des Anderen eben für nicht akzeptabel hält. Es geht dabei nicht um persönliche Bewertungen oder Vorlieben, sondern um absolute Grenzen, wie die Missachtung von Anderen, Diskriminierung oder Schlimmeres. Im Endeffekt geht es um dasselbe wie bei den Grenzen der Toleranz. Ohnehin befinden wir uns hier in ihrer unmittelbaren Nachbarschaft. Wir sprechen gewissermaßen über die kleine Schwester der Toleranz im Alltag. Die zugleich deren große Schwester ist, weil das Verständnis für den Anderen bei ihr weitergeht. Bei der Toleranz konnte man vier Formen unterscheiden: die Erlaubnis-Konzeption und die Koexistenz-Konzeption, bei denen das Dulden oder Ertragen des Anderen im Vordergrund steht. Daneben die Respekt-Konzeption, bei der die Person des Anderen respektiert wird und seine Überzeugungen toleriert, und schließlich die Wertschätzungs-Konzeption, bei der auch die Überzeugungen als wertvoll geschätzt werden. Immer aber gepaart mit einer Ablehnungskomponente, denn bei dem, was man selbst mag, kann man nicht mehr von Toleranz sprechen. Verglichen damit befinden wir uns zwischen der Respekt-Konzeption und Wertschätzungs-Konzeption. Mit dem Unterschied, dass im täglichen Umgang miteinander oder speziell beim Schenken die Ablehnungskomponente schwächer ausgeprägt sein oder wegfallen sollte. Man respektiert nicht nur den Menschen, sondern auch seine Überzeugungen und Wünsche.

An dieser Stelle muss ich etwas zugeben: Ich hasse Knoblauch. Genauso wie Bärlauch. Ich hasse den Geschmack, ich finde, er deckt in vielen Fällen alles andere zu, und ich vertrage ihn schlecht. In dem Lokal D. in Berlin, einem friulanischen Lokal, in das ich sehr gern gehe, wird viel mit Knoblauch gekocht, eigentlich fast alles außer den Nachspeisen. Allen, mit denen ich dort hingehe, schmeckt das. Nur mir nicht. Wenn ich dort bin, frage ich immer nach einem Gericht ohne Fleisch (das haben Sie sich im Kapitel über Natur und Tiere vermutlich schon gedacht) und ohne Knoblauch. Inzwischen muss ich nicht mehr fragen, die Leute dort sind sehr nett (unter anderem deshalb gehe ich trotz des Knoblauchwahns sehr gerne hin) und bereiten mir auch ohne speziellen Hinweis etwas ohne Knoblauch zu. Doch zurück zum Eigentlichen: Auch wenn ich Knoblauch nicht mag, würde ich für jemanden, der Knoblauch liebt – sollte ich in die Verlegenheit kommen, etwas für ihn zuzubereiten, das ich selbst nicht essen muss – Knoblauch verwenden. Vorausgesetzt es ist kein Date, bei dem ich danach selbst wieder unter dem Knoblauch zu leiden hätte. Und deshalb gehe ich auch mit meinen Freunden in das knoblauchlastige Lokal D. Weil es allen schmeckt – und ich immer auch etwas ohne Fleisch und Knoblauch bekomme. Und weil ich die Wünsche meiner Freunde respektiere, wenn ich sie auch, wie hier beim Knoblauch, beim besten Willen nicht nachvollziehen kann.

Wie nennen?

Sympathie

Wie könnte man nun diesen Grundsatz nennen? Ein Kandidat wäre Sympathie. Schließlich heißt Sym-pathie übersetzt Mit-empfinden oder Mit-leiden. Allerdings hat das Wort »Sympathie« einen Nachteil: Es ist besetzt. Man verwendet es für Zuneigung. Ihr Gegenteil ist die Antipathie, ein Wort, mit dem man Abneigung ausdrückt. Worum es hier geht, ist jedoch nicht die Zuneigung zu einem Menschen oder zu seinen Wünschen und Einstellungen. Es fällt leichter, wenn man den Menschen mag, Sympathie für ihn empfindet, oder wenn es sich um einen sympathischen Menschen handelt, aber es ist nicht notwendig.

Empathie

Der nächste Kandidat wäre Empathie. Damit bezeichnet man das Sicheinfühlen in einen anderen Menschen, sich in seine Lage zu versetzen und mit ihm mitzufühlen. Der eine Teil trifft hier zu: sich in die Lage eines anderen Menschen zu versetzen. Nicht notwendig aber ist meines Erachtens, mit ihm mitzufühlen. Ich persönlich bin beispielsweise kein Freund der volkstümlichen Musik, also das, was in Fernsehsendungen wie dem Musikantenstadl, den lustigen Musikanten oder wie sie sonst noch heißen mögen, mit einem festgefrorenem Lächeln wie dem von Batmans Joker präsentiert wird. Im Gegenteil, ich empfinde sie als schwer erträglich, wenn nicht unerträglich. Dennoch bin ich dafür, dass es die entsprechenden Sendungen gibt, und würde mich gegen ihre Absetzung aus dem Fernsehprogramm aussprechen, weil ich weiß, wie viele Menschen sie mögen und daraus große Freude beziehen. Ich muss diese Freude nicht nachvollziehen, und ich muss sie auch nicht mitfühlen – was auch schwierig ist, wenn man etwas so wenig mag –, es genügt, zu wissen, dass so und so viele diese Freude haben, um mich für die Existenz dieser Sendungen auszusprechen.

ToM

Man könnte auch versucht sein, den Grundsatz Tom zu nennen, besser gesagt ToM. Dieses Akronym steht für Theory of Mind. Unter »Theory of Mind« versteht die Neurowissenschaft die Fähigkeit, sich eine Vorstellung (eine Theorie) des Wissens, Wollens, Fühlens oder Denkens (was man mit »Mind« zusammenfassen kann) eines anderen Menschen zu machen. Damit kommt man schon sehr nahe an das heran, was uns hier beschäftigt. Aber es bleibt ein entscheidender Unterschied: Die Fähigkeit, sich sozusagen in einen Anderen hineinzuversetzen und dabei auch dessen Vorlieben als abweichend von den eigenen zu erkennen, ist zwar Voraussetzung dafür, sie zu respektieren beinhaltet es jedoch nicht. Langjährige Ehepartner wissen oft genau, was der jeweils andere will, respektieren es aber nicht, sondern missachten gerade das, was der andere will. Hier dient – hoffentlich unbewusst – die Theory of Mind dazu, die Wünsche des anderen gerade nicht anzuerkennen, sondern als etwas, dessen man überdrüssig geworden ist, abzulehnen.

Verständnis

Eine Vorstellung von dem, was im Anderen vorgeht, ist notwendig. Und es ist sicherlich förderlich, wenn man Empathie empfindet. Aber so wenig, wie man einen Menschen mögen muss, um ihn zu achten, so wenig muss man mit ihm mitfühlen, um seine Wünsche, Gefühle, Haltungen und Interessen anzuerkennen, zu respektieren. Und darum geht es hier. Vielleicht wäre tatsächlich Respekt oder Achtung für Wünsche, Gefühle, Haltungen und Interessen ein richtiger Ausdruck dafür. Nur scheint mir das schlicht zu umständlich. Deshalb würde ich »Verständnis« vorschlagen. Verständnis bedeutet, dass man versteht, begreift, worum es dem Anderen geht, was er will. Man muss es nicht genauso sehen und auch nicht nachfühlen. Man muss kein Mitgefühl haben und weder Sympathie noch Zuneigung, weder für den Menschen noch für seine Wünsche oder Interessen. Aber man sollte verstehen, dass er sie hat. Und sie deshalb als Wünsche eines anderen Menschen respektieren. Auch wenn sie fremd sind.

Beobachtung

Das alles funktioniert allerdings nur, wenn man überhaupt weiß, was die Vorlieben, Wünsche und Gefühle des Anderen sind. Um das zu erfahren, muss man auf den Anderen achten und ihn beobachten oder ganz einfach zuhören. An dieser Stelle ist man wieder sehr nahe an der Empathie, bei der man die Gefühle eines anderen Menschen als eigene Gefühle empfindet. Wie man heute weiß, wird das auch durch spezielle Nervenzellen im Gehirn erleichtert, die sogenannten Spiegelneurone. Bei Versuchen mit Makaken, einer Affenart, entdeckte der italienische Neurophysiologe Giacomo Rizzolatti Anfang der 90er Jahre des letzten Jahrhunderts, dass es bestimmte Nervenzellen im Gehirn gibt, die bei der Beobachtung eines bestimmten Vorgangs dasselbe Reizmuster im Gehirn auslösen, als wenn man den Vorgang selbst ausführt. Das kann das Greifen nach einer Nuss sein, aber auch Lachen oder Gefühlsäußerungen. Diese Nervenzellen wurden mittlerweile auch bei anderen Primaten einschließlich des Menschen nachgewiesen. Wir alle kennen ansteckendes Lachen oder die Fähigkeit eines guten Schauspielers, die Gefühle, die er auf der Bühne oder Leinwand darstellt, beim Zuschauer auszulösen. Wenn wir im Kino weinen, glühen unsere Spiegelneurone.

Das hilft nun beim Aussuchen eines Geschenkes nur bedingt. Natürlich könnten wir den Beschenkten ins Geschäft mitnehmen und das kaufen, bei dem uns – gespiegelt – das Herz vor Freude mithüpft. Womöglich wäre das gar nicht so schlecht. Generell wäre es im engeren zwischenmenschlichen Bereich vermutlich nicht verkehrt, wenn man sich darauf einlässt, mitzufühlen, was der Andere fühlt. Wenn man jedoch nicht so weit gehen und das, was der Andere will, nur respektieren möchte, muss man ihm seine Aufmerksamkeit widmen. Generell gehört zur Achtung eines Anderen, dass man ihm auch Raum lässt. Und wenn man seine Wünsche achtet, muss man auch den

Raum lassen, sie zu formulieren oder wenigstens zu zeigen. Wenn man ein Freund von Wortspielen ist, könnte man sagen, zur Achtung gehört die Beobachtung.

Beziehungen

Wir sind hier auf der Suche nach allgemeinen Grundsätzen für die Moral, und nicht dabei, einen Beziehungsratgeber zu formulieren. Dennoch möchte ich hier auch kurz auf Beziehungen eingehen. Nicht nur weil Beziehungen kein moralfreier Raum sind. Im Gegenteil, wie wir im Kapitel über Sexualität und Partnerschaft gesehen haben, gibt es da sehr wohl moralische Aspekte. Wir sind Beziehungen auch schon kurz im letzten Kapitel begegnet, bei der Feststellung, dass Achtung und Anerkennung des anderen Grundlage jeder Liebe ist. Hier würde ich gerne wieder einen Schritt weitergehen zur Frage des Respekts vor den Wünschen, Interessen oder Vorlieben. Eine befreundete Psychotherapeutin erzählte mir einmal, sie habe in ihrer Arbeit gelernt, das Schwierigste in einer Beziehung scheint zu sein, auszuhalten, dass der Partner anders ist. Mir scheint, dabei handelt es sich um dasselbe Phänomen wie das, mit dem wir uns eben beschäftigt haben: der Respekt nicht nur vor dem Partner, sondern auch vor seinen Wünschen und Eigenheiten, die anders sind als die eigenen, den eigenen womöglich entgegenstehen. Vielleicht ist das auch eine wichtige Grundlage von Beziehungen, nicht nur der Respekt vor dem Anderen als Mensch, sondern auch vor seinen Eigenheiten. Vor der Tatsache, dass er anders ist.

15 Von Bahnfahrern, Spaziergängern und Vorausschau
Über Rücksicht

Fahren Sie öfter Bahn? Auch weitere Strecken? Dann kennen Sie das Phänomen: Halbvoller Zug, ein Fahrgast hat neben sich auf dem Sitz Verschiedenes stehen oder liegen: Tasche, Mantel, Arbeitsunterlagen. Bei Sitzen mit Tisch gerne zusätzlich auch noch auf dem gegenüber. Nun füllt sich der Zug von Halt zu Halt langsam, die Plätze werden knapp. Viele schauen auf den oder die eigentlich freien, aber mit Gegenständen belegten Plätze und gehen weiter, hoffen, einen anderen, gänzlich freien Platz zu finden. Irgendwann fragt ein Zugestiegener, ob denn der Platz frei sei. Worauf der Sitzbeleger mit genervten Blick und einem kurzen Schnauben die Sachen mürrisch zur Seite räumt und den Platz freigibt.

Ist das nun in Ordnung oder nicht? Man könnte durchaus den Standpunkt vertreten, dass nichts dagegen spricht, sich zunächst auszubreiten, solange genug Platz ist, wenn man ihn freigibt, sobald er benötigt wird. Auch wenn es vielleicht keinen schönen Charakterzug darstellt, so viel des allen zur Verfügung stehenden Platzes an sich zu raffen, bis man mehr oder weniger gezwungen wird, ihn wieder herzugeben. Freundlichkeit gegenüber seinen Mitmenschen ist etwas Schönes, aber ob man wirklich zu ihr verpflichtet ist, steht auf einem anderen Blatt.

Dennoch – und das ist vermutlich keine große Überraschung – muss ich zugeben, dieses Verhalten stört mich sehr. Es zwingt Menschen, die das selbstverständliche Anliegen haben, sich auf einen freien Platz setzen zu wollen, dazu, als Bittsteller aufzutreten, etwas einfordern zu müssen. Wobei sich dann die Frage stellt, ob es denn das Miteinander wirklich stört oder nur eine hinzunehmende Unannehmlichkeit darstellt, über die man hinweggehen kann. Darüber könnte man vermutlich streiten. Ich würde es fast bejahen wollen, dass es das Miteinander stört, auch wenn es sicher nicht eine der großen moralischen Verfehlungen der Jetztzeit darstellt. Auf jeden Fall aber fördert es das Miteinander nicht.

Wie sollte man sich hier verhalten?

Wenn man nun die Meinung vertritt, dass dieses Verhalten nicht gut ist, muss man zweierlei angeben können: Wie man sich stattdessen verhalten sollte und vor allem, warum. Das war ja einer der Ausgangspunkte dieses Buches: eine Begründung für das richtige Verhalten zu geben. Oder mehr noch umgekehrt: zu begründen, warum man etwas nicht tun sollte. Dazu gleich.

Für ein anderes Verhalten gibt es zwei Möglichkeiten. Derjenige könnte sich zum Beispiel auf einen Platz beschränken, sein Gepäck in die Ablage legen, den Mantel aufhängen und die Aktentasche auf den Boden stellen. Das wäre sicher sehr korrekt, weil er auch nur für einen Platz bezahlt hat. Aber auch unnötig, wenn der Zug relativ leer bleibt. Dann sitzt in einem fast leeren Zug ein Mensch, der alle seine Habe akkurat eng um sich herum geschart und aufgetürmt hat. Der Vorteil wäre allerdings, dass er nichts wegräumen muss, wenn mehr Fahrgäste kommen und der Platz benötigt wird.

Viel sinnvoller dürfte daher die andere Möglichkeit sein: Der Fahrgast breitet sich aus, und wenn er sieht, dass immer mehr Fahrgäste einsteigen, räumt er seine Sachen ein wenig zusammen, hängt den Mantel oder die Jacke an den Haken und stellt den Koffer nach oben auf die Ablage, um Platz zu schaffen. Und die zusteigenden Fahrgäste kommen sich nicht mehr wie Bittsteller vor oder wie Eindringlinge, die auf ihrem Recht beharrend diejenigen stören, die schon da sind. Dazu muss man dann allerdings darauf achten, ob sich der Zug füllt.

Und vor allem: warum?

Interessant wird es bei der Überlegung, warum man das machen sollte. Wie gesagt, es lässt sich der Standpunkt vertreten, es genügt, dann Platz zu schaffen, wenn jemand fragt, ob frei ist. Zu diesem Ergebnis kann man durchaus kommen, wenn man es ethisch prüft. So wäre ein allgemeines Gesetz mit diesem Inhalt denkbar, also bestünde es die Prüfung nach dem Kategorischen Imperativ. Zumindest für einen Menschen mit robustem Gemüt, dem es nichts ausmacht, den Platz für sich einzufordern. Zu einem anderen Ergebnis käme man vielleicht bei der Tugendethik. Das richtige Handeln bestimmt sich ja dort danach, wie sich ein tugendhafter Mensch in dieser Situation verhalten würde. Dabei wird weniger auf die einzelne Handlung, sondern mehr auf den Charakter abgestellt. Und man wird kaum behaupten können, dass sich ein tugendhafter Mensch so breitmacht. Denn welche inneren Einstellungen stecken hinter diesem Verhalten? Der Verhaltensforscher Konrad Lorenz etwa führt dieses Sichausbreiten im Zug als typisches Beispiel für intraspezifische Aggression bei der Gebietsabgrenzung an. Man kann das Verhalten auch anders interpretieren, etwa als den Wunsch, möglichst viel vom gemeinsamen Platz für sich zu bekommen. Und günstigstenfalls als Gedankenlosigkeit. Alle drei Interpretationen zeugen sicherlich von keinem tugendhaften Charakter, auch wenn man dabei die Regeln der Ethik einhält, also Platz macht, wenn ein Anderer darum bittet.

Dieser Aspekt, dass die Regeln der Ethik eingehalten werden, wenn man das Verhalten des ausgebreiteten Bahnreisenden an ihnen prüft – ich will es hier Einhalten der formalen Regeln nennen –, führt zu dem Punkt, auf den ich hinauswill. Diese Regeln der Ethik sagen uns, was richtig und was falsch ist. Sie bestimmen sozusagen Grenzen dessen, wie man sich aus moralischer Sicht verhalten darf und wie nicht. Wenn man nun die Moral als die Grundsätze des Miteinanders versteht, kann man ein Bild entwickeln: Diese Grundsätze formen Räume, in denen man sich bewegt, ohne den Anderen zu verletzen Ein wenig erinnert das Bild an die eingangs schon erwähnte Aussage des US-amerikanischen Juristen Oliver Wendell Holmes Jr.: »The right to swing my fist ends where the other man's nose begins. – Das Recht, meine Faust zu schwingen, endet dort, wo die Nase des Nächsten anfängt.« Mit diesen Bewegungsräumen des Egoismus um jeden von uns herum bewegen wir uns nun durchs Leben, wie mit Blasen umgeben.

Idee der Rücksicht

Und hier setzt die Idee an, die man vielleicht einfach einmal »Rücksicht« nennen könnte: Man geht nicht genau bis zur Nase des Nachbarn, sondern hört schon ein bisschen vorher auf, auch wenn man noch weiter gehen dürfte. Man hält ein bisschen Sicherheitsabstand von der erlaubten Grenze. Um bei dem Bild zu bleiben, die Blasen werden ein kleines bisschen kleiner, was einen großen Vorteil hat: Die einzelnen Menschen kommen mit ihren jeweiligen Blasen deutlich leichter aneinander vorbei, stoßen nicht aneinander. Man muss sich wesentlich weniger oft überlegen, wo denn genau die Grenze liegt, bis zu der man gehen darf. Es kommt seltener zu moralischen Konfliktsituationen im Alltag, an den Stellen, an denen eigentlich gar keine großen Probleme bestehen. Auch der Bahnreisende mit seinen verteilten Habseligkeiten ist ja keine gewichtige Angelegenheit. Aber abgesehen davon, dass er ein schönes Beispiel abgibt, kann er auch bei den Beteiligten zu Ärger führen. An einer Stelle, an der es überhaupt nicht sein muss. Keiner der Beteiligten muss sich in irgendeiner Weise einschränken, wenn alle ein wenig von dem üben, was ich hier zunächst Rücksicht genannt habe.

Wie genau benennen?

Allerdings ist der Name »**Rücksicht**« für dieses Prinzip zwar teilweise passend, aber vielleicht nicht ideal. Passend insofern, als es tatsächlich vom lateinischen »respectus« stammt, womit wir wieder beim Grundprinzip des Respekts vor dem Anderen wären. Passend auch, weil das Wort Rücksicht beinhaltet, dass man etwas oder jemanden »berücksichtigt«. Und darum geht es ja, etwas zu berücksichtigen, nämlich den Anderen und dessen Interessen. Nur tun das alle Ethiken, und hier soll es ja einen Schritt weiter gehen, nämlich verhindern, dass es zu einer Situation kommt, in der die Interessen der Einzelnen gegeneinander abgegrenzt, berücksichtigt werden müssen.

Das zu erreichen könnte durch »**Selbstbeschränkung**« gelingen. Der Einzelne beschränkt seine Ansprüche ein wenig, um eben die Konflikte zu vermeiden. Aber das scheint mir zu negativ: Im Idealfall kommt es ja zu keiner merklichen Beschränkung, weil man ohne Reibungen miteinander umgehen kann.

Man soll sich nur selbst ein kleines Stück zurücknehmen, demnach wäre »**Selbstrücknahme**« oder »**Selbstzurücknahme**« eine mögliche Bezeichnung. Nur um ehrlich zu sein, das klingt schrecklich und beinhaltet auch wieder zu sehr den Aspekt des Verzichts. Richtig angewandt, sollte ja der Verzicht des Einzelnen minimal sein, und nur dort stattfinden, wo es zu Engstellen kommt.

Also vielleicht doch am besten »Rücksicht«. »Vorsicht – Umsicht – Rücksicht« lautet ein oft gehörter Spruch – besonders im Hinblick auf den Straßenverkehr. In diese Richtung bewegt man sich dabei, auch in Richtung »Voraussicht«. Es geht ja darum, vorausschauend die Stellen zu vermeiden, an denen die berechtigten Räume der Einzelnen aneinanderstoßen könnten. Deshalb scheint mir – einschließlich des kleinen Wortspiels aus voraus und zurück – **»Vorausschauende Rücksicht«** am treffendsten. Man übt Rücksicht, aber eben in der Vorausschau. Man kann sich ausbreiten, so viel man will, sich nehmen, so viel man will, wenn man darauf achtet, rechtzeitig sich wieder zu begrenzen. Das minimiert die eigenen Begrenzungen und die Einschränkungen der Anderen. Wobei der Schwerpunkt bei der Vorausschau liegt. Durch Vorausschau kann man das Aufeinandertreffen der moralischen Räume verhindern. Wenn man das Aufeinandertreffen vorhersehen kann, indem man sich rechtzeitig vorher ein wenig zurücknimmt. Wenn man es nicht vorhersehen kann, indem man von vornherein seinen eigenen Raum ein kleines bisschen verkleinert.

Der begrenzte Raum

Obwohl es sich bei den Räumen, wie bei dem, in dem man berechtigt ist, seine Faust zu schwingen, nur um Bilder handelt, geht es tatsächlich dabei sehr häufig um realen Raum, also um Probleme des Platzes. Das hat einen ganz simplen Grund: Wir alle müssen uns den Platz teilen. Eine der Erkenntnisse, die ich bei Abertausenden von Gewissensfragen gewonnen habe, ist die, dass moralische Konflikte umso häufiger auftreten, je mehr Kontakt man hat und je enger man zusammenlebt und aufeinandertrifft. Nicht nur in Familie und Beziehung oder Nachbarschaft, in der Schule oder am Arbeitsplatz, sondern besonders häufig auch im Supermarkt, auf der Straße, sei es als Autofahrer, Radfahrer oder Fußgänger, in Straßenbahn und Bus und eben auch im Zug. Wir alle müssen uns den Platz teilen. Das klingt ziemlich banal, ist aber auch die Grunderkenntnis, die man braucht, um zum richtigen Verhalten zu gelangen. Man muss sich mit einem Teil davon bescheiden. Und es funktioniert besser, wenn man die Größe des Teils, den man sich nimmt, dabei mit vorausschauender Rücksicht bestimmt.

Es gibt eine alltägliche Situation, die hier anzuführen fast schon lächerlich wirkt: Menschen, die nebeneinander auf dem Gehweg gehen, und zwar so, dass niemand an ihnen vorbei kann. Man kennt es tausendfach und denkt kaum mehr darüber nach, dabei lässt sich an ihr das Prinzip der vorausschauenden Rücksicht so klar erkennen. Natürlich kann man jederzeit nebeneinander auf dem Gehweg gehen. Oder auf dem Weg im Park, auf dem Wandersteig oder wo auch immer. Man will sich schließlich unterhalten und nicht wie Ameisen lediglich Wegstrecken zurücklegen und Lasten transportieren. Andererseits ist der Platz begrenzt, und denselben Weg wollen auch Menschen in entgegengesetzter Richtung benutzen. Da scheint es doch das Naheliegendste zu sein, ein wenig darauf zu achten, ob jemand entgegenkommt, und wenn es der Fall ist, ein oder zwei Meter lang hintereinanderzugehen oder zumindest so eng zusammenzurücken, dass der Entgegenkommende vorbeigehen kann. Natürlich könnte man aus dem Aufeinandertreffen auf einem engen Weg eine Moralfrage machen nach dem Prinzip: Wer muss warten oder zur Seite gehen? Aber es ist doch viel sinnvoller, wenn man das vermeidet, indem jeder vorausschauend ein wenig zur Seite geht, sich ein wenig zurücknimmt. Damit es erst gar nicht zu der Moralfrage kommt.

Übertragung auf andere Situationen

Man kann aber auch das Gebiet der Raumverteidigung verlassen. Ein schönes Beispiel, wo das Zurücknehmen der eigenen Interessen das Miteinander erleichtert, ist jede Kasse, ob im Supermarkt oder der Bäckerei. Es geht um Abrechnungen und Geld, also kann man sich jederzeit darauf berufen, dass genau gerechnet und gezahlt werden muss. Nur, manchmal fehlt Kleingeld. Beim Kunden oder in der Kasse. Deshalb geht alles viel schneller und einfacher, wenn man als Kunde darauf verzichtet, sich jeden einzelnen Cent herausgeben zu lassen, und dafür die Kassiererin, wenn dem nächsten Kunden ein oder zwei Cent fehlen, die Möglichkeit hat, diese zurückgelassenen Münzen als Ausgleich in die Kasse zu werfen. An diesem Beispiel sieht man auch besonders schön, dass es nicht darum geht, auf etwas verzichten zu müssen. Niemand soll jedes Mal mehr bezahlen müssen. Zum einen geht es wirklich um Kleinstbeträge, zum anderen ist jeder mal in der einen und mal in der anderen Situation. Aber das Miteinander funktioniert eben besser, wenn jeder bereit ist, ein wenig von seiner Position abzugehen, als wenn jeder exakt auf seinen Ansprüchen beharrt.

Organspende

Das Prinzip bleibt aber auch nicht auf unwichtige Bereiche beschränkt. Ich würde es zum Beispiel auch im Bereich der Organspende verorten. Das klingt vielleicht überraschend, und ich möchte es auch nicht bei der Frage anwenden, ob man seine Organe nach seinem Tod zur Verfügung stellen soll. Dazu habe ich zwar eine sehr klare Meinung und bin der Überzeugung, dass aus moralischer Sicht viel dafür spricht, es zu tun, aber ich kann jederzeit akzeptieren, wenn es jemand ablehnt. Sei es aus religiösen oder weltanschaulichen Gründen, sei es aus Furcht. Wem es so geht, dem rate ich, sich genauer zu informieren. Darüber, dass etwa viele Religionsgemeinschaften, die christlichen Kirchen eingeschlossen, die Organspende befürworten. Oder wie genau das Procedere für eine Organspende bei uns gesetzlich geregelt ist, so dass Furcht unberechtigt erscheint. Dennoch bleibt die Entscheidung bei jedem Einzelnen. Die Frage der vorausschauenden Rücksicht stellt sich jedoch bei der Frage, ob man einen Organspendeausweis ausfüllt. Man kann es sein lassen, sich darüber Gedanken zu machen. Allerdings müssen sich dann, falls es dazu kommt, die Angehörigen mit der Frage auseinandersetzen, ob der Verstorbene wohl bereit gewesen wäre, seine Organe zu spenden. Das kann man ihnen ersparen, wenn man vorausschauend rücksichtsvoll diese Frage für sich klärt und das entweder seinen Angehörigen mitteilt oder besser noch einen Organspendeausweis ausfüllt. Nimmt man sich dabei wirklich zurück? Indem man aktiv etwas tut? Ja, man nimmt sich in seinem Egoismus oder seiner Faulheit zurück, in der Einstellung: Damit will ich mich nicht beschäftigen, das ist mir zu mühsam. Und tut das zugunsten derer, die sich dann später damit beschäftigen müssen, ob sie wollen oder nicht. Im Endeffekt gilt das entsprechend für eine Vielzahl von Verfügungen, zum Beispiel die Patientenverfügung, also die Vorgabe, was geschehen soll, falls man sich als Patient am Lebensende nicht mehr äußern kann.

Ausnutzung

Es ließen sich noch viele Beispiele finden. Immer geht es darum, dass man sich vorausschauend nur einen vergleichsweise kleinen Schritt zurücknimmt und dadurch das Miteinander wesentlich einfacher macht. Wird man dabei nicht ausgenutzt?, mag nun mancher fragen. Nach dem Motto: Ich gebe immer nach und die anderen nicht, dann bin ich doch am Ende der Dumme. Die Antwort darauf ist: Das lässt sich nicht ganz von der Hand weisen, die Gefahr besteht. Aber man kann mit ihr leben. Zum einen will man ja das Zusammenleben verbessern, und irgendjemand muss damit anfangen. Zum anderen soll man ja nicht auf alle seine Positionen verzichten. Der Grundsatz der vorausschauenden

Rücksicht verlangt ja nicht, all sein Hab und Gut wegzugeben, sondern nur von seinen berechtigten Positionen kleine Abstriche zu machen, ein wenig zurück zu treten, nur so weit, wie es notwendig ist, um weniger konfliktreich aneinander vorbeizukommen. Zudem tut man es freiwillig, man wartet nicht ab, bis man durch äußere Umstände zum Handeln gezwungen wird. Und schlussendlich bin ich davon überzeugt, dass man dabei auch ganz praktisch über die vermiedenen Konflikte deutlich gewinnt und glücklicher lebt.

Deshalb möchte ich dieses Kapitel mit einem Aufruf beschließen:

Mehr Rücksicht bitte, verdammt nochmal!

Von guten Gewehren, einem besseren Leben und Verstand
Epilog

Nun, am Ende des Buches wird es wohl allerhöchste Zeit, etwas zu dem Untertitel zu schreiben: »Wie man richtig gut lebt«. Das passt auch insofern gut ans Ende, als ich damit wieder zu der These gelange, mit der ich gestartet bin: dass wir die Moral brauchen, weil wir ohne sie nicht leben wollen. Und in gewisser Hinsicht auch zu dem Zitat von William K. Frankena, das ich so schätze: »Die Moral ist für den Menschen da und nicht der Mensch für die Moral.«

Wie man richtig gut lebt

Diese Aussage »Wie man richtig gut lebt« beinhaltet die Begriffe »richtig« und »gut« ja nicht in erster Linie getrennt mit allen ihren philosophischen und moralphilosophischen Tiefen und Untiefen, Gemeinsamkeiten, Unterschieden und Gegensätzen. Die alle auszuloten würde vermutlich die Geduld des Lesers, vor allem aber den Umfang des Buches sprengen. Schon allein bei den Bedeutungen des Wortes »gut« könnte man sich lange aufhalten: Jemand kann »gut« sein, ein guter Mensch, moralisch hochstehend. Auch ein Gegenstand kann »gut« sein, aber nicht so wie ein guter Mensch, sondern weil er gut seinen Zweck erfüllt, also »zu etwas gut« ist. Und ob etwas »für« jemanden gut ist, muss man davon noch einmal unterscheiden. Ein besonders präzises Gewehr ist eine gute Waffe, das ist aber nicht gut für den, auf den geschossen wird. Und ob es gut ist, damit zu schießen, hängt davon ab, zu welchem Zweck es eingesetzt wird. Wenn man nicht Waffengewalt generell ablehnt. Aus der Sicht Mahatma Gandhis etwa könnte ein gutes Gewehr nicht gut sein, weil es zu gut ist.

Doch scheint mir das aber auch gar nicht nötig. Hier geht es vor allem um die Verbindung der beiden Worte zu »richtig gut leben« im landläufigen Sinne. Und auch dafür bin ich vielleicht eine Erklärung schuldig. Wenn ich auch hoffe, dass sie sich aus der Lektüre des Buches erschlossen hat.

Moral verbindet man zwar häufig mit »richtig« und »falsch« oder mit »gut« und »böse«, leider jedoch weniger mit »richtig gut« etwa im Sinne von gelungen, angenehm, erfreulich. Im Gegenteil, oft wird Moral eher mit Entsagung, Versagung, Verbot und Lustfeindlichkeit assoziiert. Dass Lustfeindlichkeit nicht zutrifft, konnte ich hoffentlich unter anderem im Kapitel über Sexualität zeigen. Noch mehr aber hoffe ich, dass ich auch die anderen Vorurteile widerlegen konnte; vor allem aber eines zeigen: dass Moral dazu dient, das Leben besser zu machen, besser nicht nur im Sinne von moralisch hochwertiger, sondern besser auch im Sinne von für alle Beteiligten besser, vorzugswürdig.

Man mag mich für einen hoffnungslosen Optimisten halten, und man möge mir verzeihen, wenn ich hier, anders als sonst im Buch, eine Überzeugung vertrete, die ich nur schwer begründen kann; wenn sie überhaupt moralphilosophisch sauber begründbar ist. Aber ich bin der festen Überzeugung, dass die Moral so, wie sie in diesem Buch vertreten wird, das Leben aller Beteiligten besser macht. Zum einen, weil manches Angesprochene, wie etwa seine Mitmenschen zu achten, als solches schon besser ist, als sie nicht zu achten oder zu verachten. Zum anderen aber vor allem deshalb, weil die gegenseitige Achtung das Zusammenleben verbessert. Ich glaube ganz einfach, dass der tägliche Umgang miteinander besser wird, wenn man sich achtet, Verständnis füreinander hat und Rücksicht walten lässt. Es mag im ersten Moment aufwändiger klingen, aber am Ende wird es schlicht auch einfacher für alle.

Wo ist denn …?

Dabei wird sich wahrscheinlich der eine oder andere Leser an der einen oder anderen Stelle gedacht haben: Wo ist denn eigentlich dieser oder jener Aspekt? Hier hätte ich gerne eine Überlegung oder einen Absatz zu dieser oder jener Situation, der man im Leben begegnet. Vermutlich wird es sogar jedem an irgendeiner Stelle wenigstens einmal so ergangen sein. Wenn ich ehrlich bin, auch mir ist das beim Schreiben manchmal passiert. Das mag überraschen und berechtigt natürlich zu der Frage, warum ich diese Punkte dann nicht aufgenommen habe. Meistens habe ich es natürlich, aber wenn ich es tatsächlich nicht getan habe, dann aus mehreren Gründen: Zum einen muss man notgedrungen immer eine Auswahl treffen. Dabei haben mir die Abertausende von Fragen geholfen, die ich in den letzten Jahren erhalten habe. Dank ihrer, auch wenn ich sie nicht alle veröffentlichen und beantworten konnte, weiß ich, welche Situationen häufig sind und welche auch häufig zu wirklichen Problemen führen. Die Alternative zu einer Auswahl aber wäre, so etwas wie ein dreißigbändiges Handbuch der Alltagsmoral zusammenzustellen, ein Nachschlagewerk, in dem man versucht alle Zweifels- und Problemfälle darzustellen – und Lösungen anzubieten. Das führt zum zweiten, aus meiner Sicht für dieses Buch noch wichtigeren Grund, der mit dem Ziel des Buches zusammenhängt: Es war keinesfalls meine Absicht, ein Handbuch der moralischen Zweifelsfragen zu schreiben.

Verstand

Von Immanuel Kant kennt man die Definition der Aufklärung als »Ausgang des Menschen aus seiner selbst verschuldeten Unmündigkeit«. Sie stammt aus dem kurzen Aufsatz »Was ist Aufklärung?«, in dem auch das bekannte »sapere aude! – habe Mut, dich deines eigenen Verstandes zu bedienen!« steht. In diesem Text findet sich folgender Absatz:

»Es ist so bequem, unmündig zu sein. Habe ich ein Buch, das für mich Verstand hat, einen Seelsorger, der für mich Gewissen hat, einen Arzt, der für mich die Diät beurteilt, etc., so brauche ich mich ja nicht selbst zu bemühen. Ich habe nicht nötig zu denken, wenn ich nur bezahlen kann; andere werden das verdrießliche Geschäft schon für mich übernehmen.«

Genau so ein Buch, wie Kant es hier beschreibt, eines, das Verstand für den Leser hat und für ihn das Denken übernimmt, soll dieses hier nicht sein. Nicht weil es ohne Verstand wäre – ich hoffe nicht –, aber weil es den Verstand nicht für den Leser haben will. Im Gegenteil. Meines Erachtens wäre ohnehin jeder Versuch, alle oder auch nur möglichst viele moralische Zweifelsfälle des Alltags zu erfassen, und sei es im Rahmen des schon genannten dreißigbändigen Handbuchs, zum Scheitern verurteilt. Dafür ist das Leben einfach zu vielfältig. Vor allem aber bleibt schließlich jeder Herr über sein eigenes Leben und verantwortlich für sein Leben.

Ich würde das Ziel auch nicht »Gebrauchsanleitung zum Denken« nennen wollen, denn auch das schiene mir zu schematisch. Vielmehr sollte es ein Buch werden, das die Begründungen für moralisches Handeln in verschiedenen Situationen aufzeigt und die ethischen Denkstrukturen in typischen Fällen darlegt. Und damit dem Leser ermöglicht, sich in den mannigfaltigen Situationen seines Lebens selbst ein Bild zu machen und seine Entscheidungen zu treffen. Ich hoffe, das ist wenigstens teilweise gelungen.

Anderer Meinung?

Es kann aber sein, es wird sogar sicher so sein, dass Sie als Leser an manchen Stellen – vielleicht auch an vielen, nur hoffentlich nicht an allen – anderer Meinung sind. Dass Sie nun am Ende des Buches immer noch Ihre Zweifel haben, womöglich sogar mehr als vorher. Dem kann ich nur entgegnen: gut so. Natürlich wäre es mir auf der einen Seite lieber, wenn mir die Leser zustimmen und sich von dem, was ich schreibe, überzeugen lassen. Aber andererseits muss das auch nicht sein. In einer meiner Lieblingsstellen der klassischen griechischen Tragödie »Antigone« von Sophokles sagt Haimon, der Sohn des Königs Kreon, zu seinem Vater, der Antigones Hinrichtung befohlen hatte und dabei vollkommen überzeugt war, richtig gehandelt zu haben:

»Ich könnte nicht behaupten, was du sagtest,
das sei nicht richtig, möcht' es auch nicht können,
nur kommt wohl auch ein andrer auf das Rechte.«

Hauptsache, man kommt auf das Rechte. Wie es auch immer genau aussehen mag.

Anmerkungen

Von interessanter Lektüre, Steuerhinterziehern und Lebensentwürfen
Einleitung

9 ***Vor einiger Zeit …***: »Playboy-Umfrage: 11 % der Deutschen finden, das Gebot ›Du sollst nicht töten‹ sei unzeitgemäß«, erschienen in: Playboy, Ausgabe 11/2006, S. 16, Playboy Deutschland Publishing/Hubert Burda Media, München 2006.

11 ***Vom »Verlust der Werte« ist die Rede …***
Ulrich Wickert, Der Ehrliche ist der Dumme. Über den Verlust der Werte, Hofmann und Campe, Hamburg 1994.

Ulrich Wickert, Gauner muss man Gauner nennen. Von der Sehnsucht nach verlässlichen Werten, Piper Verlag, München 2007.

Susanne Schmidt, Markt ohne Moral: Das Versagen der internationalen Finanzelite, Droemer/Knaur, München 2010.

Joseph Kardinal Ratzinger, Werte in Zeiten des Umbruchs, Herder, Freiburg i.Br. 2005.

Peter Hahne, Schluss mit lustig! Das Ende der Spaßgesellschaft, Verlag der St.-Johannis-Druckerei, Lahr 2004.

Eine Fürstin und ein Kardinal …: Gloria von Thurn und Taxis, Joachim Meisner, Die Fürstin und der Kardinal. Ein Gespräch über Glauben und Tradition, Herder, Freiburg i.Br. 2008.

… der Disziplin das Lob …: Bernhard Bueb, Lob der Disziplin. Eine Streitschrift, List Verlag, Berlin 2006.

Einer Emnid-Umfrage zufolge …: Umfrage von TNS Emnid im Auftrag von *chrismon*, Befragungszeitraum: 23. 8.-31. 8. 2008, 1131 Befragte, erschienen in *chrismon* 10/2008. Online abrufbar unter http://www.chrismon.de/3371.php (letzter Zugriff am 3. 11. 2010).

Die Frage lautete: »Seien Sie mal bitte ganz ehrlich: Welche der folgenden Dinge haben Sie schon einmal getan?« 26 % Der Befragten gab an, schon einmal in öffentlichen Verkehrsmitteln schwarzgefahren zu sein, 9 % der Befragten gab an, schon einmal dem Finanzamt Einkünfte verschwiegen zu haben, 19 % gab an, schon einmal schwarzgearbeitet zu haben.

11 ***»Beförderungserschleichung«***: § 265 a StGB: »Wer die Leistung eines Automaten oder eines öffentlichen Zwecken dienenden Telekommunikationsnetzes, die Beförderung durch ein Verkehrsmittel oder den Zutritt zu einer Veranstaltung oder einer Einrichtung in der Absicht erschleicht, das Entgelt nicht zu entrichten, wird mit Freiheitsstrafe bis zu einem Jahr oder mit Geldstrafe bestraft, wenn die Tat nicht in anderen Vorschriften mit schwererer Strafe bedroht ist.«

12 ***Seit Jahren gibt es Schätzungen, …***:
»30 Milliarden gehen am Fiskus vorbei«, Stern vom 14. 2. 2008, www.stern.de/wirtschaft/geld/steuerhinterziehung-30-milliarden-gehen-am-fiskus-vorbei-611134.html (letzter Zugriff am 14. 10. 2010).

»Der deutsche Staat wird durch Steuerhinterziehung jährlich um schätzungsweise 100 Milliarden betrogen. Dies sagte Finanzminister Peer Steinbrück am Donnerstag im Bundestag in der Debatte über das neue Gesetz gegen Steuerflucht«, Quelle: »Steinbrück verteidigt Gesetz gegen Steuerflucht«, Hamburger Abendblatt vom 7. 5. 2009.

»Angeblich haben die Deutschen insgesamt bis zu 400 Milliarden Euro am Finanzamt vorbei ins Ausland geschafft«, Quelle: »Volkssport Steuerhinterziehung«, Die Welt vom 20. 2. 2008.

… in einer Umfrage aus dem Jahr 2000 …: Die »Forschungsgruppe Weltanschauungen Deutschland« (fowid) untersuchte die Verhaltensbeurteilung eines Steuerbetruges durch Katholiken, Evangelische und Konfessionslose. In den beiden Kategorien »Weniger schlimm« und »Gar nicht schlimm« befinden sich jeweils mehr als ein Drittel der Befragten: 37 % der Katholiken, 42,7 % der Konfessionslosen und 44,4 % der Evangelischen. Quelle: ALLBUS 2000, Zentralarchiv für empirische Sozialforschung (Köln), ZA-Nr. 3425.

13 ***… in einer Umfrage aus dem Jahr 2008 …***: Umfrage von TNS Emnid im Auftrag von chrismon, Befragungszeitraum: 23. 8.-31. 8. 2008, 1131 Befragte, erschienen in chrismon 10/2008. Online abrufbar unter http://www.chrismon.de/3371.php (letzter Zugriff am 3. 11. 2010).

… eine Umfrage zur Bedeutung der Zehn Gebote …: »Playboy-Umfrage: 11 % der Deutschen finden, das Gebot ›Du sollst nicht töten‹ sei unzeitgemäß«, erschienen in: Playboy, Ausgabe 11/2006, S. 16.

14 ***Bis vor wenigen Jahren war das noch so akzeptiert, …***: Siehe dazu die Pressemitteilung von Transparency International vom 17. 3. 1999: »Mit der bevorstehenden Verabschiedung der Steuerreform durch den Bundesrat ist in Deutschland endlich die steuerliche Absetzbarkeit von Schmiergeldzahlungen im In- und Ausland abgeschafft worden.« Bis 1996 waren Schmiergeldzahlungen als »Nützliche Aufwendungen« grundsätzlich steuerlich absetzbar. Auch von einem 1996 eingeführten Mitteilungsrecht der Finanzämter an die Staatsanwaltschaften wur-

de TI zufolge in der Praxis kein Gebrauch gemacht, so dass »jede Schmiergeldzahlung, die nicht vor Gericht endet« bis 1999 auch weiterhin abgesetzt werden konnte.

15 **Schon in den 1960er Jahren hat der große Soziologe Niklas Luhmann ...**: Niklas Luhmann, Liebe. Eine Übung, Suhrkamp, Frankfurt/Main 2008.

Die Aufklärung, der Ausgang des Menschen ...: Immanuel Kant, »Beantwortung der Frage: Was ist Aufklärung?«, Akademie Ausgabe Band VIII, S. 33ff [im Folgenden abgekürzt als AA]. Online abrufbar unter http://www.korpora.org/Kant/aa08/033.html (letzter Zugriff am 3. 11. 2010), abgedruckt in: Ehrhard Bahr (Hrsg.), Was ist Aufklärung? Thesen und Definitionen. Kant, Erhard, Hamann, Herder, Lessing, Mendelssohn, Riem, Schiller, Wieland, Reclam, Stuttgart 1974, S. 8ff.

16 **Die Kirchen verlieren an Einfluss ...**: Zu dieser allgemeinen These eine Stimme: »In der öffentlichen Meinungsbildung spielt die Kirche nur noch eine untergeordnete Rolle: Zwei bis drei Prozent der Gesamtbevölkerung orientieren sich an der Institution Kirche und an Geistlichen – oder trauen sich das zuzugeben.« Thomas Mitschke-Collande, Jesus Christus GmbH und Co. KG, Rubrik »Außenansicht«, Süddeutsche Zeitung vom 21. 9. 2010, S. 2. Thomas Mitschke-Collande war bis März 2010 Partner bei McKinsey und hat unter anderem die katholische Bischofskonferenz und mehrere Bistümer beraten.

1 Von Mutter Teresa, Mülltrennung und »Jetzt komm ich« **Über Egoismus**

23 **... in der Fassung mit Charlton Heston**: Die Zehn Gebote (The Ten Commandments), USA 1956, Regie: Cecil B. DeMille.

Moses steigt auf einen Berg ...: Genaugenommen steigt Moses zweimal auf den Berg, da er die ersten, von Gott selbst gemachten Steintafeln im Zorn über das Volk zerbricht und den zweiten Satz der Gesetzestafeln dann auf Anweisung Gottes schreibt: Die Bibel, Exodus 32–34.

... gesellte sich jüngst ein kurzer Clip: TV-Spot für die Website evangelisch.de. Online abrufbar unter http://www.evangelisch.de/artesia/tv-spot-die-zehn-gebote (letzter Zugriff am 4. 11. 2010).

24 **Die Moral ist für den Menschen da ...**: William K. Frankena, Analytische Ethik, dtv, München 1972, S. 141.

26 **Behandle andere nicht, wie du möchtest ...**: Im Original: »Do not do unto others as you would that they should do unto you. Their tastes may not be the same.« G. B. Shaw, Maxims for Revolutionists, 1903, in Deutschland nicht verlegt, in den USA gemeinfrei, erhältlich als ebook unter http://www.gutenberg.org/ebooks/26107.bibrec.html.

27 ***…auch wenn sie es nach katholischem Kirchenrecht (noch) nicht ist***: Die offizielle Heiligsprechung von Mutter Teresa wird aber vermutlich nach dem schnellsten Seligsprechungsprozess der Neuzeit nicht mehr lange auf sich warten lassen.

Im Falle eines Unglücks …: § 323 c StGB – Unterlassene Hilfeleistung: »Wer bei Unglücksfällen oder gemeiner Gefahr oder Not nicht Hilfe leistet, obwohl dies erforderlich und ihm den Umständen nach zuzumuten, insbesondere ohne erhebliche eigene Gefahr und ohne Verletzung anderer wichtiger Pflichten möglich ist, wird mit Freiheitsstrafe bis zu einem Jahr oder mit Geldstrafe bestraft.«

Die völlige Angemessenheit des Willens …: Immanuel Kant, Kritik der praktischen Vernunft, Reclam, Stuttgart 1961, S. 194 (AA 220).

»supererogatorische« Handlungen: Die Bezeichnung stammt von einer Formulierung aus dem biblischen Gleichnis vom barmherzigen Samariter. Dieser Samariter kümmerte sich um einen Mann, den er überfallen am Wegesrand fand, brachte ihn in die nächste Herberge und bezahlte dort für ihn. Über diese Hilfe hinaus versprach er dem Wirt, auch das, was er für den Verletzten noch mehr aufwenden werde – in der lateinischen Übersetzung: »quodcumque supererogaveris« – zu erstatten. Über jegliche Pflicht hinaus.

28 ***… die verschiedenen Müllbehältnisse …***: Vermutlich vermehren sie sich über Nacht, und so dürfte es nur noch eine Frage der Zeit sein, bis zwischen den Weißglas-, Grünglas- und Braunglasbehältnissen durch noch nicht ausreichend erforschte Paarungsmechanismen die immer wieder vermissten Blauglascontainer entstehen.

… einen gut funktionierenden Sekundärrohstoffmarkt …: Siehe zum Beispiel den gutgeschriebenen und recherchierten Artikel von Thomas Schenk, Thema: Abfall, »Der große Recycling-Report«, Neue Zürcher Zeitung Folio 07/09.

29 ***… dass der Egoismus immer der Ausgangspunkt aller moralischen Überlegungen wäre***: Tatsächlich hat es einige Versuche in dieser Richtung gegeben, sogar den Egoismus zur Grundlage einer Ethik zu machen. Bekannt ist etwa der berühmte Satz von Adam Smith in seinem Buch »Wohlstand der Nationen«:

»Es ist nicht die Wohltätigkeit des Metzgers, des Brauers oder des Bäckers, die uns unser Abendessen erwarten lässt, sondern dass sie nach ihrem eigenen Vorteil trachten.«

Zurück geht die Idee auf die Bienenfabel des Arztes und Schriftstellers Bernard Mandeville (Die Bienenfabel oder Private Laster, öffentliche Vorteile, Suhrkamp Verlag, Frankfurt/Main 1980). In diesem Gedicht beschreibt Mandeville als Bild für das England des beginnenden 18. Jahrhunderts einen Bienenstock, der von Macht und Reichtum strotzte und in dem das gesamte Leben einschließlich der Künste blühte. Grundlage dieses Reichtums war aber nicht die Moral, sondern der Egoismus. Im Gegenteil, als die Moral Einzug hält, geht der Reichtum verloren.

Lesenswert dazu: Gerhard Stapelfeldt, »Bernard Mandeville: ›Private Laster, öffentliche Vorteile‹«, in: Gerhard Stapelfeldt, Der Merkantilismus: Die Genese der Weltgesellschaft vom 16. bis zum 18. Jahrhundert, ça ira Verlag, Freiburg 2001.

»Gier ist gut – sonst müsst ihr Eicheln essen«, Frankfurter Allgemeine Sonntagszeitung, Nr. 17/2005 vom 1. 5. 2005, S. 34.

29 ***… aus der Sicht eines »rationalen Egoismus« …***: Das wäre für den Staat die Idee von Thomas Hobbes, dass sich die Menschen, um den Krieg aller gegen alle zu vermeiden, in einem Gesellschaftsvertrag darauf einigen, die Macht einem Souverän, dem Leviathan, zu übertragen. David Hume hat das auf die Moralphilosophie übertragen und die Moral aus dem aufgeklärten Eigeninteresse begründet. Ebenso folgt dem die Moralbegründung aus Vertragstheorien, der sogenannte Kontraktualismus.

Interessant ist auch die Unterscheidung zwischen psychologischem Egoismus und ethischem Egoismus: William K. Frankena, Analytische Ethik, dtv, München 1972, S. 35 ff. Dieter Birnbacher, Analytische Einführung in die Ethik, Walter de Gruyter, Berlin 2007, S. 312 ff.

30 ***The right to swing my fist ends …***: http://thinkexist.com/quotation/the_right_to_swing_my_fist_ends_where_the_other/217369.html.

2 Von neuen Frisuren, Präsidenten und Praktikantinnen **Über die Lüge**

32 ***»I want you to listen to me …«***: Presseerklärung von Präsident Bill Clinton am 26. 1. 1998, zitiert nach http://millercenter.org/scripps/archive/speeches/detail/3930 (letzter Zugriff am 21. 4. 2010).

… vor einer Grand Jury und danach vor der Nation …: Adressing the Nation vom 17. 8. 1998, http://www.pbs.org/newshour/lewinsky_address/address.html (letzter Zugriff am 21. 4. 2010).

Angesichts der von Lewinsky konservierten Spermaflecken …: Ein Umstand, der von manchen Kommentatoren als »Smoking Gun« bezeichnet wurde, womit ein Beweis gemeint wird, der so evident ist, wie mit einer rauchenden Waffe in der Hand neben dem Opfer angetroffen zu werden.

Colin Powells berühmte Irakrede …: Nachweise bei Jochen Mecke, Lüge und Literatur – Perspektivenwechsel und Wechselperspektive, in: Jörn

Müller/Hanns Gregor Nissing (Hrsg.), Die Lüge – Ein Alltagsphänomen aus wissenschaftlicher Sicht, WBG, Darmstadt 2007, S. 57–86, dort Fn. 1 und 2.

33 **Ferenc Gyurcsány**: Nachweise bei Jochen Mecke, Lüge und Literatur – Perspektivenwechsel und Wechselperspektive, in: Jörn Müller/Hanns Gregor Nissing (Hrsg.) Die Lüge – Ein Alltagsphänomen aus wissenschaftlicher Sicht, WBG, Darmstadt 2007, S. 57–86, dort Fn. 3.

… keine »sexual relations« im Wortsinne …: Genauer gesagt war dabei entscheidend, wer bei wem den Oralsex »performed« hatte. Da Monica Lewinsky Bill Clinton oral befriedigt hatte, konnte sich Clinton darauf berufen, dass dies nicht von der Definition, die ihm das Gericht vorgelegt hatte, umfasst sei. Die Definition hatte folgenden Wortlaut:

»For the purposes of this definition, a person engages in ›sexual relations‹ when the person knowingly engages in or causes

(1) contact with the genitalia, anus, groin, breast, inner thigh, or buttocks of any person with an intent to gratify or arouse the sexual desire of any person …

›Contact‹ means intentional touching, either directly or through clothing.«

Clintons Aussage:

Richter Wright: »… And so the record is completely clear, have you ever had sexual relations with Monica Lewinsky, as that term is defined in Deposition Exhibit 1, as modified by the Court? …«

Clinton: »I have never had sexual relations with Monica Lewinsky. …«

Vor der Grand Jury wurde Clinton dann von den Anwälten des Sonderermittlers Starr mit dieser Aussage konfrontiert und erläuterte seine Aussage so:

Clinton: *Yes. My –- I can tell you what my understanding of the definition is, if you want me to –*

Ermittler: *Sure.*

Clinton: *-- do it. My understanding of this definition as it covers contact by the person being deposed with the enumerated areas, if the contact is done with an intent to arouse or gratify. That's my understanding of the definition.*

Ermittler: *What did you believe the definition to include and exclude? What kinds of activities?*

Clinton: *I thought the definition included any activity by the person being deposed, where the person was the actor and came in contact with those parts of the bodies with the purpose or intent or [sic] gratification, and excluded any other activity.*

Zitiert nach: Peter Tiersma, The Language of Perjury, Chi.-Kent L. Rev. 927 (2004), online abrufbar unter http://www.languageandlaw.org/PERJURY.HTM (letzter Zugriff am 22. 4. 2010).

Da er, so Clintons Interpretation, keine der in der Definition genannten Körperteile von Monica Lewinsky berührt hatte – sondern umgekehrt –, berief er sich darauf, dass nach der Definition des Gerichts nicht er mit ihr, sondern sie mit ihm sexuellen Kontakt hatte und er die Frage somit zu Recht verneinen durfte.

33 **»It depends on what the meaning of the word ›is‹ is.«**: Aussage vor der Grand Jury, das komplette Zitat lautet:

»It depends on what the meaning of the word ›is‹ is. If the –- if he –- if ›is‹ means is and never has been, that is not –- that is one thing. If it means there is none, that was a completely true statement … Now, if someone had asked me on that day, are you having any kind of sexual relations with Ms. Lewinsky, that is, asked me a question in the present tense, I would have said no. And it would have been completely true.«

Zitiert nach dem Starr Report Narrative, Fußnote 1091, online abrufbar unter: http://icreport.access.gpo.gov/report/6narrit.htm#N_1091_ (letzter Zugriff am 22. 4. 2010).

34 **»Non est mentiendum«**: Augustinus, De mendacio, 25, zitiert nach: A. Augustinus, Die Lüge und gegen die Lüge, übertragen und erläutert von P. Keseling, Würzburg, 2. Auflage 1986.

Denn selbst das bewusste Verschweigen …: Augustinus, Contra mendacium 23, zitiert nach Jochen Mecke, Lüge und Literatur – Perspektivenwechsel und Wechselperspektive, in: Jörn Müller/Hanns Gregor Nissing (Hrsg.), Die Lüge – Ein Alltagsphänomen aus wissenschaftlicher Sicht, WBG, Darmstadt 2007, S. 57–86, dort Fn. 5.

»Dein Sohn lebt«: Rochus Leonhardt, *Omnis homo mendax* (Ps 116,11)? Das Problem der Lüge aus der Sicht der evangelischen Ethik, in: Rochus Leonhardt, Martin Rösel (Hrsg.), Dürfen wir lügen?, Neukirchener Verlag, Neukirchen-Vluyn 2002, S. 234.

reservatio mentalis: Eberhard Schockenhoff, Zur Lüge verdammt?, Verlag Herder, Freiburg i. Br., 2. Auflage 2005, S. 93.

35 **So würden Umfragen unter Collegestudenten zufolge …**: Peter Tiersma, The Language of Perjury, Chi.-Kent L. Rev. 927 (2004), online abrufbar unter http://www.languageandlaw.org/PERJURY.HTM (letzter Zugriff am 4. 11. 2010).

Aber spätestens beim todkranken Mann …: Augustinus selbst hatte dieses Problem zwar gesehen, war aber dennoch bei seiner Ablehnung geblieben:

»Da liegt ein Mensch krank darnieder an einem gefährlichen, schweren Leiden, und es würde seine Kräfte übersteigen, wenn man ihm den Tod seines einzigen, heißgeliebten Sohnes verkündete. Dich fragt er, ob der Sohn noch lebt, der wie du weißt, aus dem Leben geschieden ist. Was willst du antworten, wenn es so steht? Du magst sonst sagen, was du willst, außer einem der drei Sätze: Entweder er ist tot, oder er lebt, oder ich weiß es nicht, so glaubt er nichts anderes als, dass der Sohn tot ist, und versteht dass du das zu sagen dich scheuest, aber nicht lügen willst. Es macht keinen Unterschied, wenn du überhaupt schweigst. Von diesen drei Antworten jedoch sind zwei unwahr, nämlich ›er lebt‹ und ›ich weiß es nicht‹, und du kannst sie nur als Lügen geben. Gibst du aber die eine wahre Antwort, dass er tot ist, und tritt dann der Tod des völlig erschütterten Menschen ein, so wird man schreien, du habest ihn getötet. Und wer könnte die Behauptung der Leute ruhig hinnehmen, die da geltend mache, es sei ein großer Fehler, eine heilbringende Lüge [salubre mendacium] zu vermeiden und dafür die menschenmordende Wahrheit [homicidia veritas] zu lieben?« (Contra mendacium, 36, zitiert nach Eberhard Schockenhoff, Zur Lüge verdammt?, Verlag Herder, Freiburg i.Br., 2. Auflage 2005, S. 53 / 54, dort zitiert nach P. Keseling, 115. CSEL 41, 519.)

36 **»Wie steht mir meine neue Frisur?«**: Die entsprechende Frage im SZ-Magazin lautete: »Eine Freundin, die nicht gerade übermäßig mit Selbstbewusstsein ausgerüstet ist, hat sich nach intensiven Überlegungen und Recherchen in diversen Frauenmagazinen dazu durchgerungen, sich ihre langen Haare abschneiden zu lassen. Mit zweifelhaftem Ergebnis! Nun stellt sich mir die Frage, ob ich ihr gegenüber ehrlich zugeben soll, dass mir die neue Frisur nicht gefällt, oder ob ich mich als ehrlicher Freund zu Loyalität und Ermutigung verpflichtet sehen und das Ergebnis somit schönreden sollte.« Alexander S., Hannover.

SZ-Magazin vom 27. 5. 2005, abgedruckt in: Rainer Erlinger, Wenn Sie mich fragen. Rainer Erlinger beantwortet Fragen zur Alltagsmoral, Verlag Antje Kunstmann, München 2007, S. 191.

»Es kann sein, dass nicht alles wahr ist …«: Immanuel Kant, Verkündung des nahen Abschlusses eines Tractats zum ewigen Frieden in der Philosophie, AA S. 421. Online abrufbar unter: http://www.korpora.org/Kant/aa08/421.html (letzter Aufruf am 4. 11. 2010).

37 **Helmut Kohls »blühende Landschaften«**: »Durch eine gemeinsame Anstrengung wird es uns gelingen, Mecklenburg-Vorpommern und Sachsen-Anhalt, Brandenburg, Sachsen und Thüringen schon bald wieder in blühende Landschaften zu verwandeln, in denen es sich zu leben und zu arbeiten lohnt.«

Fernsehansprache von Bundeskanzler Kohl anlässlich des Inkrafttretens der Währungs-, Wirtschafts- und Sozialunion am 1. Juli 1990. Bulletin des Presse- und Informationsamts der Bundesregierung Nr. 86 (3. Juli 1990). Zitiert nach http://www.helmut-kohl.de/index.php?msg=555 (letzter Aufruf am 4. 11. 2010).

Helmut Kohl verwendete diesen Begriff in weiteren Ansprachen und auch im Bundestagswahlkampf 1998.

37 ***Ob das gelogen war oder nicht …***: Man könnte an dieser Stelle streiten, ob es nicht als Versprechen ohnehin etwas anderes ist, aber da Kohl nicht versprach, was er tun werde, sondern ankündigte, was geschehen werde, liegt wohl eher eine Behauptung als ein Versprechen vor. Zur Abgrenzung von Versprechen insbesondere von Aussagen siehe Norbert Anwander, Versprechen und Verpflichten, Mentis Verlag, Paderborn 2008, S. 54ff. insbesondere Fn. 2 auf S. 57.

38 ***Aufrichtigkeit***: Die hier vertretene Verwendung des Begriffs Aufrichtigkeit ist eine andere als in der deutschen Übersetzung des Buches André Comte-Sponville, Ermutigung zum unzeitgemäßen Leben. Ein kleines Buch der Tugenden und Werte, Rowohlt Verlag, Reinbek bei Hamburg, 2. Auflage 2001. Dort wird mit Aufrichtigkeit die »Übereinstimmung von Tat und Wort mit dem Seelenleben oder dieses letzteren mit sich selbst« bzw. »als Tugend die Liebe zur Wahrheit oder die Achtung vor ihr« bezeichnet.

40 ***… als biblisches achtes Gebot***: Als achtes Gebot gilt diese Stelle in der Zählweise, die bei Lutheranern und Katholiken üblich ist, während sie in der Zählweise, wie sie im Judentum, bei orthodoxen Christen, Anglikanern und Reformierten gepflegt wird, als neuntes Gebot gilt. Die Unterschiede scheinen dabei in erster Linie numerischer Natur zu sein, da der Text, auf den sich die Zählungen beziehen, der gleiche ist. Ausschlaggebend ist dabei, ob »Ich bin der Herr, dein Gott. Du sollst keine fremden Götter neben mir haben. Du sollst dir kein Bildnis machen.« als ein oder zwei Gebote oder zwei Gebote mit Präambel angesehen werden. Dafür werden dann, um wieder bei der Zahl zehn anzulangen, bei Lutheranern und Katholiken das zehnte Gebot der anderen Glaubensgemeinschaften getrennt in ein neuntes und zehntes Gebot. Ob diese voneinander abweichenden Zählweisen auch zu theologischen Unterschieden führen, entzieht sich meiner Kenntnis. Es würde mich allerdings wundern, wenn nicht.

… an den beiden Stellen, an denen die Zehn Gebote formuliert sind: 2. Buch Mose (Exodus), 20,16 und 5. Buch Mose (Deuteronium) 5,20.

In der Übersetzung der Lutherbibel von 1984 …: Erläuterungen zu verschiedenen wichtigen Bibelübersetzungen in deutscher Sprache finden sich unter http://ekd.de/bibel/bibelausgaben.html (letzter Aufruf am 4. 11. 2010).

Weit und breit kein »Du sollst nicht lügen«: Und doch würden viele den Satz dort verorten. Warum? In den Jahren, in denen ich mich mit der Lüge befasse und über sie schreibe, spreche und diskutiere, habe ich eine – statistisch nicht belegte – Beobachtung gemacht: Es scheint mir, als würden Menschen, die katholisch aufgewachsen sind, eher »Du sollst nicht lügen« als Gebot kennen, während evangelische Christen sich eher auf den Originaltext mit dem Zeugnisverbot beziehen. Diese Beobachtung wird unterstützt durch die Tatsache, dass im »offiziellen Internetportal der katholischen Kirche in Deutschland« (so die eigene Bezeichnung) katholisch.de, die im Auftrag der Deutschen Bischofskonferenz arbeitet, sich auf den Kinderseiten (http://www.katholisch.de/42276.html, letzter Aufruf am 4. 11. 2010) folgende Erläuterung findet: »Das achte Gebot: ›Du sollst nichts Falsches über deinen Nächsten sagen.‹ Mit anderen Worten: Du sollst nicht lügen.«

Generell scheint es in der evangelischen Theologie ein geringeres Interesse am Lügenverbot zu geben als in der katholischen, worauf der evangelische Theologe Rochus Leonhardt hinweist (*Omnis homo mendax* (Ps 116,11)? Das Problem der Lüge aus der Sicht der evangelischen Ethik, in: Rochus Leonhardt, Martin Rösel (Hrsg.), Dürfen wir lügen?, Neukirchener Verlag, Neukirchen-Vluyn 2002, S. 228–248, v.a. S. 228–230).

41 ***Kants Kategorischer Imperativ in seiner Grundformulierung***: Immanuel Kant, Grundlegung zur Metaphysik der Sitten, Reclam, Stuttgart 1984, S. 68 (AA S. 421).

42 ***»… aber die Mitteilung seiner Gedanken …«***: Immanuel Kant, Die Metaphysik der Sitten, Reclam, Stuttgart 1990, S. 312 (AA S. 429).

43 ***»Die Lüge ist Wegwerfung …«***: Immanuel Kant, Die Metaphysik der Sitten, Reclam, Stuttgart 1990, S. 312 (AA S. 429).

»Sprachmaschine«: Immanuel Kant, Die Metaphysik der Sitten, Reclam, Stuttgart 1990, S. 313 (AA S. 430).

Das geht zurück auf Thomas von Aquin, der schon auf den Missbrauch der Sprache hingewiesen hatte: »Da die Worte von Natur Zeichen der Gedanken sind, ist es unnatürlich und unerlaubt, dass man durch die Sprache kundgibt, was man nicht im Sinn hat.« Summa Theologiae IIa-IIae 110, 3 c, zitiert nach Simone Dietz, Immanuel Kants Begründungen des Lügenverbots, in: Rochus Leonhardt, Martin Rösel (Hrsg.), Dürfen wir lügen?, Neukirchener Verlag, Neukirchen-Vluyn 2002, S. 228–248, v.a. S. 91–115, 97.

An dieser Stelle kann man sicher Kritik anmelden …: Dies tut sehr differenziert Simone Dietz in ihrem lesenswerten Buch Die Kunst des Lügens, Rowohlt Taschenbuch Verlag, Reinbek bei Hamburg 2003.

»Wenn du eine Lüge erzählst …«: Khaled Hosseini, Drachenläufer, Berliner Taschenbuch Verlag, Berlin 2007, S. 25.

44 ***»Sag mal, findest du mich zu dick?«***: Siehe Gewissensfrage »Ein pfundiger Kerl« im SZ-Magazin vom 1. 3. 2002. Abgedruckt in: Rainer Erlinger, Gewissensfragen, Süddeutsche Zeitung Edition 2005, S. 107.

44 ***»Wie geht's?«***: siehe Gewissensfrage im SZ-Magazin vom 11. 11. 2005. Abgedruckt in: Rainer Erlinger, Wenn Sie mich fragen. Rainer Erlinger beantwortet Fragen zur Alltagsmoral, Verlag Antje Kunstmann, München 2007, S. 200.

»How do you do?«: So antwortet man darauf ebenfalls mit »How do you do?«. Anders bei »How are you?«, auf das man aber ähnlich wie beim deutschen »Wie geht's?« floskelmäßig »Thanks, fine« antwortet, ohne auf das wirkliche Befinden einzugehen.

45 **Seit der Antike trifft man in der Literatur ...**: Nachweise bei Alfons Fürst, Patristische Diskussionen über die Lüge, in: Rochus Leonhardt, Martin Rösel (Hrsg.), Dürfen wir lügen?, Neukirchener Verlag, Neukirchen-Vluyn 2002, S. 68ff.

46 **In der Literatur wird er aber gerne ...**: So schreibt z.B. Hans Kelsen: »Wenn das Ideal der Wahrhaftigkeit über dem der Menschlichkeit steht, muss der Arzt die Wahrheit sagen; wenn dagegen das Ideal der Menschlichkeit über dem der Wahrhaftigkeit steht, muss der Arzt lügen.« Hans Kelsen, Was ist Gerechtigkeit?, Reclam, Stuttgart 2000, S. 18.

... die Möglichkeit, sein Leben zu ordnen oder letzte Dinge zu regeln: Das ist auch Inhalt des Films »Das Beste kommt zum Schluss« von Rob Rainer mit Jack Nicholson und Morgan Freeman, USA 2007. In dem Film, der im Original »The Bucket List« heißt, geht es darum, dass zwei an Krebs erkrankte Männer beschließen, eine Liste von Dingen aufzustellen, die sie noch tun wollen, bevor sie sterben. Diese Liste arbeiten sie dann bei einer Reise rund um die Welt ab. Im Deutschen heißt die Liste »Löffelliste« in Anspielung auf »den Löffel abgeben«, im Englischen »bucket list« nach »to kick the bucket«, was in etwa dasselbe bedeutet.

Der Journalist Jürgen Schmieder ...: Jürgen Schmieder, Du sollst nicht lügen! Von einem, der auszog, ehrlich zu sein, C. Bertelsmann Verlag, München 2010.

»Der Dummschwätzer«: »Der Dummschwätzer« (Liar Liar), USA 1997, Regie: Tom Shadyac.

47 **... zwischen einmal und zweihundertmal**: Einen guten Überblick über die Studien gibt Jochen Mecke, Lüge und Literatur – Perspektivenwechsel und Wechselperspektive, in: Jörn Müller/Hanns Gregor Nissing (Hrsg.), Die Lüge – Ein Alltagsphänomen aus wissenschaftlicher Sicht, WBG, Darmstadt 2007, S. 57–86, S. 58.

Schmieder aber kam zu dem Ergebnis ...: Schmieder zitiert dazu den US-amerikanischen Philosophen Warren Shibles aus seinem Buch »Lügen und Lügen lassen«, Lermann Verlag, Mainz 2000, S. 70, der folgende Testverfahren vorschlägt, um festzustellen, ob man eine »gute Lüge« sagen soll:

»1. Überlege, ob das Problem ohne zu lügen gelöst werden kann. Es muss klar sein, dass es hier keine besseren Alternativen gibt, als zu lügen.

2. Frage dich selbst, ob du unter diesen Umständen angelogen werden möchtest.

3. Frage weiters, ob dieser Mensch unter diesen Umständen angelogen werden möchte.

4. Frage vor dem Lügen denjenigen, der angelogen werden soll. In einigen Fällen kann die Erlaubnis dazu im voraus gegeben werden.

5. Prüfe so genau wie möglich, um sicher zu gehen, dass die Lüge mehr Nutzen als Schaden hervorbringen wird. Versichere dich dessen, dass deine Argumente und Überlegungen stichhaltig sind.

6. Frage andere kompetente Leute, ob auch sie denken, dass in diesem Fall gelogen werden soll.

7. Entscheide, ob deine Lüge, wenn sie entdeckt wird, zu Vertrauensverlust führt und noch größeren Schaden anrichten wird.

8. Rechtfertigen die Ziele die Mittel (Lügen)?«

47 **Ein Brautpaar will nach der Hochzeit …**: Im vollen Umfang lautete die Frage so:

»Vor einiger Zeit war ich auf die Hochzeit von guten Freunden eingeladen. Auf diesem Fest fühlte ich mich überhaupt nicht wohl. Die Stimmung war unterkühlt, das Essen reichte nicht, die Gespräche waren mühsam, die Örtlichkeit trist. Offensichtlich empfand nicht nur ich dies so – viele Freunde verließen die Feier relativ früh. Nur das Hochzeitspaar war von dem Fest restlos begeistert und sprach noch Tage danach sehr glücklich darüber. Auf Nachfragen der beiden, ob mir der Abend auch gefallen habe, äußerte ich mich, entgegen meiner eigentlichen Meinung, positiv, um sie nicht zu verletzen. Habe ich richtig gehandelt?« Kai-Uwe W., Münster.

SZ-Magazin vom 20. 10. 2006. Abgedruckt in: Rainer Erlinger, Wenn Sie mich fragen. Rainer Erlinger beantwortet Fragen zur Alltagsmoral, Verlag Antje Kunstmann, München 2007, S. 189.

48 **Neminem laede – verletze niemanden**: Arthur Schopenhauer, Preisschrift über das Fundament der Moral, hrsg. von Hans Ebeling, Meiner Verlag, Hamburg 1979.

Schopenhauer sieht das Mitleid als Quelle jeder Moral. Ihr liegt die Maxime zugrunde: »Neminem laede; Immo omnes, quantum potes, juva – Verletze niemandem, vielmehr hilf allen, so weit du kannst.«

Kant hatte dafür ein berühmten Schulbeispiel bemüht: Immanuel Kant, Über ein vermeintliches Recht aus Menschenliebe zu lügen, AA VIII, S. 423. Online abrufbar unter http://www.korpora.org/Kant/aa08/423.html (letzter Aufruf am 4. 11. 2010).

Der gesamte Streit mit dem Text von Benjamin Constant, der die gegenteilige Auffassung vertrat, und weiteren Texten findet sich sehr schön zusammengestellt in: Georg Geismann und Hariolf Oberer (Hrsg.), Kant und das Recht der Lüge, Königshausen + Neumann, Würzburg 1986.

48 ***... der französische Philosoph André Comte-Sponville***: André Comte-Sponville, Ermutigung zum unzeitgemäßen Leben, Rowohlt Taschenbuch Verlag, Reinbek bei Hamburg, 2. Auflage 2001, S. 240.

50 ***An diesem Tag entschied das Bundesarbeitsgericht ...***: Bundesarbeitsgericht, Urteil vom 15. 10. 1992, Aktenzeichen 2 AZR 227/92, NJW 1993, 1154. Anfangs hatte die Arbeitnehmerin noch angegeben, sie habe im Einstellungsgespräch von Ihrer Schwangerschaft berichtet, bestritt aber, danach gefragt worden zu sein. Die Gerichte: Arbeitsgericht, Landesarbeitsgericht und Bundesarbeitsgericht gingen aber nach den Verhandlungen davon aus, dass sie tatsächlich darüber getäuscht hatte, dass eine Schwangerschaft vorgelegen hat. Einen Überblick über diese Problematik bietet: Ulrich Preis / Wolfgang Bender, Recht und Zwang zur Lüge – Zwischen List, Tücke und Wohlwollen im Arbeitsleben, online abrufbar unter http://www.jura.uni-koeln.de/uploads/tx_ylfnpublication/pub00308.pdf (letzter Zugriff am 14. 10. 2010).
... nach Bürgerlichem Gesetzbuch und Europäischem Recht ...: § 611 a BGB bzw. Art. 2 und 3 der Richtlinie 76/207/EWG.

51 ***... mit Brief und Siegel ...***: Genauer gesagt trägt das Siegel das Wappen des Bundes, also den Bundesadler, und die Entscheidung wird »Im Namen des Volkes« verkündet.
»Denn, wie ich das Recht habe ...«: Arthur Schopenhauer, Preisschrift über die Grundlage der Moral, Werke, hrsg. von L. Lütkehaus, Bd. 3, Zürich 1991, S. 579 f.

3 Von Minaretten, Bobbycars und Zahnpastatuben
Über Toleranz

53 ***Die Schweiz im Jahr 2009***: »Klares, aber vieldeutiges Nein zu Minaretten«, Neue Zürcher Zeitung Online vom 29. 11. 2009, online abrufbar unter http://www.nzz.ch/nachrichten/schweiz/minarett_initiative_hochrechnung_annahme_1.4079737.html (letzter Zugriff am 13. 10. 10).

53 ***In München formiert sich ...***: Der Moschee-Bau am Gotzinger Platz – eine Chronik. Süddeutsche Zeitung vom 5. 10. 2006, online abrufbar unter http://www.sueddeutsche.de/muenchen/sendlinger-moschee-der-moschee-bau-am-gotzinger-platz-eine-chronik-1.929871 (letzter Zugriff am 3. 11. 2010).

53 ***In Köln gab es den Versuch …***: Rechte Dummheit. Wegen ungültiger Stimmen wird das Bürgerbegehren gegen den Bau einer Kölner Moschee nichtig. Die Tageszeitung vom 9. 5. 2007, online abrufbar unter http://www.taz.de/?id=archiv&dig=2007/05/09/a0013 (letzter Zugriff am 3. 11. 2010).

Ein Kulturkampf mit dem Zollstock – Es geht um Messbares wie Höhenmeter, aber auch um diffuse Gefühle – Köln streitet um den geplanten Bau der großen türkischen Moschee. Von Dirk Graalmann, Süddeutsche Zeitung vom 4. 9. 2007, S. 3.

54 ***Lessings »Nathan der Weise«***: Gotthold Ephraim Lessing, Nathan der Weise (1779), Reclam, Stuttgart 2000.

… von dem englischen Philosophen John Locke …: John Locke, Ein Brief über Toleranz, Felix Meiner Verlag, Hamburg 1996.

56 ***So manche Dinge, die die Moral von uns fordert, macht man zunächst nicht gerne …***: Man könnte dabei auch an die Kant'sche Unterscheidung zwischen pflichtgemäßen Handlungen und Handlungen aus Pflicht denken (Grundlegung zur Metaphysik der Sitten, AA S. 398 »… und täte die Handlung ohne alle Neigung, lediglich aus Pflicht, alsdann hat sie allererst ihren ächten moralischen Wert«), die Kants Zeitgenosse, der Dichterphilosoph Friedrich Schiller, in der berühmten Xenie aufspießte: »*Gewissensskrupel*: Gerne dien' ich den Freunden, doch thu' ich es leider mit Neigung, / Und so wurmt es mir oft, daß ich nicht tugendhaft bin. *Decisum*: Da ist kein andrer Rat, du mußt suchen, sie zu verachten, / Und mit Abscheu alsdann thun, wie die Pflicht dir gebeut.« (Friedrich Schiller, Werke, Nationalausgabe Band I, S. 357).

Allerdings wird diese Lesart in der Kantforschung abgelehnt und eine andere Lesart favorisiert, die unterscheidet zwischen Handlungen »aus Neigung«, die auf den eigenen Vorteil ausgerichtet sind, und Handlungen »mit Neigung«, bei denen die Pflicht immer noch Hauptmotiv bleibt, das im Konfliktfall entgegenstehende Neigungen überwinden könnte. So: Immanuel Kant, Grundlegung zur Metaphysik der Sitten, Kommentar von Christoph Horn, Corinna Mieth und Nico Scarano, Suhrkamp, Frankfurt/Main 2007, S. 181; zu Kant AA IV, 398, 26. Dazu auch ausführlich mit der Unterscheidung verschiedener Lesarten: Dieter Schönecker, Allen W. Wood, Kants »Grundlegung zur Metaphysik der Sitten«, Ein einführender Kommentar, Schöningh Verlag UTB, Paderborn 2002, S. 61 ff. Beide mit weiteren Nachweisen.

Was aber kann einen Menschen dann dazu bewegen …: Lesenswert dazu: Norberto Bobbio, Gründe für die Toleranz, in: Norberto Bobbio, Das Zeitalter der Menschenrechte. Ist Toleranz durchsetzbar?, Wagenbach Verlag, Berlin 1998, S. 85 ff.

58 **In der Ringparabel ...**: Gotthold Ephraim Lessing, Nathan der Weise, Reclam, Stuttgart 2000, Z. 1911ff.

59 **Nur durch die Offenheit, das Gewährenlassen ...**: Karl Popper schreibt zur Notwendigkeit der Offenheit für Diskussionen: »Nur eins ist nötig: die Bereitwilligkeit von seinem Partner zu lernen, die den aufrichtigen Wunsch einschließt, zu verstehen, was er sagen will. Wenn diese Bereitwilligkeit da ist, dann wird die Diskussion um so fruchtbarer sein, je verschiedener das geistige Milieu ist, aus dem die verschiedenen Teilnehmer kommen: Der Wert einer Diskussion hängt geradezu von der Verschiedenartigkeit der sich messenden Ansichten und Meinungen ab. Gäbe es kein Babel, so müsste man es erfinden.« Die öffentliche Meinung im Lichte der Grundsätze des Liberalismus, in: Karl R. Popper, Auf der Suche nach einer besseren Welt, Piper Verlag, München, 15. Auflage 2009, S. 173.

60 **Lexikon der Ethik**: Otfried Höffe, »Toleranz«, in: Ders. (Hrsg.), *Lexikon der Ethik*, C. H. Beck, München 1997, S. 304ff.

Enzyklopädie Philosophie: Rainer Forst, »Toleranz«, in: Hans Jörg Sandkühler (Hrsg.), Enzyklopädie Philosophie, Bd. 2, Felix Meiner Verlag, Hamburg 1999, S. 1627.

Brockhaus: Der Neue Brockhaus, 5. Band, F. A. Brockhaus, Wiesbaden, 6. Auflage 1980, S. 293.

»Toleranz sollte eigentlich ...«: Johann Wolfgang von Goethe: Maximen und Reflexionen, Nr. 151, C. H. Beck, München 1989.

61 **Der Frankfurter Philosoph Rainer Forst ...**: Rainer Forst, Toleranz im Konflikt. Geschichte, Gehalt und Gegenwart eines umstrittenen Begriffs, Suhrkamp, Frankfurt/Main 2003.

66 **Paradox der Toleranz**: Karl R. Popper, Die offene Gesellschaft und ihre Feinde, zitiert nach: Karl Popper Lesebuch, herausgegeben von David Miller, Mohr Siebeck, Tübingen 2005, S. 313, Fußnote 4.

67 **Der amerikanische Moralphilosoph John Rawls ...**: John Rawls, Eine Theorie der Gerechtigkeit, Suhrkamp, Frankfurt/Main 1975, § 35, S. 246ff.

Lesenswert zur Toleranz gegenüber Fanatismus: R. M. Hare, Freiheit und Vernunft, Suhrkamp, Frankfurt/Main 1973, S. 177ff.

68 **»das hängt von den Umständen ab«**: John Rawls, Eine Theorie der Gerechtigkeit, Suhrkamp, Frankfurt/Main 1975, § 35, S. 249.

70 **In der Verfassung liegen ethisch-politische Festlegungen ...**: Vergleiche dazu: Jürgen Habermas, »Anerkennungskämpfe im demokratischen Rechtsstaat«, Kommentar zu und in: Charles Taylor, Multikulturalismus und die Politik der Anerkennung, Suhrkamp, Frankfurt/Main 2009, sowie den titelgebenden Essay von Charles Taylor selbst.

71 **Der Bielefelder Konfliktforscher Wilhelm Heitmeyer ...**: Wilhelm Heitmeyer, Riskante Toleranz. Moralgesättigt und gefährlich attraktiv, Diskussions-

beitrag auf diegesellschafter.de, online abrufbar unter http://diegesellschafter.de/diskussion/vision/detail.php?vid=12 (letzter Zugriff am 13. 10. 10).

72 **»Und dann befällt einen ...«**: Harald Schmidt, Tränen im Aquarium, Kiepenheuer & Witsch, Köln 1993, S. 65.

4 Von Pflichten, Nutzen, Tugenden und Nichtwissen
Über ethische Theorien

74 **»Jim befindet sich auf dem Marktplatz ...«**: Bernard Williams, Kritik des Utilitarismus, Klostermann, Frankfurt/Main 1979, S. 61 f.

Bei Williams hat der Beispielfall noch folgenden Zusatz: »Die Männer an der Wand und die übrigen Dorfbewohner verstehen die Lage und bitten ihn offensichtlich, einzuwilligen.«

Ich habe ihn hier nicht mit übernommen, um den Fokus auf den Gegensatz zwischen deontologischen und utilitaristischen Ansätzen zu richten und eine stärkere Parallelität mit der Flugsicherheitsentscheidung des Bundesverfassungsgerichts herzustellen. Williams dagegen ging es in dem Essay vor allem um die Frage der Integrität des Handelnden, die er durch utilitaristische Entscheidungen bedroht sieht.

75 **Nur sagte das deutsche Bundesverfassungsgericht dazu ...**: Urteil des Bundesverfassungsgerichts vom 15. 2. 2006 – 1 BvR 357/05, online abrufbar unter http://www.bundesverfassungsgericht.de/entscheidungen/rs20060215_1bvr035705.html (letzter Aufruf 4. 11. 2010).

77 **Grundunterscheidung**: Zu dieser Unterscheidung siehe William K. Frankena, Analytische Ethik, dtv, München 1972, S. 30ff.

Christoph Hübenthal, B. 1, Teleologische Ansätze, Einleitung, in: Marcus Düwell/Christoph Hübenthal/Micha H. Werner (Hrsg.), Handbuch Ethik, Verlag J. B. Metzler, Stuttgart 2002, S. 61ff.

Micha H. Werner, B. 2, Deontologische Ansätze, Einleitung, in: Marcus Düwell/Christoph Hübenthal/Micha H. Werner (Hrsg.), Handbuch Ethik, Verlag J. B. Metzler, Stuttgart 2002, S. 122ff.

Michael Quante, Einführung in die allgemeine Ethik, WBG, Darmstadt 2003, S. 127.

78 **... einer repräsentativen Umfrage zufolge ...**: Emnid-Umfrage im Auftrag von Reader's Digest, Magazin Reader's Digest, April 2004, Zusammenfassung online abrufbar unter http://www.readers-digest.de/presse/magazin/detail.mb1?set=magazin&subset=126 (letzer Aufruf am 4. 11. 2010).

79 **... dem Propheten Moses auf dem Berg Sinai ...**: Es wurden nur die ersten Tafeln mit den Zehn Geboten von Gott direkt übergeben. Moses zer-

schlug diese Tafeln aber vor Zorn über das Volk Gottes, weil es, als er vom Berg herabstieg, dem Götzenbild des Goldenen Kalbes huldigte: Die Bibel, Exodus 32–34.

Einen gute Einführung aus theologischer Warte bietet: Hermann Deuser, Die Zehn Gebote, Reclam, Stuttgart 2002.

79 **... man soll Ehebrecher auspeitschen ...**: Tilman Nagel, »Die einzige koranische Strafe, die nicht im Koran steht«, Frankfurter Allgemeine Zeitung, Nr. 192/2010 vom 20. 8. 2010, S. 29.

79 **... dass vieles von dem, was in den Zehn Geboten niedergelegt ist ...**: Die Grundidee, dass die verschiedenen Religionen einen gemeinsamen ethischen Grundstock haben, steht auch hinter dem Projekt Weltethos, das vor allem mit dem Namen Hans Küng verbunden ist. Siehe dazu etwa: Erklärung zum Weltethos, in: Hans Küng (Hrsg.), Ja zum Weltethos, Piper, München 1995, S. 21ff., insbesondere der Bezug u.a. auf die Zehn Gebote bei den »Vier unverrückbaren Weisungen«, S. 32ff. Daneben auch: Hans Küng, Projekt Weltethos, Piper, München 1990. Hans Küng, Karl-Josef Kuschel (Hrsg.), Wissenschaft und Weltethos, Piper, München 1998.

»Bedenke dir nämlich nur dieses ...«: Platon, Eutyphron, in der Übersetzung von Friedrich Schleiermacher, Sämtliche Werke, Band I, Rowohlt Taschenbuch Verlag, Reinbek bei Hamburg 1994, 12. Kap., 10a1–10e4.

81 **»Zwei Dinge erfüllen das Gemüt ...«**: Immanuel Kant, Kritik der praktischen Vernunft, Reclam, Stuttgart 1961, S. 253 (AA 288).

»Es ist überall nichts in der Welt ...«: Immanuel Kant, Grundlegung zur Metaphysik der Sitten, Reclam, Stuttgart 1984, S. 28 (AA 393).

»Es liegt also der moralische Wert ...«: Immanuel Kant, Grundlegung zur Metaphysik der Sitten, Reclam, Stuttgart 1984, S. 39 (AA 401).

Weil es ein Gesetz darstellt ...: »Das moralische Gesetz ist daher bei jenen ein Imperativ, der kategorisch gebietet, weil das Gesetz unbedingt ist«; Immanuel Kant, Kritik der praktischen Vernunft, Reclam, Stuttgart 1961, S. 56f. (AA 32).

82 **Der Kategorische Imperativ**: Immanuel Kant, Grundlegung zur Metaphysik der Sitten, Reclam, Stuttgart 1984, S. 68 (AA 421).

Eine wirklich gute Einführung in den Kategorischen Imperativ bietet: Ralf Ludwig, Kant für Anfänger. Der Kategorische Imperativ, dtv, München 1995.

Ebenso das Kapitel »Kant« in: Herlinde Pauer-Studer, Einführung in die Ethik, Facultas Verlag, Wien 2003.

Zweckformel: Immanuel Kant, Grundlegung zur Metaphysik der Sitten, Reclam, Stuttgart 1984, S. 79 (AA 429).

83 **Jim dürfte nicht einen ...**: An dieser Stelle erkennt man, warum sich der Fall von Williams für die Unterscheidung von Utilitarismus und

Deontologie besser eignet, wenn man die Bitte der Geiseln, es zu tun, weglässt. Wenn die Geiseln in Jims Tat einwilligen, kann man argumentieren, dass sie nicht mehr zum Mittel gemacht werden, sondern sich selbst diesen Zweck gegeben haben. Ich habe jedoch dann dennoch meine Zweifel, weil man zum einen über die Freiwilligkeit der Einwilligung streiten kann, zum anderen man über die Frage der Selbstaufgabe nachdenken müsste.

83 ***»Eine solche Behandlung missachtet …«***: Urteil des Bundesverfassungsgerichts vom 15. 2. 2006 – 1 BvR 357/05, online abrufbar unter http://www.bundesverfassungsgericht.de/entscheidungen/rs20060215_1bvr035705.html (letzter Aufruf 4. 11. 2010).

84 ***»Unter dem Prinzip der Nützlichkeit …«***: Jeremy Bentham, »Eine Einführung in die Prinzipien der Moral und der Gesetzgebung«, in: Otfried Höffe (Hrsg.), Einführung in die utilitaristische Ethik, Francke Verlag, Tübingen 1992, S. 55–83.

85 ***»Die Auffassung, für die die Nützlichkeit …«***: John Stuart Mill, »Utilitarismus«, in: Otfried Höffe (Hrsg.), Einführung in die utilitaristische Ethik, Francke Verlag, Tübingen 1992, S. 84–97.

86 ***In einem Krankenhaus liegen fünf Patienten …***: Philippa Foot, »Töten und Sterbenlassen«, in: Philippa Foot, Die Wirklichkeit des Guten, Fischer Taschenbuch Verlag, Frankfurt/Main 1997, S. 187.

Weitere Variationen dieses Beispiels finden sich u.a. in:

John Harris, »The Survival Lottery«, in: Peter Singer: Applied Ethics, Oxford University Press 1986, S. 87.

Judith Jarvis Thomson, Rights, Restitution and Risk, Harvard University Press 1986, S. 80 f.

Thomas Zoglauer, Tödliche Konflikte, Omega Verlag, Stuttgart 2007, S. 181.

Es sind vor allem zwei Punkte, in denen der Fall anders liegt als Jims Fall: Der Blutspender ist nicht selbst gefährdet, war also nicht von Anfang an in der Gruppe, die durch seine Opferung gerettet wird (man könnte der Fall verkomplizieren, indem man fragt, ob der Chirurg nicht den Kränkesten der Patienten opfern dürfte, um die anderen vier zu retten). Und anders als in Jims Fall kann man auch nicht damit argumentieren, dass der Geopferte, wenn man ihn fragen würde, durchaus einwilligen könnte.

… der sogenannte »Regelutilitarismus« entgegen: Zu diesem und weitern Entwicklungen des Utilitarismus siehe das Kapitel »Utitlitarismus« in: Herlinde Pauer-Studer, Einführung in die Ethik, Facultas Verlag, Wien 2003, S. 31ff. Sowie: Detlef Horster, Ethik, Reclam, Stuttgart 2009, S. 40ff. Dieter Birnbacher, Utitlitarismus/Ethischer Egoismus, in: Marcus Düwell/Christoph Hübenthal/Micha H. Werner (Hrsg.), Handbuch Ethik, Verlag J. B. Metzler, Stuttgart 2002, S. 95 ff. Lesenswert auch: Bernward Gesang, Eine Verteidigung des Utilitarismus, Reclam, Stuttgart 2003.

87 **»Derart dürfte in erster Linie …«**: Aristoteles, Nikomachische Ethik, übersetzt und mit einer Einführung und Erläuterungen versehen von Olof Gigon, dtv, München 1991, 1097 a 38 – b 2.

88 **»ist das Gute für den Menschen …«**: Aristoteles, Nikomachische Ethik, übersetzt und mit einer Einführung und Erläuterungen versehen von Olof Gigon, dtv, München 1991, 1098 a 16 – a 20.

»Die Tugend ist also ein Verhalten …«: Aristoteles, Nikomachische Ethik, übersetzt und mit einer Einführung und Erläuterungen versehen von Olof Gigon, dtv, München 1991, 1106 b 37 – 1107 a 8.

88 **Eine Art von Tugenden, die verstandesmäßigen wie Weisheit, Klugheit …**: Aristoteles, Nikomachische Ethik, übersetzt und mit einer Einführung und Erläuterungen versehen von Olof Gigon, dtv, München 1991, 1103 a 15. Siehe hierzu auch Herlinde Pauer-Studer, Einführung in die Ethik, Facultas Verlag, Wien 2003, S. 65.

Tugendethik: Eine Textsammlung zur modernen Tugendethik: Klaus Peter Rippe / Peter Schaber (Hrsg.), Tugendethik, Reclam, Stuttgart 1998.

Schopenhauers Mitleidsethik: Arthur Schopenhauer, Die Welt als Wille und Vorstellung, Suhrkamp, Frankfurt / Main 1986; Über die Grundlage der Moral, Meiner, Leipzig 2006.

Kontraktualismus: Herlinde Pauer-Studer, Einführung in die Ethik, Facultas Verlag, Wien 2003, S. 83–108. Detlef Horster, Ethik, Reclam, Stuttgart 2009, S. 51 ff.

Diskursethik: Siehe insbesondere Jürgen Habermas, Moralbewußtsein und kommunikatives Handeln, Suhrkamp, Frankfurt / Main 1983. Für einen Überblick. Micha H. Werner, Diskursethik, in: Marcus Düwell / Christoph Hübenthal / Micha H. Werner (Hrsg.), Handbuch Ethik, Verlag J. B. Metzler, Stuttgart 2002, S. 140 ff.

89 **Care-Ethik**: Herlinde Pauer-Studer, Einführung in die Ethik, Facultas Verlag, Wien 2003, S. 112–116.

91 **John Rawls**: John Rawls, Eine Theorie der Gerechtigkeit, Suhrkamp, Frankfurt / Main 1975.

Für Erläuterungen: Otfried Höffe (Hrsg.), John Rawls, Eine Theorie der Gerechtigkeit, Klassiker Auslegen, Band 15, Akademie Verlag, Berlin, 2. Auflage 2006.

»Schleier des Nichtwissens«: John Rawls, Eine Theorie der Gerechtigkeit, Suhrkamp, Frankfurt / Main 1975, S. 160.

92 **»Sie verstehen politische Fragen …«**: John Rawls, Eine Theorie der Gerechtigkeit, Suhrkamp, Frankfurt / Main 1975, S. 160 f.

93 **Grundsätze der Gerechtigkeit**: John Rawls entwickelt die Grundsätze über

das Buch hinweg immer weiter und kommt auf S. 336 f. dann zu folgender Fassung:

»*Erster Grundsatz*

Jedermann hat das gleiche Recht auf das umfangreichste Gesamtsystem gleicher Grundfreiheiten, das für alle möglich ist.

Zweiter Grundsatz

Soziale und wirtschaftliche Ungleichheiten müssen folgendermaßen beschaffen sein:

(a) sie müssen unter der Einschränkung des gerechten Spargrundsatzes den am wenigsten Begünstigten den größtmöglichen Vorteil bieten, und

(b) sie müssen mit Ämtern und Positionen verbunden sein, die allen gemäß fairer Chancengleichheit offen stehen.

Erste Vorrangregel (Vorrang der Freiheit)

Die Gerechtigkeitsgrundsätze stehen in lexikalischer Ordnung; demgemäß können die Grundfreiheiten nur um der Freiheit willen eingeschränkt werden, und zwar in folgenden Fällen:

(a) eine weniger umfangreiche Freiheit muß das Gesamtsystem der Freiheit für alle stärken;

(b) eine geringere als gleiche Freiheit muß für die davon Betroffenen annehmbar sein.

Zweite Vorrangregel (Vorrang der Gerechtigkeit vor Leistungsfähigkeit und Lebensstandard)

Der zweite Gerechtigkeitsgrundsatz ist dem Grundsatz der Leistungsfähigkeit und Nutzenmaximierung lexikalisch vorgeordnet; die faire Chancengleichheit ist dem Unterschiedsprinzip vorgeordnet und zwar in folgenden Fällen:

(a) eine Chancen-Ungleichheit muß die Chancen der Benachteiligten verbessern;

(b) eine besonders hohe Sparrate muß insgesamt die Last der von ihr Betroffenen mildern.«

Dies ist schwer zu lesen, deshalb habe ich für den Text leichter verständliche Versionen aus früheren Abschnitten des Buches gewählt:

Erster Grundsatz: John Rawls, Eine Theorie der Gerechtigkeit, Suhrkamp, Frankfurt/Main 1975, S. 336.

Zweiter Grundsatz: John Rawls, Eine Theorie der Gerechtigkeit, Suhrkamp, Frankfurt/Main 1975, S. 104.

94 **»Das Unterschiedsprinzip bedeutet faktisch ...«**: John Rawls, Eine Theorie der Gerechtigkeit, Suhrkamp, Frankfurt/Main 1975, S. 122.

95 **... »die mit weniger natürlichen Gaben ...«**: John Rawls, Eine Theorie der Gerechtigkeit, Suhrkamp, Frankfurt/Main 1975, S. 121.

... auch heftig von verschiedenen Seiten für seine Position kritisiert worden: Kritik kam z.B. von Seiten des Liberalismus, hier wäre Robert Nozick zu nennen: Anarchie, Staat und Utopia, Olzog Verlag, München 2006. Für die Kritik von Seiten des Kommunitarismus Michael Sandel und Michael Walzer: Sphären der Gerechtigkeit, Fischer Verlag, Frankfurt/Main 1998.

John Rawls ist auf viele Kritiken eingegangen in: John Rawls, Gerechtigkeit als Fairness. Ein Neuentwurf, Suhrkamp, Frankfurt/Main 2003.

Eine kritische Weiterentwicklung in Richtung des Neoaristotelismus hat beispielsweise Martha C. Nussbaum vorgeschlagen: Die Grenzen der Gerechtigkeit. Behinderung, Nationalität und Spezieszugehörigkeit, Suhrkamp, Berlin 2010.

95 ***Oft ist es schwer, seine eigene Position zu verlassen …***: Zu dieser Schwierigkeit siehe auch: R.M. Hare, Freiheit und Vernunft, Suhrkamp, Frankfurt/Main 1973 (Lizenzausgabe, Patmos-Verlag, Düsseldorf 1973), S. 113.

Leseempfehlungen:
Naturgemäß ist ein Überblick über die wichtigsten ethischen Theorien auf 23 Seiten mehr als unvollständig, und ich wage ihn hier nur, um eine gewisse Basis für die folgenden Kapitel zu schaffen. Insofern wird in den folgenden Kapiteln auch immer wieder Bezug darauf genommen werden bzw. vieles aus diesem Kapitel im Buch wieder auftauchen. Für diejenigen, deren Interesse nun geweckt ist, möchte ich gerne ein paar Leseempfehlungen geben.

Mehrmals habe ich bereits auf das Buch von Herlinde Pauer-Studer verwiesen: Einführung in die Ethik, Facultas Verlag, Wien 2003. Ich halte es für ein sehr gutes, klares Buch, das seine Aufgabe, in die Ethik einzuführen, glänzend erledigt, dabei aber durchaus Ansprüche an die Leser stellt.

Einen knappen, gut lesbaren Überblick mit Literaturempfehlungen und einem kurzen Glossar bietet: Detlef Horster, Ethik, Reclam, Stuttgart 2009.

Zwei kleine Bändchen, die einzelne Fragen aufgreifen, vor allem aber das Interesse für Moral und Ethik wecken können, auch weil sie sich gut und schnell lesen lassen:

Bernard Williams, Der Begriff der Moral. Eine Einführung in die Ethik, Reclam, Stuttgart 1978 (110 Seiten).

Norbert Hoerster, Was ist Moral?, Reclam, Stuttgart 2008 (104 Seiten).

Ebenfalls gut zu lesen ist der schmale, aus einer Rundfunksendungsreihe hervorgegangene Band von Robert Spaemann: Moralische Grundbegriffe, Verlag C.H. Beck, München, 6. Auflage 1999.

Für alle, die fundiert zu ethischen Themen nachschlagen wollen, sei das Handbuch Ethik empfohlen:

Marcus Düwell / Christoph Hübenthal / Micha H. Werner (Hrsg.), Handbuch Ethik, Verlag J. B. Metzler, Stuttgart, 2. Auflage 2006.

Eine gute und interessante Einführung besonders für Schüler bieten:

Dietmar Gebauer, Ludwig Kres, Joachim Moisel, Abitur-Wissen Ethik. Philosophische Ethik, Stark, Freising 2010.

Hermann Josef Große Kracht, Abitur-Wissen Ethik. Politische Ethik, Stark, Freising 2002.

Monika Sänger, Abiturwissen. Praktische Philosophie. Ethik, Klett Verlag, Stuttgart, 7. Auflage 2001.

5 Von Radfahrern, Autofahrern und anderen Verbrechern
Über Recht und Moral

97 ***Es geht viel mehr darum, zu versuchen, die Situationen zu verstehen***: Dies habe ich auch den Gesprächen mit Lothar Philipps zu verdanken, einem guten Freund und Rechtsphilosophen, der häufig in seine wissenschaftlichen Überlegungen Beobachtungen aus dem Alltag einfließen lässt. So zum Beispiel in: Moralische Doppelwirkungen – die Wiederkehr einer naturrechtlichen Denkfigur aus dem Internet, in: Ulfrid Neumann / Felix Herzog (Hrsg.), Festschrift für Winfried Hassemer, C. F. Müller Verlag, Heidelberg 2010, S. 201–212.

98 ***… zwischen 50 und 80 % der Bevölkerung ausgetauscht***: Dies und noch eine ganze Menge anderer Zahlen konnte man dem teils treffenden, teils überzeichneten Porträt über den Prenzlauer Berg der Nuller Jahre von Henning Sußebach entnehmen: Bionade-Biedermeier, Zeit-Magazin vom 8. 11. 2007.

… nicht unbedingt zu einem nur freundlichen und friedlichen Miteinander …: In Berlin zeigt sich das unter anderem derzeit an den schon über tausend brennenden Autos der gehoben Fahrzeugklassen in Stadtteilen, in denen die bisherige Bevölkerung sich durch die zugezogenen Einkommensstärkeren verdrängt fühlt. Ein Phänomen, das in Berlin seit dem Widerstand im Stadtteil Kreuzberg gegen die dortige Gentrifizierung als »Wagensportliga« bekannt ist.

… ein unfassbar freier Ort …: Prenzlauer Berg nach der Wende: Sehr packend beschrieben in dem Kapitel »Panorama-Postkarte vom Prenzlauer Berg« des Buches »Wenn ich mal groß bin – Das Lebensabschnittsbuch für die Generation Umhängetasche« von Martin Reichert, Fischer Verlag, Frankfurt / Main 2008. Zur Entwicklung einer zentralen Straße, der Kastanienallee: Peter Richter, Casting, in: Georg Diez / Nils Minkmar / Peter Richter / Claudius Seidl / Anne Zielke, Schaut auf diese Stadt, Kiepenheuer & Witsch, Köln 2007.

99 **Stuttgarter Ordnungsliebe**: Für die Nicht-Stuttgarter drückt sich das alles in dem Stuttgarter Phänomen der »Kehrwoche« aus.

... ein großes, ziemlich teueres Auto ...: Es handelte sich um eines derjenigen Autos, die typischerweise Brandanschlägen zum Opfer fallen.

... und fahren gerne auch auf Gehwegen: Zum Beispiel weil die Straßen mit altem Kopfsteinpflaster sehr holperig zu fahren sind und das auf den Gehwegen einfacher geht.

100 **... sich die Situation ohne rechtliche Regelung vorzustellen**: Man kann das tun, indem man an ein Versehen des Gesetz- oder Verordnungsgebers denkt, an eine fehlerhaft zustande gekommene und damit unwirksame Straßenverkehrsordnung oder schlicht als Gedankenexperiment.

... das Halten mit zwei Rädern auf dem Fahrradweg: Allerdings fällt auf, wenn man diese Fälle im Alltag beobachtet, dass man zu einer Verdrängung des Schwächeren neigt. Der Autofahrer parkt eher auf dem Radweg oder Gehweg als auf einer Straße, und sei nur eine Fahrspur blockiert, der Fahrradfahrer fährt eher auf dem Gehweg, als der Fußgänger (absichtlich) auf dem Radweg läuft. Und auch die Polizei scheint bei diesen Ordnungswidrigkeiten, bei denen sie nach dem Opportunitätsprinzip entscheiden kann, an welchen Stellen sie eingreift und an welchen nicht, nach dieser Regel vorzugehen. Zumindest habe ich noch nie gesehen, dass Parktickets in größerem Umfang an Autos auf dem Radweg verteilt werden. Sicherlich können Radfahrer und Fußgänger leichter ausweichen als Autos, die ja eine nicht zu verändernde Breite haben. Dennoch scheint es auch um die Frage zu gehen, was man den jeweiligen Verkehrsteilnehmern zumuten kann. Dass es auch für Fußgänger (und dazu gehören auch Rollstuhlfahrer oder kinderwagenschiebende Eltern) mühsam sein kann, sich irgendwo durchzuschlängeln oder Radfahrer ab einer gewissen Geschwindigkeit nicht mehr abrupt um Hindernisse herumfahren können, wird häufig übersehen. Ich persönlich neige allerdings zu der Grundsatzüberlegung, dass jeder Verkehrsteilnehmer primär in seinem Raum bleiben soll und Behinderungen auch seinesgleichen zumuten: Autos auf der Fahrbahn, Radfahrer auf dem Radweg und Fußgänger auf dem Fußweg. Nur wenn die Beeinträchtigungen dort unverhältnismäßig größer sind als bei einem Ausweichen in den anderen Verkehrsraum, ist man berechtigt, das zu tun, muss sich allerdings klar sein, dass man sich dort zu Unrecht aufhält.

... die Straßenverkehrsordnung, verbietet, auf Radwegen zu parken: Dies in der Straßenverkehrsordnung (StVO) festzumachen ist gar nicht so einfach, da die StVO unter § 12, der das Halten und Parken regelt, kein Verbot des Parkens auf Radwegen vorsieht. Blickt man in den Bußgeldkatalog (Verordnung über die Erteilung einer Verwarnung, Regelsätze für Geldbußen und die Anordnung eines Fahrverbots wegen Ordnungswidrigkeiten im Straßenverkehr (Bußgeldkatalog-Verordnung – BKatV) vom 13. November 2001 (BGBl. I S. 3033), zuletzt geändert durch die 46. Verordnung zur Änderung straßenverkehrsrechtlicher Vorschriften vom 5. August 2009 (BGBl. I S. 2631) findet man allerdings in der Anlage 1 unter der laufenden Nummer 52 den Tatbestand: »*Unzulässig geparkt (§ 12 Abs. 2 StVO) in den Fällen, in denen das Halten verboten ist, oder auf Geh- und Radwegen oder auf Schutzstreifen für den Radverkehr*«, der ohne Behinderung und kürzer als eine Stunde mit 15 Euro geahndet wird. Dort findet sich dann unter anderem auch ein Hinweis auf »§ 41 Abs. 1 StVO i. V. m. Anlage 2 lfd. Nr. 16 (Zeichen 237)«. Dieses Zeichen ist das bekannte runde blaue Schild mit einem weißen Fahrrad, das Radwege markiert. Und in der besagten Anlage 2 zu § 41 Abs. 1 StVO ist als »Ge- oder Verbot« für dieses Zeichen festgelegt:

»1. *Radfahrer dürfen nicht die Fahrbahn, sondern müssen den Radweg benutzen (Radwegbenutzungspflicht).*

2. *Andere Verkehrsteilnehmer dürfen ihn nicht benutzen.*

3. *Ist anderen Verkehrsteilnehmern durch Zusatzzeichen die Benutzung eines Radweges erlaubt, müssen Fahrzeugführer Rücksicht nehmen und erforderlichenfalls die Geschwindigkeit an den Radverkehr anpassen*«

Im Endeffekt ist es also das allgemeine Verbot für Autofahrer, einen Radweg zu benutzen, gegen den ein auf dem Radweg parkendes Auto verstößt.

Dies klingt alles unfassbar kompliziert, und ich habe es absichtlich in dieser Breite dargestellt, um einen Kontrast zu zeigen: Auch wenn diese Ableitung für Nichtjuristen kaum mehr nachvollziehbar ist, weiß dennoch jeder Verkehrsteilnehmer, dass Fußwege für Fußgänger, Radwege für Radfahrer und Fahrbahnen, wenn Radwege oder Fußwege vorhanden sind, für Autos gedacht und so zu benutzen sind. Im Endeffekt funktioniert die Straßenverkehrsordnung also unterm Strich, auch wenn man nicht jeden einzelnen Teil versteht.

100 ***Oliver Wendel Holmes Jr.***: Siehe oben (Kapitel Egoismus): »The right to swing my fist ends where the other man's nose begins. – Das Recht, meine Faust zu schwingen, endet dort, wo die Nase des Nächsten anfängt.«

101 ***»Das Recht ist also der Inbegriff …«***: Immanuel Kant, Die Metaphysik der Sitten, Erster Teil. Metaphysische Anfangsgründe der Rechtslehre, Einleitung in die Rechtslehre, § B Was ist Recht?, Reclam, Stuttgart 1990, S. 66 f. (AA 230).

102 ***… Lärm zu verursachen, »durch den jemand in seiner Nachtruhe gestört werden kann«***: So heißt es etwa in § 3 des Landes-Immissionschutzgesetzes Berlin, in NRW gilt gemäß § 9 Landes-Immissionsschutzgesetz – LimschG derselbe Zeitrahmen, ebenso in Rheinland-Pfalz in § 4 Abs. 1 Landes-Immissionsschutzgesetz (LImSchG); in Bayern können gemäß Art. 14 Bayerisches Immissionsschutzgesetz (BayImSchG) die Gemeinden Verordnungen erlassen. Die Landeshauptstadt München hat in ihrer »Verordnung über die zeitliche Beschränkung ruhestörender Haus- und Gartenarbeiten und über die Benutzung von Musikinstrumenten, Tonübertragungs- und -wiedergabegeräten in der Landeshauptstadt München« (Hausarbeits- und Musiklärmverordnung) vom 23. Oktober 1996 ruhestörende Haus- und Gartenarbeiten auf den Zeitraum montags bis samstags zwischen 8 und 12 Uhr und 15 und 18 Uhr beschränkt (§ 1 Abs. 1), für Musikinstrumente und Tonwiedergabegeräte gilt eine Nachtruhe von 22 bis 7 Uhr (§ 2 Abs. 2).

… politisch auf eine Änderung hinwirken: Dies ist eine der drei Möglichkeiten, die Sokrates im Platonischen Dialog »Kriton« nennt, wie man sich rechtmäßig verhalten kann, wenn man mit gesetzlichen Regelungen nicht einverstanden ist: Entweder es gelingt, eine Änderung des Gesetzes zu erreichen, man verlässt den Staat, oder man gehorcht dem Recht, auch wenn man es ablehnt. So auch Norbert Hoerster, Die moralische Pflicht zum Rechtsgehorsam, in: Norbert Hoerster (Hrsg.), Recht und Moral – Texte zur Rechtsphilosophie, Reclam, Stuttgart 1990, S. 129–141 [132].

103 ***Begriff des »ethischen Minimums«***: Der Begriff stammt aus seiner Dissertation an der Universität Leipzig (Die sozialethische Bedeutung von Recht, Unrecht und Strafe, zitiert nach der 2. Auflage, Berlin 1908, S. 45):

»Wenn wir nun bei einem historisch bestimmten Gesellschaftszustand nach den Normen fragen, deren Befolgung die fortdauernde Existenz eines solchen Zustandes möglich macht, so erhalten wir das Recht dieser Gesellschaft. Das Recht ist nichts anderes als das ethische Minimum. Objektiv sind es die Erhaltungsbedingungen der Gesellschaft, soweit sie vom menschlichen Willen abhängig sind, also das Existenzminimum ethischer Normen, subjektiv ist es das Minimum sittlicher Lebensbetätigung und Gesinnung, welches von den Gesellschaftsgliedern gefordert wird. […] Das Recht verhält sich nach dieser Auffassung wie der Teil zum Ganzen, wie das Fundament zum Gebäude […]. Das Recht wird also, als das erhaltende Moment, das Minimum der Normen eines bestimmten Gesellschaftszustandes bilden, d. h. diejenigen Normen umfassen, welche die unveränderte Existenz eines solchen sichern.«

104 ***… Gründe zu benennen, warum der eigenen Position hier Vorrang gebührt***: Diese Begründung muss allerdings auch inhaltlich substantiell sein. Der häufig verwendete Satz »Schließlich bezahle ich dafür!« stellt etwa bei einem fehlerhaften Gerät, das man gekauft hat, bei der Durchführung einer Dienstleistung oder bei der Frage, wie freundlich man in einem Restaurant behandelt wird, eine ausreichende und nachvollziehbare Begründung für eigene Ansprüche auf fehlerfreie Ware oder Dienstleistungen dar. Und im Restaurant bezahlt man auch für Freundlichkeit, nicht für übertriebenes Getue, aber durch die Bezahlung ist man kein Bittsteller mehr.

Geht es dagegen um die Frage, ob man gegenüber seiner Versicherung eine falsche Angabe machen darf, um eine Erstattung zu bekommen, stellt der Verweis auf die eigenen Beitragszahlungen einen Trugschluss dar. Denn man bezahlt für den Schutz vor einem bestimmten Risiko und nicht für eine Rückerstattung seiner Beiträge, egal, ob sich nun dieses Risiko verwirklicht hat oder ein anderes. Die Betonung bei dem Satz muss also darauf liegen, wofür man genau bezahlt.

105 ***»Krieg aller gegen alle«***: Thomas Hobbes, Leviathan oder Stoff, Form und Gewalt eines kirchlichen und bürgerlichen Staates (Original: Leviathan or the Matter, Forme and Power of a Commonwealth Ecclesiastical and Civil) aus dem Jahr 1651, auf Deutsch erschienen bei Reclam und Suhrkamp.

106 ***Warum sich an Gesetze halten?***: Ich verwende hier das Wort »Gesetz« untechnisch, also nicht als Gesetz im engeren Sinne, als das, was ein Parlament als Gesetz beschlossen hat. Unter Gesetz im weiteren Sinn fallen auch alle Verordnungen, Satzungen usw., also alle Regelungen auf rechtlichem Gebiet. Die Straßenverkehrsordnung ist etwa kein Gesetz im engeren Sinne, sondern eine Rechtsverordnung des Bundesverkehrsministeriums, die auf dem Straßenverkehrsgesetz beruht, das vom Bundestag als Gesetz im engeren Sinne beschlossen wurde. Die Benennung kann dabei übrigens trügerisch sein, weil etwa die Zivilprozess*ordnung* oder die Strafprozess*ordnung* Gesetze im engeren Sinne sind. Korrekterweise könnte man von »Rechtsnorm« sprechen, das scheint mir aber zu weit vom üblichen Sprachgebrauch entfernt, um noch anschaulich zu sein.

Man kann dabei beim Radfahren bleiben …: Interessanterweise muss man sogar beim Radfahren bleiben, weil fast alle, die man dazu befragt, angeben, dass sie mit dem Auto das nicht tun würden, mit dem Fahrrad aber schon (und nebenbei bemerkt, als Fußgänger kaum zögern). Woher diese Unterscheidung kommt, darüber kann man spekulieren. Gründe könnte sein, dass man als Autofahrer über das Kennzeichen leicht zu identifizieren ist, dass man zum Autofahren mit dem Führerschein eine Berechtigung braucht, die auch entzogen werden kann. In Diskussionen erhalte ich oft als Antwort, dass ein Auto für andere Verkehrsteilnehmer gefährlicher ist als ein Fahrrad. Dieser Umstand – Gefahr für andere – wird aber schon bei der Grundkonstellation ausgeschlossen. Entweder es handelt sich dann um ein abstraktes Gefährdungsdenken, das auch bei der konkreten gefahrlosen Situation bestehen bleibt, oder man gibt dadurch zu, dass man sich nun einmal nie wirklich sicher sein kann, ob man sich nicht irrt und vielleicht doch jemanden übersehen hat. Damit aber wird der Frage der Boden entzogen oder der Wert der roten Ampel und damit des Gesetzes als Schutz anerkannt.

107 ***»Sage mir, Sokrates, …«***: Platon, Kriton, 50 a 9 bis b 6, hier zitiert nach: Norbert Hoerster, Die moralische Pflicht zum Rechtsgehorsam, in: Norbert Hoerster (Hrsg.), Recht und Moral – Texte zur Rechtsphilosophie, Reclam, Stuttgart 1990, S. 129–141 [132].

In der klassischen Schleiermacher-Übersetzung lautet das Zitat:

»Sage mir, Sokrates, was hast du im Sinne zu tun? Ist es nicht so, dass du durch diese Tat, welche du unternimmst, uns den Gesetzen und also dem ganzen Staat den Untergang zu bereiten gedenkst, soviel an dir ist? Oder dünkt es dich möglich, dass jener Staat noch bestehe und nicht in gänzliche Zerrüttung gerate, in welchem die abgetanen Rechtssachen keine Kraft haben, sondern von Einzelpersonen können ungültig gemacht und umgestoßen werden?« (Platon, Kriton 50 a 9 – b 6 Sämtliche Werke Band I, übersetzt von Friedrich Schleiermacher, rowohlts enzyklopädie, Rowohlt Taschenbuch Verlag, Reinbek bei Hamburg 1994.)

Oder umgekehrt, wenn man sich selbst das Recht gibt, …: Norbert Hoerster, Die moralische Pflicht zum Rechtsgehorsam, in: Norbert Hoerster (Hrsg.), Recht und Moral – Texte zur Rechtsphilosophie, Reclam, Stuttgart 1990, S. 129–141 [138].

108 ***Höchstgeschwindigkeit von 50 km / h***: Daneben gibt es gewichtige Stimmen, die meinen, man sollte generell innerorts 30 km / h als Höchstgeschwindigkeit einführen und umgekehrt die 50 km / h als Ausnahme, wie es auf größeren Straßen auch innerorts 60 km / h gibt. Ein Vorschlag, für den aus meiner Sicht vieles spricht.

109 ***… eine Ohrfeige zu verpassen***: Zugegeben, das ist kein wirklich gutes Beispiel, weil ich tatsächlich auch dann niemanden für seine Texte ohrfeigen würde, wenn es erlaubt wäre. Glauben Sie es mir nun oder nicht: Dafür bin ich ein zu friedfertiger Mensch – zumindest im Hinblick auf körperliche Auseinandersetzungen. Aber vermutlich auch sonst.

110 ***Man maßt sich an, zu entscheiden …***: Darüber könnte man beispielsweise bei der Anschnallpflicht im Auto diskutieren: Primär dient diese Vor-

schrift dem Eigenschutz, wäre also leichter disponibel. Indirekt schützt sie aber auch die Finanzierbarkeit des Gesundheitssystems, wenn nachgewiesenermaßen die Anzahl und Schwere der Verletzungen reduziert wird. Allerdings kommt man an dieser Stelle schnell in die Gefahr, diskutieren zu müssen, ob nicht die Steigerung der Kosten durch schwerere Verletzungen durch eingesparte Kosten bei mehr tödlichen Unfällen ausgeglichen oder gar ins Gegenteil verkehrt würde. Und diese Überlegung zeigt, dass man sich auf einem ethisch sehr gefährlichem Terrain bewegt.

111 **»dass das Recht zum Mittel des Terrors geworden war ...«**: Leider hatte das Rechtswesen in der Zeit des Nationalsozialismus sich in großem Ausmaß nicht nur als schlechter Verteidiger des Rechtsstaates erwiesen, sondern darüber hinaus als willfähriger Helfer des Systems zur Verfügung gestanden. Dass auch andere Berufsgruppen wie die Ärzteschaft sich nicht mit Ruhm bekleckert haben, sei nur am Rande bemerkt, ebenso die Tatsache, dass viele, darunter auch viele Juristen und Ärzte, die zum Teil schwere Verbrechen begangen hatten, nach 1945 weiter oder wieder ihrem Beruf nachgehen und zum Teil erstaunliche Karrieren machen konnten.

»auf der anderen Seite sah man den Wert der Rechtssicherheit ...«: Zur Abgrenzung der verschiedenen Aspekte der »Rechtsidee«, zu denen auch die Rechtssicherheit gehört: Arthur Kaufmann, Rechtsphilosophie, C. H. Beck Verlag, München, 2. Auflage 1997, S. 151 ff.

»Radbruch'sche Formel«: Gesetzliches Unrecht und übergesetzliches Recht in: Gustav Radbruch, Rechtsphilosophie – Studienausgabe, hrsg. von Ralf Dreier und Stanley L. Paulson, C. F. Müller, Heidelberg 1999, S. 211–219 [217].

113 **»Sodann ist von der Billigkeit ...«**: Aristoteles, Die Nikomachische Ethik, aus dem Griechischen und mit einer Einführung und Erläuterungen versehen von Olof Gigon, dtv, München 2002, S. 227–228, 1137 a-1138 a.

»Darum ist die Billigkeit ...«: Thomas von Aquin, Summe der Theologie, Kröner Verlag, Stuttgart 1985, 2–2 qu. 120; 1–2 qu. 96.

6 Von Krawatten, Hofleuten und Händeschütteln
Über Höflichkeit und Manieren

117 **»Die Höflichkeit ist die erste Tugend ...«**: André Comte-Sponville, Ermutigung zum unzeitgemäßen Leben. Ein kleines Brevier der Tugenden und Werte, Rowohlt, Reinbek bei Hamburg 1996, S. 19.

118 **Hängen sie dann überhaupt zusammen: Höflichkeit und Moral?**: Das bejaht: Sarah Buss, Apperaing Respectful: The Moral Significance of Manners, in: Ethics 109, Chicago 1999, S. 795–826.

»In keinem Lande in Europa ...«: Adolph Freiherr von Knigge, Über den Umgang mit den Menschen, Insel Verlag, Frankfurt/Main 2001, S. 24.

119 **... zutiefst demokratischen Ansatz, den Knigge ein Jahr vor der Französischen Revolution ...**: Zu der historischen Entwicklung der Umgangsformen gerade auch im Hinblick auf gesellschaftliche Entwicklungen siehe den hervorragenden Aufsatz von Jan Rohls: »Der Prozess der Zivilisation und der Geist des Protestantismus«, in: Die Manieren und der Protestantismus, EKD-Texte, Nr. 79, o.J., S. 63–170.

... das bedeutendste Anstandsbuch der Renaissance ...: Baldassare Castiglione, Der Hofmann, Wagenbach, Berlin 1999, S. 11.

120 **... »folglich ist es wichtig, für jeden, ...«**: Adolph Freiherr von Knigge, Über den Umgang mit Menschen, Insel Verlag, Frankfurt/Main 2001, S. 32.

121 **»Du weißt wohl nicht, ...«**: Johann Wolfgang von Goethe, Faust, Der Tragödie zweiter Teil, Reclam, Stuttgart 2001, Z. 6770/71.

122 **Immanuel Kant nannte die »Umgangstugenden« Scheidemünze**: Immanuel Kant, Anthropologie in pragmatischer Hinsicht, Meiner Verlag, Leipzig 2000, S. 45 (AA 152).

124 **... dass die Frau rechts vom Mann gehen soll**: Elisabeth Bonneau, 300 Fragen zum guten Benehmen, Gräfe und Unzer Verlag, München, 3. Auflage 2007, S. 76.

Diese Form des Widerstands ...: Domingos de Oliveira, Provokation – Analyse eines sozialen Verhaltens, http://www.oliveira-online.net/domingos/wissen/provokation.htm.

125 **»Unter den Talaren – Muff von 1000 Jahren«**: Das Bild und seine Geschichte ist zu finden auf einestages/Spiegel online, 6. 5. 2010, online abrufbar unter http://einestages.spiegel.de/static/topicalbumbackground/707/parole_vom_bauzaun.html (letzter Zugriff am 18. 10. 2010).

Fiat-Chef Sergio Marchionne: »Retter im Pullover«, Zeit online, 7. 5. 2009, online abrufbar unter http://www.zeit.de/2009/20/Gesellschaft-20 (letzter Zugriff am 14. 10. 2010); Frankfurter Allgemeine Zeitung, 10. 5. 2009, online abrufbar unter http://www.faz.net/s/

RubCE844206AD5543959580E21EDC440854/Doc~E1C62EB41090 44010931FC7BC588685C9~ATpl~Ecommon~Scontent.html (letzter Zugriff am 18. 10. 2010).

126 **»Wenn die Regeln des Umgangs ...«**: Adolph Freiherr von Knigge, Über den Umgang mit den Menschen, Insel Verlag, Frankfurt / Main 2001, S. 10.

Vielmehr stecken in dem Buch all die Weisheiten ...: Darauf weist auch Hermann Barth hin: Hermann Barth, »Nur Toren haben keine Manieren«, in: Die Manieren und der Protestantismus. Annäherungen an ein weithin vergessenes Thema, EKD-Texte, Nr. 79, S. 41–62.

127 **»Kein Grundsatz scheint mir unfeiner ...«, »Klagt Dir ein Freund seine Not ...«**: Adolph Freiherr von Knigge, Über den Umgang mit den Menschen, Insel Verlag, Frankfurt / Main 2001, S. 214ff.

128 **»Denn eben wo Begriffe fehlen ...«**: Johann Wolfgang Goethe, Faust I, Z. 1995.

... bei dem englischen Philosophen John Locke ...: John Locke, Gedanken über Erziehung (1693), Reclam, Stuttgart 2007, S. 174 f.

129 **Man kann dazu auch das Kapitel »Pünktlichkeit & Unpünktlichkeit« ...**: Asfa-Wossen Asserate, Manieren, dtv, München 2005, S. 102–109.

... monochrone und polychrone Zeitkulturen ...: Edward T. Hall, The Dance of Life. The Other Dimensions of Time, Anchor Books, New York 1983.

130 **... dass die Kuckucksuhr in Afrika ...**: Asfa-Wossen Asserate, Manieren, dtv, München 2005, S. 105.

131 **»Die Höflichkeit (»das tut man nicht«) ist früher als die Moral ...«**: André Comte-Sponville, Ermutigung zum unzeitgemäßen Leben. Ein kleines Brevier der Tugenden und Werte, Rowohlt, Reinbek bei Hamburg 1996, S. 22.

»Die Menschen sind insgesamt ...«, »...und es ist auch sehr gut, ...«: Immanuel Kant, Anthropologie in pragmatischer Hinsicht, Reclam, Stuttgart 1983, S. 67 (AA Band VII, 151).

132 **Aristoteles unterscheidet ja die verstandesmäßigen Tugenden ...**: Aristoteles, Nikomachische Ethik (NE), übersetzt und mit einer Einführung und Erläuterungen versehen von Olof Gigon, dtv, München 1991, 1103 a 15.

»Höflichkeit (Politesse) ist ein Schein ...«: Immanuel Kant, Anthropologie in pragmatischer Hinsicht, Reclam Verlag, Stuttgart 1983, S. 69 (AA Band VII, 152).

134 **Der Handschlag leitet sich von der Idee her ...**: Elisabeth Bonneau, 300 Fragen zum guten Benehmen, Gräfe und Unzer Verlag, München, 3. Auflage 2007, S. 14.

136 **»Hat man den Strauß erstanden ...«**: C. Bernd Sucher, Handy, Handkuss, Höflichkeit. Handbuch des guten Benehmens, Patmos, Düsseldorf 2003, S. 61ff.

136 ***Psychologen der Universität von Minnesota haben nachgewiesen …***: Kathleen D. Vohs et al., »Making Choices Impairs Subsequent Self-Control: A Limited-Resource Account of Decision Making, Self-Regulation, and Active Initiative«, in: Journal of Personality and Social Psychology 2008, Vol. 94, No. 5, S. 883 – 898.

7 Von Spaß, Intimität und Seitensprung **Über Sexualität und Beziehung**

139 ***»dass eine Schlagzeile …«***: Peter Singer, Praktische Ethik, Reclam, Stuttgart 1994, S. 15 f.

141 ***»Die sittliche Ordnung will …«***: Entscheidungen des Bundesgerichtshofes in Strafsachen 6 (1954) S. 48, 50–52, 53 54. Abgedruckt in: Norbert Hoerster (Hrsg.), Recht und Moral – Texte zur Rechtsphilosophie, Reclam, Stuttgart 1990.

142 ***»selbst die Nennung des Lasters …«***: Immanuel Kant, Metaphysik der Sitten, Tugendlehre. I Ethische Elementarlehre, § 7, Reclam, Stuttgart 1990, S. 307 (AA 425).

Im Zusammenhang:

»Daß ein solcher naturwidrige Gebrauch (also Mißbrauch) seiner Geschlechtseigenschaft eine und zwar der Sittlichkeit im höchsten Grad widerstreitende Verletzung der Pflicht wider sich selbst sei, fällt jedem zugleich mit dem Gedanken von demselben sofort auf, erregt eine Abkehrung von diesem Gedanken, in der Maße, daß selbst die Nennung eines solchen Lasters bei seinem eigenen Namen für unsittlich gehalten wird, welches bei dem des Selbstmords nicht geschieht; den man mit allen seinen Greueln (in einer *Species facti*) der Welt vor Augen zu legen im mindesten kein Bedenken trägt; gleich als ob der Mensch überhaupt sich beschämt fühle, einer solchen ihn selbst unter das Vieh herabwürdigenden Behandlung seiner eigenen Person fähig zu sein: so daß selbst die erlaubte (an sich freilich blos thierische) körperliche Gemeinschaft beider Geschlechter in der ehe im gesitteten Umgange viel Feinheit veranlaßt und erfordert, um einen Schleier darüber zu werfen, wenn davon gesprochen werden soll.«

143 ***… durch die »wirft der Mensch seine Person weg …«***: Immanuel Kant, Vorlesungen über Ethik, herausgegeben von Gerd Gerhardt, Fischer Verlag, Frankfurt/Main 1990, S. 182 ff.

… mit den Worten Woody Allens: Der Stadtneurotiker (Annie Hall), USA 1977, Regie: Woody Allen.

»All the things I really like …«: Alexander Woolcott, The Knock at the Stage Door, Reader's Digest 1933.

144 ***»Die heutige Kultur gibt deutlich zu erkennen ...«***: Sigmund Freud, Das Unbehagen in der Kultur, Kapitel IV, Reclam, Stuttgart 2010, S. 54.

145 ***»Denn der natürliche Gebrauch ...«***: Immanuel Kant, Metaphysik der Sitten, Rechtslehre, § 25, Reclam, Stuttgart 1990, S. 125 (AA 277).
Zweckformel des Kategorischen Imperativs: Immanuel Kant, Grundlegung zur Metaphysik der Sitten, Reclam, Stuttgart 1984, S. 79 (AA 429).

146 ***»die meisten Sportverletzungen gehen ...«***: Bundesärztekammer (Hrsg.), Texte und Berichte: Verletzungen und deren Folgen – Prävention als ärztliche Aufgabe. Texte und Materialien der Bundesärztekammer zur Fortbildung und Weiterbildung, Band 23, 1. Auflage 2001. Im Internet aufrufbar unter: http://www.bundesaerztekammer.de/page.asp?his=1.102.155.188 (letzter Zugriff am 21. 10. 2010).

147 ***»Die intensivste Art und Weise ...«***: Robert Nozick, Vom richtigen, guten und glücklichen Leben, Carl Hanser Verlag, München 1991, S. 66.

148 **Die Schweizer Ethiker ...**: Philipp Balzer und Klaus Peter Rippe (Hrsg.): Philosophie und Sex, dtv, München 2000, Einleitung, S. 10.

149 ***... Alan Goldman bringt es auf den Punkt***: Alan Goldman, »Reiner Sex«, in: Philipp Balzer und Klaus-Peter Rippe (Hrsg.): Philosophie und Sex, dtv, München 2000, S. 61–90.
Die Selbstbefriedigung ist wohl ...: siehe dazu: Wolfgang Lenzen, Liebe, Leben, Tod. Eine moralphilosophische Studie, Reclam, Stuttgart 1999, S. 98 ff.

150 ***... Abgrenzung des Missbrauchs von Kindern zum Sex unter Jugendlichen ...***: siehe dazu: Wolfgang Lenzen, Liebe, Leben, Tod. Eine moralphilosophische Studie, Reclam, Stuttgart 1999, S. 61 ff.

151 ***»Geschlechtsverkehr ohne Liebe ...«***: Bertrand Russell, Ehe und Moral, Kohlhammer Verlag, Stuttgart 1951, S. 88.

152 ***»Is Adultery Immoral? – Ist Ehebruch unmoralisch?«***: Richard Wasserstrom, »Is Adultery Immoral?«, in: Richard Wasserstrom (Hrsg.), Today's Moral Problems, MacMillan, New York 1975, S. 240–252.
Schließlich war er früher auch bei uns strafbar ...: Die Strafbarkeit und moralische Verurteilung des Ehebruchs dürften allerdings zu einem guten Teil ihren Grund auch in dynastischen und genetischen Strategien finden. Für Ehemänner ist es wichtig, sicherzustellen, dass der Nachwuchs auch von ihnen stammt. Siehe Christian Vogel, Vom Töten zum Mord. Hanser Verlag, München 1989, S. 38 ff., insbesondere S. 45 ff. Die nach wie vor bestehende Strafbarkeit des Ehebruchs nach der Sharia gründet sich vor allem darauf, dass die genealogisch eindeutige Nachkommenschaft als eines der Fundamentalgüter des Daseins angesehen wird, die sich vor allem aus der patrilinearen Abstammung herleitet. Siehe Tilman Nagel, Die einzige koranische Strafe, die nicht im Koran steht, Frankfurter Allgemeine Zeitung, 192/2010 vom 20. 8. 2010, S. 29.

8 Von Einwegflaschen, Atomkraftwerken und Panzerminen
Über Konsum und Geld

155 ***Irgendwann hieß es, man soll …***: Klassiker zum Thema Marken und Verantwortung ist Naomi Kleins No Logo!, Riemann Verlag, München 2001.

»Früchteboykott«: Hildegard Zumach, »Frauen für Südafrika«, online abrufbar unter http://www.ekd.de/international/berichte/2002/reader_2002_28.html (letzter Zugriff am 11. 10. 10).

159 ***… die Hälfte der Kinder glaubte, Kühe wären generell lila***: Karen Duve/Thies Völker, Lexikon berühmter Tiere, Piper Verlag, München 1999, S. 483 f.

160 ***»Abstimmung mit dem Einkaufswagen«***: Tanja Busse, Die Abstimmung mit dem Einkaufswagen: Plädoyer für verantwortungsvolles Einkaufen, Diskussionsbeitrag auf diegesellschafter.de, online abrufbar unter http://diegesellschafter.de/diskussion/vision/detail.php?vid=16&z1–1 287 073 977&z2=f5ac1d6e12cc3c43c4a584af1209ad30& (letzter Zugriff am 14. 10. 2010).

Sigrid Baringhorst, Veronika Kneip, Annegret März, Johanna Niesyto (Hrsg.), Politik mit dem Einkaufswagen. Unternehmen und Konsumenten als Bürger in der globalen Mediengesellschaft, transcript Verlag, Bielefeld 2007.

Peter Koslowski, Birger P. Priddat (Hrsg.), Ethik des Konsums, Wilhelm Fink Verlag, München 2006.

161 ***»die Folgen bei aller meiner vermeintlichen Schlauigkeit …«***: Immanuel Kant, Grundlegung zur Metaphysik der Sitten, Reclam, Stuttgart 1984, S. 41 (AA 402).

»Was ich also zu tun habe, …«: Immanuel Kant, Grundlegung zur Metaphysik der Sitten, Reclam, Stuttgart 1984, S. 42 (AA 403).

162 ***Nun hat der Energy Savings Trust errechnet …***: »Keep Your Kettle in Check«, *The Guardian*, 7. 3. 2008, online abrufbar unter http://www.guardian.co.uk/environment/ethicallivingblog/2008/mar/7/keepyourkettleincheck (letzter Zugriff am 14. 10. 2010).

164 ***… die entfremdete Arbeit bei Karl Marx***: Karl Marx, Ökonomisch-philosophische Manuskripte (1844), Suhrkamp, Frankfurt/Main 2009.

166 ***Die Autorin Kathrin Hartmann …***: Kathrin Hartmann, Ende der Märchenstunde – Wie die Industrie die LOHAS und Lifestyle-Ökos vereinnahmt, Karl Blessing Verlag, München 2009.

Politisches Handeln: Die Verbindung vom politischen und globalen zum privaten und Vor-Ort-Handeln zieht die Studie des Wuppertal Instituts für Klima, Umwelt, Energie: Zukunftsfähiges Deutschland in einer globalisierten Welt, herausgegeben von Brot für die Welt, Evangelischer Entwicklungsdienst, Bund für Umwelt und Naturschutz Deutschland,

Fischer Verlag, Frankfurt/Main 2008. Ihr Aufbau spiegelt diese unterschiedlichen aber dennoch miteinander verbundenen Ebenen wider: A Ausgangslagen, B Bilanzen, C Leitbilder, D Kurswechsel in Deutschland und Europa, E Übereinkünfte global, F Engagement vor Ort. Letzteres mit den Teilen »Einfluss nehmen: Bürger gestalten Kommunen« und »Achtsam leben: Das Private ist politisch«. Siehe auch: Oliver Geden, Strategischer Konsum statt nachhaltiger Politik?, in: Transit – Europäische Revue, Heft 36 (Winter 2008/09), S. 132–141.

166 ***Inzwischen gibt es sogar Untersuchungen ...***: Nina Mazar and Chen-Bo Zhong, Do Green Products Make Us Better People? Psychological Science, online veröffentlicht am 5. 3. 2010 abrufbar unter http://pss.sagepub.com/content/early/2010/03/01/0956797610363538 (letzter Zugriff am 5. 11. 2010).

Chen-Bo Zhong, Gillian Ku, Robert Lount and J. Murnighan, Compensatory Ethics, Journal of Business Ethics 2010, Band 92, Heft 3, S. 323–339.

168 ***Ein in Hamburg gekaufter Apfel ...***: M. Blanke und B. Burdick, Energiebilanzen für Obstimporte: Äpfel aus Deutschland oder Übersee? Erwerbs-Obstbau, Volume 47, Number 6, S. 143–148. Elmar Schlich (Hrsg.), Äpfel aus deutschen Landen – Endenergieumsätze bei Produktion und Distribution, Cuvillier Verlag, Göttingen 2008. Der Apfel aus Neuseeland – Klima-Bilanz hängt vom Kunden ab, Quarks & Co., WDR Fernsehen, Sendung vom 27. 11. 2007, online abrufbar unter http://www.wdr.de/tv/quarks/sendungsbeitraege/2007/1127/004_klima2.jsp (letzter Zugriff am 9. 11. 2010).

169 **(Regel-)Utilitarismus**: siehe das Kapitel »Utitlitarismus« in: Herlinde Pauer-Studer, Einführung in die Ethik, Facultas Verlag, Wien 2003, S. 31ff. Sowie: Detlef Horster, Ethik, Reclam, Stuttgart 2009, S. 40ff. Dieter Birnbacher, Utitlitarismus/Ethischer Egoismus, in: Marcus Düwell/Christoph Hübenthal/Micha H. Werner (Hrsg.), Handbuch Ethik, Verlag J. B. Metzler, Stuttgart 2002, S. 95ff. (vgl. Kapitel »Theorien«).

172 ***»Faulheit und Feigheit sind die Ursachen ...«***: Immanuel Kant, »Beantwortung der Frage: Was ist Aufklärung?«, in: Ehrhard Bahr (Hrsg.), Was ist Aufklärung?, Phillip Reclam, Stuttgart 1974, S. 8ff. (AA VIII, A 481ff.).

173 ***In einem Buch über Tugenden aus den 1950er Jahren ...***: Otto Friedrich Bollnow, Wesen und Wandel der Tugenden, Frankfurt/Main 1958, Ullstein Taschenbuch, Frankfurt/Main 1975.

174 ***So geht eine Studie der UNO davon aus ...***: »UN fordern grüne Revolution in Chefetagen. Gespräch mit dem UN-Umweltchef Achim Steiner«, Süddeutsche Zeitung, Nr. 158/2010 vom 13. 7. 2010, S. 15.

174 ***Zum Vergleich: Das ist jedes Jahr fast so viel …***: International Monetary Fund, Global Financial Stability Report, October 2010, online abrufbar unter http://www.imf.org/external/pubs/ft/gfsr/2010/02/index.htm#ch1box (letzter Aufruf am 5. 11. 2010).

175 ***… da nennt Aristoteles zwei Tugenden …***: Aristoteles, Nikomachische Ethik, übersetzt und mit einer Einführung und Erläuterungen versehen von Olof Gigon, dtv, München 1991, 1121 a10ff., 1122 a18ff.

176 ***»Wie ich einmal eine Panzermine kaufte« …***: Tanja Busse, Die Einkaufsrevolution – Konsumenten entdecken ihre Macht, Karl Blessing Verlag, München 2006. Siehe dazu auch: »Steuergeld für Streubomben«, Spiegel online, 8. 10. 2010, online abrufbar unter http://www.spiegel.de/wirtschaft/service/0,1518,721884,00.html (letzter Zugriff am 18. 10. 2010).

Lesetipps für richtiges Konsumieren und Anlegen:

Tanja Busse, Die Einkaufrevolution – Konsumenten entdecken ihre Macht, Karl Blessing Verlag, München 2006. Mit umfangreichem Anhang für weitere Informationen auch im Internet.

Fred Grimm, Shopping hilft die Welt verbessern, Goldmann Verlag, München 2008. Umfassend ebenfalls mit umfangreichem Anhang.

Andreas Schlumberger, 50 einfache Dinge, die Sie tun können, um die Welt zu retten, und wie Sie dabei Geld sparen, Westend Verlag, Frankfurt/Main 2009.

Die Textil-Fibel, Greenpeace Media, Hamburg 2009.

Peter Unfried, Öko – Al Gore, der neue Kühlschrank und ich, Dumont Buchverlag, Köln 2008.

Stefan Kuzmany, Gute Marken, Böse Marken, Fischer Verlag, Frankfurt/Main 2007.

Lars Klaaßen, Kauf dir einen Luxusschlitten! Ökotipps für Genießer, Eichborn Verlag Frankfurt/Main 2010.

9 Von Schätzen, Hunger und Steuern **Über Soziales**

181 ***… die Einschätzung des Philosophen Sokrates …***: Platon, Politeia, in der Übersetzung von Friedrich Schleiermacher, in: Platon, Sämtliche Werke, Bd. 2, Rowohlt, Reinbek bei Hamburg 2004, 357 d-358 a.

182 ***»Grundschul- und Gymnasialklassen waren in jeder Hinsicht …«***: Nils Minkmar, Mit dem Kopf durch die Welt. Ganz persönliche Geschichten aus der Normalität, S. Fischer Verlag, Frankfurt/Main 2009, S. 105.

183 ***Bekannt wurde der Begriff durch eine Studie …***: Friedrich-Ebert-Stiftung,

»Gesellschaft im Reformprozess« 2006, http://www.fes.de/aktuell/documents/061017_Gesellschaft_im_Reformprozess_komplett.pdf (Zugriff am 11. 10. 10). Siehe dazu auch: Aus Politik und Zeitgeschichte (APuZ) 33–34/2008, 11. 8. 2008: Abstieg – Prekarität – Ausgrenzung, Beilage zur Wochenzeitung »Das Parlament«, herausgegeben von der Bundeszentrale für politische Bildung, Bonn.

184 **Eine Studie der Bertelsmann Stiftung ...**: Ludger Wößmann, Marc Piopiunik, Was unzureichende Bildung kostet. Eine Berechnung der Folgekosten durch entgangenes Wirtschaftswachstum. Im Auftrag der Bertelsmann Stiftung, online unter

http://www.bertelsmann-stiftung.de/cps/rde/xchg/SID-99200199-95A834A3/bst/hs.xsl/nachrichten_98704.htm (Zugriff am 12. 10. 10).

185 **Es gibt einen sehr schönen Cartoon von Hans Traxler ...**: Hans Traxler, Chancengleichheit, in: Michael Klant (Hrsg.), Schul-Spott: Karikaturen aus 2500 Jahren Pädagogik, Fackelträger, Hannover 1983, S. 25.

Der amerikanische Moralphilosoph ...: John Rawls, Eine Theorie der Gerechtigkeit, Suhrkamp, Frankfurt/Main 1975, S. 251 ff.

186 **»Niemand hat seine besseren natürlichen Fähigkeiten ...«**: John Rawls, Eine Theorie der Gerechtigkeit, Suhrkamp, Frankfurt/Main 1975, S. 121 ff.

187 **»Die natürliche Verteilung ist weder gerecht ...«**: John Rawls, Eine Theorie der Gerechtigkeit, Suhrkamp, Frankfurt/Main 1975, S. 121 ff.

188 **»Das Schicksal teilt ungerecht aus ...«**: Heribert Prantl, »Korrektur des Schicksals«, Süddeutsche Zeitung, Nr. 42/2010 vom 20./21. 2. 2010, S. 57.

»Das Prinzip [gemeint ist das Ausgleichsprinzip] ...«: John Rawls, Eine Theorie der Gerechtigkeit, Suhrkamp, Frankfurt/Main 1975, S. 121.

190 **Der Hamburger Sozialpsychologe ...**: Erich H. Witte, Christina Mölders und Oliver Peytsch, »Gerechte Einkommensteuerhöhe: Das Verhältnis von Erwartung, Wunsch und Wirklichkeit«, in: Hamburger Forschungsberichte zur Sozialpsychologie, Nr. 87, 2009, S. 17.

Siehe dazu auch: »Steuermoral – Das Spannungsfeld von Freiwilligkeit der Steuerzahlung und Steuerhinterziehung«, Monatsbericht des Bundesfinanzministeriums, März 2005, online abrufbar unter http://www.bundesfinanzministerium.de/nn_4312/DE/BMF__Startseite/Aktuelles/Monatsbericht__des__BMF/2005/03/Steuermoral_20_E2_80_93_20Das_20Spannungsfeld_20von_20Freiwilligkeit_20der_20Steuerzahlung_20und_20Steuerhinterziehung.pdf,templateId=raw,property=publicationFile.pdf (letzter Zugriff am 18. 10. 2010).

191 **... über 50 % sowohl des Bundeshaushalts als auch der öffentlichen Haushalte ...**: Statistisches Bundesamt Deutschland, Ausgaben der öffentlichen Haushalte nach ausgewählten Arbeitsbereichen, Quelle: http://

www.destatis.de/jetspeed/portal/cms/Sites/destatis/Internet/DE/Content/Statistiken/FinanzenSteuern/OeffentlicheHaushalte/AusgabenEinnahmen/Tabellen/Content75/Ausgabenausgewaehlte Aufgabenbereiche,templateId=renderPrint.psml (letzter Zugriff 11. 11. 2010).

192 **Zu diesen rechnet man ...**: Angelika Krebs, Wieviel Gleichheit wollen wir?, in: Detlef Horster (Hrsg.), Sozialstaat und Gerechtigkeit, Velbrück Wissenschaft, Weilerswist 2005, S. 37–43, 40.

194 **Er meinte ja, dass man die ethischen Tugenden ...**: Aristoteles, Nikomachische Ethik, übersetzt und mit einer Einführung und Erläuterungen versehen von Olof Gigon, dtv, München 1991, 1103 a15.

195 **Nicht so direkt vor Augen ...**: Umfassend zu diesem Thema: Barbara Bleisch, Pflichten auf Distanz, deGruyter, Berlin/New York 2010.

Nach einem UNICEF-Bericht ...: UNICEF-Bericht »Progress for Children« 2010, online abrufbar unter http://www.unicef.de/download.php?f=content_media/Millennium/Progress_for_Children-No. 9_Advance_Copy_072110.pdf (letzter Zugriff am 18. 20. 2010).

Andere Studien sprechen von weniger, aber immerhin noch 22 000 Kindern täglich: »Kleine Erfolge, große Not«, Süddeutsche Zeitung Nr. 215/2010 vom 17. 9. 2010, S. 16.

Das Teichbeispiel: Peter Singer, »Famine, Affluence, and Morality«, in: Philosophy & Public Affairs 1, 1972 (2), S. 229–243; deutsche Übersetzung »Hunger, Wohlstand und Moral« in: Barbara Bleisch/Peter Schaber (Hrsg.), Weltarmut und Ethik, Mentis Verlag, Paderborn 2007, S. 37–51.

196 **»Wenn es in unserer Macht steht ...«**: Peter Singer, »Famine, Affluence, and Morality«, in: Philosophy & Public Affairs 1, 1972 (2), S. 229–243; deutsche Übersetzung »Hunger, Wohlstand und Moral« in: Barbara Bleisch/Peter Schaber (Hrsg.), Weltarmut und Ethik, Mentis Verlag, Paderborn 2007, S. 37–51, S. 39.

»Wenn wir neue Kleider kaufen ...«: Peter Singer, »Famine, Affluence, and Morality«, in: Philosophy & Public Affairs 1, 1972 (2), S. 229–243; deutsche Übersetzung »Hunger, Wohlstand und Moral« in: Barbara Bleisch/Peter Schaber (Hrsg.), Weltarmut und Ethik, Mentis Verlag, Paderborn 2007, S. 37–51, S. 43.

Ein Autofahrer fährt in seinem neuen ...: Das Beispiel ist entnommen aus: Marc D. Hauser, Moral Minds, Harper Collins, New York 2006, dort mit Verweis auf P. K. Unger, Living High and Letting Die, Oxford University Press, New York 1996.

197 **Allein die moralphilosophische Debatte ...**: Genannt seien nur der bereits oben zitierte Band von Barbara Bleisch und Peter Schaber (Hrsg.), Weltarmut und Ethik, Mentis Verlag, Paderborn 2007; Henning Hahn,

Globale Gerechtigkeit: Eine philosophische Einführung, Campus Verlag, Frankfurt/Main 2009; sowie Elke Mack, Thomas Pogge und Michael Schramm (Hrsg.), Absolute Poverty and Global Justice, Aldershot/London (Ashgate) 2009.

198 ***»Denn mit Aufopferung seiner eigenen ...«***: Immanuel Kant, Metaphysik der Sitten, Reclam, Stuttgart 1990, S. 269 f. (AA 393).

Zahlen zum ehrenamtlichen Engagement: »Monitor Engagement«, Ausgabe 2, Freiwilliges Engagement in Deutschland 1999 – 2004 – 2009. Ergebnisse der repräsentativen Trenderhebung zu Ehrenamt, Freiwilligenarbeit und bürgerschaftlichem Engagement, Bundesministerium für Familie, Senioren, Frauen und Jugend 2009. Vergleichende Zahlen finden sich bei: European Volunteer Centre, http://www.cev.be. Ebenfalls vergleichend: Robert D. Putnam (Hrsg.), Gesellschaft und Gemeinsinn: Sozialkapital im internationalen Vergleich, Verlag Bertelsmann Stiftung, Gütersloh 2001.

199 ***Im Prinzip stehen sich hier zwei Modelle gegenüber ...***: Zu dieser Problematik am Beispiel der Berliner Tafeln: Luise Molling, Die Tafeln und der bürgergesellschaftliche Diskurs aus gouvernementalistischer Perspektive, in: Selke, Stefan (Hrsg.), Tafeln in Deutschland. Aspekte einer sozialen Bewegung zwischen Nahrungsmittelumverteilung und Armutsintervention, Wiesbaden 2009, S. 157–174; Luise Molling, Die Berliner Tafel zwischen Sozialstaatabbau und neuer Armenfürsorge, in: In: Selke, Stefan (Hrsg.), Tafeln in Deutschland. Aspekte einer sozialen Bewegung zwischen Nahrungsmittelumverteilung und Armutsintervention. Wiesbaden 2009, S. 175–196; Lorenz, Stefan (Hrsg.), Tafelgesellschaft. Zum neuen Umgang mit Überfluss und Ausgrenzung, Bielefeld 2010.

200 ***Corporate Volunteering***: Anja Pinter, Corporate Volunteering als Instrument zur strategischen Implementierung von Corporate Social Responsibility, in: Martin Müller und Stefan Schaltegger (Hrsg.), Corporate Social Responsibility, Oekom Verlag, München 2008.

203 ***Politisches Handeln***: Auch hier sei wieder verwiesen auf die Studie des Wuppertal Instituts für Klima, Umwelt, Energie: Zukunftsfähiges Deutschland in einer globalisierten Welt, herausgegeben von Brot für die Welt, Evangelischer Entwicklungsdienst, Bund für Umwelt und Naturschutz Deutschland, Fischer Verlag, Frankfurt/Main 2008 (s.o. Anmerkung zu Konsum).

10 Von Almwiesen, Nobelpreisen und Treppenhäusern
Über Gemeingut

206 ***... um die Träger des Nobelpreises für Wirtschaftswissenschaften des Jahres 2009 zu verkünden***: Das Video der Pressekonferenz, die Presserklärung und der wissenschaftliche Hintergrund sind abrufbar unter: http://nobelprize.org/nobel_prizes/economics/laureates/2009/announcement.html (Zugriff am 12. 10. 10).

... erhält keiner der großen Stars aus den Medien den Nobelpreis: Was bei Paul Krugman schwierig gewesen wäre, weil er ihn im Jahr zuvor erhalten hat.

207 ***... und sogar den Weltraum ...***: So werden im sogenannten »Mondvertrag« in Artikel 11 die Bodenschätze des Mondes als gemeinsames Erbe der Menschheit bezeichnet: »The Moon and its natural resources are the common heritages of mankind« (Agreement Governing the Activities of States on the Moon and Other Celestial Bodies, enthalten in: United Nations Publication, Sales No. E.02.I.20, ISBN 92-1-100900-6, ST/SPACE/11, online abrufbar unter: http://www.unoosa.org/pdf/publications/STSPACE11E.pdf, Zugriff am 12. 10. 10).

208 ***Das Wort »Allmende« ...***: Kluge, Etymologisches Wörterbuch der Deutschen Sprache, de Gruyter, Berlin, 21. Auflage 1975.

Der Boden gehört dem Lord, das Weiderecht den Commoners: Silke Helfrich und Heinrich-Böll-Stiftung (Hrsg.), Wem gehört die Welt? Zur Wiederentdeckung der Gemeingüter, oekom Verlag, München 2009, S. 11–23.

Unter dem Titel »The Tragedy of the Commons« ...: Garrett Hardin, The Tragedy of the Commons, Science 162, 1968, S. 1243–1248. Als Übersetzung: Die Tragik der Allmende, in: Michael Lohmann (Hrsg.), Gefährdete Zukunft – Prognosen angloamerikanischer Wissenschaftler, dtv, München 1973, S. 29–46.

210 ***Elinor Ostroms Leistung***: Beispielhaft seien einige Veröffentlichungen genannt: Thomas Dietz, Elinor Ostrom, Paul C. Stern, »The Struggle to Govern the Commons«, in: Science Vol. 302, 12. 12. 2003, S. 1907–1912. Elinor Ostrom, Joanna Burger, Christopher B. Field, Richard B. Norgaard, David Policansky, »Revisiting the Commons«, in: Science Vol. 284, 9. 4. 1999. Insbesondere das Standardwerk: Elinor Ostrom, Governing the Commons, Cambridge University Press, New York 1990 (deutsche Ausgabe: Die Verfassung der Allmende, Mohr Siebeck, Tübingen 1999, leider vergriffen und nur mehr antiquarisch erhältlich).

»Eines der beiden Beispiele, welche das Nobelpreiskomitee ...«: Kungl. Vetenskaps Akademien (The Royal Swedish Academy of Sciences) The Prize in Economic Sciences 2009 – Information for the Public. Online abrufbar unter: http://kva.se/en/Prizes/Prize-winner-page/?laureateId=718 (letzter Zugriff am 21. 10. 2010).

211 ***Anwendungen***: Hier sei auf zwei Bücher verwiesen, die den Gedanken der Allmende aufgreifen: Silke Helfrich und Heinrich-Böll-Stiftung (Hrsg.), Wem gehört die Welt? Zur Wiederentdeckung der Gemeingüter, oekom Verlag, München 2009. Peter Barnes, Kapitalismus 3.0 – Ein Leitfaden zur Wiederaneignung der Gemeinschaftsgüter, VSA Verlag, Hamburg 2008.

212 ***»Alle glücklichen Familien ...«***: Leo Tolstoi, Anna Karenina, Patmos Verlag, Düsseldorf 2007, S. 7.

216 ***Internationale Vergleichsuntersuchungen zeigen ...***: Erich H. Witte, Christina Mölders und Oliver Peytsch, »Gerechte Einkommensteuerhöhe: Das Verhältnis von Erwartung, Wunsch und Wirklichkeit«, in: Hamburger Forschungsberichte zur Sozialpsychologie Nr. 87, 2009, S. 17. Unter Verweis auf: Frey, B. S. (2008). Happiness. A revolution in economics. Cambridge, MA: MIT Press. Kirchgässner, G., Feld, L. P., & Savioz, M. R., Die direkte Demokratie: Modern, erfolgreich, entwicklungs- und exportfähig, Verlag Franz Vahlen, München 1999.

Siehe dazu auch für die verschiedenen OECD-Staaten: »Steuermoral – Das Spannungsfeld von Freiwilligkeit der Steuerzahlung und Steuerhinterziehung«, Monatsbericht des Bundesfinanzministeriums, März 2005, S. 51 und Abb. 2 online abrufbar unter http://www.bundesfinanzministerium.de/nn_4312/DE/BMF__Startseite/Aktuelles/Monatsbericht__des__BMF/2005/03/Steuermoral_20_E2_80_93_20Das_20Spannungsfeld_20von_20Freiwilligkeit_20der_20Steuerzahlung_20und_20Steuerhinterziehung.pdf,templateId=raw,property=publicationFile.pdf (letzter Zugriff am 18. 10. 2010).

11 Von Präsidentengattinnen, Mafia und Kindern **Über Familie und Freundschaft**

222 ***In diesem Falle hätten die beiden auch über eine Heirat nachgedacht***: »Joachim Gauck denkt an Heirat – und an Scheidung«, Spiegel online, 20. 6. 2010, online abrufbar unter http://www.spiegel.de/politik/deutschland/0,1518,701759,00.html (letzter Zugriff am 18. 10. 2010).

Das hat Christian Wulff schon hinter sich: »Das Universum des Christian Wulff«, Welt online, 5. 6. 2010, online abrufbar unter http://www.welt.de/politik/article7922834/Das-Universum-des-Christian-Wulff.html (letzter Zugriff am 5. 11. 2010).

223 ***Zählt man die Zahlen …***: Bundespräsidentenwahl am 30. Juni, Politische-Bildung.de – Das Informationsportal zur politischen Bildung, Online aufrufbar unter: http://www.politische-bildung.de/bundespraesident_wahl.html (letzter Zugriff am 5. 11. 2010).

14. Bundesversammlung, stenographischer Bericht, online abrufbar unter http://www.bundestag.de/dokumente/textarchiv/2010/29975680_kw22_bundesversammlung_lammert/index.jsp (letzter Zugriff am 5. 11. 2010).

ARD-DeutschlandTREND von Infratest dimap, online abrufbar unter http://www.infratest-dimap.de/umfragen-analysen/bundesweit/ard-deutschlandtrend/2010/juni-extra-ii/ (letzter Zugriff am 5. 11. 2010).

… der sogar Kuratoriumsmitglied in der evangelikalen Vereinigung »ProChrist« ist: »Katholik, der mit Evangelikalen kungelt«, Tagesspiegel vom 25. 6. 2010, online abrufbar unter http://www.zeit.de/politik/2010–06/erzchristlich (letzter Zugriff am 18. 10. 2010).

… eine vom letzten Papst ausdrücklich bekräftigte Regelung …: Apostolisches Schreiben »Familiaris Consortio« von Papst Johannes Paul II. »An die Bischöfe, die Priester und die Gläubigen der ganzen Kirche über die Aufgaben der christlichen Familie in der Welt von heute« vom 22. November 1981 im Anschluss an die V. Ordentliche Bischofssynode vom 26.9. bis 25. 10. 1980 in Rom. Dort unter Nr. 84.

225 ***»Bis zu 45 % aller Ehen …«***: Zusammengefasste Scheidungsziffer bei Betrachtung der in den letzten 40 Jahren geschlossenen Ehen. Bei der international üblichen Ehedauer von 25 Jahren läge die Quote bei 41,4 %. Emmerling, D. »Ehescheidungen 2005«, WiSta 2 2007, S. 159–168. Zitiert nach: Rüdiger Peuckert, Familienformen im sozialen Wandel, VS Verlag für Sozialwissenschaften, Wiesbaden, 7. Auflage 2008, S. 169 f.

»52 % aller geschiedenen Männer und 56 % …«: Grünheid, E., »Die demographische Lage in Deutschland 2005«, ZfB 31 (2006) 3–104. Zitiert nach: Rüdiger Peuckert, Familienformen im sozialen Wandel, VS Verlag für Sozialwissenschaften, Wiesbaden, 7. Auflage 2008, S. 208 f.

»15 % aller Kinder …«: Statistisches Bundesamt (Hrsg.), Leben in Deutschland. Haushalte, Familien und Gesundheit – Ergebnisse des Mikrozensus 2005 (Tabellenanhang). Zitiert nach: Rüdiger Peuckert, Familienformen im sozialen Wandel, VS Verlag für Sozialwissenschaften, Wiesbaden, 7. Auflage 2008, S. 183.

»Schätzungen zufolge leben zwischen 2 und 10 % …«: Verlässliche Zahlen gibt es nicht, die meisten Untersuchungen beruhen auf Selbstdefinition von Befragten, wobei die Dunkelziffer dabei auf 50 % geschätzt wird. Nach: Rüdiger Peuckert, Familienformen im sozialen Wandel,

VS Verlag für Sozialwissenschaften, Wiesbaden, 7. Auflage 2008, S. 293 f.

225 **»Nurmehr etwa ein Viertel der Bevölkerung ...«**: Rüdiger Peuckert, Familienformen im sozialen Wandel, VS Verlag für Sozialwissenschaften, Wiesbaden, 7. Auflage 2008, S. 24 f.

»knapp 20 % der Bevölkerung lebt alleine«: Statistisches Bundesamt: Statistisches Jahrbuch 2007, Bevölkerung und Erwerbstätigkeit, zitiert nach: Bundeszentrale für politische Bildung, Zahlen und Fakten. Lebensformen und Haushalte – Die soziale Situation in Deutschland, online abrufbar unter: http://www.bpb.de/wissen/7UJTR7,0,0,Lebensformen_und_Haushalte_.html (letzter Zugriff am 20. 10. 2010).

227 **»Ich gegen meinen Bruder ...«**: Christian Vogel, Vom Töten zum Mord – Das wirkliche Böse in der Evolutionsgeschichte, Hanser Verlag, München 1989, S. 53.

... war schon von Charles Darwin ...: Charles Darwin, Die Abstammung des Menschen, Stuttgart 1982, S. 123ff.

229 **»Damit soll der Not Rechnung getragen werden ...«**: Stree in: Schönke/Schröder, Kommentar zum Strafgesetzbuch, 26. Auflage, C. H. Beck Verlag, München 2001, § 258 Rn 39.

231 **»aus reinem Pflichtgefühl gegen einen inneren Widerwillen ...«**: Vergleiche dazu Immanuel Kant, Die Metaphysik der Sitten, Einleitung zur Tugendlehre, XII c »Von der Menschenliebe«, Reclam, Stuttgart 1990, S. 279 f. (AA 401 f.).

232 **»In den USA häuften sich in den vergangenen Jahren Sexskandale ...«**: »Kongress-Führer gerät wegen Sex-Affäre unter Druck«, Spiegel online, 5. 10. 2006, online abrufbar unter http://www.spiegel.de/politik/ausland/0,1518,440876,00.html (letzter Zugriff am 14. 10. 2010). »New Yorks Gouverneur Spitzer tritt nach Sexaffäre ab«, Spiegel online, 12. 3. 2008, online abrufbar unter http://www.spiegel.de/politik/ausland/0,1518,541055,00.html (letzter Zugriff am 14. 10. 2010. »Republikanischer Gouverneur bekennt außereheliche Affäre«, Spiegel online, 25. 6. 2009, online abrufbar unter http://www.spiegel.de/politik/ausland/0,1518,632440,00.html (letzter Zugriff am 14. 10. 2010). »Republikaner-Senator gesteht Ehebruch«, Spiegel online, 18. 6. 2009, online abrufbar unter http://www.spiegel.de/politik/ausland/0,1518,631121,00.html (letzter Zugriff am 14. 10. 2010). »Politiker wegen Aufforderung zum Oral-Sex verurteilt«, Spiegel online, 10. 11. 2007, online abrufbar unter http://www.spiegel.de/panorama/justiz/0,1518,516669,00.html (letzter Zugriff am 14. 10. 2010). »Senator entschuldigt sich für Kontakt zu Erotik-Service«, Spiegel online, 10. 7. 2007, online abrufbar unter http://www.spiegel.de/politik/ausland/0,1518,493618,00.html (letzter Zugriff am 14. 10. 2010).

»Sex-Vorwurf gegen US-Senator setzt Republikaner unter Druck«, Spiegel online, 29. 8. 2007, online abrufbar unter http://www.spiegel.de/politik/ausland/0,1518,502589,00.html (letzter Zugriff am 14. 10. 2010). »Sexskandal der US-Republikaner – Mal was Exotisches tun«, Spiegel online, 25. 6. 2009, online abrufbar unter http://www.spiegel.de/politik/ausland/0,1518,632447,00.html (letzter Zugriff am 14. 10. 2010).

232 ***»Der Moralist pflegt gern die Ansprüche …«***: Bertrand Russell, Moral und Politik, S. Fischer Verlag, Frankfurt/Main 1988, S. 15.
George Edward Moore, Prinzipia Ethica, Reclam Verlag, Stuttgart 1996.
Barbara Merker: Naturalistischer Fehlschluss, in: Hans Jörg Sandkühler (Hrsg.), Enzyklopädie Philosophie, Bd. 1: A–N, Meiner, Hamburg 1999, S. 914 f.

233 ***So meinte der puritanische englische Dichter …***: John Milton, The Doctrine and Discipline of Divorce, 1644, Volltext abrufbar unter http://www.dartmouth.edu/~milton/reading_room/ddd/book_1/ (Letzter Zugriff am 13. 10. 10).
»Die Sätze »Wer soll denn unsere Renten zahlen?« …«: Das findet sich immer wieder in verschiedenen Artikeln zum Thema Familienpolitik, Demographie und Rentensicherung, sowie als Aussagen von Politikern. Es seien nur ein paar Beispiele genannt: »Deutschland wird trotz Familienpolitik schrumpfen«, Frankfurter Allgemeine Zeitung vom 11. 10. 2010, online abrufbar unter http://www.faz.net/s/Rub0E9EEF84AC1E4A389A8DC6C23161FE44/Doc~ECD71C992486 3424D90D623EF321455B5~ATpl~Ecommon~Scontent.html (letzter Zugriff am 14. 10. 2010).
»CSU fordert Rentenbonus für Eltern«, t-online.de, 3. 3. 2010, online abrufbar unter http://altersvorsorge-rente.t-online.de/csu-fordert-rentenbonus-fuer-eltern/id_21 914 314/index (letzter Zugriff am 14. 10. 2010).
»Die niedrige Geburtenrate bedroht das Wachstum«, *Welt online*, 18. 6. 2002 online abrufbar unter http://www.welt.de/print-welt/article395123/Die_niedrige_Geburtenrate_bedroht_das_Wachstum.html (letzter Zugriff am 14. 10. 2010).

234 ***In dem Roman »Der Untertan« …***: Heinrich Mann, Der Untertan, Fischer Verlag, Frankfurt/Main 2001, S. 361.

235 ***Nun hat eine Studie ergeben …***: Marina Rupp (Hrsg.), Die Lebenssituation von Kindern in gleichgeschlechtlichen Lebenspartnerschaften. Aus der Reihe Rechtstatsachenforschung, Herausgegeben vom Bundesministerium der Justiz, Bundesanzeiger Verlag 2009.
Neuere Studien aus den USA …: Nanette Gartrell und Henny Bos, US National Longitudinal Lesbian Family Study: Psychological Adjustment

of 17-Year-Old Adolescents, Pediatrics 126 (2010) S. 28–36. Online abrufbar unter: http://www.pediatrics.org/cgi/content/full/126/1/28 (letzter Zugriff am 18. 10. 2010).

236 **»In Gestalt der 150 Euro ...«**: Harald Martenstein, »Kriminalität auf Pump«, Tagesspiegel vom 1. 11. 2009.

Der Bürgermeister des Berliner Bezirks Neukölln ...: »Reden wir über Geld«, Süddeutsche Zeitung vom 31. 7. 2009, S. 26.

237 **Nur etwa jeder Zweite ...**: Statistisches Bundesamt: Statistisches Jahrbuch 2007, Bevölkerung und Erwerbstätigkeit, zitiert nach: Bundeszentrale für politische Bildung, Zahlen und Fakten. Lebensformen und Haushalte – Die soziale Situation in Deutschland, online abrufbar unter: http://www.bpb.de/wissen/FXXEOH,0,0,Bev%F6lkerung_nach_Lebensformen.html (letzter Zugriff am 20. 10. 2010).

238 **»Familie ist dort, wo Menschen füreinander einstehen«**: Einer repräsentativen Umfrage des EMNID-Instituts im Auftrag der Zeitschrift Chrismon zufolge bestätigen 89 % der Bevölkerung: »Familie ist da, wo Menschen sich umeinander kümmern«, Chrismon, 11/2010, S. 9.

239 **Für viele Menschen sind ihre ...**: Das beschreibt etwa auch der frühere Bremer Bürgermeister Henning Scherf. Siehe Henning Scherf, Grau ist bunt: Was im Alter möglich ist, Herder, Freiburg 2007.

240 **»Denn sie ist eine Tugend ...«**: Aristoteles, Nikomachische Ethik, übersetzt von Olof Gigon, dtv, München 1991, VIII. Buch, 1135 a3 – a16 und a 28- a 31.

Das Besondere an der Freundschaft ...: Klaus-Dieter Eichler, Zu einer »Philosophie der Freundschaft«, in Klaus-Dieter Eichler (Hrsg.), Philosophie der Freundschaft, Reclam, Leipzig 1999, S. 215–241.

241 **»Freundschaft der Bedürfnisse ...«**: Immanuel Kant, Eine Vorlesung über Ethik, herausgegeben von Gerd Gerhardt, Fischer Verlag, Frankfurt/Main 1990, S. 219.

12 Von Biohähnchen, Vegetariern und Kühlschränken im Wald **Über Tiere, Umwelt und Natur**

243 **»da ihr Anteil in den meisten Ländern ...«**: Nationale Verzehrstudie 2007, online abrufbar unter http://www.bmelv.de/cln_163/SharedDocs/Standardartikel/Ernaehrung/GesundeErnaehrung/Ernaehrungs forschung/NationaleVerzehrsstudie/NVS2_Ernaehrungsverhalten.html (letzter Zugriff am 7. 11. 2010).

European Vegetarian Union: How many Veggies?, online abrufbar unter http://www.euroveg.eu/lang/en/info/howmany.php (letzter Zugriff am 7. 11. 2010).

»Weiblich, jung, fleischlos«, Süddeutsche Zeitung, Nr. 60, 13./14. 3. 2010, S. 11.

245 ***»Unter dem Prinzip der Nützlichkeit …«***: Jeremy Bentham, Eine Einführung in die Prinzipien der Moral und der Gesetzgebung, in: Otfried Höffe (Hrsg.), Einführung in die utilitaristische Ethik, Francke Verlag, Tübingen 1992, S. 55–83, S. 56.

»Vielleicht wird man eines Tages erkennen …«: Jeremy Bentham, Eine Einführung in die Prinzipien der Moral und der Gesetzgebung, zit. nach: Urs Thurnherr, Angewandte Ethik zu Einführung, Junius, Hamburg 2000, S. 58 f.

248 ***Wie das genau aussieht …***: z. B. bei Jonathan Safran Foer, Eating Animals, Penguin Books, New York 2009 (auf Deutsch: Tiere essen, Kiepenheuer & Witsch, Köln 2010). Videos gibt es z. B. auf der Website der Tierrechtsorganisation Peta Deutschland e. V., www.peta.de, und deren YouTube-Channel, der auf der Seite verlinkt ist (letzter Zugriff am 8. 10. 2010

249 ***»In der Natur und in der Menschheitsgeschichte ist der sogenannte Infantizid …«***: Christian Vogel, Vom Töten zum Mord – Das wirkliche Böse in der Evolutionsgeschichte, Hanser Verlag, München 1989, S. 83 ff.

250 ***… bis zu 40 Prozent der Gläubigen geben an, vegetarisch zu leben***: The Hindu, online vom 14. 8. 2006, http://hindu.com/2006/08/14/stories/2006081403771200.htm (letzter Zugriff am 13. 10. 10).

Falls man keinen Vegetarier im Bekanntenkreis hat …: http://www.sueddeutsche.de/leben/prominente-vegetarier-fleischlos-gluecklich-1.257922 (letzter Zugriff am 13. 10. 10).

251 ***Eines der überraschendsten Bücher des Jahres …***: Jonathan Safran Foer, Eating Animals, Penguin Books, New York 2009 (auf deutsch: Tiere essen, Kiepenheuer & Witsch, Köln 2010).

Laut dem UN-Bericht »Livestock's Long Shadow« …: Livestock's Long Shadow, UN-Bericht, 2006, im Internet abrufbar unter ftp://ftp.fao.org/docrep/fao/010/a0701e/a0701e.pdf (letzter Zugriff am 13. 10. 10).

Alexander Popp, Hermann Lotze-Campen, Benjamin Bodirsky, Food consumption, diet shifts and associated non-CO_2 greenhouse gases from agricultural production, Global Environ. Change (2010), doi:10.1016/j.gloenvcha.2010.02.001, online abrufbar unter http://dx.doi.org/10.1016/j.gloenvcha.2010.02.001 (letzter Zugriff am 8. 11. 2010).

»Andere Quellen berichten sogar …«: Martin Schlatzer, Klimawandel als tierisches Produkt, Umwelt aktuell, Februar 2010, S. 2. Unter Berufung auf Berechnungen des Washingtoner Worldwatch Institutes wird dort berichtet, dass der für den menschlichen Konsum bestimmten Tierbestandes für mehr als 50 Prozent aller Treibhausgase verantwortlich sein soll, wenn man die dafür notwendige Abholzung von Wäldern, das Methan aus dem Darm der Rinder und das von den Tieren direkt produzierte CO_2 mit einbezieht.

252 **»Ob die Tiere im ökologischen Landbau ...«**: Jesko Hirschfeld, Julika Weiß, Marcin Preidl, Thomas Korbun, Klimawirkungen der Landwirtschaft in Deutschland, Kurzfassung, Berlin 2008. Herausgegeben vom Institut für ökologische Wirtschaftsforschung gGmbH im Auftrag von foodwatch e. V., gefördert von Deutsche Wildtier Stiftung, Karl Ludwig Schweisfurth, KLEF Karl Linder Education Foundation. Die Langfassung ist erschienen in der Schriftenreihe des IÖW 186/08, Berlin 2008.

Die Autoren des Buches »Time to eat the dog?« ...: Robert und Brenda Vale, Time to Eat the Dog? The Real Guide to Sustainable Living, Thames & Hudson, London 2009, S. 253.

Wer Genaueres wissen will ...: Jonathan Safran Foer, Eating Animals, Penguin Books, New York 2009 (auf deutsch: Tiere essen, Kiepenheuer & Witsch, Köln 2010).

253 **... die Zahl von 21 000 ganzen Tieren ...**: Für Deutschland ist keine entsprechende Zahl bekannt. Im Anhang zur deutschen Ausgabe von Foers Buch (S. 377ff.) hat der Vegetarierbund Deutschland VEBU Zahlen für Deutschland zusammengestellt und verweist auf eine VEBU-Statistik, nach der ein Deutscher im Laufe seines Lebens 1094 Landtiere verzehrt, die Zahlen für Fische und Meerestiere lasse sich nicht ermitteln. Den jährlichen durchschnittlichen Fleischkonsum auf die Lebenserwartung hochgerechnet, essen Männer in ihrem Leben 7,39 Tonnen Fleisch, Frauen 7,872 Tonnen. Hinzu kommen 1,23 bzw. 1,312 Tonnen Fisch (S. 384).

255 **Beim ökologischen Fußabdruck...**: Es gibt im Internet viele Onlineberechnungsmöglichkeiten, z. B.: http://www.carbonfootprint.com (letzter Zugriff am 13. 10. 10).

257 **Mit dieser Frage beschäftigte sich ...**: Hans Jonas, Das Prinzip Verantwortung. Versuch einer Ethik für die technologische Zivilisation, Insel Verlag, Frankfurt/Main 1979.

Einen sehr guten Überblick bietet: Micha H. Werner, »Hans Jonas' Prinzip Verantwortung«, in Marcus Düwell, Klaus Steigleder (Hrsg.): Bioethik. Eine Einführung, Suhrkamp, Frankfurt/Main 2003, S. 41–56.

258 **»Wenn im Zweifel, gib der schlimmeren ...«**: Hans Jonas, Technik, Medizin und Ethik. Zur Praxis des Prinzips Verantwortung, Insel Verlag, Frankfurt/Main 1985, S. 67.

259 **In Deutschland werden jährlich mehr als 600 Millionen Tiere verspeist ...**:

Spiegel Online, 10. 8. 2010, Fleisch in Zahlen: Das große Fressen, Bild 4 von 6 unter Berufung auf die FAO, Stand 2008, online abrufbar unter http://www.spiegel.de/fotostrecke/fotostrecke-58035.html (letzter Zugriff am 10. 11. 10).

Das Statistische Bundesamt weist für 2009 584 952 800 (das sind mehr als 548 Millionen) geschlüpfte »männliche und weibliche Gebrauchsschlachtküken« aus, daneben 3 738 979 geschlachtete Rinder, 56 068 490 Schweine, 972 476 Schafe, 21 957 Ziegen und 9031 Pferde (Statistisches Bundesamt, Fachserie 3, Reihe 4, Land- und Forstwirtschaft, Fischerei. Viehbestand und Tierische Erzeugung 2009, Artikelnummer 2030400097004, online abrufbar unter https://www-ec.destatis.de/csp/shop/sfg/bpm.html.cms.cBroker.cls?cmspath=struktur, vollanzeige.csp&ID=1025893 (letzter Zugriff am 8. 11. 2010).

Im Jahr 2009 wurden laut Angabe des Bundesministerium für Ernährung, Landwirtschaft und Verbraucherschutz 2,8 Millionen Wirbeltiere für Versuche und andere wissenschaftliche Zwecke eingesetzt; online unter

http://www.bmelv.de/cln_172/sid_84DBC88455C31ADCE006 CEFE6FB3608C/SharedDocs/Standardartikel/Landwirtschaft/Tier/Tierschutz/Versuchstierzahlen.html (letzter Zugriff am 8. 11. 2010).

Der Gedanke dieser Gegenüberstellung stammt von Julian Nida-Rümelin, Tierethik I. Zu den philosophischen und ethischen Grundlagen des Tierschutzes, in: Julian Nida-Rümelin (Hrsg.), Angewandte Ethik, Alfred Kröner Verlag, Stuttgart 1996, S. 458–483, 460.

Zusätzliches:

Zur Umweltethik gibt es sehr viel Literatur. Wer sich theoretisch informieren möchte, kann das in folgenden Büchern tun:

Konrad Ott, Umweltethik zur Einführung, Junius, Hamburg 2010.

Ursula Wolf, Das Tier in der Moral, Klostermann Verlag, Frankfurt/Main, 2. Auflage 2004.

Textsammlungen:

Angelika Krebs (Hrsg.), Naturethik, Suhrkamp 1997.

Eve-Marie Engels (Hrsg.), Biologie und Ethik, Reclam, Stuttgart 1999, S. 127–160.

Dieter Birnbacher (Hrsg.), Ökologie und Ethik, Reclam, Stuttgart 1980.

Sowie die Kapitel zu Umwelt- und Tierethik in folgenden Büchern:

Annemarie Pieper, Urs Thurnherr (Hrsg.), Angewandte Ethik, Beck, München 1998.

Urs Thurnherr, Angewandte Ethik zur Einführung, Junius Verlag, Hamburg 2000 (beides lesenswerte Einführungen in die angewandte Ethik).

Julian Nida-Rümelin (Hrsg.), Angewandte Ethik, Alfred Kröner Verlag, Stuttgart, 2. Auflage 2005 (Standardwerk).

Zum konkreten Verhalten sei auf die Literaturempfehlungen beim Kapitel »Konsum und Geld« verwiesen.

13 Von Menschen, Unmenschen und verschwundener Ehre **Über Achtung**

267 ***»eine nachvollziehbare Begründung erwarten und verlangen kann.«***: Dies ist auch eine der Kernthesen des Buches von Rainer Forst, Das Recht auf Rechtfertigung, Suhrkamp, Frankfurt/Main 2007. Der Umschlagtext auf der Rückseite des Buches lautet: »Es gibt ein einziges grundlegendes Recht des Menschen: das Recht darauf, keinen Normen oder gesellschaftlichen Verhältnissen unterworfen zu werden, die ihm gegenüber nicht begründet werden können. In diesem *Recht auf Rechtfertigung* liegt der Grund der Gerechtigkeit.«

270 ***Auch ein Unmensch ist ein Mensch.***: Darauf weist zu recht Lothar Phillips hin: Lothar Phillips, Der Kampf um markierte und unmarkierte Ausdrücke in Sprache und Recht, in: Heike Jung, Berns Luxenburger, Eberhard Wahle (Hrsg.), Festschrift für Egon Müller, Nomos Verlag, Baden-Baden 2008, S. 569–576.

… »recognition respect«, den man jedem …: Stephen L. Darwall, Two Kinds of Respect, in: Ethics 88 (1977), S. 36–49, mit folgendem Zitat auf S. 38 f.: »Persons can be the object of recognition respect […] (I)t is just this sort of respect which is said we owe to all persons […] (W)hen we speak of someone as meriting or deserving respect it is appraisal respect that we have in mind.«

Stephen Darwall, Appraisal versus Recognition Respect, in: Stephen Darwall, Morality, Respect and Accountability, Harvard University Press 2009, S. 122ff.

Zu diesem Thema auch lesenswert:

Harry Frankfurt, »Equality and Respect«, in: Harry Frankfurt, Necessity, Volition and Love, Cambridge 1999, S. 150ff.

Joseph Raz, »On Frankfurt's Explanation of Respect for People«, in: Sarah Buss, Lee Overton (Hrsg.), Contours of Agency. Essays on Themes from Harry Frankfurt, Cambridge 2002, S. 299ff.

Joseph Raz, Value, Respect, and Attachment, Cambridge 2001. S. 124ff.

Joseph Raz, »Respecting People«, in: Joseph Raz, Value, Respect and Attachment, Cambridge 2001, S. 124ff.

Kurt Seelmann, »Respekt als Respektspflicht?«, in: W. Brugger, U. Neumann, S. Kirste (Hrsg.), Rechtsphilosophie im 21. Jahrhundert, Suhrkamp, Frankfurt/Main 2008, S. 418–439.

Joachim Hruschka, »Rechtsstaat, Freiheitsrecht und das ›Recht auf Achtung von seinem Nebenmenschen«, in: B. Sharon Byrd, Joachim Hruschka, Jan C. Joerden (Hrsg.), Jahrbuch für Recht und Ethik I (1993), S. 193ff.

271 **»Handle nur nach derjenigen Maxime ...«**: Immanuel Kant, Grundlegung zur Metaphysik der Sitten, Reclam, Stuttgart 1984, S. 68 (AA 421).

»Handle so, dass du die Menschheit ...«: Immanuel Kant, Grundlegung zur Metaphysik der Sitten, Reclam, Stuttgart 1984, S. 79 (AA 429).

... instrumentalisiert man ihn ...: Zu diesem Komplex siehe die sehr interessanten Ausführungen von Peter Schaber, vor allem das Buch »Instrumentalisierung und Würde«, Mentis Verlag, Paderborn 2010.

Peter Schaber, »Achtung vor Personen«, in: Zeitschrift für philosophische Forschung, 61 (2007), S. 423–438. Peter Schaber, »Der Anspruch auf Selbstachtung«, in: Härle, W; Vogel, B., Die Begründung von Menschenwürde und Menschenrechten, Freiburg 2008, S. 188–201. Peter Schaber, »Menschenwürde und Selbstachtung: Ein Vorschlag zum Verständnis der Menschenwürde«, in: Studia Philosophica 65/2004. Peter Schaber, »Achtung vor der Würde von Personen«, in: Deutsche Zeitschrift für Philosophie 57 (2009), S. 169–173.

»Ein jeder Mensch hat rechtmäßigen Anspruch ...«: Immanuel Kant, Die Metaphysik der Sitten, Tugendlehre, § 38, Reclam, Stuttgart 1990, S. 354 (AA 462).

273 **»Warum sollen wir das? ...«**: Sigmund Freud, Das Unbehagen in der Kultur und andere kulturtheoretische Schriften, Fischer Verlag, Frankfurt/Main, 2. Auflage 2010, S. 73.

... und die Liebe als Gegenstand der Moral ist ohnehin umstritten: William K. Frankena, Analytische Ethik, dtv, München 1972, S. 71ff.

274 **»Und weil sie anerkennt, dass jeder ...«**: Kwame Anthony Appiah, Ethische Experimente. Übungen zum Guten Leben, C. H. Beck, München 2009, S. 208.

14 Von Masochisten, Knoblauch und Sportwagen **Über Verständnis**

280 **»Handle nur nach derjenigen ...«**: Immanuel Kant, Grundlegung zur Metaphysik der Sitten, Reclam, Stuttgart 1984, S. 68 (AA 421).

281 **Der australische Philosoph ...**: John Leslie Mackie, Ethik. Die Erfindung des moralisch Richtigen und Falschen, Reclam, Stuttgart 1981, Kap. 4: Universalisierung, S. 104ff.

281 **Zur Goldenen Regel**: Norbert Hoerster, Was ist Moral?, Reclam, Stuttgart 2008, S. 43ff.

Hans-Peter Mathys, Roman Heiligenthal, Heinz-Horst Schrey, Goldene Regel, in: Theologische Realenzyklopädie, Walter De Gruyter, Berlin 1994.

282 **»Behandle andere nicht so …«**: G. B. Shaw, Maxims for Revolutionists, 1903, in Deutschland nicht verlegt, in den USA gemeinfrei, erhältlich als ebook unter http://www.gutenberg.org/ebooks/26107.bibrec.html.

285 ***Wie nennen?***: Siehe dazu auch: Christoph Demmerling / Hilge Landwehr, Philosophie der Gefühle, Metzler Verlag, Stuttgart 2007, dort unter »Mitgefühle«, S. 167–193.

Sympathie: Zur Zwiespältigkeit der Sympathie als moralisches Gefühl: André Comte-Sponville, Ermutigung zum unzeitgemäßen Leben. Ein kleines Brevier der Tugenden und Werte, Rowohlt, Reinbek bei Hamburg, 2. Auflage 2001, S. 125ff.

286 **Empathie**: Fritz Breithaupt, Kulturen der Empathie, Suhrkamp, Frankfurt / Main 2009. Giacomo Rizzolatti / Corrado Sinigaglia, Empathie und Spiegelneurone. Die biologische Basis des Mitgefühls, Suhrkamp, Frankfurt / Main 2008.

Der Begriff »Empathie« wird leider allgemein etwas unscharf sowohl für die Fähigkeit, mit einem anderen mitzufühlen, verwendet, als auch dafür, es tatsächlich zu tun.

ToM (Theory of Mind): Bei dem hier vorgeschlagenen Grundsatz handelt es sich auch nicht um das, was man »Theory of Mind« nennt. Theory of Mind scheint mir vielmehr eine Voraussetzung dafür zu sein, Verständnis für den Anderen in dem hier gemeinten Sinne zu entwickeln.

Der Münchner Psychiater Hans Förstl definiert sie in dem von ihm herausgegebenen Buch, das auch »Theory of Mind« heißt, im Vorwort folgendermaßen: »Theory of Mind (ToM) ist der Versuch, andere und ihre Absichten zu verstehen und dadurch unser eigenes Verhalten vernünftig anzupassen.« An anderer Stelle beschreibt er sie »als spezielle geistige Leistung, nämlich die Fähigkeit bzw. den Versuch eines Individuums, sich in andere hineinzuversetzen, um deren Wahrnehmungen, Gedanken und Absichten zu verstehen«. (Hans Förstl, Theory of Mind: Anfänge und Ausläufer, in: Hans Förstl (Hrsg.), Theory of Mind. Neurobiologie und Psychologie sozialen Verhaltens, Springer Verlag, Heidelberg 2007, S. 3–10.)

288 **… bestimmte Nervenzellen im Gehirn …**: Giacomo Rizzolatti / Corrado Sinigaglia, Empathie und Spiegelneurone. Die biologische Basis des Mitgefühls, Suhrkamp, Frankfurt / Main 2008. Marco Iacoboni, Woher

wir wissen, was andere denken und fühlen. Die neue Wissenschaft der Spiegelneuronen, Deutsche Verlags-Anstalt, München 2009. Rolf Degen, »Nervenbrücke zwischen Du und Ich?«, Bild der Wissenschaft 11/2007, S. 30.

15 Von Bahnfahrern, Spaziergängern und Vorausschau **Über Rücksicht**

292 ***... Prüfung nach dem Kategorischen Imperativ ...***: Siehe oben, Kapitel »Ethische Theorien«.

... wie sich ein tugendhafter Mensch ...: Siehe oben, Kapitel »Ethische Theorien«.

Der Verhaltensforscher Konrad Lorenz etwa ...: Konrad Lorenz, Die acht Todsünden der zivilisierten Menschheit, Piper, München 1973, S. 21 f.

Konrad Lorenz, Das sogenannte Böse, dtv, München 1983, S. 153.

293 ***... wie mit Blasen umgeben.***: Dieses Bild der Blasen erinnert ein wenig an die Distanzen im Rahmen der »Proxemik«, die der amerikanische Anthropologe Edward T. Hall in seinem Buch Die Sprache des Raumes. Pädagogischer Verlag Schwann, Düsseldorf 1976, beschrieben hat. (Das Buch ist leider vergriffen und auch antiquarisch kaum mehr erhältlich im Gegensatz zum amerikanischen Originaltitel: The Hidden Dimension, Anchor Books, New York 1990.) Bei Hall geht es aber um die Distanzen, die ein Mensch zu seinem eigenen Schutz in verschiedenen Situationen eingehalten haben möchte (intime, persönliche, soziale und öffentliche Distanz). Hier hingegen geht es um das Ausmaß der eigenen Ausbreitung im übertragenen Sinn. Überschneidungen der beiden Modelle gibt es jedoch bei der Frage, wie nah ich tatsächlich einem anderen Menschen kommen kann, ohne ihn zu stören.

299 ***... deutlich gewinnt und glücklicher lebt ...***: Zu den verschiedenen Formen des Glücks und den Theorien, wie es mit der Moral in Zusammenhang steht, siehe Christoph Horn, Glück/Wohlergehen, in: Marcus Düwell/Christoph Hübenthal/Micha H. Werner (Hrsg.), Handbuch Ethik, Verlag J. B. Metzler, Stuttgart 2002, S. 375 ff.

Von guten Gewehren, einem besseren Leben und Verstand **Epilog**

300 ***Die Moral ist für den Menschen da ...***: William K. Frankena, Analytische Ethik, dtv, München 1972, S. 141.

300 **... bei den Bedeutungen des Wortes »gut« ...**: Zu den verschiedenen Bedeutungen des Wortes »gut« siehe auch: Monika Hofmann-Riedinger, gut / das Gute / das Böse, in: Marcus Düwell / Christoph Hübenthal / Micha H. Werner (Hrsg.), Handbuch Ethik, Verlag J. B. Metzler, Stuttgart 2002, S. 381 ff. Bernard Williams, Der Begriff der Moral, Reclam, Stuttgart 1978, S. 47 ff.

303 **»Es ist so bequem, unmündig zu sein ...«**: Immanuel Kant, »Beantwortung der Frage: Was ist Aufklärung?«, in: Ehrhard Bahr (Hrsg.), Was ist Aufklärung?, Reclam, Stuttgart 1974, S. 8 ff.

304 **»Ich könnte nicht behaupten ...«**: Sophokles, Antigone, übersetzt von Wilhelm Kuchenmüller, Reclam, Stuttgart. 1955, S. 32, Verszeile 685–688.

Personenregister

Sachregister